창업과 액셀러레이터
for
성공전략

Start-up and accelerator Strategy

김영국 저

박영사

'나무 심는 마음'과 '씨 뿌려 거두고 …'
'삶의 창업 정신'을 일깨워주신 부모님께 이 책을 바칩니다.

P 머리말
reface

　우리사회의 모든 곳에서 이미 하루가 다르게 변화의 바람이 드세다. 어느 분야를 막론하고 광속의 템포로 빠르게 변화가 진행되고 있다. 터키 속담에 "미래는 산모와 같다. 무엇을 낳을지 누가 알겠는가?"라는 말이 있다. 제4차 산업혁명 시대를 초입에 둔 지금 우리들의 마음이다. 누구도 정답을 알지 못하기 때문이다. 다만, 철저한 시장 분석과 기술 연구를 통해 미래를 추측해 나갈 뿐이다.

　2016년 다보스포럼에서는 지금 우리가 살아가는 시대를 4차 산업혁명 시대라고 정의했다. 창업환경이 '초연결', '초지능', '초융합'으로 정의되는 4차 산업혁명 시대에 급격한 기술 발전으로 글로벌 혁신 경쟁이 더욱 심화되고 있다. 특히 인공지능(AI)과 로봇 등 기술 발전이 가져올 일자리 변화에 대한 우려가 커지고 있다.

　4차 산업혁명으로 사람이 하던 일자리를 로봇이 대체하는 것은 불가피하다. 사라지는 일자리가 수천만 개가 될지, 수억 개가 될지는 예측 불가능하다. 그러나 '듣보잡'과 듣보창업은 미래 일자리 문제를 해결할 열쇠가 될 것이다. 기술 발전이 어느 임계점을 돌파하는 순간, 과거에는 상상하지도 못했던 다양한 비즈니스 모델과 직업이 쏟아질 것이다. 차량공유 서비스회사 '우버(UBER)' 같은 혁신 스타트업 1개가 전 세계적으로 수십만 명에게 일자리를 안겨주는 시대가 올 전망이다.

　세계는 제4차 산업혁명이라는 거대한 변화 앞에 놓여 있다. 이러한 변화 이후 다가올 새로운 세상은 곧 '듣보잡'(듣도 보도 못한 직업) 시대다. 인공지능과 IoT, 클라우드, 빅데이터, 모바일 등 융합기술이 산업은 물론 복지, 고용, 교육, 국방 등 다양한 분야와 결합하여 사회전반의 '지능화'가 실현되는 지능정보사회일 것이라는 데 모든 전문가들의 의견이 일치할 것이다.

　그것은 지금까지 우리가 한 번도 경험해보지 못한 사회의 모습일 것이다. 맥킨지 분석에 따르면 지능정보사회의 경제효과는 2030년 기준으로 최대 460조원에 달할 것으로 전망

- i -

되고 있다. 그리고 사람이 하는 단순 작업의 많은 부분이 자동화되어 상당수의 일자리가 사라질 것으로 예상되며, 소프트웨어 엔지니어나 데이터분석 전문가 등 새로운 사회가 요구하는 신규 일자리도 생겨날 것으로 보인다.

4차 산업혁명 시대의 활발한 진행으로 산업구조 변화와 글로벌 혁신 경쟁은 전 세계적으로 스타트업의 출현을 가속화할 전망이다. 이제 스타트업은 4차 산업혁명 시대의 미래 산업을 이끌어갈 새로운 성장 동력이기 때문이다.

한국 스타트업 생태계는 지난 몇 년 새 양적으로 크게 성장했다. 정부의 적극적 지원에 생태계 내 창업전문가, 창업지원기관들의 노력이 더해져 창업 문화가 성장할 수 있는 기반이 만들어졌고, 투자환경 또한 이전보다 나아진 것이 사실이다.

한국의 스타트업들 또한 글로벌 시장에서 뒤처지지 않기 위해 역량을 최대한 발휘하고 있다. 하지만, 이들이 국내뿐 아니라 전 세계에서 주목할 만한 성과를 거두고, 나아가 유니콘 기업으로 성장하기 위해서는 여전히 산·학·연·관·군·민의 지원과 노력이 절실히 필요한 때이다.

Nothing Ventures, Nothing Gains!

글로벌 혁신 전쟁에서 한국 스타트업이 경쟁력을 가지려면 대한민국이 테크허브 역할을 할 수 있어야 할 것이다. 국내 창업가뿐만 아니라 전 세계의 혁신적 아이디어를 가진 창업가가 사업하기 좋은 한국이 되어야 한다. 이를 위해서 지금 우리에게 필요한 것은 문제에 대한 근본적 이해능력과 해결방안을 위한 부단한 연구와 학습일 것이다.

21세기 이스라엘 경제 성장의 비밀과 성공 노하우는 무엇일까? 창의성을 강조하는 교육과 혁신적인 벤처창업, 과학기술에 대한 끊임없는 도전, 생산적인 군대 시스템을 선보이며 '21세기형 선진국'으로 세계 경제의 중심을 향해 끊임 없이 행진을 거듭하는 나라가 곧 이스라엘이다. 이스라엘처럼 인적자원을 중시하고 개혁과 변화에 대한 욕구가 강한 우리에게도 다양한 시사점을 던지고 있다.

이러한 시대적 환경하에서 창업국가를 위한 시대적 요구에 따라 본서를 발간하게 되었다. 특히, 창업을 준비하는 대학(원)생과, 예비창업자 그리고 창업자들이 본서를 통하여 종합적으로 창업전략을 이해함으로써 실무에 적극 활용하기를 바라는 마음 간절하다.

본 서의 발간을 진행하는 동안 계절이 몇 번 바뀌었다. 4계절의 변화만큼 창업환경도, 시대에 따른 창업전략도 급격하게 변하고 있다. 그래서 창업 전반의 근간을 이루는 프레임과 전략들을 가장 쉽게 이해할 수 있도록 노력하였다.

한국의 스타트업 생태계와 액셀러레이터의 발전을 위해 이론과 실무를 연계하고자 노력하였으나 여전히 현장의 목소리를 담기에는 본 서는 이제 걸음마 단계이다. 그러나, 국내 스타트업 생태계와 액셀러레이터 분야가 더 멀리 도약하기를 바라는 염원을 담고자 최대한 노력하였다.

Where There is a will, There is a way

모쪼록 첫 걸음마를 딛는 본 서의 잉태로 4차 산업혁명 시대, 향후에 한국의 스타트업 생태계의 중추적인 역할을 담당할 액셀러레이터 분야의 새로운 방향을 제시할 수 있는 나침반의 역할로 시발점이 될 수 있기를 바라는 맘이 간절하다.

한국의 뛰어난 인재들이 마음 놓고 창업할 수 있고, 글로벌 시장에서 두각을 드러내는 스타트업이 더 많이 나올 수 있도록 스타트업, 투자기관, 학계 전문가, 대기업, 정부 관계자와 스타트업 지원기관 등의 기관 및 많은 관계자 분들의 도움과 특히 용광로 같은 연구열정으로 물심양면으로 동행하는 류석희 교수의 세심한 배려와 박영사 임직원의 제언에 깊이 감사드린다.

팔월의 무더위도 시원한 소낙비에 잠시 잊는 듯 40년 전, 젊은 시절의 모교 캠퍼스로 돌아와 아름다운 추억의 담쟁이로 둘러찬 연구실에서, 예순의 마지막 열정으로 아름다운 소리를 위하여 혼을 다하는 섹소폰처럼 연구에 정진하고 싶다. 언제나 상추 이파리처럼 넉넉한 배려와 한 보따리 사랑으로, 한평생 '나무 심는 마음'과 '씨 뿌려 거두고'의 교훈을 알려주시는 가장 존경하옵는 팔순을 훌쩍 넘긴 한뫼 선생님 그리고 가족과 형제, 종종 삶의 조급함과 갈등을 후련하게 씻어주는 필립과 예준이 그리고 언제나 삶의 나침반 같은 따뜻하고 넉넉한 친구들 이박사, 백천 윤회장, 손사장, 이사장, 장부사장과 본서의 발간의 위해 도와주신 모든 분께 깊이 감사드린다.

2017년 늦여름에
계명대학교 天地濟 연구실과
독일 뮌스터대학교에서
달빛과 물빛을 그리며
碩松 김영국(England Kim) 저자 씀

C차례 ontents

제1장 | 산업과 산업혁명

1. 산업의 이해 ·· 3
   사례연구 1 _ 6
2. 산업혁명의 이해 ··· 9
   사례연구 2 _ 24
   사례연구 3 _ 28
3. 산업과 산업혁명의 연계성 ··· 30
   사례연구 4 _ 31

제2장 | 창업과 핵심요소

1. 창업의 이해 ·· 35
   사례연구 1 _ 36
   사례연구 2 _ 37
   사례연구 3 _ 38
   사례연구 4 _ 40
2. 창업의 종류 ·· 43
   사례연구 5 _ 47

3. 핵심요소 ··· 49

4. 창업관련법상 창업제외 업종 ··· 52

   사례연구 6 _61

5. 창업열풍과 환경 ··· 63

   사례연구 7 _65

   사례연구 8 _66

제3장 │ 액셀러레이터

1. 액셀러레이터 ··· 71

   사례연구 1 _76

   사례연구 2 _90

2. 액셀러레이터의 비즈니스 모델 ··· 91

   사례연구 3 _92

3. 액셀러레이터 유형 ··· 93

   사례연구 4 _95

4. 액셀러레이터법 ··· 96

   사례연구 5 _98

5. 인큐베이터와 액셀러레이터 ··· 99

   사례연구 6 _99

   사례연구 7 _100

   사례연구 8 _101

6. 국내 액셀러레이터 주요 현황 ··· 102

7. 해외 선진 액셀러레이터 현황 ··· 106

   사례연구 9 _111

8. 액셀러레이터 문제점과 과제 ··· 113

   사례연구 10 _117

9. 액셀러레이터의 현황과 실태 ··· 118

   사례연구 11 _120

10. 개정 창업지원법 주요 내용 ··· 122

   사례연구 12 _124

제4장 　창업아이템

1. 창업아이템 발굴 ·· 133
　사례연구 1 _134
2. 창업아이템 발굴 분석 Check list ······································· 136
　사례연구 2 _137
3. 자료수집 및 시장조사 방법 ·· 140
　사례연구 3 _147
4. Business Model Canvas(BMC) ······································ 148
　사례연구 4 _154
　사례연구 5 _155

제5장 　창업자금과 지원제도

1. 기업성장단계와 자금유치 유형 ··· 164
　사례연구 1 _165
　사례연구 2 _167
　사례연구 3 _170
2. 엔젤투자 VS 벤처캐피탈 ·· 172
　사례연구 4 _173
　사례연구 5 _176
3. 창업지원제도 ··· 178
　사례연구 6 _179
　사례연구 7 _180
　사례연구 8 _182
4. 국내외 액셀러레이터 지원정책 ··· 184
　사례연구 9 _187
　사례연구 10 _189
　사례연구 11 _192
　사례연구 12 _195

사례연구 13 _196
사례연구 14 _202

제6장 │ 국내외 액셀러레이터 현황

1. 액셀러레이터의 등장 ··· 207
　사례연구 1 _207
　사례연구 2 _209
2. 액셀러레이터의 필요성 ··· 210
　사례연구 3 _212
　사례연구 4 _213
3. 해외 정부 및 대기업 지원 사례 ··· 215
　사례연구 5 _218
4. 주요 이슈 및 시사점 ·· 219
　사례연구 6 _223
5. 유럽 주요국의 스타트업 지원 체계 현황 ···························· 225
　사례연구 7 _230

제7장 │ 정책과 동향

1. 글로벌 액셀러레이터 육성계획 ·· 235
　사례연구 1 _238
2. 국내외 액셀러레이터 현황 ·· 239
　사례연구 2 _241
3. 국내외 정책 동향 ··· 243
　사례연구 3 _248
4. 액셀러레이터 전문역량 강화 ·· 249
　사례연구 4 _251

5. 액셀러레이터 협업체계 ·· 253
    사례연구 5 _ 255
6. 액셀러레이터 성장기반 ·· 256
    사례연구 6 _ 259

제8장 │ TIPS와 지원정책

1. TIPS ·· 265
    사례연구 1 _ 269
2. TIPS 프로그램 현황 및 성과 ··· 270
    사례연구 2 _ 280
    사례연구 3 _ 282
    사례연구 4 _ 283
    사례연구 5 _ 289

부록: 창업기획자(액셀러레이터) 등록 절차 및 준비서류 ······················· 291

참고문헌 ·· 311

찾아보기 ·· 315

제1장

산업과 산업혁명

Nothing Ventures, Nothing Gains!

1. 산업의 이해
2. 산업혁명의 이해

3. 산업과 산업혁명의 연계성

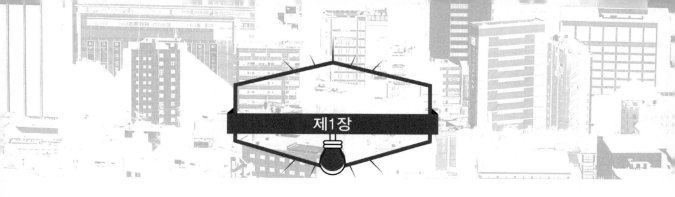

산업과 산업혁명

1 산업의 이해

'산업'이란 "유사한 성질을 갖는 산업 활동에 주로 종사하는 생산단위의 집합"이다. '산업 활동'이란 "각 생산단위가 노동, 자본, 원료 등 자원을 투입하여, 재화 또는 서비스를 생산 또는 제공하는 일련의 활동과정"을 말한다. 산업 활동의 범위에는 영리적, 비영리적 활동이 모두 포함되나 가정 내의 가사 활동은 산업에서 제외된다. '산업'은 산업혁명과 다른 개념으로 생산을 목적으로 하는 일을 의미한다.

(1) 1차 산업

자연을 통해서 사람이 직접 자원을 채취하거나 자연환경과 직접 연관된 농업·임업·수산업을 이용한 생산 활동이 제1차 산업이다. 1차 산업은 유전학적 산업과 채취산업으로 구분하게 되는데 유전학적 산업은 인간이 자연스럽게 천연자원의 성장과정에 개입하여 생산 활동을 증진시키는 것이고, 채취산업은 경작을 통해서 증가될 수 없는 소모성 천연자원의 생산이다.

유전학적 산업은 우리가 흔히 알고 있는 농업·임업·축산업·어업 등으로 윤작, 비료, 병충해 통제, 관개 시설(irrigation facilities), 온실경작, 타화수정(outcrossing), 교배를 통한 과학

그림 1-1   산업 분류

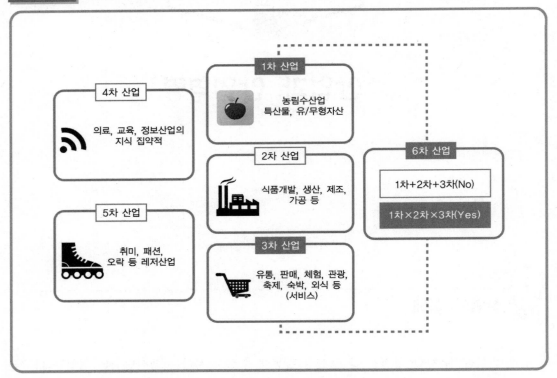

적 작물의 개량 등이며, 채취산업은 광석의 채굴과 채석, 광물연료의 추출 등을 말한다.

1차 산업은 대부분 저개발국가 또는 개발도상국에서 매우 중요한 경제적 주도를 차지하고 있다.

(2) 2차 산업

1차 산업을 통해서 생산한 원재료를 가지고 제조업, 공업, 경공업, 중공업, 조선업 등을 통해서 가공하여 생산하는 산업이 2차 산업이다. 이와 관련하여 경제학에서는 일반적으로 제조업이라고 표현하는데 이는 나라의 경제에서 1차 산업으로부터 공급되는 원료를 가공하여 소비재나 생산재를 만드는 경제활동을 말하는 것으로 생산재는 2차 산업에서 완제품, 완제품의 부품, 소비재 및 비소비재를 생산하는 데 필요한 자본재 등으로 사용되기 때문이다.

(3) 3차 산업

1차 산업과 2차 산업을 통해서 생산된 가공 상품 등의 재화에 대하여 판매 및 서비스 등을 제공하는 산업이다. 3차 산업의 종류를 확대하여 살펴보면 서비스와 상품판매 등을 중심으로 유통업, 운수업, 창고업, 상업, 금융업, 보험업, 숙박업, 미용업 등에 대한 모든 산업을 제3차 산업이라고 부르며, '서비스 산업'이라고도 부른다. 3차 산업은 나라의 경제에서 서비스나 무형의 이익을 공급하고 유형의 재화를 생산하지는 않지만 부를 창출하는 산업으로 자유시장경제와 혼합경제 체제에서는 보통 기업 또는 정부기업과 결합되어 있는 것이 특징이다.

(4) 4차 산업

정보 배포 및 공유, 정보기술, 통신, 의료, 교육, 상담, 연구 및 개발, 금융 계획, 기타 지식 기반의 서비스 산업 등을 집약한 산업을 4차 산업이라고 한다. 4차 산업은 1차 산업부터 3차 산업에서 눈에 보이는 물건을 생산하는 것과는 다르게 정보와 지식을 위주로 하는 산업으로 본다.

(5) 5차 산업

오락 및 패션, 레저 등 지식과 정보를 초월한 즐기는 문화적 요소를 생산해 내는 산업으로 의식주 또는 제품 등의 생산을 중심으로 하는 것이 아닌 인간의 요구와 욕구를 통해 삶을 즐기는 진보적인 산업으로 해석된다.

(6) 6차 산업

최근 창업과 관련하여 6차 산업의 발전과 도약을 위해 많은 지원과 연구가 진행되고 있다. 6차 산업은 농촌의 유형 또는 무형의 자원을 기초로 농업과 식품을 통해서 제조 가공을 통한 특산품 등을 개발하여 이를 유통 및 판매하거나 관광 및 체험을 할 수 있도록 서비스 등과 연계를 함으로써 새로운 부가가치를 창출시키는 활동을 말한다.

6차 산업은 농업과 농촌 경제의 대표적인 체계로서, 청양의 알프스마을의 '여름철 세계 조롱박 축제', '겨울철 칠갑산 얼음분수 축제' 등을 통해서 지역만의 흥미로운 볼거리와 먹거리 등을 창출시킨 대표적인 사례이다.[1] 6차 산업은 스마트팜의 기능을 발전 및 개발하면서 ICT, IOT 등의 4차 산업을 통해서 부가적인 사업의 확장을 하고 있다.

예를 들어, 비닐하우스에 농작물을 재배할 경우 습도, 온도, 천장의 개폐, 물 공급 등을 자동적으로 체크하여 이상적인 재배공간을 제공한다거나 집에서 핸드폰 등을 활용하여 조정을 통해서 쉽게 농작물을 재배할 수 있도록 하는 편리한 서비스 등의 제공을 할 수 있다.

즉, 6차 산업은 1차 산업, 2차 산업, 3차 산업을 연계하여 다양한 비즈니스 모델을 통한 부가가치를 창출할 수 있는 산업이다. 이를 창업과 연계한 학습과 연구를 통해서 실제로 실현될 수 있는 새로운 비즈니스 모델을 개발하고 확장할 경우 6차 산업의 발전에 따른 실질적인 이익이 농가에 제공됨으로써 농가에 대한 더 많은 신기술의 개발과 발명이 증가되고 발전하여 농사에 대한 인식과 미래의 삶의 질이 개선되어 농사의 만족도가 크게 향상될 것이라고 생각된다.

사례 연구 1

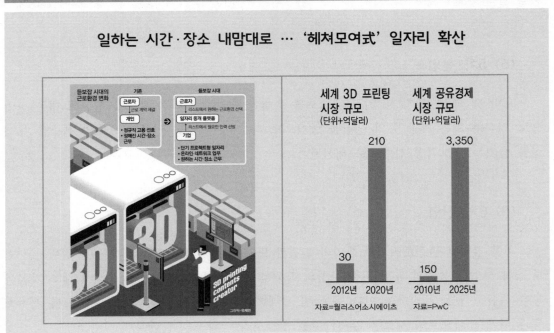

일하는 시간·장소 내맘대로 … '헤쳐모여式' 일자리 확산

세계 3D 프린팅 시장 규모
(단위+억달러)

30 — 2012년
210 — 2020년

세계 공유경제 시장 규모
(단위+억달러)

150 — 2010년
3,350 — 2025년

자료=월러스어소시에이츠   자료=PwC

---

1 농림축산식품부, "6차 산업 창업매뉴얼", 농림축산식품부 2014, 6면(재인용).

○● 듣보잡 1. 3D 프린팅 전문가

생활용품 디자이너 출신인 오명진 씨(44)는 현재 3D 프린팅 콘텐츠 크리에이터라는 새로운 직업에 뛰어들었다. 이 직업은 3D 프린팅 기술을 바탕으로 다양한 콘텐츠를 창작하는 전문가를 말한다. 그는 자신의 전공인 디자인과 3D 프린팅을 접목해 액세서리, 팬시용품 등 다양한 제품을 만들어 판매한다.

3D 프린팅 산업의 강점은 다양한 산업에 접목돼 수많은 직업을 파생시킨다는 데 있다. 간단한 장난감 블록부터 의학용 인공관절까지 다양한 제품을 만들어 내는 3D 프린팅은 최근에는 음식을 만들고, 집을 짓는 데도 활용되고 있다. "인간에게 필요한 모든 물건을 3D 프린팅으로 몇 시간이면 뚝딱 만들어 내는 세상이 올 겁니다. 이렇게 되면 다양한 업종에서 3D 프린팅 관련 일자리가 무궁무진하게 늘어나겠죠." 증기기관, 전기, 자동차, 컴퓨터, 인터넷 등 새로운 기술과 제품이 등장했을 때 수많은 '듣보잡'이 생겨 났다. 3D 프린팅 역시 듣보잡의 보물창고가 될 것이란 기대가 크다. 한국고용정보원은 3D 프린팅에서 바이오 인공장기 제작사, 인체 측정사(이상 의료), 맞춤형 개인소품 제작자, 3D 디자인 중개사이트 운영자(이상 판매·유통), 3D 프린팅 디자이너, 3D 프린팅 컨설턴트(이상 엔지니어링), 3D 프린팅 예술가, 3D 패션디자이너(이상 문화·예술) 등 수많은 직업이 파생될 것으로 예상했다.

오대표는 "스페인에서는 피자와 햄버거를 집에서 프린팅 기법으로 만들 수 있는 '푸디니' 프로젝트가 공개된 바 있다"며 "푸디니가 패스트푸드 조리사를 대체하는 날이 올지도 모르겠다"고 말했다.

○● 듣보잡 2. 공유경제 컨설턴트

2037년 8월 2일 김수정 씨(35·여)는 집에서 컴퓨터를 켜면서 하루 업무를 시작한다. 김씨 직업은 '공유경제 컨설턴트'다. 4차 산업혁명 시대의 핵심인 공유경제를 실현할 수 있는 아이템을 찾고 이를 토대로 공유경제 비즈니스 모델을 개발하는 일을 한다. 집은 물론 자동차까지 소유 대신 공유하는 개념으로 바뀌면서 김씨에게 자문을 구하는 고객이 많다. 드라이버, 줄자, 크리스마스 트리 등 1년에 한 번 쓸까 말까 하지만 없으면 아쉬운 잡동사니에 대해서도 필요한 사람과 갖고 있는 사람을 연결하는 역할을 한다. 2017년 과거에는 듣지도 보지도 못했을 미래의 '듣보잡(Job)'이다.

모닝 커피와 함께 인공지능(AI) 로봇으로부터 밤새 접수한 주문들을 보고받는다. 결혼식에 입고 갈 턱시도가 필요하다는 주문을 접수한 김씨는 플랫폼에 연결해 턱시도를 공유해 줄 수 있는 사람을 찾아 두 사람을 연결한다. 고객이 주문한 물건은 드론으로 1시간 이내에 200㎞ 떨어진 곳까지 배달된다. 이는 김씨 업무의 아주 사소한 부분이다.

그는 공유경제와 관련한 아이디어를 실제 사업으로 만들어 갈 수 있게 돕는 '공유경제 학교'도 운영하고 있다. 4차 산업혁명 시대 듣보잡인 공유경제 컨설턴트를 가상으로 꾸며본 사례다.

과거에도 자동차, 장난감, 책 등을 일정 기간 빌려주고 돈을 받는 렌탈 사업이 있었지만 공유경제는 '사람'을 중심으로 이뤄진다는 측면에서 다르다. 정보기술(IT) 기반 최첨단 직업일 뿐만 아니라 인간 삶의 질을 높여준다는 측면에서 부각되는 듣보잡이다.

○● 일자리 패러다임이 바뀐다

4차 산업혁명 시대를 맞아 과거 듣지도 보지도 못했던 미래 직업 '듣보잡(Job)'이 날마다 빠른 속도로 생겨나고 있다. 4차 산업혁명은 단순히 일자리 수를 늘리는 데 그치지 않고 근로자가 일하는 방식과 환경을 포함한 일자리 패러다임 자체를 바꾸고 있다.

거대한 물결의 중심에는 고용의 '우버화(Uberization)'가 자리 잡고 있다. 차량공유 서비스 우버(Uber)가 스마트폰 앱을 통해 차량을 가진 개인(운전사)과 차량이 필요한 개인(고객)을 연결한 것처럼 우버화된 고용시장에서는 기업과 근로자가 앱과 같은 플랫폼과 네트워크를 통해 연결된다. 과거처럼 고용 계약을 맺고 기업에 소속돼 일하는 게 아니라 기업은 그때그때 원하는 인력을 찾고 근로자 역시 플랫폼을 통해 자신이 원하는 일자리를 찾아 네트워크상에서 일하는 것이다.

이미 미국 등 선진국에서 고용의 우버화는 '현재 진행형'이다. 버락 오바마 정부 때 경제자문위원장을 지낸 앨런 크루거 미국 프린스턴대 교수는 지난해 논문에서 "계약직이나 임시직, 우버와 같은 플랫폼 노동 형태의 취업률이 2005년 2월 10.1%에서 2015년 말 15.8%로 급증했으며 머지않은 미래에 가장 비중이 높은 노동 형태가 될 것"이라고 예측했다.

이런 변화는 한국에서도 본격화하고 있다. 그때그때 필요에 따라 단기계약직과 프리랜서 등을 섭외해 맡기는 이른바 '기그경제(Gig Economy)'의 진행 속도가 빠르다. 최계영 정보통신정책연구원 선임연구위원은 "4차 산업혁명 시대에는 근로자가 네트워크를 통해 원하는 시간과 장소에서 일하는 '헤쳐모여식' 근로환경이 조성될 것"이라고 전망했다.

새로운 듣보잡의 등장과 이에 따른 근로환경 변화는 필연적으로 노동시장의 유연성을 극도로 높이게 된다. 즉 풀타임·정규직 일자리 대신 플랫폼을 통한 프리랜서·비정규직이 확대되면서 사실상 정규직과 비정규직 구분이 무의미해진다. 산업혁명 이후 정형화된 '9 to 6(오전 9시부터 오후 6시까지 근무)' 역시 무의미해진다. 듣보잡 근로자들은 정해진 시간 없이 자신이 원하는 장소에서 네트워크(또는 플랫폼)를 통해 자유롭게 일할 수 있다. 이 같은 고용환경 패러다임 변화는 양면성을 갖는다. 노동유연성이 높기 때문에 더 많은 구직자가 일자리를 얻을 수 있다는 점과 원하는 시간·장소에서 일함으로써 삶의 만족을 높일 수 있는 점이 대표적이다. '워라밸(Work Life Balance)'이라는 신조어가 생겨날 만큼 일과 생활의 균형을 중시하는 미래 세대에게 적합한 근로 형태란 얘기다. 반면 고용안정성이 낮은 새로운 일용직 '프레카리아트(Precariat)'를 양산해 경제적 불안정을 가중시킬 것이란 비관적인 전망도 없지 않다. 노동권 등 근로자 권리를 요구하기 힘들어지고, 전통적인 근로계약에서 보장되던 안전망이 붕괴될 것이란 지적도 있다.

평생 수십 개의 직업을 전전하는 것이 현실화할 수 있다. 정진수 충북대 물리학과 교수는 "미래 세대는 평생 20~30개의 직업을 가져야 할지도 모른다"며 "2년마다 직장을 바꿔야 할 것"이라고 말했다.

정규직과 비정규직의 구분이 무의미해지는 4차 산업혁명 시대를 맞아 정부와 노조가 당장 정규직 전환에만 목맬 게 아니라 미래 다가올 듣보잡 시대에 고용시장 변화에 선제적으로 대응해야 한다는 목소리가 높다.

오민홍 동아대 경제학과 교수는 "사회안전망 마련과 함께 미래 세대가 고용 패러다임에 제대로 적응할 수 있도록 교육 체계를 혁신해야 한다"고 강조했다.

출처: 매일경제, 2017. 8. 1. 발췌정리.

2 산업혁명의 이해

 18C 중엽에서 19C 초반에 영국을 중심으로 산업혁명이 전개되었고, 증기기관 기반의 기계화 혁명으로 육체노동을 절감할 수 있는 계기가 되었다. 영국은 기계화 혁명으로 인해 증기기관을 이용한 거대한 섬유공업의 산업화를 이룩하였으나 산업혁명의 수용 및 확산속도가 빠르지 않아 1850년대에 이르기까지 유럽의 일부와 미국에만 확산되었는데, 제1차 산업혁명은 성공적인 산업혁명으로 평가되지는 않았다. 그러나 산업의 발전과 인간의 삶의 질이 환경에 의해 변경됨에 따라 산업혁명은 지속적으로 새로운 방향성을 제시하며 발생하게 될 것이고 현재 우리는 4차 산업혁명에 적응할 준비를 하고 있다고 생각된다.

산업혁명의 발전과정

1) 1차 산업혁명

 18세기 중엽에서 19세기 초반에 영국을 중심으로 전개되었고, 증기기관 기반의 기계화 혁명으로 육체노동을 절감할 수 있었다.
 영국은 기계화 혁명으로 인해 증기기관을 이용한 거대한 섬유공업의 산업화를 이룩하였다. 그러나 수용 및 확산속도가 빠르지 않아 1850년대에 이르기까지 유럽의 일부와 미국에만 확산되었다.

2) 2차 산업혁명

 20C 초반에 제1차 산업혁명이 세계적으로 전파 및 확산되어가는 과정에서 2차 산업혁명의 필요성이 제기되었다. 2차 산업혁명은 당시 전기가 발명됨에 따라 대규모의 공장에 안정적인 전력을 공급할 수 있게 되면서 컨베이어시스템(conveyor system)이 등장하였다.
 이러한 발전을 통해서 산업의 생산성이 혁신적으로 개선되면서 대량생산이 가능하게 되었고, 미국의 주도 하에 제2차 산업혁명은 안정적으로 지속적인 발전을 거듭하였다.

3) 3차 산업혁명

3차 산업혁명은 1960년대에 반도체와 메인프레임 컴퓨팅(mainframe computing)을 기초로 시작되어 1970년부터 1980년대까지는 개인용 컴퓨터(PC, personal computer), 1990년부터는 인터넷의 발달이 되면서, 일명 '컴퓨터 혁명' 또는 '디지털 혁명'이라고도 한다.

3차 산업혁명은 제레미 리프킨(Jeremy Rifkin)이 바라본 미래사회의 모습이었으며, 3차 산업혁명을 계기로 인간의 대표적 업무인 노동을 통한 작업이 자동화되면서 인간의 노동에 대한 부담이 대폭 축소되었다. 이로 인해 인간은 힘든 일과 산업재해 등의 사고에서 다소 안전해졌으나 그만큼 일자리도 사라져버리는 문제가 발생한 시점이기도 하다.

3차 산업혁명은 컴퓨터와 인터넷기반의 지식정보 혁명이 이루어지면서 인터넷과 스마트기반의 IT가 급진적으로 부상하였고, 미국이 주도하면서 강한 글로벌 IT기업을 배출시키기도 했다.

4) 4차 산업혁명

① 정의

4차 산업혁명은 제조업과 3차 산업기반인 ICT 신기술(사물인터넷, 인공지능, 빅데이터, 클라우드 등)로 이루어지는 기술융합과 이에 따른 사회적 파급효과를 아우르는 용어이다. 예를 들면, 기계에 센서를 부착해 사물들끼리 데이터를 실시간으로 주고받는 스마트공장, 3D 프린터로 맞춤 생산한 비행기 엔진, 인공장기 등이다. 따라서 단순한 제품을 넘어서 시스템 전체가 바뀌는 혁명이다.[2]

② 배경

2016년 1월, 다보스포럼 회장 클라우스 슈밥은 "4차 산업혁명 시대에는 기존 대기업 위주가 아닌 중소기업들의 조합으로 빠르고 기민하게 움직일 수 있어야 한다"고 언급하였다.

특히, 주요 선진국들은 4차 산업혁명에 대한 이해와 철저한 준비를 통해 제조업 부활과 저성장의 한계를 극복하는 기회로 활용하고 있다. 독일에서 고령화 등 노동력 감소로 약화되는 자국 제조업 문제 해결을 고민하면서 나온 인더스트리 4.0전략에서 4차 산업혁명으로 발전되었다.

이는 자동화의 극대화로 제조업 기술력과 경쟁력을 확보하고자 하는 데 목적이 있다. 최근 전 세계적으로 가장 큰 이슈로 부각되는 4차 산업혁명은 21세기의 시작과 동시에 출연

2 중소기업중앙회, 4차 산업혁명에 대한 중소기업인식 및 대응조사 결과, 2016.

그림 1-2 4차 산업혁명 관련 새로운 용어들

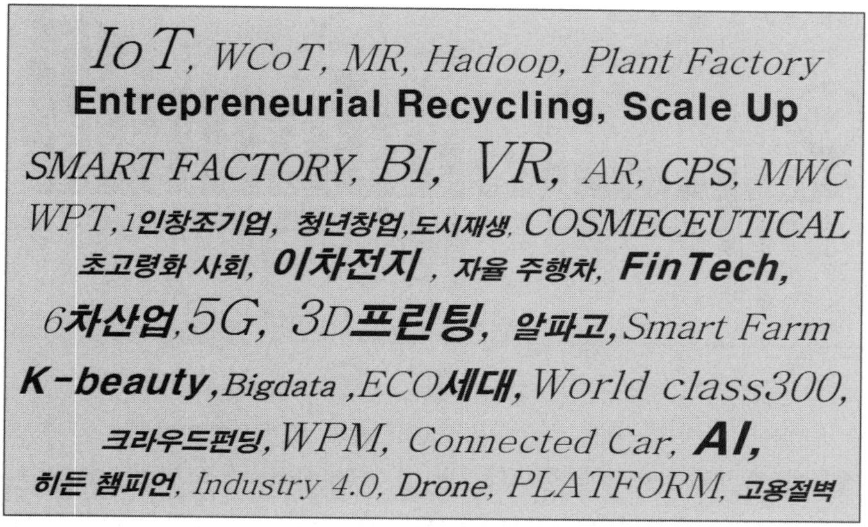

하였고, 실제 전면적으로 활용된 시점은 2015년부터이다.

이는 세계경제포럼 창립자 겸 집행 위원장인 클라우스 슈밥(Klaus Schwab)의 저서인 '제4차 산업혁명(The Fourth Industrial Revolution)'을 통해 기존의 산업혁명과 다른 점을 소개하면서[3] 제4차 산업혁명에 대한 관심이 활성화되었다.

클라우스 슈밥은 제4차 산업혁명에 대하여 "'스마트 공장(smart factories)'의 도입으로 전 세계적으로 제조업의 가상 시스템과 물리적 시스템이 유연하게 협력할 수 있는 세상을 만들게 될 경우 상품의 완전한 맞춤 생산(customization)이 가능해지고 새로운 운영모델이 발생할 수 있다", 또한 "단순히 기기와 시스템을 연결하고 스마트화하는 데 그치지 않고 훨씬 넓은 범주까지 확대할 수 있고, 유전자 염기서열분석(gene sequencing)에서 나노기술, 재생가능에너지에서 퀀텀 컴퓨팅까지 다양한 분야에서 동시다발적으로 일어나고 있는 추세이다. 이 모든 기술이 융합하여 물리학, 디지털, 생물학 분야가 상호 교류하는 제4차 산업혁명은 종전의 그 어떤 혁명과도 근본적으로 궤를 달리 한다"고 주장하였다.

제4차 산업혁명의 대표적인 기반은 사물인터넷(IOT, Internet Of Things), 인공지능(AI,

---

3 클라우스 슈밥(저)/송경진(역), 「제4차 산업혁명」, 새로운 현재, 2016, 26면.

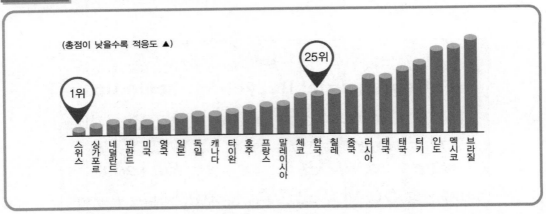

그림 1-3   4차 산업혁명 적응 순위[4]

Artificial Intelligence),[5] 사이버 물리 시스템(CPS, Cyber physical systems)이다. 그간 우리나라는 국가적인 정보화 추진을 통해 국가정보화 2년 연속('15~'16년) ICT 발전지수 세계 1위를 달성하는 등의 세계 최고 수준의 ICT 인프라를 확보하고 산업과 ICT의 결합을 통해 국가경쟁력 강화를 위해 노력하고 있다.

하지만, 지능정보기술은 지금까지와는 확연히 다른 경제·사회구조 대변혁을 야기할 것으로 기술·산업 중심의 정보화를 넘어 교육, 고용, 복지 등 사회정책도 포괄한 국가적 대비책 마련이 필요한 시점이다.

③ 특징

4차 산업혁명은 획기적인 기술진보 속도로 모든 국가와 산업 분야에 미치는 범위(영향력), 모든 시스템 영향에 있어 다음 〈표 1-1〉과 같은 차별성을 가지고 있으며, 국가별 4차 산업혁명 정책 현황 비교해보면 〈표 1-2〉와 같다.

표 1-1   4차 산업혁명의 차별성

구분	주요 차별성
속도	기술이 인류가 전혀 경험하지 못한 속도로 빠르고 획기적으로 진화
범위	모든 산업분야에서 파괴적 기술 등장으로 대대적으로 개편
시스템 영향	생산, 소비, 유통, 관리 등 전체적인 시스템의 변화

4 미래창조과학부, "4차 산업혁명에 대응한 지능정조사회 중장기대책", 2016.
5 EY 어드바이저리(저)/임영신(역), 「세계초일류기업의 AI전략」, 매일경제사, 2016.

우리나라에서도 4차 산업혁명 시대의 비전을 공유하고, 새로운 산업구조에 대비할 역량 개발과 활로 개척에 집중해야 할 중대한 시점에 와 있다.

표 1-2 국가별 4차 산업혁명 정책 현황 비교[6]

구분	미국	독일	일본	중국
주요 정부정책	AMP 첨단제조 파트너십	인더스트리 4.0	일본재흥전략 2015	중국 제조 2025
핵심기술	빅데이터, IoT, 인공 지능, 로봇공학, 클라우드 등			
주요 추진조직	• 정부기관 • 글로벌 제조 및 IT기업		• 정부기관 • 글로벌 제조 기업	• 정부기관
대응방향	• 제조업 중심 정책방향 설계 • 자국 내 글로벌 IT기업 적극적 참여 • 민간 중심 대응 전략 적극 지원	• 제조업 중심 정책방향 설계 • 자동차, 기계 설비 등 자국 글로벌 기업 중심 추진 • 국가 차원의 아젠다 제시와 민관 공동대응	• 정부 아젠다 중심 대응전략 추진 • 기존 강점인 로봇기술 중심 전략 수립	• 정부 중심의 강력한 정책 추진 • 기존 제조업 발전의 주요 수단으로 ICT 활용 • 자국 시장 규모 적극 활용

한편, 4차 산업혁명시대의 제조업 주요 트렌드는 다음과 같이 요약할 수 있다.

① 플랫폼 중심의 산업구조 재편으로 고객 데이터를 활용하여 다양한 제품과 서비스를 하나의 플랫폼을 통해 제공하는 등 플랫폼 영향력 가속화될 것으로 전망되고 있다.

② 원거리·대량 생산방식에서 근거리·개별 생산방식으로의 변화이다.

③ 제조업의 서비스화 등 비즈니스모델 혁신이다.

④ 자본과 기술의 노동 대체와 해외 생산 기지의 본국 이전 등이다.

따라서 유비쿼터스 모바일 인터넷(ubiquitous & mobile inter net), 기계학습(machine learning), 낮은 비용의 강력해진 성능을 가진 센서가 주요 특징이 된다. 과거의 산업혁명은 물리적 공간과 사이버 공간을 통한 발전이었다면 제4차 산업혁명은 물리적 공간과 사이버 공간을 결합한 불연속성을 극복하였다고 할 수 있다. 최근에는 빅데이터와 알파고(AlphaGo) 등의 지능을 가진 로봇 개발을 통해서 기하급수적인 속도로 진화 및 발전을 거듭하고 있다.

즉, 만물초지능혁명으로 발전되면서 사람과 사물, 공간을 연결하고 지능화된 산업이 개

6 정보통신기술진흥센터, "주요 선진국의 제4차 산업혁명 정책동향", 2016.

발·발명되면서 산업구조의 변화와 사회시스템의 혁신을 불러오고 있다.

4차 산업혁명은 인간에게 업무의 편리성과 효율성을 제공하지만 한편으로는 인간의 직업을 사라지게 하거나 대량의 실직이 예고되면서 인간의 직업에 대한 선택과 노동의 권리 침해, 인간의 프라이버시(privacy) 침해 등을 가장 큰 문제로 판단하여 우려하기도 한다.[7] 따라서 국가는 인공지능의 적극적인 개발도 중요하나 개발 이후 인간과 함께 Win-Win할 수 있는 제도적 장치를 최우선으로 마련하는 지혜가 필요하다고 생각된다.

표 1-3	산업혁명의 단계별 변화[8]			
구분	제1차	제2차	제3차	제4차
산업혁명	기계화 혁명	대량생산 혁명	지식정보 혁명	만물초지능 혁명
시기	18세기 후반	20세기 초반	20세기 후반	21세기 초반
핵심기술	증기기관	전기에너지, 생산조립라인	반도체, 인터넷	IOT, AI 등

〈표 1-3〉과 같이 산업혁명은 현재 제4차 산업혁명까지로 보고 있으나 산업의 발전과 기술의 발달로 인해 5차 산업혁명, 6차 산업혁명 등 시대흐름에 따른 산업혁명이 지속적으로 진보되어 발생될 가능성이 존재하는 것은 당연할 것이다.

④ 4차 산업혁명의 주요 트랜드

전 세계적으로 4차 산업혁명의 영향이 정부, 기업 등 신성장 전략산업으로서의 중요성이 매우 높아지고 있는 실정이다. 특히, 글로벌 국제경쟁력 강화와 국내 기업들의 차별적 경쟁우위를 위한 기업 간, 산업 간, 지역 간 전략 강화를 위한 핵심도구로서 4차 산업혁명에 대한 다양하고 구체적인 정책 및 로드맵 등의 플랫폼 구축이 시급히 요청되고 있다.

클라우드 슈밥이 2016년 세계경제포럼(WEF)인 다보스포럼에서 주장한 4차 산업혁명은 '디지털, 바이오, 오프라인 등의 기술을 융합하는 것'으로 정의하고 있는데, 핵심기술로는 무인운송수단, 3D 프린팅, 신소재의 물리적 기술, 사물인터넷과 원격모니터링 기술, 블록체인, 비트코인, 공유경제와 온디맨드 경제의 디지털 기술, 유전공학, 합성생물학, 바이오프린팅의 생물학 기술 등이다.

이는 4차 산업혁명의 기술로 사물인터넷(IoT: Internet of Things), 빅데이터, 인공지능,

---

7 클라우스 슈밥(저)/송경진(역), 앞의 저서, 155면.
8 피붙이, "디자인, 4차 산업혁명을 준비하다", 기고문, 2017.

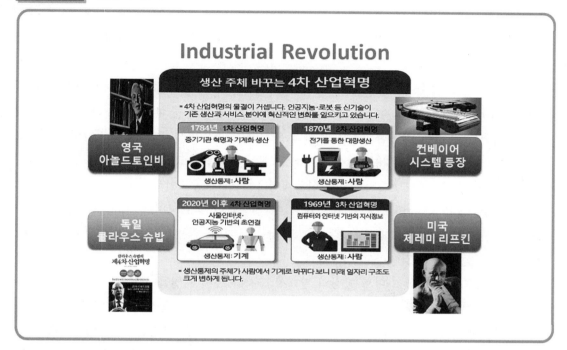

그림 1-4 산업의 연혁[9]

출처: 매경이코노미(2017).

클라우드 컴퓨팅, 3D 프린팅, 드론 등의 정보기술들을 활용하여, 기업 업무 수행을 위한 대량의 자료들을 효과적으로 가공 처리하여 자율적인 최적의 정보활동을 이끌어 넴으로써 혁신적인 기술수용에 따른 업무 생산성을 극대화 하는 융복합 기술들을 말한다고 주장하고 있다.[10]

산업통상자원부(2015)[11]의 발표에 따르면, 우리나라에서도 제조업 3.0 정책을 추진하면서 미래 제조업 혁신을 위한 생산방식, 제품, 비즈니스 등 모든 가치사슬 단계에 걸쳐 제조업과 IT의 융합을 통한 스마트 산업혁명이 시작되었다면서, 스마트 생산방식의 확산, 창조경제 대표적 신산업 창출, 지역 제조업의 스마트 혁신, 사업재편 촉진 및 혁신기반 조성을 위한 4대 추진방향과 세부 추진 과제를 설정, 발표하였다.

미래 경쟁력 확보를 위해서는 급변하게 진행되고 있는 제조업 패러다임 전환을 위해

---

9 매경이코노미, 2017; 재인용 및 본서에 맞추어 재구성 및 작성.
10 노영우 외, 2016 다보스 리포트, 인공지능발 4차 산업혁명, 매일경제신문사, pp. 1-280, 2016.
11 산업통상자원부, 제조업 혁신 3.0 전략, pp. 1-9, 2015.

IoT, 빅데이터, 3D프린팅과 같은 첨단기술과 디지털화 및 스마트 공장 등에 대한 표준화 관련 연구 및 모델 개발 등에 주력해야 하며, 4차 산업혁명을 통한 혁신적인 기술혁신을 계기로 국가 산업 전반에 대한 차별적 경쟁력 확보를 위해 정책적인 인프라 구축 등이 필수적으로 요구된다고 하였다.[12]

산업연구원(2017)[13]에서는 초자동화, 초연결성, 초지능화의 특징을 갖는 사이버 물리 시스템(Cyber Physical System) 기반을 통해 기존의 하드웨어 제품 중심의 제조, 조립 위주의 생산방식에 변화를 가져와 제품의 스마트화가 빠르게 진행되면서 초연결성 기반의 플랫폼이 발전하고 공유경제와 같은 새로운 비즈니스 모델이 나타난다고 주장하였다.

현대경제연구원(2017)[14]에서는 4차 산업혁명을 위한 성공요인으로는 노동시장의 유연성과 기술수준, 교육수준, 인프라 구축 등과 같은 변인들이 필요하며, 미래창조과학부(2017)[15]에서도 생산과 소비의 변화과정을 통해 모든 사물을 관리 운영하는 초 연결 플랫폼의 혁명적 프로세스가 구축될 것이라고 전망했다.

4차 산업혁명을 위한 스마트 공장의 필요성 조사를 통해 기업들이 요구 및 개선을 필요로 하는 사항은 지원자금 확대, 시스템의 표준화 지원 및 시스템 운용을 위한 인력지원 등의 순이라고 하였다. 즉, 새로운 산업에 대한 변화와 더불어 기업 간 다양한 방식으로의 융복합과 협업 등의 형태가 IT를 기반으로 한 제조와 서비스 분야의 핵심을 이룰 것으로 전망된다.[16]

이는 미래창조과학부(2017)의 연구에서와 같이 과학기술의 발전과 사회경제 환경의 변화에 따른 생산과 소비의 영역 간 다양화와 융합을 통해 새로운 형태의 패러다임의 필요성이 기업에 필연적으로 요구되는 것과 같은 맥락을 이루고 있다.

결론적으로 4차 산업혁명의 도래와 함께 우리 산업의 근간을 이루는 제조업 등에서 기업들이 생산성 향상과 글로벌 경쟁력 강화를 위해서 신기술 등의 도입과 활용에 따른 새로운 유형의 패러다임 구축의 필요성이 부각되고 있다. 또한 기술 도입에 따른 기업들의 기술수용과 확산 등에 따른 변인들에 대한 연구의 필요성도 점차적으로 급증하고 있다.

⑤ 4차 산업혁명과 혁신기술

클라우드 슈밥[17]은 다보스 포럼에서 '4차 산업혁명의 이해'라는 주제로 전 세계적으로

12 김의중, 우리나라 제조업의 미래 제조업혁신 3.0전략, 산업경제, 6월, pp. 1-3, 2015.
13 산업연구원, 한국제조업의 4차 산업혁명 대응 현황과 평가, pp. 1-16, 2017.
14 현대경제연구원, VIP 한국형 4차 산업혁명을 통한 경제 강국 도약, 2017.
15 미래창조과학부, 4차 산업혁명 시대의 생산과 소비, pp. 1-229, 2017.
16 이현정 외, 스마트공장 구축을 위한 현장실태 및 요구사항 분석, 한국정밀공학회지 34(1), pp. 29-34, 2017.
17 Schwab, Klaus, The Fourth Industrial Revolution, World Economic Forum, 2016.

제1장 산업과 산업혁명 **17**

일어나고 있는 많은 변화 현상들을 종합적으로 정리하여 '4차 산업혁명'으로 발표하였다.

이는 불확실해져 가는 미래에 대한 이슈와 핵심 기술 간 연관관계 분석을 통해 IoT, 인공지능, 3D 프린팅, 가상 현실 등과 같은 기술들이 기업의 제조혁명과 연결되어 생산과 소비의 프로세스와 패러다임을 변화시키는 일련의 현상을 말한다.

위키피디아에서는 4차 산업혁명을 정보통신기술의 융합으로 이루어낸 혁명시대를 말하는 것으로 정의하고 있는데, 로보틱스, 인공지능, 나노기술, 바이오기술, IoT, 3D Printing과 무인자동차 등이 핵심기술을 포함하는 사회라고 하였다.

디지털 혁명을 통한 소프트웨어 기술을 기반으로 생성되는 디지털 연결성이 사회를 근본적으로 바꾸고 있으며, 그 영향력과 규모와 변화의 속도는 역사상 그 어떤 산업혁명과도 다른 양상으로 전개되어 사회를 탈바꿈시키고 있는사회를 4차 산업혁명이라고 했다.

4차 산업혁명은 증기식 동력기관을 활용한 1차 산업혁명을 시작으로 하며, 컴퓨터와 통신기술의 결합에 의한 3차 산업혁명, 그리고 대량의 데이터를 통한 인공 지능화 된 최적의 정보처리 기술을 결합함으로서 각광을 받게 될 전망이다. 〈표 1-4〉에서와 같이 1차에서 4차 산업혁명의 시기와 주요 기반 기술 및 특징 분석을 통해 3차 디지털 혁명에서 4차 초연결 혁명으로 산업의 경계가 사라지고 사물인터넷, 빅데이터, 인공지능 등을 활용하여 기술간 융합의 활성화가 이루어진다.[18]

〈그림 1-5〉에서와 같이 4차 산업혁명의 기술적인 특성은 데이터량의 증가, 처리 성능의 향상 그리고 인공지능화 된 정보처리 기술의 진화 등으로 변화 발전하고 있다. 4차 산업혁명은 대량 정보를 바탕으로 인공지능 등이 스스로 최적 행동을 하게 되는 자율적 최적화

표 1-4 1차 산업혁명에서 4차 산업혁명의 특징 분류

구분	시기	주요 기반기술	특징
1차산업혁명 • 동력혁명	18세기 후반	증기기관, 기계식 생산설비 등	영국이 공업대국으로 부상
2차산업혁명 • 자동화 혁명	19세기~20세기 초, 중반	전기동력, 대량생산 체계(컨베이어벨트) 등	미국이 세계 최고 제조대국으로 지위 구축
3차산업혁명 • 디지털혁명	20세기 후반	전자기기, 정보통신, 자동화 생산 등	한국 제조업의 국제경쟁력 부상
4차산업혁명 • 초연결혁명	2015년 ~	사물인터넷, 빅데이터, 인공지능 등	• 산업간 경계가 사라짐 • 기술간 융합 활성화

출처: 조윤정(2017), 한국형 4차 산업혁명 대응전략, 산업기술리서치센터, Vol. 3, pp. 1-17.

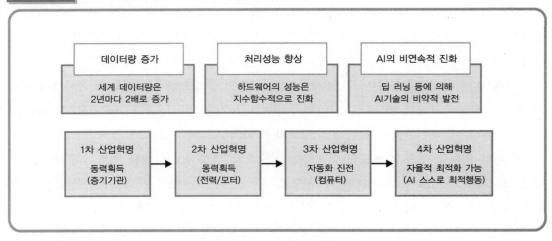

그림 1-5   산업혁명의 역사적 발전 과정

기능 중심으로 비약적으로 발전할 것으로 예상된다.

　4차 산업혁명 시대에는 빅데이터, 3D 프린팅, 사물인터넷, 클라우드 등의 기술을 기반으로 한 한국형 모델 구축의 필요성을 주장하면서, 기존의 산업 발전을 유도하는 공급사슬의 연계 및 신지식과 기술을 활용한 첨단 제조 기술의 연계 필요성이 크게 부각되고 있다.

　Hepplemann에 의하면 〈그림 1-6〉에서와 같이 4차 산업혁명에 따른 기업의 경쟁 환경

그림 1-6   4차 산업혁명에 따른 기업의 경쟁 환경의 변화

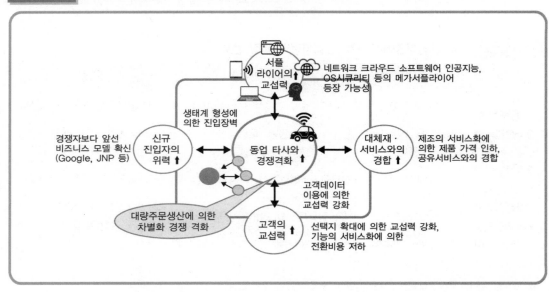

의 변화는 동종 업종의 경쟁사화의 경쟁력 강화를 위해 신규 진입자, 대체제, 고객 등과의 관계성이 매우 다양해지고 복잡한 현상으로 나타나고 있다. 즉, 신규 진입자의 위력이 높아지고 대체제 서비스와의 경합이 강화되면서 고객과의 교섭력과 동업 타사와의 경쟁력 등과 같은 변인들이 복합적으로 작용함에 따라 새로운 가치 창조를 위한 패러다임이 형성되어야 한다는 것이다.

　　Bernard도 4차 산업혁명의 엄청난 잠재적인 기술들이 웹을 통하여 더 많은 사람들과 연결됨으로써 기업과 조직의 효율성을 급증시키며 더 많은 매출 확대가 이루어지는 역동적인 결과를 가져올 것으로 예측하였다.

　　4차 산업혁명에 따른 산업구조의 변화에서 기술의 혁신, 플랫폼 기반의 서비스 혁신이라는 관점에서 소비자들과 기업 간의 사회 경제적인 구조적변혁을 통해 새로운 제조 가치

그림 1-7 **기업의 미래지향적인 비즈니스 모델**

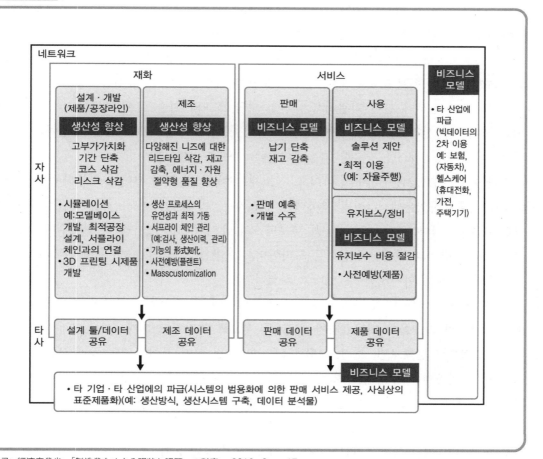

자료: 經濟産業省, 「製造業をめぐる現狀と課題への對應」, 2016. 3. p. 17.

사슬의 패러다임을 만들게 될 것으로 보고 있다.

한국콘텐츠진흥원에서는 4차 산업혁명에 따른 급격한 기술변화는 상품과 서비스 생산의 전통적인 가치 사슬을 해체하면서 비용절감의 경제적 효과는 물론이고 새롭게 창출되는 수요와 노동의 증가에 따른 프로세스 변화를 가져 올 것으로 예상하고 있다.

이는 미국의 가트너 정보기술 연구소의 노동 대체 효과의 급증을 통한 새로운 지식 노동자들의 수요 증가의 연구와도 같은 것으로 볼 수 있다. 기업의 제조업 측면에서 나타나는 변화 현상에 효과적으로 대응할 수 있는 비즈니스 모델 개발의 필요성이 매우 급증하고 있다.

일본의 경제산업성 연구에 따르면, 〈그림 1-7〉에서와 같이 재화와 서비스의 모든 비즈니스 모델이 4차 산업혁명 기반 기술의 도입으로 인해 새로운 유형의 비즈니스 모델 개발과 운영 필요성이 급증하게 된다는 것이다.

특히, 가트너 연구 결과에서와 같이 정형화된 업무분야와 비정형 업무와의 경계선이 모호할 가능성도 나타난다는 것을 보면, 기업의 미래지향적인 비즈니스 모델은 가치사슬의 변화에 따른 새로운 4차 산업혁명 시대를 예견하는 것이기도 하다.

미래창조과학부, 한국과학기술기획평가원, KAIST 등에서 국내 전문가 932명을 대상으로 조사한 결과에 따르면 ICT 융합 기반 미래 10대 유망 서비스의 유형은 〈표 1-5〉와 같다.

우리나라 정부와 관련 기관에서는 산업 파급 효과와 기술 실현 가능성을 중심으로 한 10대 서비스를 선정하였는데, 기존 생활 밀착형 서비스 산업에 ICT 융합 경쟁력을 보유한 기업들이 신규 서비스를 창출할 가능성이 높은 것으로 평가되고 있다.

한편, OECD에서는 디지털, 바이오, 신소재, 에너지 및 환경 분야로 구분하여 미래 기술 트랜드를 발표하였는데, 디지털 분야에는 인공지능, 빅데이터 분석, 사물인터넷, 블록체인 기술이 포함되었다. 특히, 인공지능과 로보틱스의 발전은 미래 일자리에 대한 우려를 증대시키고, 사물인터넷과 빅데이터 분석은 프라이버시 문제를 제기하며, 3D 프린팅은 지적재산권 침해 등의 문제를 야기시킬 수 있다고 하였다.

MIT에서도 10대 미래 유망 기술을 발표하였는데 IT, ET 등과 더불어 주로 바이오기술(BT)와 관련된 기술들이 파급효과가 가장 클 것으로 전망하고 있다.

종합적으로 살펴보면, 보건, 교육, 금융, 환경 및 안전 분야의 기술들과 산업계에서 필요로 하는 인공지능 IoT, 인공지능 및 빅데이터 분야의 기술들을 활용하여 국제 경쟁력을 확보하고 세계 시장을 선점하는 기술들이 주류를 이루고 있는 것으로 평가된다.

결론적으로 4차 산업혁명은 지식정보화 사회에서 필요로 하는 컴퓨터와 통신기술 등을 상호 연계시켜 지금과는 차별화된 다양한 요소 기술과 응용기술들을 초연결 시킴으로써 인

표 1-5	ICT 융합 기반 미래 10대 유망 서비스의 유형	
분야	**유망서비스**	**설명**
보건	개인맞춤형 헬스케어	스마트웨어를 통한 생체정보 수집과 가상신체 기술을 활용한 개인 맞춤형 질병 진단 및 예방
금융	현금 없는 금융	모바일 경제 시스템과 가상화폐 도임으로 결제 수단을 디지털화하고 다양화
교통	무인 네트워크 운송	자율주행차를 기반으로 도시 내 운송수단을 지능적으로 통제해 운송망을 최적으로 운영
운전	사물인터넷 재난대응	사물인터넷 기술 등을 활용 하여 사고를 예방하고 사고 발생 시 신속 구조해 피해를 최소화
건강	건강수명 증진	생명공학, 정보통신 기술 등을 이용해 노후 수명이 건강 수명이 될 수 있도록 지원
환경	전력충전	공공장소에서 상시 유무선 충전이 가능하게 해 전기차 등에 전원공급 인프라를 제공
에너지	그린 에너지 플랫폼	다양한 방식의 친환경 에너지 생산 후 생산된 에너지를 쉽게 매매할 수 있는 플랫폼 제공
작업 환경	인공지능 만능 전문가	빅데이터, 인공지능 등 기술을 이용해 다양한 분야에서 인간의 의사결정과 일손을 제공
	웨어러블 에너지 공급	웨어러블 기기 등 수많은 전자장치에 소형, 고효율 방식으로 전원을 공급
교육	소셜 러닝	SNS를 통해 개인이 필요로 하는 지식, 정보를 습득하도록 지원

출처: 미래창조과학부, 한국과학기술기획평가원, KAIST, 2016.

간과 기계의 상호작용에 의해 기업의 생산성 증대와 국제 경쟁력 강화를 위한 모든 정보기술의 융복합 시대이며, 현재와는 다른 풍요로운 삶을 추구할수 있는 새로운 사회를 말하는 것이다.

⑥ 4차 산업혁명 핵심 기술 유형과 특성

세계미래위원회 발표에 따르면, 위험관리 기관인 Marsh & McLennan과 스위스 취리히 보험그룹이 900명의 글로벌 리더들을 대상으로 조사한 결과 보고서에서, 2017년 12대 유망 기술로 인공지능과 로보틱스 기술이 가장 유망한 것으로 나타났으며, 인공지능 기술의 급속한 발전으로 현재 정책 및 기술 리스크에 적절한 대처가 불가능하므로 새로운 정책의 접근이 필요하다고 역설하였다. 유망기술에 따른 순위는 〈표 1−6〉에 나타난 바와 같다.

표 1-6	유망기술의 순위

순위	유망 기술 유형
1위	인공지능 및 로보틱스
2위	바이오 기술
3위	에너지 포집, 저장, 전환 기술
4위	금융거래 해킹 방지 기술 및 분산원장 기술
5위	지구공학

이러한 연구결과는 미래창조과학부(2016), 정보통신정책연구원(2016), 산업통상자원부(2016) 등에서 발표한 4차 산업혁명의 유망기술인 IoT, 인공지능, 클라우드 컴퓨팅, 자율형자동차, 바이오기술 등과도 일맥 상통한 부분이 있으며, 특히, 슈밥(2016)이 주장하고 있는 디지털 기술, 물리학 기술, 생물학 기술과의 융복합 기술이라는 점에서 공통점이 있고, 이러한 대부분의 기술들은 ICT를 기반으로 한 기술에 중점을 두고 있다는 것이 특징이다.

다보스 포럼 분석 결과[19]에 따르면, 다포스 포럼에서는 4차 산업혁명의 주요 핵심 기술로 〈표 1-7〉과 같은 5가지를 선정, 발표하였는데, 주로 ICT 관련 기술이나 물리학, 생물학과 융합되어 스마트 공장, 무인자율주행자동차 등 새로운 제품 및 서비스를 창출하거나, 사물 인터넷 등 주요 기술의 발전과 기술 간 융합이 4차 산업혁명을 촉발하거나 가속화할 것으로 전망하고 있다.

이는 슈밥이 주장하고 있는 인공지능, 유비쿼터스 컴퓨팅, 로봇공학과 서비스, 사물인터넷, 비트코인과 블록체인, 3D 프린팅 기술 등과도 연계성이 높은 것으로 보인다. 즉, 구글 회장인 Eric Schmidt 등이 새로운 디지털 세계에서 주장하고 있었던 엄청난 기술과 사회 모든 계층의 연결성을 가능하게 하는 무선인터넷 기술들이 다보스 포럼을 통해 현실화되었던 것이다. 그는 인터넷 무선통신 기술이 역사상 가장 흥미로운 사회적, 문화적, 정치적인 혁신의 핵심 도구라고 하였다.

4차 산업혁명의 대표적인 정보기술 중에 가장 각광을 받고 있는 기술이 바로 IoT(Internet of Things)이다. IoT는 2000년대 초반 MIT 공대의 Kevin Ashton에 의해 고안된 개념으로, 일상생활의 모든 사물들이 인터넷과 연결하여 상호 통신을 통해 필요한 정보를 교환하고 운영할 수 있는 센서 기반 기술이다.

---

19 윤일영, 제조업과 ICT의 융합, 4차 산업혁명, 융합연구정책센터, Vol. 52, pp. 1-15, 2017.

| 표 1-7 | 4차 산업혁명 주요 기술 |

기술	내용
사물인터넷(IoT: Internet of Thing)	• 사물에 센서를 부착하여 실시간으로 데이터를 네트워크 등으로 주고 받는 기술 • 인간의 개입 없이 사물 상호간 정보를 직접 교환하며 필요에 따라 정보를 분석하고 스스로 작동하는 자동화 기술 ∗ 예시) IoT + AI + Big Data + 로봇공학 = 스마트 공장
로봇공학	• 로봇공학에 생물학적 구조를 적용함에 따라 더욱 뛰어난 적응성과 유연성을 갖추고 정밀 농업에서 간호까지 다양한 분야의 광범위한 업무를 처리할 만큼 활용도가 향상
3D Printing(Addictive Manufacturing)	• 입체적으로 형성된 3D 디지털 설계도나 모델에 원료를 층층이 겹쳐 쌓아 유형의 물체를 만드는 기술로 소형 의료 임플란트에서 대형 풍력발전기까지 광범위 적용
빅 데이터(Big Data)	• 디지털 환경에서 생성되는 다양한 형태의 방대한 데이터를 바탕으로 인간의 행동패턴 등을 분석 및 예측 • 산업현장 등에서 활용하면 시스템의 최적화 및 효율화 도모 가능 ∗ 예시) 빅데이터 + AI + 금융정보 = 투자 로봇어드바이저 빅데이터 + AI + 의학정보 = 개인 맞춤형 헬스케어
인공지능	• 컴퓨터가 사고, 학습 자기계발 등 인간 특유의 지능적인 행동을 모방할 수 있도록 하는 컴퓨터 공학 및 정보기술 • 다양한 분야와 연결하여 인간의 업무를 대체하고 그보다 높은 효율성을 가져올 것으로 예상 ∗ 예시) AI + IOT + 자동차 = 무인자율주행 자동차

출처: 윤일영, 제조업과 ICT의 융합, 4차 산업혁명, 융합연구정책센터, Vol. 52. pp. 5-6, 2017.

이는 종래의 하드웨어 관점에서 변화된 소프트웨어와 어플리케이션 등이 부가가치의 원천으로 작용하고 있으며, 이를 통한 새로운 기업 문화 형성의 기틀이 되고 있다. 따라서, 기업 측면에서 IoT는 단순한 기술적인 측면이 아닌 기업의 전반적인 관리 기술과 전략 등을 개방적이고 글로벌한 시스템으로 변화, 발전시키는 새로운 핵심 기술이 되고 있다.

한국인터넷진흥원과 현대경제연구원 및 한국사물인터넷협회 등에서는 IoT를 인간과 사물 그리고 서비스라는 세 가지 측면의 기본적인 요소를 활용하여 분산된 주변 환경 속에서 인간과 상호 협력하는 네트워킹 기술의 총체라는 것이다.

즉, 사물과 인간을 연결하여 방대한 데이터를 수집 활용하는 정보통신 기술 중 기업이나 조직에서 가장 우선순위가 높은 기술 중의 하나로 볼 수 있다. 비즈니스 관점에서 IoT를 활용하여 기업의 생산, 제품, 물류 등과 연결할 경우 기본적인 운영단계는 다음과 같다.

1단계는 모니터링, 2단계는 컨트롤, 3단계는 최적화, 4단계는 자율성 서비스를 제공하는 프로세스를 지니고 있다. IoT를 활용하여 창고관리, 화물 운송 및 최종 사용자인 고객들에게 필요한 제품과 서비스를 제공하는 물류, 배송을 포함한 전 물류 산업에 긍정적인 가치사슬(Value Chain)을 구축하는 효과를 창출할 수 있으며, 기업과 물류 서비스 제공자, 개인 고객들에게도 상당한 영향을 미칠 것으로 전망된다. 초기 IoT의 비즈니스 모델을 상품과 서비스를 합친 말인 프로비스(Provice) 개념에서 구축해야 한다고 주장하였다. 이는 IoT 기반 비즈니스의 관점이 대부분 스마트밴드와 같은 기기 관점에서만 보는데 기업 비즈니스는 기기를 활용한 서비스 관점에서 전략을 수립하는 것이 올바른 비즈니스 모델이라는 것이다.

산업공학적인 측면에서도 IoT 기술의 접목은 4차 산업혁명의 핵심적인 영역으로 조달, 생산, 판매, 물류 등의 모든 플로우를 혁신적으로 융복합시키는 역할을 수행하고 있다. 특히, 기업의 원가요소 중에 물류비가 차지하는 비중이 약 70% 선에 이를 만큼 비중이 높아진 물류정보시스템의 IoT 모델 개발은 부가가치 창출을 위한 핵심 요소이다.

Cisco도 기업 비즈니스 관점에서 IoT를 활용한 운영적인 측면은 안전 및 보안, 고객 경험 향상, 새로운 비즈니스 모델 등의 분야에도 영향을 미칠 것으로 예측된다고 하면서, 성공적인 IoT를 위한 보다 높은 차원의 보안방지 및 자료 관리기술이 요구된다고 하였다.

 **사례 연구 2** ■

제4차 산업혁명의 열쇠, 소리에 투자하는 기업들[20]

터키 속담에 "미래는 산모와 같다. 무엇을 낳을지 누가 알겠는가"라는 말이 있다. 제4차 산업혁명 시대를 초입에 둔 지금 우리들의 마음이 이와 같을지 모르겠다. 누구도 정답을 알지 못하기 때문이다. 다만, 철저한 시장 분석과 기술 연구를 통해 미래를 추측해 나갈 뿐이다. 그렇다면 다가올 비즈니스 생태계에서 소리는 어떻게 활용되고 투자될 수 있을까?

4차 산업혁명 시대를 대비해 소리에 투자하는 기업들이 늘어나고 있다. 그동안 기업들의 소리 투자가 주로 '더 나은 음질'에 초점이 맞춰졌다면 이제는 음성인식기술 등 소리를 활용한 기술 개발에 힘을 싣는 상황이다. 제4차 산업혁명 시대의 꽃이라 불리는 로봇 등 인공지능(AI) 기술이 실생활에 완벽하게 구현되기 위해서는 그에 상응하는 '음성인식기술'이 접목돼야 하기 때문이다.

○● 음성인식기술

음성인식기술은 컴퓨터가 마이크와 같은 소리 센서를 통해 얻은 음향학적 신호(acoustic speech signal)를 단어나 문장으로 변환시키는 기술을 말한다. 음성인식기술은 일반적으로, 음향 신호를 추출한 후 잡음을 제거하는 작업을 하게 되며, 이후 음성 신호의 특징을 추출해 음성 모델 데이터베이스(DB)와 비교하는 방식으로 음성인식을 하게 된다.

음성인식기술 역시 센싱과 데이터 분석 기술이 결합돼 있기는 하지만, 측정하고 분석해야 하는 데이터가 음성 데이터 하나라는 점에서 보다 손쉽고 정확하게 사람의 의도를 파악할 방법으로 알려졌다. 비단, AI의 활용에 꼭 음성인식이 필요한 것은 아니지만 많은 정보통신기술(ICT) 기업들이 AI와 음성인식의 결합에 힘을 싣는 이유는 복잡한 기계어가 아닌 자연어를 활용한 음성인식 방식이 개인 소비자들이 AI를 손쉽게 활용할 수 있는 방법이기 때문이다.

현재까지의 음성인식기술은 약 100분의 1초 단위로 파형을 분석해 사람이 소리를 낼 때의 입 모양을 컴퓨터가 복원하고, 거기에 해당하는 단어를 찾는 방식이다. 따라서 사람의 감정이나 상태를 파악할 수 있는 목소리의 톤이 구별되지 않고, 처리 속도 역시 단어 나열 정도에 머물러 있다.

음성인식기술을 바탕으로 한 다양한 음성인식 서비스들은 2000년대 후반에 본격적으로 소개되기 시작했다. 2011년에 출시된 애플의 음성 기반 개인비서 서비스인 '시리(Siri)'가 대표적이다. 시리는 아이폰 사용자의 음성 명령을 바탕으로 모바일 검색은 물론, 일정 관리, 전화 걸기, 메모, 음악 재생 등 다양한 생활 편의 서비스를 제공하는 개인비서 서비스다. 애플의 시리 출시 이후, 구글은 '구글 나우(Google Now)', 마이크로소프트(MS)는 '코타나(Cortana)'와 같은 음성인식 기반의 개인비서 서비스를 출시했다.

최근 국제전자제품박람회(CES) 2017에서도 음성인식을 활용한 AI 제품들이 눈길을 끌었다. 아마존 알렉사, 구글 어시스턴트, MS 코타나 등 딥러닝이 가능한 AI 음성인식기술이 가전, 스마트폰, 자동차, 드론, 콘텐츠 등과 결합하고 있다. 상용화까지는 시간이 걸린다는 평가지만 지금의 속도라면 AI는 곧 우리 생활 깊숙이 자리 잡을 수 있다는 것이 업계의 중론이다. 이승우 IBK투자증권 연구원은 "제4차 산업혁명 시대에 AI와 관련한 음성인식기술은 기존의 산업 생태계를 바꿀 가장 큰 열쇠 중 하나"라며 "미래의 많은 정보가 음성인식 전달로 이뤄질 가능성이 높은 만큼 굉장히 전망이 밝은 분야다"라고 전했다.

국내 기업들 간 경쟁도 뜨겁다. 네이버와 카카오는 음성인식 개발에 투자를 늘리고, 관련 벤처기업 인수에도 적극적이다. 네이버는 음성 합성 엔진인 '엔보이스(nVoice)'를 텍스트 음성 변환 기술(Text to Speech, TTS)에 적용해 뉴스를 읽어주는 서비스를 제공하고 있다. 네이버의 AI 번역 애플리케이션 '파파고'와 네이버 지도에도 음성인식기술이 탑재돼 있다. 카카오도 꾸준히 음성인식기술 개발에 매진하고 있다.

카카오는 지난 2013년 음성인식기술 벤처기업 다이알로이드를 인수해 화제를 모았다. 2014년엔 입력된 목소리를 문자로 변환, 음성 검색 서비스를 가능케 하는 음성인식 엔진 '뉴톤'을 자체 개발했다. 카카오는 이 같은 음성인식기술을 현재 카카오맵, 카카오내비, 다음앱에 적용했고, 카카오지하철, 카카오버스 앱에도 활용할 예정이다.

○● 소리를 오감으로 전하다

다가올 미래에는 음성인식기술만큼이나 음성을 전달하는 방식도 다양해질 전망이다. 소리는 기본적으로 진동이다. 진동은 어떤 물체가 정해진 공간에서 반복적으로 운동하는 것이며, 이러한 진동에 의한 에너지가 매질(파동이 전파될 때 필요한 물질)이나 공감을 통해 전파되는 것이 파동이다. 소리는 공기라는 매질을 통해 전달되는 에너지이자 파동이다.

기존에는 단순히 소리의 진동이 공기를 타고 귀로 전달되는 데 그쳤다면 앞으로는 인체를 통해 음성신호를 전달하는 기술 등 다양한 음성신호 전달 기술을 통해 삶의 질과 편의를 도모할 것으로 보인다. 더욱이 소리는 다른 에너지와 비교했을 때 인체에 무해하기 때문에 인체전도기술에 접목하기에도 무리가 없다.

그 중 지난해 국내 스타트업 기업 '이놈들연구소'에서 개발한 스마트 시곗줄 '시그널'은 소리가 인체전도기술과 결합됐을 때 창출할 수 있는 미래 소리 사업의 좋은 예로 손꼽히고 있다. 시그널은 음성 신호를 손가락 등 신체 부위를 통해 전달하는 세계 최초의 신개념 통화 사용자경험(UX)을 적용했다. 사용자는 손가락을 귀에 대어 상대방의 목소리를 들을 수 있고, 시곗줄에 장착된 마이크를 통해 음성을 전달하는 방식이다.

삼성 기어, 애플워치 등과 같은 스마트 시계뿐만 아니라 일반 시계에도 연결해 사용할 수 있는 것이 특징이다. 기존의 물리적 자극(모터진동, 초음파, 적외선)보다 안전하고 부작용이 없으며, 샤프트 및 가이드가 필요 없는 최적화된 새로운 기술 개발로 소형화는 물론 주파수 특성 또한 80~350헤르츠의 임피던스를 구현할 수 있는 독보적이고 차별화된 기술을 개발, 기구적 원천특허를 확보한 상태다.

○● 기계, 이젠 소리가 경쟁력이다

비단, 기업들의 소리 투자가 융합기술 개발로 빠르게 이어지고 있지만, 소리의 품질을 제품경쟁력으로 내세우기도 한다. 특히, 제조업체들은 TV, 휴대전화는 물론, 노트북, 자동차, 침대까지도 최상의 음질을 경쟁적으로 소개하고 나섰다. 그중 가장 눈에 띄는 분야는 TV다. LG전자는 올해 새롭게 출시된 LG 울트라 올레드 TV와 관련, 소리 품질을 강조하고 나섰다.

미국 돌비사의 첨단 입체음향 시스템인 '돌비 애트모스(Dolby ATMOS)'가 지원되는 이 제품은 화면에 나오는 사물의 움직임이나 위치에 따라 소리가 사용자의 앞이나 뒤, 위에서 들리는 것처럼 만들어준다. 예를 들어 주인공의 머리 위로 비행기가 날아갈 때, 소리가 시청자의 머리 위쪽에서 들리도록 해줘 더욱 입체적이고 사실적인 공간감을 제공한다.

또한 새롭게 적용된 매직 사운드 튜닝 기능은 TV를 시청하는 공간에 맞춰 최적의 음질을 제공한다. TV 스피커를 통해 내보낸 신호음이 실내에 울려 퍼진 뒤, 매직 리모컨의 마이크로 들어오면 소리의 파동 등을 분석해 공간에 맞게 음질을 최적화하는 방식이다.

LG전자 관계자는 "TV를 시청할 때 사운드에 따라 체감하는 현실감 차이가 큰 것으로 나타난다고 한다"며 "여기에 최근 TV가 대형화되고, HDR, UHD 등 최신 고화질 기술이 확산되면서 자연스럽게 고화질에 걸맞은 웅장하고 세밀한 사운드가 주목받고 있어, 탁월한 화질만큼이나 수준 높은 음질로 시장을 공략할 예정이다"라고 전했다.

TV 소리 품질과 관련해 사운드바(긴 막대 형태의 신개념 음향기기로, 저음용 스피커인 우퍼나 초저음용 스피커인 서브우퍼 등을 하나의 기기에 가로로 길게 배치함으로써 기다란 막대 형태로 디자인된 새로운 개념의 음향기기)도 큰 주목을 받고 있다. 시장규모도 약 2조 원으로 추정되며 야마하, 보스 등 음향 전문 기업도 다수 진출해 있다. 시장조사업체 퓨처소스컨설팅에 따르면 사운드바를 포함한 홈오디오 시장 규모는 2016년에 6,760만 대에서 2018년 1억 290만 대까지 증가할 것으로 전망된다.

TV 사운드바 점유율 1위 자리를 지키고 있는 삼성전자는 최근 공개한 'MS 750'을 통해 사운드와 TV 매칭 방식을 개선했다. 특히 본체에 우퍼를 내장, 향상된 사운드를 청취할 수 있다. 서브우퍼가 없어 공간의 효율적인 활용도 가능하다.

자동차업계에선 이탈리아 스포츠카 업체 마세라티가 엔진 소리에 심혈을 기울이는 것으로 정평이 나 있다. 구동력과 디자인 등 자동차 본연의 가치에 차별화된 소리를 더해 제품 경쟁력으로 내건 셈이다. 이를 위해 마세라티는 본사에 '엔진 사운드 디자인 엔지니어'라는 독특한 직군을 두기도 했다. 튜닝 전문가와 피아니스트, 작곡가를 자문위원으로 초빙해 저회전부터 고회전 영역에 이르기까지 각 영역마다 듣기 좋은 엔진음을 작곡한다.

이 밖에도 침대 분야에서도 수면을 돕는 소리 기술을 융합하고 나섰다. 에몬스침대가 엠씨스퀘어와 함께 개발한 '브레인 케어 베드'가 대표적이다. 이 침대는 수면 시 발생하는 특정한 뇌파가 나오도록 돕는 침대로, 새소리 등 자연의 소리가 스피커를 통해 흘러나온다. 이어폰 단자가 있어 혼자만 들을 수도 있다. 안대를 하면 패턴화 된 빛이 주기적으로 깜박여 숙면을 유도한다. 침대 머리맡에 있는 발광다이오드(LED) 조명은 수면 상태에 따라 3단계로 밝기 조절이 가능해 수면을 돕는다.

네이버의 음성인식 통역 앱 파파고는 음성인식(ASR), 문자인식(OCR), 필기인식(HWR) 등 인식 기능과 함께 자연어처리(NLP), 기계번역(MT)과 음성합성(TTS) 기술이 탑재돼 있다. 사용법은 간단하다. 사용자가 검색란에 한국어, 영어, 일본어, 중국어를 말하거나 쓰면 이를 4개 언어 중 하나로 통·번역해준다. 따라서 해외여행 시, 가이드 통역이 없어도 간단한 의사소통을 하는 데 어려움이 없다. 네이버는 현재 지원하고 있는 4개 국어 외에도 스페인어, 프랑스어, 인도네시아어, 태국어, 대만어, 베트남어 등 6개 언어 간의 번역 서비스도 올해 안에 확대할 계획이다.

○● 시그널 작동 원리

시그널(Sgnl)은 음성 신호를 손가락 등 신체 부위를 통해 전달하는 세계 최초의 신개념 통화 사용자경험(UX)을 적용했다. 음성 신호가 제품에 장착된 체전도 유닛(Body Conduction Unit, BCU)을 통해 진동으로 1차 변환되고, 이 진동이 손끝을 타고 올라가 귀에 있는 공기를 울려 다시 소리를 만들어내는 원리를 활용한다. 사용자는 손끝으로 상대방의 목소리를 듣는 한편, 제품에 장착된 마이크를 통해 자신의 목소리를 전달하면 된다. 이를 가능하게 하는 핵심 기술은 소리를 인체를 통해 전파될 수 있는 진동으로 바꾸어주는 BCU와 음성 데이터 전송 과정에서 일어나는 신호 왜곡을 보정해주는 알고리즘이다.

"IoT로 건물 평가기준도 달라져 … 업의 본질 완전히 바뀔 것"

김기세 딜로이트컨설팅 USA IoT 전략총괄은 맥킨지 컨설턴트와 삼성, LG 임원을 지낸 모바일 비즈니스 및 IoT 분야의 권위자다. 그는 IoT에 대해 "누가 언제 어디서 무엇을 그리고 왜 어떻게 할 수 있는지 실시간으로 알 수 있게 하는 것"이라며 "이런 세상에서 여러분의 사업이 어떻게 바뀔 것인가를 생각해보기 바란다"고 거듭 강조했다.

IoT를 적용해 탈바꿈한 딜로이트의 네덜란드 사옥을 사례로 제시했다. 그는 "2만 8,000개의 센서, LED(발광다이오드) 조명, 동선과 업무 상황에 따른 전력 배분 등으로 건물 사용 전력이 60%나 줄었다"며 "직원들의 근무 패턴, 손님 미팅의 동선이 센서를 통해 다 파악되면서 불필요한 공간을 없애니 임대 공간이 더 늘어났다"고 설명했다.

에너지 사용을 줄이고, 공간 효율성은 높이면서 수익도 늘어나니 건물 가치가 크게 높아졌다. 건물 하나만 이렇게 바뀌어도 인력의 효율적인 운용, 업무 시간 조정, 생산성 등 다양한 분야에 큰 영향을 끼친다는 것이다. 김 총괄은 "기존에는 건물을 지을 때 위치가 가장 중요했다면 이제는 얼마나 더 효율적으로 유지하고 다른 비즈니스와 연결하느냐가 더 중요해졌다"며 "건물을 평가하는 기준에도 변화를 주고 있다"고 했다.

그는 제너럴 일렉트릭(GE)이 금융 관련 자회사를 정리하고 IoT 관련 사업에 집중하는 것이 IoT가 산업의 중심축으로 변화하는 양상을 보여주는 상징적인 사례라고 소개했다. 그는 "비행기 엔진을 그냥 한 번 팔고 마는 것이 아니라 엔진 사용에 따른 과금을 하는 방식으로 사업 모델이 달라지고 있다"며 "프로덕트(상품) 판매에서 경험과 시간을 파는 것으로 축이 옮겨가고 있다"고 설명했다.

김 총괄은 IoT가 기업 그리고 각 직업 종사자들에게 큰 기회이자 엄청난 도전이 될 것이라고도 했다. 그는 "지금까지는 매장이나 우리 회사 제품을 찾는 손님이 언제 왔고 얼마나 자주 와서 무엇을 샀는지 정도를 파악했다면 이제는 이 손님이 왜 왔는지까지 파악해 앞으로 일어날 변화까지 예측해야 한다"며 "그렇지 않으면 IoT 시대의 경쟁에서 살아남기 쉽지 않을 것"이라고도 조언했다.

한편으로는 IoT로 인해 개인정보 보호 이슈가 거세게 제기돼 기술 발전과 제도의 충돌을 우려하기도 했다. 아무리 IoT로 사물이 연결되고 엄청난 데이터가 오가더라도 개인정보를 조회하거나 이를 분석하는 게 불가능하다면 IoT 관련 산업 발전을 저해할 수도 있다고 지적했다.강연 말미에 한 청중이 "IoT가 전혀 적용되지 않을 사물이 있을까"라고 질문했다. 이에 대해 그는 "하다못해 의자만 해도 앉아 있는 시간, 자세, 움직임 등에 대해 센서를 통해 다양한 데이터 수집이 가능하다"며 "조금이라도 가치가 있는 물건엔 센서가 다 부착될 것"이라고 강조했다.

출처: 한국경제, 스트롱코리아 포럼, 2017, 재인용 및 내용 정리.

TIP 주요용어 설명

CPS(Cyber physical systems)[21]

네트워크(sensor networks), 사이버네틱스(cybernetics) 및 메카트로닉스(mechatronics) 시스템을 결합 설계한 임베디드 시스템(embedded systems)이 진화되고 있는 시스템을 말한다. 현실 세계의 다양한 물리, 화학 및 기계공학적 시스템(physical systems)을 컴퓨터와 네트워크(cyber systems)를 통해 자율적, 지능적으로 제어하기 위해 등장하였다. 크게 연산(computation), 통신(communication), 제어(control) 기술로 구성되며, 대규모 융·복합 시스템(system of systems) 구축을 위한 여러 전문 분야가 관련된 다학제적(多學際的, multidisciplinary and interdisciplinary)이다. 스마트 공장(smart factory), 스마트 그리드(smart grid), 자동차, 항공, 국방 등 광범위한 분야에 응용된다.

AlphaGo[22]

구글 딥마인드(DeepMind)가 개발한 인공지능 바둑 프로그램이다. 알파고(AlphaGo)의 고(Go)는 바둑을 뜻한다. 딥마인드는 구글이 2014년 인수한 인공지능 관련 기업으로 2010년 영국에서 설립되었으며 머신러닝 등의 기술을 사용해 학습 알고리즘을 만든다. 알파고는 딥러닝(Deep Learning) 방식을 사용해 바둑을 익힌다. 딥러닝은 머신러닝(기계학습)의 하나로 비지도 학습(Unsupervised Learning)을 통해 컴퓨터가 스스로 패턴을 찾고 학습해 판단하는 알고리즘을 가지고 있다. 인간이 별도의 기준을 정해주지 않으며 대신 방대한 데이터를 기반으로 컴퓨터가 스스로 분석하며 학습하게 되는 것이 특징이다. 2016년 3월 9일부터 15일까지 서울에서 이세돌 9단과 알파고의 대국이 진행되었다. 총 5국으로 치러진 경기에서 이세돌 9단은 4국에서 알파고를 상대로 1승을 하고 최종 1승 4패하여 알파고가 승리를 거두었다.

---

21 다음백과, 〈http://100.daum.net/encyclopedia/view/55XX XXX32987〉, 2017.
22 다음백과, 〈http://100. daum.net/encyclopedia/view/47XXXXXd1033〉, 2017.

3 산업과 산업혁명의 연계성

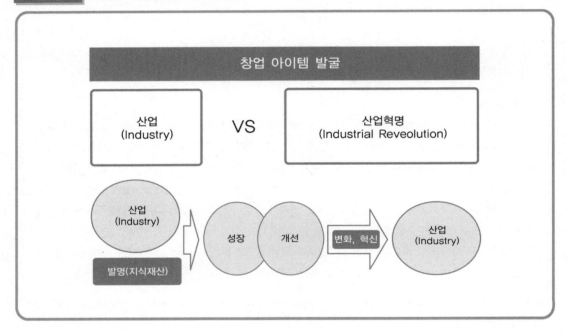

그림 1-8 산업과 산업혁명의 연계성

창업 아이템 발굴

산업
(Industry)

VS

산업혁명
(Industrial Reveolution)

산업
(Industry)

발명(지식재산)

성장   개선

변화, 혁신

산업
(Industry)

　　산업은 창업자에게 자연법칙에 따른 새로운 아이템을 발굴할 수 있도록 하여 발명을 유도하고 이를 통해서 국가 경제에 이바지 할 수 있는 지식재산권[23]을 확보할 수 있다.

---

23 지식재산권(知識財産權, Intellectual property rights(IPR)
지식재산 기본법 제3조(정의) 이 법에서 사용하는 용어의 뜻은 다음과 같다. "지식재산"이란 인간의 창조적 활동 또는 경험 등에 의하여 창출되거나 발견된 지식·정보·기술, 사상이나 감정의 표현, 영업이나 물건의 표시, 생물의 품종이나 유전자원(遺傳資源), 그 밖에 무형적인 것으로서 재산적 가치가 실현될 수 있는 것을 말한다.
"지식재산권"이란 법령 또는 조약 등에 따라 인정되거나 보호되는 지식재산에 관한 권리를 말한다. 과거에는 지적재산권이라고 불렸다가 현재 한국특허청(KIPO)에서는 지식재산권이라는 용어를 사용하며, 줄여서 지재권으로 부르기도 한다. 현재 '지식재산권'이 정식 용어이기는 하지만, 아직도 다수의 법령에서 '지적재산권'이나 '무체재산권'이라는 용어가 혼용되고 있다.
지적재산권이란 기존의 유형적인 재산을 보호하고 권리를 부여하는 고전적인 재산권에서 벗어나, 무형의 지식, 즉 교육, 연구, 예술 등등 인간이 창조한 모든 것에 대한 재산권을 보호하고 권리를 부여한다. 인간이 적극적으로 창작을 할 수 있도록 보호해주는 장치라고 할 수 있다.
현재 대한민국에서 보호하는 지재권은 크게 3가지 카테고리로 분류되는데
• 산업분야의 산업재산권(특허법, 실용신안법, 상표법, 디자인보호법 등)

또한 창업자의 창업아이템이 시행착오 등에 따른 성장을 할 경우 국민의 삶의 질에 변화 또는 혁신을 반영하게 되면서 산업은 산업혁명으로 가치를 반영하게 된다. 즉, 창업자의 입장에서는 산업과 산업혁명을 통해서 다양한 창업아이템을 발굴할 수 있어 상호 WIN—WIN의 관계에서 순환구조적인 역할을 한다.

사례 연구 4 ■■■■■■■■■■■■■■■■■■■■■■■■■■■■

버려지는 게임 지식재산권, 재활용 방법은?
(삼세 번 재기지원펀드와 게임 지식재산권의 재활용 방안)

최근 국회에서 추경이 통과됐다. 곧바로 중소기업벤처부와 한국벤처투자는 삼세 번 재기지원펀드에 모태 자금으로 2,500억원을 출자해 3,125억원의 자금을 조성한다고 발표했다. 과거에 실패한 경험 있는 기업인들에게 투자해서 누구나 실패에 대한 부담 없이 창업에 도전할 수 있는 환경을 만든다는 것이다. 대표이사 또는 주요 주주가 과거에 실패한 경험이 있는 재창업 기업 등을 대상으로 한다. 이 외에도 정부는 청년창업펀드, 지식재산권(IP) 펀드 등 총 1.3조원의 벤처펀드를 조성한다. 돈의 씨가 마른 게임 업계에 단비와도 같은 소식이다.

그런데, 경영에 실패한 경우 막대한 자금을 투자해 완성시킨 게임 콘텐츠는 버려지는 경우가 대부분이다. 수준이 낮거나 가치가 없는 콘텐츠가 도태되는 건 어쩔 수 없지만, 재활용 가치가 있는데도 버려지는 것은 사회적 낭비다. 실패한 회사가 제작했지만 수준이 높거나 한때 사랑 받았지만 철지난 게임 콘텐츠를 재활용할 수는 없을까?

게임 콘텐츠 재활용에는 장애가 많다. 우선 그 게임 관련 지적재산권을 계약을 통해 인수하지 않으려고 할 것이다. 그 이유는 회사가 망할 지경이라면 채권자들이 많다는 거다. 그 상태에서 게임 관련 지적재산권을 팔게 되면 채권자들에게 피해주는 행위라고 봐서 그 매매가 취소될 수 있기 때문이다. 전문용어로 '사해행위취소'를 당할 수 있다. 따라서 법적 리스크 우려로 인해 망한 회사의 게임 관련 지적재산권은 거래되지 않을 가능성이 높다. 제도적으로 사해행위의 예외로 간주할 필요가 있다.

제도 개선 전에는 그럼 방법이 없는 것인가? 게임 관련 지적재산권을 경매로 취득하거나 파산절차에서 인수하면 법적 리스크를 줄일 수 있다. 이 방법도 쉽지 않다. 왜냐면 경매나 파산이 개시돼야 살 수 있기 때문이다.

방법은 있다. 망한 회사의 채권자한테 채권을 산 다음 게임 관련 지적재산권에 대해 경매를 신청하면 된다.

• 문화예술분야의 저작권법
• 반도체 배치설계법을 비롯한 사회/기술의 변화에 따른 새로운 형태의 신지식재산권이 있다.
사람의 창작물이나 연구 결과, 창작 방법 등을 법으로 보호하기 위해 부여한 권리. 산업재산권과 저작권으로 구분한다. 산업재산권에는 특허권, 실용신안권, 디자인권, 상표권 등이 있다. 보호 기간은 특허가 20년, 실용신안은 10년이다. 저작권은 저작권자 사망 후 50~70년까지 보호한다. 전에는 지적재산권 혹은 지적소유권이라고 불렀으나 특허청이 1998년 4월부터 지식재산권이라는 용어로 대체하여 사용해오고 있다.

여기서 또 문제는 중소게임개발사들은 비용 문제로 인해 상표권과 컴퓨터프로그램저작권은 그런대로 등록하지만 다른 지적재산권인 영상저작권(그래픽과 음향, 시나리오 포함)은 등록하지 않는 경우가 많다.

현행 저작권법에 따르면 컴퓨터프로그램저작권을 등록하더라도 그 저작권 속에 그 컴퓨터프로그램을 실행하여 표현되는 영상물의 저작권까지 포함되지 않는다. 따라서 컴퓨터프로그램 저작권만 인수하더라도 영상저작권이 당연히 따라오는 게 아니다.

또 등록되지 않은 영상저작권을 경매로 인수하려면 채권자가 저작권자를 대신해 등록하는 등록이라는 어려운 절차를 거쳐야 한다. 게임 관련 지적재산권의 활용과 거래를 촉진하기 위해서 컴퓨터프로그램저작권에 실행해 표현되는 영상저작권이 포함되도록 저작권법이 개정돼야 한다는 의견이 제시되고 있다.

게임 관련 지적재산권을 활용하려면 모든 지적재산권을 인수해야 하는지는 인수자가 어떻게 활용할지에 따라 다르다. 종전 게임과 동일한 상표로 동일한 프로그램을 이용해 서비스하려면, 앞에서 언급한 모든 지적재산권을 인수해야 한다. 하지만, 이미 흥행에 실패하거나 한물 간 게임이라서 그대로 서비스해 봐야 다시 실패할 가능성이 높다. 모든 지적재산권을 다 인수할 필요는 없을 것이다.

또 소스코드 등인 컴퓨터프로그램저작권은 원제작자가 아니면 제3자에 의한 재활용이 어렵다는 문제가 있다. 같은 게임을 구동시키기 위해서 다른 소스코드를 사용해도 되기 때문에 굳이 컴퓨터프로그램저작권을 인수할 필요도 없다. 앞에서 설명한 것처럼 컴퓨터프로그램저작권을 인수해도 그래픽, 사운드, 시나리오가 포함된 영상저작권이 따라오지 않는다.

그래서 특별한 사정이 없으면 컴퓨터프로그램저작권도 인수할 필요성이 없을 것이다. 결국 종전 게임의 그래픽, 사운드, 시나리오를 사용하거나 상표만 사용해도 충분할 수 있다. 영상저작권과 상표권만 콕 집어 인수하면 된다. 그 만큼 인수에 비용과 노력을 줄일 수 있다.

실패한 인재도 재기할 수 있도록 도와야 하지만, 인재들에 노력한 결과물도 재활용돼야 하지 않을까? 하지만 앞서 살펴본 것과 같이 게임 관련 지적재산권은 재활용되기 어려운 구조다. 제도 개선이 필요하다. 한발 더 나아가 공공이 게임 관련 지적재산권을 수집해 필요한 인재들에게 공급해 준다면 새로운 창조물이 탄생하지 않을까?

출처: 한국경제, 2017. 8. 1.

제2장

창업과 핵심요소

Nothing Ventures, Nothing Gains!

1. 창업의 이해
2. 창업의 종류
3. 핵심요소

4. 창업관련법상 창업제외 업종
5. 창업열풍과 환경

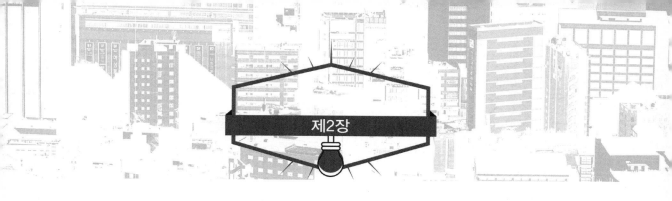

창업과 핵심요소

1 창업의 이해

| 그림 2-1 | 창업의 개념 |

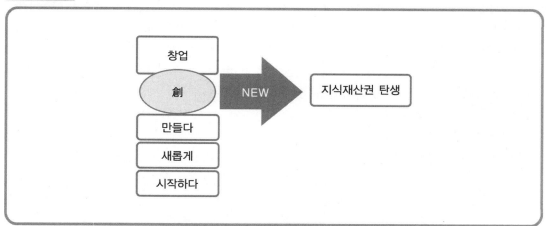

창업은 일반적인 사업과 달리 '새로운 것을 만들어서 시작한다'는 개념이다. 즉, 창업의 아이템 발굴과 선정을 통해서 창업자는 연구를 통해 가능한 경우 기술과 발명을 1개 이상은 확보를 할 수 있어야 한다. 이를 통해서 향후 다른 창업자 또는 사업자들이 창업자의 아이템을 침해하지 못하도록 특허 또는 실용신안을 출원하여 등록을 해놓는 것이 사업의 안전성을

확보하는 방법이 될 수 있다.

　　참고로 지식재산권은 산업재산권(특허, 실용신안, 디자인, 상표)과 저작권, 신지식재산권(IT, BT, NT 등)을 말한다.

사례연구 1

4차 산업혁명 '든보잡' 시대: 60개 든보잡 선정

4차 산업혁명 시대 일자리 변화

- 정형화된 업무의 자동화
- 근로시간 · 장소 제약 감소
- 단기 프로젝트형 일자리 증가
- 근로자 간 글로벌 경쟁
- 문제해결 능력 · 기술 갖춘 근로자 선호
- 네트워크 기반 업무 수행

　　3차원(3D) 영상지도 제작업체인 (주)공간정보에서 일하는 허정주 부장의 직업은 드론 조종사와 3D 영상 분석가다. 우선 드론에 탑재된 소프트웨어에 사전 비행경로를 설정하고, 손으로 띄워 이륙시킨다. 드론이 1시간 정도 비행으로 촬영하는 면적은 무려 330만㎡(100만평)에 달한다. 허 부장은 드론에서 얻은 정보를 전문 소프트웨어를 통해 분석하고 3D 영상지도를 제작하는 데 활용한다. 허 부장은 "드론은 무궁무진한 일자리를 만들어 낼 보물"이라며 "예를 들어 '드론＋촬영'처럼 기술을 융·복합한다면 더 큰 일자리 기회를 얻을 수 있다"고 말했다.

　　다국적 제약회사 영업사원으로 일했던 김현수 씨는 취미로 하던 드론 조종에 빠져 직업까지 바꿨다. 드론 조종사 자격증을 딴 김씨는 농업·방제용 드론을 띄워 농약을 뿌리거나 방역 작업을 한다. 올해 초 조류인플루엔자(AI)가 퍼졌을 때 드론으로 농가 방역작업에 참여하기도 했다. 김씨는 "농번기 때는 한 달 수입이 2,000만원에 달한다"며 "회사원으로 일할 때보다 수입이 두 배는 늘어난 것 같다"고 말했다.

　　'구글이 선정한 최고의 미래학자'란 타이틀을 갖고 있는 토머스 머리 다빈치연구소 소장은 앞으로 5년 이내 일자리가 20억개 소멸될 것으로 예상하면서 이를 대신할 직업 창출 기술로 △소프트웨어 △3D프린터 △무인 자동차 △드론 등 네 가지를 꼽았다.

　　현재 드론은 주로 농업·방제용과 촬영용으로 쓰이고 있지만 머지않은 미래에 택배 등 상업용 드론 시장이 폭발적으로 커지면서 수많은 새 직업을 만들어 낼 것으로 기대된다. 드론 조종사는 기본이다. 드론을 용도에 따라 분류하고 인증하는 드론 표준인증 전문가, 드론 정보분석 전문가, 그리고 드론이 이동할 때 다른 비행체와 충돌하지 않게 관리하는 드론 교통정보 분석가 등이 듣지도 보지도 못했던 미래 직업인 '든보잡(Job)'으로 부상할 전망이다.

30일 매일경제신문과 딜로이트컨설팅이 '4차 산업혁명 시대 신(新)유망직업'을 선정한 결과, 60개의 듣보잡이 미래 일자리창출 보고(寶庫)로 추천됐다.

인공지능(AI)과 로봇의 등장으로 많은 기존 직업들이 사라지겠지만 새로운 직업 또한 많이 생겨난다는 얘기다.

구체적으로 4차 산업혁명 기반이 되는 △인간(Human) △가정(Home) △도시(City) △공장(Factory) △이동성(Mobility) △첨단소재·기술(Enabler) 등 6대 플랫폼에서 창출되는 다양한 상품·서비스·비즈니스 아이템을 바탕으로 여기에 필요한 미래직업들이 선정됐다.

4차 산업혁명 시대 듣보잡의 특징은 빠른 기술개발 속도에 맞춰 첨단 연구개발(R&D) 능력을 필요로 하거나 아니면 정반대로 풍부한 인간적 감성을 요구한다는 것이다. 예를 들어 인간 플랫폼에서는 스마트병원, 3D바이오프린팅, 스마트학교(교육) 등이 미래 신산업으로 꼽힌다.

이때 유망한 듣보잡은 생체로봇 외과의사, 원격진료 코디네이터, 가상현실 교육 전문가 등이다. 도시 플랫폼에서는 생활안전에 대한 인식이 높아지면서 스마트 재난 대응 전문가, 지능형 범죄정보 분석가, 범죄예방환경 전문가 등의 직업이 새롭게 떠오를 전망이다.

이에 앞서 매일경제신문과 딜로이트컨설팅은 2017년 4월 한국 경제가 4차 산업혁명 시대에 어떻게 적응하느냐에 따라 2025년 기준 일자리가 최대 164만개 감소하거나 최대 68만개 증가할 것으로 전망한 바 있다.

전문가들은 문재인 정부 5년을 4차 산업혁명 시대 듣보잡 성공여부를 결정지을 '골든 타임'으로 보고 있다. 사상 최악의 청년실업난과 최저임금 급등에 따른 고용시장 충격을 완화하기 위해 듣보잡을 '빠르게' '많이' 만들어야 한다는 목소리가 높다.

이를 위해 신산업에 대한 규제 타파를 통해 네거티브 규제를 적용하고, 노동유연성을 키워 4차 산업혁명 시대에 맞는 융·복합 산업 생태계 구축이 필요하다.

출처: 매일경제, 2017. 7. 30. 발췌정리.

사례 연구 2

'듣보잡의 寶庫' … 제2의 '조선왕조실록' 나와야 …

1990년대 중반 조선왕조실록 국역본이 민간에 공개되자 이를 바탕으로 한 드라마와 영화 등이 쏟아져 나왔다. 대표적인 히트작이 한류 드라마의 원조 '대장금'이다. 조선왕조실록에 언급된 '의술과 요리가 뛰어난 대장금'이란 글귀 하나에 작가 상상력이 더해져 최고 시청률 57.9%의 대작(大作)이 탄생한 것이다. 이후에도 조선왕조실록 국역본은 각종 사극, 영화, 단행본, 그리고 최근엔 웹툰 소재로 활용되고 있다.

정부가 콘텐츠를 민간에 공개했더니 새로운 산업과 수많은 일자리가 생겨난 것이다. 다음달 대통령 직속

'4차 산업혁명위원회' 출범을 앞두고 전문가들은 정부가 독점하고 있던 데이터, 소프트웨어 등 연구개발(R&D) 성과의 민간 공개를 더욱 확대해야 한다고 강조했다.

각 부처와 지방자치단체별로 쪼개져 관리하고 있는 데이터와 알고리즘 프로그램을 한곳에 모아 플랫폼을 만들면 데이터가 '빅데이터'로 한 단계 진화하고 '듣보잡(Job)'의 보고(寶庫)가 될 수 있기 때문이다.

김진형 카이스트 명예교수는 "4차 산업혁명 정신은 개방, 공유, 참여"라며 "구글 등이 오픈소스를 통해 소프트웨어를 공개하면서 대량의 정보를 모으고 이를 통해 맞춤형 콘텐츠를 제공하거나 소프트웨어 알고리즘을 진화시키고 있는 데 반해 한국은 개인정보 등 보안상 이유로 정보 공유조차 제대로 안 되는 '우물 안 개구리'에 머물고 있다"고 지적했다.

실제 정보 공유를 원활하게 하는 클라우드 기반 데이터가 선진국에서는 전체 정보의 80%에 이르는 반면 한국은 2%에 불과하다. 관공서, 기업, 학교 등 가리지 않고 보안을 이유로 외부에 노출되지 않는 인트라넷을 사용하기 때문이다.

예를 들어 정부가 물류 관련 빅데이터를 민간에 개방한다면 인공지능(AI) 전문업체가 도로 교통망 정보 등을 통해 버스회사나 택배회사에 최적화된 물류시스템을 구축할 수 있다.

이를 통해 단순 AI 전문가가 아니라 AI 물류 전문가, AI 교통정보 분석가 등 다양한 직업이 생겨날 수 있다. 김 교수는 "빅데이터와 소프트웨어 공개를 확대해 정보기술(IT)을 '민주화'해야 한다"고 강조했다. 그는 "4차 산업혁명의 특징은 하나의 새로운 플랫폼이 나올 때 상상도 못할 숫자의 직업들이 파생돼 나온다는 것"이라며 "미래 세대 일자리를 위해 정부가 주도적으로 개방 플랫폼을 구축해야 한다"고 말했다.

융·복합과 창의력도 미래 일자리의 핵심 포인트다. 듣보잡에서 요구되는 것도 융·복합 전문성과 창의성이다.

한국개발연구원(KDI)에 따르면 한국 직장인들이 문제 해결을 위해 각종 기능을 활용하는 정도가 경제협력개발기구(OECD) 회원국 33개 중 29위에 그치는 것으로 나타났다. 교육 혁신을 통해 4차 산업혁명 시대 듣보잡에 맞는 '융·복합형' '창의적' 인재를 기르는 게 시급한 실정이다. 이와 함께 전문가들은 4차 산업혁명 시대 듣보잡 창출을 위한 정부 역할로 △창의적 인간 양성을 위한 교육 혁신 △신산업 발전을 가로막는 규제 타파 △기득권과 새로운 시장 진입자 간 갈등 조정 리더십 등을 강조한다.

출처: 매일경제, 2017. 7. 30. 발췌정리.

 사례 연구 3 ■■■■■■■■■■■■■■■■■■■■■■■■■■■■■■■■■■

'뉴칼라' 몰려온다 … 60가지 '듣보잡'이 미래동력

○● 빅데이터 큐레이터

서연정 씨(36·여)의 직업은 '빅데이터 큐레이터'다. 미술관의 큐레이터가 전시품을 선별하고 이를 효과적으로 배치해 관람을 돕는 것과 비슷하다. 빅데이터 큐레이터는 막대한 데이터 중 알짜 정보만 뽑아내 신사업 발굴, 고객 관리 등 기업들이 사업 방향을 잡는 데 도움을 주는 직업이다.

서씨는 말라리아 확산 예방과 대응을 위한 케냐 정부와 미국 카네기멜론대 간 협업을 빅데이터 큐레이터의 대표 성공모델로 꼽았다. 케냐 최대 통신사 사파리콤은 지난해부터 말라리아 발생 지역, 인근 휴대전화 사용자 빅데이터를 분석해 감염병 확산 경로를 파악하고 있다.

카네기멜론대 연구원들이 2008~2009년 케냐에서 500만명의 휴대전화 사용자 데이터맵을 분석해 말라리아 확산 모델을 만든 연구를 실용화한 것이다.

○● 각종 포털과 블로그, 소셜네트워크서비스(SNS) 등

인터넷 세상으로부터 '잊힐 권리'를 주장하는 사람이 늘면서 광범위한 디지털 정보를 찾아 삭제해주는 '디지털 세탁인'이 신종 직업으로 떠오르고 있다. 이들은 인터넷에 게시된 댓글과 비방, 특정 기업에 대한 험담 등을 찾아 삭제해주는 일을 한다. 당초 사망한 사람의 개인정보를 삭제해주는 일에서 출발해 '디지털 장의사'라고도 불리는 이들은 활동 영역을 확대해 가고 있다.

국내 1세대 디지털 세탁인인 김호진 산타크루즈 컴퍼니 대표는 "디지털 데이터의 10% 가량은 개인과 기업이 게재를 원하지 않는 찌꺼기"라며 "이 같은 불필요한 개인정보가 늘어나고 있는 만큼 직업으로서 디지털 세탁인의 미래 잠재력은 매우 높다"고 소개했다.

매일경제신문과 딜로이트컨설팅은 4차 산업혁명 시대 미래 경제를 이끌 6대 플랫폼으로 △인간 △가정 △도시 △공장 △이동성 △첨단 소재·기술을 선정하고 각 플랫폼에서 10개씩 모두 60개의 미래 직업을 선정했다. 그동안 직업의 양대 산맥이었던 블루칼라와 화이트칼라를 뛰어넘는 '뉴 칼라(New Collar)'인 셈이다. 매일경제신문과 딜로이트컨설팅은 이들 직업을 과거에 듣지도 보지도 못했던 직업(Job), 즉 '듣보잡(Job)'이라고 명명했다. 현재 쓰이는 듣보잡 단어는 주로 온라인에서 사람 등을 비하할 때 쓰이는 속어이지만 미래의 듣보잡은 정부가 총력을 다해 키워야 하는 '가치'인 것이다.

먼저 인간(Human) 분야에서는 생체로봇 외과의사, 원격진료코디네이터와 같은 새로운 형태의 의료인이 등장해 의료사고를 줄이고 의료 접근성은 높이는 보건혁명을 일으킬 것으로 기대된다.

대표적인 1차 산업으로 신석기 시대부터 이어져온 농업 분야에서도 역설적으로 많은 듣보잡이 생겨날 전망이다. 땅을 일구는 대신 빅데이터를 활용해 스마트팜을 구축하는 농부, 유전학 발달에 따라 전혀 새로운 작물을 재배하는 유전자공학 작물 재배자 등이 등장할 전망이다.

교육 분야도 마찬가지다. 가상현실(VR)을 교육하는 전문가가 생기고, 기존 학교의 물리적 한계를 넘어선 스마트 스쿨이 등장해 이와 관련한 새로운 교육직군도 탄생할 것으로 보인다.

가정에서는 실내온도 조절, 화재경보 등은 물론이고 미세먼지, 악취, 해충 등 다양한 상황을 감지하고 조절할 수 있게 돕는 스마트센서 개발자와 사물인터넷(IoT) 전문가가 4차 산업혁명 시대 가정 내 인프라를 채우게 된다.

가전기기의 통합과 소형화를 이끌 마이크로시스템 엔지니어, 전력 소비 효율화는 물론 태양광 등 소규모 발전으로 수익을 가져다줄 스마트 그리드 엔지니어, 집안 환경을 관리하는 가정에코 컨설턴트도 새로운 시대에 우리 곁에 등장할 예정이다.

4차 산업혁명 시대 인간 삶의 주 무대가 될 도시에도 새로운 직업이 쏟아지게 된다. 특히 치안·방재 등 분야에서 기존에 없던 유형의 범죄와 재난에 대응할 수 있는 스마트 재난대응 전문가, 범죄예방환경 전문가, 환경복원 전문가 등이 출현한다. 또 사람 대신 고도화된 알고리즘으로 금융투자를 대행하는 로봇어드바이저 전문가, 소유에서 공유로 소비 패러다임을 옮겨줄 공유경제 컨설턴트 직업도 새롭게 나타나고 있다.

1차 산업혁명이 일어났던 공장에서는 인공지능(AI)의 지속적 발전으로 고도화된 기계와 인간을 이어주는 기계 언어학자, 인터페이스 컨트롤러를 비롯해 융·복합 컨설턴트, 퀀텀 컴퓨팅 전문가 등 기존 정보기술(IT) 범위를 뛰어넘는 직업이 만들어진다. 또 직접 공구를 들지 않아도 되는 착용로봇 개발자, 디지털 목수 등이 등장하고 폭발적으로 늘어난 전력 수요에 대응할 수 있는 4세대 핵발전 전문가도 나타날 것으로 기대된다.

교통(Transport)은 4차 산업혁명을 계기로 이동성(Mobility) 개념으로 진화한다. 농경 시대 때부터 이동 수단을 상징했던 바퀴는 지금 이 시간에도 날개, 자석 등 새로운 형태로 대체되고 있다.

무인자동차가 완성 단계에 접어들면서 기존 자동차 기술자들이 무인자동차 엔지니어로 바뀌고 무인자동차 관련 사고의 책임 소재를 가리는 자율주행차 사고 전문가도 탄생한다. 최근 KLM네덜란드항공, 핀에어 등 해외 항공사와 세계 최대 해운사 머스크 등은 항공기·선박에 바이오연료를 사용하는 방안을 연구하고 있다.

머지않은 미래에는 화석연료 대부분을 바이오연료로 대체할 수 있는 바이오연료 개발자가 나타나고 석유화학 기반 소재에서 해방시켜줄 친환경 소재 개발자도 우리의 삶을 바꿀 전망이다.

출처: 매일경제, 2017. 7. 30.

사례 연구 4

○● 대학 전공·학위 간판보다 실질 직무능력이 중요해져

미래 직업을 의미하는 '듣보잡(Job)' 창출이 중요한 이유 중 하나는 앞으로 더 심각해질 구직난을 해결할 수 있는 방안이기 때문이다. 통계청에 따르면 2017년 6월 15~29세 청년실업률은 10.5%를 기록해 6월 기준으로는 관련 통계가 집계되기 시작한 1999년 6월 이후 가장 높은 수치를 기록했다. 특히 청년층이 선호하는 직장이 포함된 전문·과학 및 기술서비스업 취업이 전달보다 2.8% 감소하는 등 일자리 상황이 좋지 않다. 대학졸업자는 넘쳐나지만 일자리 창출이 따라가지 못하면서 구직난이 심각해지고 있는 것이다.

현재 청년실업 사태는 20년 전 일본과 비슷한 양상이다. 일본은 호황기 끝물이던 1990년대 초반만 하더라도 청년실업률이 4%대에 그쳤다. 그러나 이후 자산버블이 붕괴되고 장기간 경기 침체에 빠지면서 기업들이 신규 투자를 줄였고, 실업률은 치솟았다. 10여 년 만인 2003년 일본의 청년실업률은 10.1%로 껑충 뛰었다. 현재 일본은 젊은 층 인구가 줄고 아베노믹스 효과로 일자리여건이 개선되면서 청년실업률은 다시 낮아진 상태다. 그러나 고용의 질은 과거보다 훨씬 떨어졌다.

류상윤 LG경제연구원 책임연구원은 "일본 청년의 장기 실업자 비중은 여전히 20%대에 달하고, 프리터(프리랜서 아르바이트) 비율이 30%에 달한다"고 말했다.

한국 상황도 크게 다르지 않다. 기업이 투자를 늘리지 않으면서 일자리 창출 능력이 떨어지고 있는 데다 대

졸자 전공별로 인력 미스매치 현상이 심각하다.

한국고용정보원이 2014~2023년 전공계열별 신규 인력 수급을 전망한 결과, 2023년까지 인문사회계열은 6만 1,000명, 예체능계열은 9만 7,000명, 자연계열은 13만 4,000명, 사범계열은 2만 6,000명이 일자리 수요에 비해 넘쳐나는 것으로 예상됐다. 반면 공학계열은 27만 7,000명, 의약계열은 3만 7,000명이 부족할 것으로 예상된다.

전문가들은 4차 산업혁명 시대를 맞아 전공을 구분하지 않고 기업이 요구하는 직무 능력을 길러주는 동시에 기업 규제 완화를 통해 미래 직업인 듣보잡 창출에 적극 나서야 한다고 조언한다.

○● 4차 산업혁명 '듣보잡' 시대: 세계적 컨설팅회사 KPMG 뉴욕 이그니션센터 르포

미국에서는 빅데이터 전문가 몸값이 치솟고 있다. 7월 26일(현지시간) 미국 뉴욕 맨해튼 미드타운에 위치한 KPMG '이그니션센터'. 뉴욕 이그니션센터는 KPMG가 빅데이터 기반 컨설팅 서비스를 제공하기 위해 2016년 10월 설립한 조직이다. 기자가 방문한 날도 7명의 컨설턴트가 수십 대의 컴퓨터를 놓고 미국의 유명 레스토랑이 신규 출점할 입지와 관련된 빅데이터를 분석하느라 분주했다.

뉴욕 이그니션센터의 컨설턴트 60명은 모두 빅데이터 엔지니어, 빅데이터 분석가, 소프트웨어 전문가 등 100%가 데이터 전문가로 구성됐다. 마이크 돌란 KPMG 디렉터는 "4차 산업혁명 시대는 기술보다 데이터의 중요성이 높아지는 시대"라며 "전 세계적으로 빅데이터 전문가 수요가 폭증하면서 인력난이 심각한 상황"이라고 전했다. KPMG는 올해 3,000명가량의 빅데이터 전문가를 추가 채용했지만 여전히 폭증하는 수요를 감당하지 못하고 있다.

돌란 디렉터는 "뉴욕 외에 런던 파리 홍콩 싱가포르 프랑크푸르트에도 이그니션센터가 있는데 빅데이터 전문가 부족은 마찬가지"라며 "4차 산업혁명 시대 최고 직업을 추천하라면 주저하지 않고 빅데이터 관련 직업을 추천하겠다"고 말했다.

7월 31일 관련 업계에 따르면 4차 산업혁명 시대 대표 '듣보잡(Job·과거 듣지도 보지도 못한 새로운 일자리)'으로 꼽히는 빅데이터 전문가의 몸값이 연일 상한가를 치고 있다. 글로벌 컨설팅회사 맥킨지는 지난해 말 기준 미국에서만 빅데이터 관리자와 분석가가 12만~19만명이나 부족한 상태라고 분석했다.

미국에서 빅데이터 과학자의 평균 초봉은 연 10만 달러(2014년 기준), 중간 관리자 평균 연봉은 14만 달러에 달한다. 유수 대학의 경영학석사(MBA) 출신 초봉인 연 7만 달러를 훨씬 웃돈다.

월즈 로스 KPMG 글로벌 데이터분석 전략 담당 파트너는 "전 세계 정부와 기업의 인력개발(HR) 담당자들은 빅데이터 혁신 가능성을 완벽하게 활용하기 위해 핵심 인재 부족 현상을 극복하는 특단의 대책을 마련하고 있다"고 전했다.

로스 파트너는 정보기술(IT) 인프라가 뛰어난 한국이 4차 산업혁명 시대 주도할 분야로 빅데이터를 꼽았다. 현실적으로 인공지능과 로봇은 선진국 기술 수준을 따라잡기 힘든 만큼 무한한 가능성을 지닌 빅데이터산업에 집중하라는 조언이다. 그는 "한국에서도 정부와 기업의 빅데이터에 대한 관심이 더욱 높아지면 뛰어난 IT 인프라를 바탕으로 폭발적인 가치를 이끌어 낼 수 있을 것"이라고 조언했다.

데이터 혁신으로 기존 사람의 일자리가 없을 것이란 우려가 나온다. 그러나 세계소프트웨어연합(BAS) 조사에 따르면 데이터 혁신으로 1개의 일자리가 없어지면 평균 3개의 일자리가 새로 생기는 것으로 나타났다.

빅데이터를 생산·분석·관리하는 일자리는 기본이고, 빅데이터를 플랫폼으로 하는 산업 생태계가 구축되면서 무궁무진한 '듣보잡'이 생겨난다는 얘기다. 선진국은 빅데이터를 듣보잡의 보물창고로 활용하고 있는 데 비해 한국의 빅데이터 기반 산업은 엄격한 개인정보 규제에 막혀 자료로 쓸 만한 데이터를 입수하지 못하는 어려움을 겪고 있다.

예를 들어, 빅데이터산업 육성을 위해서는 개인정보 보호에 대한 규제를 일부 풀어야 하는데 현재는 실명·비실명을 구분하지 않고 원칙적으로 개인정보 모두를 규제하고 있다. 이태규 한국경제연구원 연구위원은 "누군지 알 수 없는 개인정보라도 빅데이터 자료로 활용할 수 있도록 문턱을 낮춰야 한다"며 "빅데이터시장 확대 없이는 빅데이터 전문가라는 새로운 직업이 부상할 수 없다"고 지적했다. 그나마 새 정부는 대선공약으로 내세운 공공 빅데이터센터를 신속히 설립해 공공 분야 빅데이터 개방과 규제 완화를 추진할 방침이다.

여기에 더해 우선 금융권을 대상으로 신용정보 및 개인정보 관련 규정 정비, 고객정보 비식별화 및 가이드라인 제정, 금융계열사 간 데이터베이스(DB) 공유 허용 등을 추진하기로 했다.

차상균 서울대 빅데이터연구원장은 최근 매경 이코노미스트클럽 강연에서 "한국은 데이터 분야에 대한 투자가 거의 없었기 때문에 인재풀이 사실상 전무한 상태"라고 지적했다.

미국은 구글, 페이스북 등 실리콘밸리 IT기업이 매달 수백 명씩 빅데이터 인력을 빨아들이고 있다. 중국도 빅데이터 핵심 인력 1,000명을 양성한다는 '천인(千人)계획'을 진행 중이고 이를 만인(萬人)으로 상향 조정할 계획이다. 차 원장은 "한국도 최소한 빅데이터 핵심 인재 50명을 양성하는 50인 계획이라도 세워 국내뿐만 아니라 해외에서도 데이터 핵심 인재를 영입하는 특단의 대책이 시급하다"고 강조했다.

출처: 매일경제, 2017. 7.30. 발췌정리.

2 창업의 종류

그림 2-2 창업의 종류

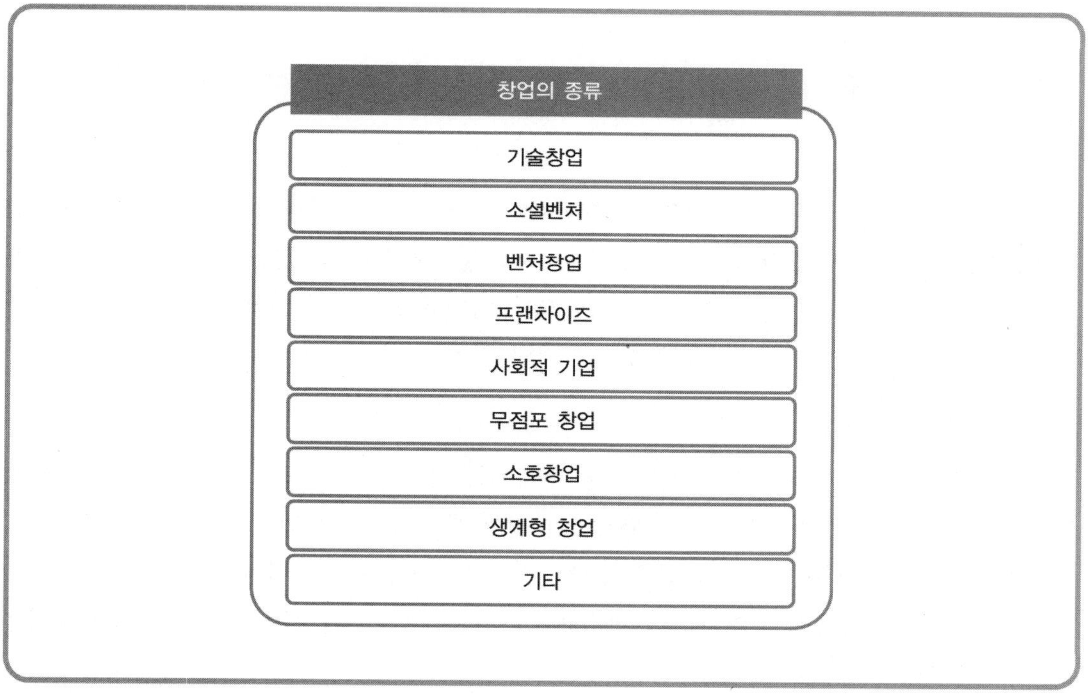

창업의 종류
기술창업
소셜벤처
벤처창업
프랜차이즈
사회적 기업
무점포 창업
소호창업
생계형 창업
기타

(1) 창업의 종류와 운영

〈그림 2-2〉와 같이 창업은 기술창업, 소셜벤처, 벤처창업, 프랜차이즈, 사회적 기업, 무점포창업, 소호창업, 생계형 창업 등 다양한 형태의 창업이 있으며, 창업의 형태에 따른 창업의 명칭이 지속적으로 발생하고 있다.

특히 창업은 대부분 창업자 본인이 창업을 하여야 한다는 전제를 가지고 있으나, 대리상 또는 위탁매매인, 중개상을 통해서 간접적으로 운영하기도 한다.

또한 창업의 운영방식은 직·간접적으로 운영하는 것 외에도 라이선스 또는 기술이전, M&A를 통해 수익을 발생시키는 창업을 하는 경우도 있음을 인지하여야 한다. 즉, 라이선스,

기술이전, M&A를 통해서 회사의 이익을 발생시킨 이후 새로운 기술 등을 통해서 신규 창업 또는 재창업, 사업 확대 등을 통해서 창업자 스스로를 성장시키기도 한다.

창업의 아이템은 IT, 소재, 식품, 지식재산 등의 분야를 통해서 모든 창업을 할 수 있다는 장점이 있으나 시장성과 실현성 등을 고려하지 않을 경우에는 창업을 성공할 가능성이 적고 실패할 가능성이 매우 크므로 사전에 충분한 시장조사 등 사전점검을 철저히 진행하는 것이 중요하다.

(2) 창업 종류

1) 기술창업

'기술창업'은 어떠한 특정분야의 혁신적인 기술을 창출하는 창업을 말한다. 일반적으로 기술창업은 벤처, 기술 집약형, 기술혁신 등을 포괄하여 사용되고 있다. 또한 기술창업을 '벤처(venture)'의 개념인 '기술 집약형 중소기업'으로 이해하는 경우가 많으며, 기술창업은 창업자의 성격, 특징, 창업동기를 기준으로 일반적인 창업과 차이점이 있다.

2) 소셜벤처

'소셜벤처(social venture)'는 사회적으로 발생되는 문제를 해결하기 위하여 개인 또는 창업자의 창업정신을 통해서 사회에 이바지하기 위한 목적으로 설립한 사회적 기업을 말한다. 소셜벤처는 일반적인 창업가업과 같은 경영 및 영업활동을 통해서 수익을 발생시키고 장애인 등 사회의 취약계층에게 일자리를 제공하고, 사회적 서비스를 제공하여 사회의 문제점을 적극 해결하는 데 주목적이 있는 창업의 형태이다.

3) 벤처창업

벤처창업은 새로운 아이템 또는 기술 등을 사업화하기 위해 설립된 신생기업으로 사업에 대한 리스크는 존재하나 성공할 수 있는 가능성이 있어 이익을 기대해볼 수 있는 창업을 말하며, 신기술기업, 모험기업, 연구개발형기업, 하이테크기업 등으로 사용되기도 한다. 일반적으로 벤처창업은 모험이 필요하지만 높은 수익의 예상으로 향후 투자의 대상이 된다.

4) 프랜차이즈

국내의 프랜차이즈 사업은 공정거래위원회에서 「가맹사업거래의 공정화에 관한 법률」(이하 "가맹사업법"이라 한다)을 2002. 5. 13.에 제정하여 정부에서 관리를 하고 있다. 가맹사업은 현재 국내에서 가장 많이 선호하고 있는 창업으로 가맹본부의 노하우를 기초로 창업을 하는 방법으로 가맹비를 내고 사업을 쉽게 시작할 수 있다는 장점이 있다.

프랜차이즈의 가장 중요한 절차는 가맹본부(franchisor)와 가맹점사업자 또는 가맹희망자(franchisee)간의 계약을 기초로 상거래를 하는 개념이다. 그러나 가맹본부에 의한 사기 등이 빈번히 발생함에 따라 가맹사업법은 지속적으로 가맹본부를 관리하기 위한 방안으로 가맹계약 전에 가맹희망자에게 정보공개서를 제공하여 가맹희망자가 가맹본부의 세부적인 사항을 확인할 수 있도록 시간을 부여하고, 이후 가맹계약을 체결하도록 하되, 가맹금에 대한 예치를 금융기간에 하도록 하여 일정기간 내에 가맹희망자가 계약을 해지하거나 가맹본부의 귀책사유로 인한 계약을 해지 하는 경우 예치금을 반환받을 수 있도록 규정하고 있다. 프랜차이즈에 대한 가맹본부로 활동하기 위한 중요한 요소는 가맹본부의 상호, 영업표지(상표), 노하우, 매출액 등이 기본이 됨을 인지하여 철저한 준비를 통해 창업을 시작할 경우 실패를 최소할 수 있을 것이다.

5) 사회적 기업

'사회적 기업(social enterprise, 社會的企業)'은 소셜벤처와 유사적 개념으로 기존의 기업은 경제적 영리에 따른 가치만을 목적으로 기업을 운영하였다. 그러나 최근 기업은 사회적 가치를 우선으로 하여 재화나 서비스의 생산과 판매, 영업 활동 등을 수행하여 기업에 대한 이미지 개선 및 고객을 확보하는 수단으로도 활용되고 있다. 즉, 소셜벤처와 같이 사회적 기업은 취약계층에게 취업을 연결 또는 제공하고, 지역의 경제 활성화를 통한 지역경제발전에 이바지하고, 기업의 사회공헌에 따른 경영문화의 윤리적 확장과 시장을 형성하는 데 목적이 있다.

정부로부터 사회적 기업으로 인증이 될 경우 컨설팅 제공, 사회보험료 지원, 세금 감면, 국·공유지의 임대, 시설비·부지 구입비 등의 지원, 융자 혜택 등을 받을 수 있다. 우리나라의 대표적인 사회적 기업은 '아름다운 가게'[1]와 '위켄'[2] 등이 있다.

6) 무점포 창업

무점포 창업은 인터넷의 발달에 따른 전자상거래를 말하며, 무점포라 함은 별도의 점포 공간이 필요 없고, 자신이 거주하고 있는 임대차 물건 등을 통해서 쉽게 창업을 할 수 있다는 점이 가장 큰 장점이라고 할 수 있다.

무점포 창업의 경우 자금이 부족한 창업자 또는 가족간의 창업을 희망하는 창업자들이 가장 많이 선호하는 창업이며, 쇼핑몰, 온라인마켓, O2O, 번역사업 등이 대표적이다.

---

[1] 해당 지역의 시민들이 사용하지 않는 재활용품 등을 수거하여 ·판매하는 방식으로 운영된다.
[2] 해당 지역의 지적 장애인 등을 고용하여 우리밀로 만든 과자를 생산하는 업체로 취업을 적극 지원하고 있다.

7) 소호창업

SOHO는 "Small Office, Home Office"의 약자로 작은 공간의 사무실, 소규모 사업장, 자택 등을 통해 일반 창업의 자본이나 기술의 노하우가 아닌 정보와 아이디어의 노하우로 창업을 하는 것으로 무점포 창업과 유사성이 있다.

SOHO는 넓은 의미에서는 자택이나 작은 사무실을 통해서 소기업 형태 또는 프리랜서로 활동하는 것을 말하며, 좁은 의미로는 아이디어와 컴퓨터 네트워크를 결합한 소규모의 벤처기업이다. 즉, 창업자의 자본 또는 인력 등의 부담없이 자택 또는 작은 사무실을 통해서 인터넷을 활용한 자신의 아이디어와 경력 등을 가지고 사업을 영위하는 새로운 스타일의 비즈니스이다. 예로서 홈케어 서비스(곰팡이, 진드기 등), 세차 서비스 등이 대표적이다.

8) 생계형(일반) 창업

생계형 창업은 일반적으로 어떠한 아이디어 또는 아이템을 가지고 체계적으로 시작하는 창업과는 달리 기존의 제품 또는 상품을 구매하여 즉시 수익을 기대하는 경우가 많다. 또한 일반적 창업이라고도 하며, 통상적인 사업을 하는 것으로 개인사업자 또는 법인사업자 중 창업자의 선택에 따른 사업자로 창업을 진행할 수 있다.

개인사업자와 상법상 법인사업자의 종류에 대하여 간략히 살펴보면 〈표 2−1〉과 같다.

표 2-1 **개인사업자와 법인사업자의 종류 및 책임**

구분		책임
개인사업자		창업에 대한 모든 책임을 사업자가 부담
법인사업자	주식회사	① 주식 발행 ② 주주가 인수한 주식의 인수가액에 한하여 책임을 짐
	유한회사	① 50명 이하의 사원으로 구성 ② 각 사원이 출자한 금액의 한도 내에서 책임을 짐
	합명회사	① 무한책임사원으로 구성 ② 각 사원이 연대하여 회사의 채무를 무한책임을 짐
	합자회사	① 무한 또는 유한책임사원으로 구성 ② 무한책임사원은 상기의 합명회사와 같은 책임을 짐 ③ 유한책임사원은 유한회사와 같은 책임을 짐
	유한책임회사	① 사원의 출자 및 설립등기에 의하여 설립 ② 사원은 출자금액의 한도 내에서 책임을 짐

사례 연구 5

4차 산업혁명과 지능정보사회의 미래, 핀테크·VR·AI 빗장 푼다.[3]

제4차 산업혁명과 지능정보사회의 미래로 불리는 3가지 아이템의 성장을 가로막던 족쇄가 풀렸다. 미래창조과학부 장관은 정부서울청사에서 열린 '신산업 규제혁신 관계 장관회의'에서 미래부, 문체부, 금융위 등 관계부처가 공동으로 마련한 '인공지능, 가상현실, 핀테크 규제혁신' 방안을 발표했다.

이번 방안은 제4차 산업혁명으로 촉발되는 지능정보사회에서 국민 삶의 질을 향상시키고 신성장 동력을 창출할 것으로 주목받고 있는 인공지능, 가상현실, 핀테크의 육성과 지원을 위해 추진됐다.

인공지능은 제4차 산업혁명을 촉발하는 핵심 기술로 부각되고 있으며, 세계 주요국가·기업은 인공지능을 통한 혁신 및 성장 모멘텀 발굴에 집중하고 있다. 또한, 가상현실도 콘텐츠 이용행태의 급격한 변화와 함께 관련 HW·SW 시장의 성장이 예상되고 있다. 마지막으로 핀테크는 'Pay전쟁'이라고 불릴 정도로 전 세계 금융을 주도하기 위한 경쟁이 치열하다.

○● 인공지능 분야 규제혁신

2016년 '지능정보사회 중장기 종합대책'에 이어 2017년에는 '(가칭) 지능정보사회 기본법'을 추진하고, 핵심 제도이슈에 대한 정비 방향을 제시한다.

(1) '지능정보사회 기본법' 제정 추진(가칭)

제4차 산업혁명에 대응하여 국가사회 전반의 지능정보화를 촉진하기 위해 현행 '국가정보화 기본법'을 '(가칭)지능정보사회 기본법'으로 개정한다.

지능정보기술·사회 개념을 정의하고, 국가사회 전반의 지능정보화 방향 제시·체계적인 준비를 위한 기본계획 수립 등을 규정하고, 데이터 재산권의 보호 및 가치 분배 등 지능정보기술 기반 확보를 위한 조항을 추가할 계획이다.

(2) 핵심 법제도이슈 관련 정비방향 제시

인공지능의 안전성, 사고 시 법적책임 주체, 기술개발 윤리 등 인공지능 확산에 따라 전 세계적으로 논의가 확대되고 있는 법제도 이슈와 관련하여 각계의 의견수렴을 통해 정비 방향을 제시할 계획이다.

○● 가상현실 분야 규제혁신

가상현실에서는 개발부터 창업까지 성장단계별 규제혁신을 통해 가상현실 신산업 성장을 지원하고, VR기기 안전기준을 마련하여 이용자 안전을 확보할 계획이다.

(1) VR 게임제작자의 탑승기구 제출 부담 완화

신규 VR 콘텐츠 등급 심의 때마다 탑승기구까지 제출해야 하는 문제를 개선해 PC로 콘텐츠를 확인할 수 있는 경우 탑승기구 검사를 면제한다.

(2) VR 게임기기 안전기준 마련

탑승형 VR 게임 유통 활성화를 위해 게임법에 VR 게임에 대한 합리적인 안전기준을 마련하여 VR 게임 이용자 안전을 확보한다.

(3) 불합리한 시설 규제 개선

사행성 콘텐츠와 음란물의 이용방지를 위해 PC방은 칸막이 높이를 1.3미터로 제한하고 있는데, 이용자 보호(몸동작으로 인한 충돌방지)를 위해 높은 칸막이가 필요한 VR 체험시설은 예외로 인정한다.

(4) VR방(복합유통게임제공업소) 내에 음식점 등이 동시 입점할 경우 한 개의 영업장으로 보아 단일 비상구 설치를 허용
한다.

○● 핀테크 분야 규제혁신

전통금융업 위주의 현행 규제를 혁신해 다양한 핀테크 서비스 도입을 촉진하고, 금융 소비자의 편의성·접근성을 높이기 위한 제도 정비를 추진한다.

(1) 가상통화 취급업에 대한 규율체계 마련

전 세계적으로 비트코인 등 가상통화 거래가 증가하고 있는 가운데, 국내에서도 가상통화의 건전·투명한 거래가 가능하도록 가상통화 취급업에 대한 적절한 규율체계를 마련한다.

(2) 핀테크 기업 단독 해외송금 서비스 운영 허용

핀테크 기업이 독자적으로 해외송금 서비스를 할 수 있도록 허용, 소비자의 송금수수료 부담 절감 등에 기여할 계획이다.

(3) P2P 대출계약시 소비자의 비대면 계약내용 확인방법 확대

대출계약시 소비자의 계약내용 확인 방법을 '직접기재', '공인인증서', '음성녹취' 외에 '영상통화'를 추가로 인정해 소비자의 편의성을 높인다.

(4) P2P 대출업자에 대한 총자산한도 규제 완화

대부업자의 무분별한 외형확장 방지를 위해 도입한 총자산한도 규제(자기자본의 10배 이내 자산운용)가 영업특성이 다른 P2P 영업에 일괄 적용되지 않도록 정비할 계획이다.

(5) 로보어드바이저 상용화 지원

알고리즘 기반의 금융자산 관리서비스인 로보어드바이저는 안정성·유효성 테스트를 거쳐 올 상반기에 본격 출시될 예정이다.

로보어드바이저 테스트베드 운영을 위한 세부방안(모집·심사 기준 등)을 발표하여 1차 테스트베드(2016년 10월~17년 4월)를 운영 중이며, 대고객 서비스도 올해 5월까지 출시할 예정이다.

(6) 핀테크 스타트업 투자기준 명확화

핀테크 스타트업에 대한 벤처캐피탈 투자가능 요건을 명확히 했고 핀테크 업종에 대한 기술보증이 활성화될 수 있도록 지원한다.

(7) 금융권 공동 핀테크 오픈 플랫폼 이용 활성화

지난해 오픈한 '금융권 공동 핀테크 오픈 플랫폼'을 통해 다양한 핀테크 서비스가 개발될 수 있도록 조회 가능한 계좌종류를 확대하고 주문 서비스도 가능하도록 API 이용범위를 확대한다.

미래부 장관은 "제4차 산업혁명은 국가·사회 전반에 변화를 초래하므로 이를 위해서는 융합을 촉진할 수 있는 선제적인 법제도 정비가 중요하며, 미래부는 관계부처와 힘을 모아 제4차 산업혁명을 체계적으로 대응하고 지능정보사회로의 이행을 준비하겠다"고 밝혔다.

3 핵심요소

창업을 성공하기 위한 핵심 요소는 인적 요소인 사람, 물적 요소인 창업자금, 제품요소인 창업 아이디어의 3가지 요소를 고려해야 한다. 이를 창업의 3요소라 한다.

(1) 창업아이템

창업아이템 혹은 아이디어는 창업자가 고객에게 제공되는 가치 중 제품 및 서비스의 속성을 의미한다. 즉, 무엇을 생산·판매할 것인가와 관련된 사항을 말한다. 기업의 생산물은 물리적으로 구체적인 형태를 가진 재화이거나 무형의 서비스일 수도 있다. 또한 신규의 발명품일 수도 있고 시장에 이미 나와 있는 기존 상품일 수도 있다. 반면 국내 시장에 처음으로 소개되는 외국 상품일 수도 있다.

(2) 사람(인적 요소)

창업을 하는 데 필요한 기본적 요소 중 가장 핵심적이며 중요한 요소가 인적 요소이다. 창업을 함에 있어 창업을 주도적으로 계획하고 추진하며, 창업에 모든 재정적 부담과 위험을 책임지는 사람이 바로 창업자이기에 창업자의 능력과 자질이 얼마나 발휘되느냐에 따라 창업에 성공과 실패를 좌우한다. 이러한 창업자는 위험을 감수하고 사업 기회를 적절히 포착할 수 있는 창업가 정신이 있어야 한다.

(3) 창업자금

자본이란 창업하고자 하는 사업을 수행하는데 필요한 자금을 의미한다. 창업을 할 때 아무리 유능한 사람과 우수한 창업 아이디어, 그리고 좋은 시장이 있다고 해도 실질적으로 사업을 수행하는 데 필요한 자금이 없다면 창업을 하는 것은 불가능하다. 자본은 조달 원천에 따라 자기자본과 타인 자본으로 구분된다.

1) 핵심요소

그림 2-3   **기본적 핵심요소**

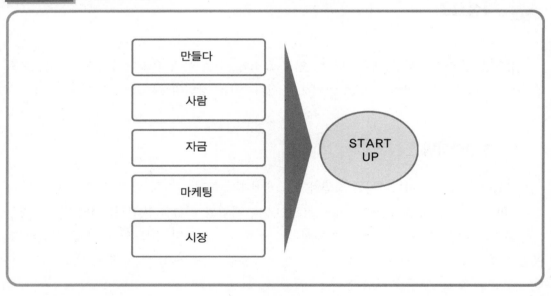

안정적이고 효율적인 창업을 운영하기 위해서는 ① 창업을 위한 아이템을 발굴하여 사전조사를 통한 시장성 및 실현가능성 등이 검토되어야 하고, ② 창업자를 포함한 조직적 개념의 전문적인 직원들과 자신을 지원해 줄 수 있는 인적 네트워크(사람)가 필요하며, ③ 창업을 할 때 필요한 자금으로 돈이 가능한 한 준비되어야 한다. 또한, ④ 아이템에 대한 판매 및 홍보를 위한 마케팅의 준비가 필요하며, ⑤ 해당 아이템 제품의 생산에 따른 최종 판매할 수 있는 시장이 준비되어 있어야 한다.

그러나 현실적으로 창업을 하면서 ①부터 ⑤까지 모두 사전에 준비되어 창업을 하는 창업자는 많지 않으므로, 창업을 하면서 발로 뛰어다니며 적극적인 준비를 하여야 한다.

2) 핵심요소 검토

① 아이템

창업의 아이템은 창업자의 창업을 성공 또는 실패를 결정짓는 매우 중요한 요소라고 할 수 있다. 창업자는 창업에 대한 아이템 개발의 배경을 기초로 아이템의 구조와 편리성을 제공함에 있어서 제3자의 Needs, Demand 등을 충분히 조사하여 고려함으로써 좋은 기술과 서비스를 통해 가격 및 품질의 경쟁력을 확보하여야 한다.

그러나 창업자들은 대부분 현재 잘 팔리고 있는 제품 등을 카피 또는 벤치마킹하여 창업을 하는 경우가 많아 새로운 창업아이템의 발굴을 기대하기가 어렵고, 경우에 따라 제3자로부터 지식재산권 침해에 따른 분쟁 등이 발생하기도 한다. 즉, 창업자만의 신규성 또는 진보성적인 요소가 없다면 해당 아이템은 시장에서 이미 사장되어 가거나 사장될 제품으로 판단될 가능성이 높다.

② 사람

창업자의 아이템을 같이 공유하면서 아이템 성장을 위한 고민을 함께 할 수 있는 팀원 또는 직원과 창업진행의 도움을 줄 수 있는 멘토 등의 인적 자원인 사람이 필요하다. 창업을 처음 시작하는 창업자의 경우 자신의 창업아이템을 제3자와 공유 및 소통하여 발전을 시키려 노력하기보다는 자신만의 창업 세계에 빠져 무조건 창업에 성공할 수 있다는 자신감을 통해서 제3자(전문가 등)의 의견을 적극 받아들이지 못해 실패하는 경우가 많다.

따라서 창업자와 함께 아이템을 공유하며 자신의 의견과 방향성을 제시할 수 있는 조직적 분위기를 구성하고, 제3자의 의견을 수렴하여 수용할 수 있는 마음가짐도 필요하다.

③ 자금

창업은 자금이 없으면 어려움이 발생하는 것은 현실적 문제이다. 일반적으로 창업 시 자금의 해결 방안으로 자신이 모아놓은 돈을 사용하거나, 부모 또는 친구 등에게 자금을 빌리는 경우가 대부분이다. 또한 창업자의 신용 또는 기술을 통한 대출을 고려하면서 VC 또는 엔젤투자자 등을 통한 투자유치를 고려하기도 한다. 그러나 금융기관 또는 투자자들은 창업자의 창업성공을 기대할 수 없는 상황에서 창업자에게 대출 또는 투자 등을 고려하지 않는 것이 현실이다.

④ 마케팅

창업은 경영학에서 파생된 실무적 학문으로 경영학을 배제하고서는 창업을 생각할 수 없다. 즉, 창업자의 현재의 상황을 점검해볼 수 있는 다양한 경영 TOOL을 통해서 사전 점검과 방향성을 설정하여 경영·영업·판매·자금·광고 등의 전략을 적극적으로 수립할 수 있어야 한다.

⑤ 시장

창업아이템을 시제품으로 제작 후 다양한 사전 검사(pilot test) 등을 통해서 시제품을 제품으로 양산할 경우 최종 제품을 판매할 수 있는 시장이 존재하지 않는다면 어렵게 만들어진 제품은 한순간에 판매해보지도 못한 체 사장될 위기에 처하게 된다.

따라서 해당 제품이 양산될 경우 시장에 대한 환경을 사전에 명확히 분석하여야 하고, 필요한 경우 전문가를 통해서 시장 환경을 분석하여 전략적으로 생산 및 판매를 구상하여야 한다. 또한 제품을 구매 또는 판매해줄 수 있는 업체를 사전에 섭외하고 경우에 따라서 구매 조건부 계약을 체결하여 판매를 시도하는 것도 현실적으로 필요하다.

4 창업관련법상 창업제외 업종

창업지원법 시행령 제4조에 따라 창업에서 제외되는 업종으로 규정되어 있는 산업은 다음과 같다.
 ① 금융 및 보험업
 ② 부동산업
 ③ 숙박 및 음식점업[4]
 ④ 무도장운영업
 ⑤ 골프장 및 스키장운영업
 ⑥ 기타 갬블링 및 베팅업

---

4 호텔업, 휴양콘도 운영업, 기타 관광숙박시설 운영업 및 상시근로자 20명 이상의 법인인 음식점업은 제외하고 있다.

⑦ 기타 개인 서비스업

⑧ 그 밖에 제조업이 아닌 업종으로서 산업통상자원부령으로 정하는 업종은 창업범위에서 제외된다.

기존에는 금융 및 보험업에 대하여 제외업종으로 규정하였으나 2016.5. 29. 창업지원법이 개정되면서 정보통신기술을 활용하여 금융서비스를 제공하는 업종으로서 1. 금융 및 보험업으로서 정보통신기술을 활용하여 금융서비스를 제공하는 업종을 그 주된 업종(「중소기업기본법 시행령」 제4조에 따른 주된 업종을 말함)으로 할 것, 2. 그외 기타 여신금융업을 주된 업종으로 하지 아니할 것을 전제로 제외 업종을 구분하고 있다.

표 2-2 1인 창조기업 범위에서 제외되는 업종[5]

구분	대상 업종	한국표준 산업분류번호
광업	석탄, 원유 및 천연가스 광업	05
	금속광업	06
	비금속광물 광업(연료용 제외)	07
	광업지원 서비스업	08
제조업	담배제조업	12
	코크스, 연탄 및 석유정제품 제조업	19
	1차 금속 제조업	24
전기, 가스, 증기 및 수도사업	전기, 가스, 증기 및 공기조절 공급업	35
	수도사업	36
하수·폐기물처리, 원료재생 및 환경복원업	하수, 폐수 및 분뇨 처리업	37
	폐기물 수집운반, 처리 및 원료재생업	38
	환경 정화 및 복원업	39
건설업	종합건설업	41
	전문직별 공사업	42
도매 및 소매업	자동차 및 부품 판매업	45
	도매 및 상품중개업	46
	소매업(자동차 제외) • 전자상거래업은 제외한다.	47
운수업	육상운송 및 파이프라인 운송업	49

	수상 운송업	50
	항공 운송업	51
	창고 및 운송관련 서비스업	52
숙박 및 음식점업	숙박업	55
	음식점 및 주점업	56
금융 및 보험업	금융업	64
	보험 및 연금업	65
	금융 및 보험 관련 서비스업 (그 외 기타 금융지원 서비스업 제외)	66
부동산업 및 임대업	부동산업	68
	임대업(부동산 제외)	69
보건업 및 사회복지 서비스업	보건업	86
	사회복지 서비스업	87
예술, 스포츠 및 여가관련 서비스업	스포츠 및 오락관련 서비스업	91
협회 및 단체, 수리 및 기타 개인서비스업	기타 개인 서비스업	96

※ 비고: 해당 업종의 분류는 「통계법」 제22조에 따라 통계청장이 고시하는 한국표준산업분류에 따른다(협회 및 단체는 지원이 불가함)

(참고) 창업선도대학 기준의 기술 분야 창업업종

구분	지원 분야	핵심기술
신산업창출	5개 분야	17개
미래성장동력	19개 분야	77개
계	24개 분야	94개

표 2-3 신산업창출 분야

지원분야	핵심기술	관련아이템
ICT융합	전기차	주행성능, 차체경량화, 충전서비스 등
	스마트카	스마트카 관련 카메라, 센서, SW개발 등
	산업용무인기	항법장치, 고기능 기술개발 등
	지능형로봇	병원용로봇, 물류로봇 등

	웨어러블 디바이스	스마트섬유, 소재, 부품개발, 인증 등
	스마트홈	표준화, 플랫폼, 연동 주변기기 등
첨단신소재	탄소섬유	보급형·초고강도 탄소섬유 개발 등
	마그네슘	자동차, 항공기 등 관련 산업연계 소재 개발 등
	타이타늄	타이타늄 소재 제조 기술개발 등
에너지신산업	ESS (Energy Storage System)	송배전용, 소규모가정용 장치 등
	태양광	태양광 관련 소재, 부품 등
	스마트그리드	스마트미터, 에너지관리시스템 등 제품-서비스-솔루션 개발 등
바이오헬스케어	의약	진단·치료 또는 예방하기 위해 신체구조 또는 기능에 영향을 미치는 것을 목적으로 사용되는 약품
	헬스케어	개인건강정보 통합·활용 시스템 등
	의료기기	수술기기, 체외진단기기 등 병원 연계형 의료기기 개발
의료관광서비스	의료 예약·진찰·처방 등 원스톱 서비스	질병의 치료·간호·예방·관리 및 재활을 위한 의료 서비스를 일괄적으로 제공하는 서비스
	의료 코디네이터	환자-의료진 연계, 예약관리, 홍보 및 경영개선 등에 참여하며 공항교통·숙박·관광 서비스

표 2-4 미래성장동력 분야

지원분야	핵심기술	관련아이템
지능형 로봇	로봇지능 기술	로봇인식, 이동, 조작, 소셜, 지능 체계 등
	인지기능의 HRI기술	표정, 제스처, 대화 인식 기술 등
	로봇시스템 설계 기술	안전로봇기술, 직관적 교시 기술, 그리퍼 기술 등
	로봇부품 기술	로봇센서 기술, 로봇구동기 기술, 로봇제어기 기술 등
착용형 스마트기기	핵심부품 기술	시장수요 기반의 착용형 스마트 기기 사용자의 의도나 명령 입력 또는 출력 기술, 안전한 정보 처리기술, 가볍고 유연한 소재를 활용한 플렉시블 배터리 전원 기술 등
	응용디바이스 서비스	레저, ICT융합 상용화 기술을 접목, 안전, 의료, 재난 방지 등 특수업무 활용, 개방형 스마트교육 및 학습활동을 지원하여 사용자와 기기의 연결 기술 등

	실감형 영상콘텐츠 기술	실세계 사람 배경 등을 컴퓨터 그래픽, 비전, 3D, UHD, 홀로그램, 입체음향 등을 이용하여 전달하는 기술 등
실감형 콘텐츠	지능형 인터랙션 기술	실공간 혹은 가상공간의 환경구현을 위한 AR·MR·VR의 기술과 인간친화적 인터페이싱기술인 NUI·NUX 기술, 환경적응형 콘텐츠 기술 등
	인포콘텐츠 기술	사용자 성향과 환경에 적합한 콘텐츠 분석·검색, 콘텐츠의 구성과 표현에 다수가 참여하여 콘텐츠 활용 및 편의성을 증대하는 소셜클라우드 협업 기술 등
	감성·뉴로 콘텐츠 기술	뇌파신호 판독하여 콘텐츠와 상호작용 하는 뉴로 콘텐츠 기술, 인간-기기-공간의 자연스러운 감성·인지웨어 기술, 오감인식, 감성UI·UX 기술 등
	빅콘텐츠 유통플랫폼 기술	콘텐츠 패키징·분산·전송, 콘텐츠 안전한 소비위한 환경, 저작권 보호기술, SNS 및 빅데이터서비스의 결합한 콘텐츠 응용서비스 등
스마트 바이오 생산시스템	마이크로나노 생산시스템	자동생산시스템, 배양시스템, 분리정제시스템 등
	에너지기계	의약품 제조기기 등
	정밀가공시스템	융복합 분석기기, 공정기기 등
가상훈련 시스템	가상체감 기술	현실감있는 가상환경 및 체감표현을 위한 SW, HW 생산 등
	원격협업기술	가상환경 저작 및 모사, 모션플랫폼 등 가상현실의 호환성 및 생태계 조성 등
	시뮬레이터	군사용, 의료용, 산업용, 스포츠용 등의 시뮬레이터 제작 등
	기능훈련 서비스	의료, 플랜트, 레저 등 기능훈련 서비스 개발 등
스마트 자동차	주변상황 인식 센싱 시스템	레이더기반 주행상황인지 모듈, 영상기반 주행상황 인지 모듈, 확장성·범용성·보안성 기반 V2X 통신모듈, 자율주행용 도로·지형속성 정보를 포함한 디지털맵, 보급형 고정밀 복합 측위 모듈 등
	클라우드기반 자율주행	클라우드맵 기반 주행상황 인지 및 플랫폼 기술, 수백Mbps급 V2X 통신 및 보안 시스템, 스마트 드라이빙 클라우드 센터 기반 서비스, 커넥티드드라이빙 컴퓨팅 시스템 등
	차세대 차량사물통신	운전자 수용성 기반 자율주행 HVI 차세대 IVN(In-Vehicle Network) 기반 제어기 기술 등
	스마트 액츄에이터 기술	Fail Safety 기반 스마트 액츄에이터 모듈, 사고원인 규명 ADR(Autonomous-driving Data Recorder) 모듈 개발 등
	스마트 자율 협력 주행 도로시스템	도로교통 상황정보 수집기술, 전자지도 플랫폼 기술, 자율협력도로 및 자동차 연계, 실증 기술 등
5G	5G 무선전송 용량 증대	Massive MIMO, Advanced Duplex, LTE- Unlicensed,

이동통신		mmWave 기반 광대역통신, 차세대 Wi-Fi 기술 등
	이동 네트워크	고성능인프라, 차량간 직접통신, 차량형 이동셀 기술, 멀티플로우(Multi-flow) 기술 등
	저지연·고신뢰 기술 및 다수 다비이스 수용	Short TTI, New Waveform, Fast 상향 링크, 대규모·다수연결 디바이스 기술 등
	5G 소형셀 기술	Ultra-Dense Network(UDN), 무선 백홀기술, 멀티RAT, 다층셀 클라우드 RAN기술, Ultra-Dense 소형셀 가상화 구조, Advanced SON기술 등
	모바일 홀로그램 및 초다시점 서비스 플랫폼	박막형 홀로그래픽 패널 기술, 모듈형 홀로그래픽 콘텐츠 변환 기술, 콘텐츠 획득 및 고속화 기술, 콘텐츠 저작 기술, 양방향 실감 인터랙션 기술 등
심해저·극한환경 해양플랜트	심해 Oil & Gas 플랜트 엔지니어링 기술	Oil & Gas 개발을 위한 해저·해상 통합 FEED 기술, 해저·해상 통합 지능형 진단 및 감시시스템,해저·해상 통합 지능형 진단 및 감시시스템 등
	부유식 해상플랫폼 상부공정(Topside Process) 시스템	고효율 수분 제거(Dehydration)시스템, 고농도 CO_2 천연가스 처리시스템, 천연가스에 다량 포함된 CO_2를 처리하는 시스템, 친환경 산성가스처리(Sweetening)시스템, 신개념 NGL(Natural Gas Liquid) 회수 시스템, MEG 회수 및 주입 시스템, 해저·해상 통합플랜트 전력공급/제어/감시 시스템 등
	심해 Oil & Gas 플랜트 설치기술	해저 Foundation 및 Stable Lowering 기술, 고정밀 Dynamic Positioning 제어 및 해석 기술, 심해 URF 설치 설계/해석 기술 등
	심해저 생산 및 처리 시스템	고속대용량 심해저 원유분리 시스템, 심해저 다상유동 펌프 시스템, 심해저 해수주입 시스템, 심해용 URF(Umbilical/Riser/Flowline), 심해저 대용량 Manifold & Template 등
	극한환경 해양플랜트 통합 설계 기술	극한환경 해양플랜트 기본설계 패키지(Basic Design-Package), 극한환경 해양플랜트 위험도 관리 기술, 극한환경 해양플랜트 위험도 관리 기술 등
	극지용 해양 플랜트 빙성능 엔지니어링 기술	구조성능 엔지니어링 기술, 빙저항·운동성능 엔지니어링 기술개발, 방한성능 최적화 기술 등
수직이착륙 무인항공기	엔진개발	기체, 엔진, 임무장비, 항공전자장비, 통지, 통제 지원 장비 제조기술 등
	완제기 개발	군단정찰용, 스마트무인기, 근접감시정찰용, TR-6X 틸트로터, 중고도, 사단정찰용, 차기 군단 등 무인기 개발 및 제조 등
맞춤형	빅데이터 공유 보안 기술	데이터접근 통제 기술, 익명화 기술 등

웰니스 케어	개인건강기록 연동·통합, 저장 및 교환 표준체계	용어·코드 표준화, 건강정보 연계 기술 등
	라이프로그 데이터 획득 및 저장 기술	라이프로그 데이터 획득 기술, 데이터 전송시 정보 위·변조 방지, 데이터 저장을 위한 정보 모델 등
	개인 건강정보 기반 데이터 저장·분석·서비스	데이터 연계기술, 정형·비정형 데이터 저장, 대용량 데이터 저장·분석 기술 등
	개인 맞춤형 건강관리 예측 시스템	데이터 추론 기술, Alert/reminder 기술 등
직류 송배전 시스템	핵심부품	스위치, 수동소자, 제어기 등 부품 제작 등
	모듈	DC차단기, VBE(Valve Base Equipment, 제어시스템), 전 력제어 차단 및 계측·감시 기능 등
	시스템	DC차단기를 결합하여 다중 Point(1:N) 연계 가능한 매쉬형 직류 송배전 시스템 등
초소형 발전 시스템	기반기술	공정설계, 시뮬레이션, 공정 효율화 기술, 소재 기술 등
	핵심기기	터빈 설계 제작 기술, 압축기 설계 제작 기술, 열교환기 설계 제작 기술 등
	발전시스템 설계·건설 운영	초임계 CO_2 발전 시스템 설계기술 등
	열원 연계와 확장 기술	원자력, 석탄화력, 복합화력, 신재생 열원연계 등
신재생 에너지 하이브리드시스템	NRE-H 기반 고효율 융복합 분산형/독립형 발전 및 제어 기술	태양광-연료전지-ESS 하이브리드 발전/전력저장 기술, 바 이오연료-NRE-H 기술, 신재생에너지 하이브리드시스템 통합제어 기술개발, 열전소자 등 타 기술 분야를 활용한 신재생 에너지 하이브리드 발전, 계간축열 기 반의 열에너지 활용 기술 등
	NRE-H 고효율 MCFC 융복합발전 및 청정가스 변환시스템	MCFC-압력차발전기(Tubor Expander Gene rator) 복합 발전 기술, MCFC 복합발전을 통한 고효율청정가스 생산기 술 등
	제로에너지빌딩을 위한 NRE-H 통합솔루션 시스템 기술	건물의냉난방, 채광조절, 열 및 전기생산 등을 통합적으로 구현할 수 있는 다기능, 고효율의 건물 외피시스템 기술 등
	NRE-H 친환경 자동차 충전 시스템	NRE-H 고효율 전기/수소 생산 및 변환 기술 등
	NRE-H 시스템 ICT융합 플랫폼 기술	신재생에너지원 가용 환경평가 및 최적에너지 Mix 구성 Engineering 기술 등
재난 안전	스마트 재난상황 관리 시스템	스마트, 시뮬레이션, 시큐리티, 세이프티 빅보드 시스템 등

시스템	국토관측센서 기반 감시평가 예측 기술	X-net 기반 수문정보 생성 및 예측기술, 위성기반 가뭄·하천건천화 평가 및 예측기술, 위성, radar, AWS 기반 홍수재해 평가 및 예측기술, 수자원 정보서비스 플랫폼기술 등
	재난상황 조망 시스템	ICT 기반 재난현장 무선통신망 확보 및 긴급지원 기술 등
	도시지하매설물 모니터링 관리시스템	IoT 기반 재난재해 예측 및 대응 기술, 지하매설물 실시간 전역 위험 감시 기술,도시철도 지하구조물 및 주변 지반 감시 기술, 지하수 및 지질 환경 실시간 예측 기술 등
지능형 반도체	지능형반도체 설계기반기술	프로세서 Core 기술, 반도체 SoC IP, 반도체설계 SW Tool, SW-SoC 융합서비스 개발도구 기술 등
	스마트 인지·제어 지능형반도체 (SW-SoC) 기술	지능형센서, 인지신호 처리·제어 SW-SoC 융합 기술, 고정밀 센서 신호처리 반도체,·웰니스케어 지능형반도체 기술 등
	스마트 통신의 지능형반도체 (SW-SoC) 기술	고속 이동통신 SW-SoC 기술, 광대역 네트워크 SW-SoC 기술, 초저전력 Connectivity SW-SoC 기술, 고신뢰성 보장을 위한 SW-SoC 융합 기술 등
	초고속 컴퓨팅의 지능형반도체 (SW-SoC) 기술	신경모사지능형컴퓨팅SW-SoC기술, 지능형 메모리 SW-SoC 기술, 지능형반도체 경량·고신뢰 SW 기술, 빅데이터 고속처리 SW-SoC 기술, IoT향 저전력 프로세서 기술 등
	고효율 전력에너지용 지능형반도체 기술	에너지 하베스팅 반도체기술, 에너지고효율전력관리 SW-SoC 기술, 고효율 전력변환 SW-SoC 융합 기술 등
융복합 소재	창의소재	현대판 연금술 기반 가스분리막 및 촉매소재, 휴리스틱스 최적화기술기반 LED용 형광체, 스핀궤도결합에 의한 스위칭용이 소재, 멀티레벨 컴퓨팅 구현을 위한 스마트소재, 자기동기화 바이오 소재, 오감증진용 자기조절 자기조립 소재 기술 등
	탄소섬유복합재	탄소섬유 저가화 기술, 탄소섬유 표면처리기술, 복합재료용 열가소성 수지기술, 금속 기반 복합재료, 탄소섬유 인증 및 표준화 기술, 금속대체 소재기술, 고내열 소재 기술 등
	하이퍼 플라스틱	고내열 투명소재 기술, 구조부품용 고강성 복합소재 기술, 친환경 수퍼엔지니어링 플라스틱, 수퍼엔지니어링 플라스틱 기능성 향상 중합, 전장부품용 하이퍼 플라스틱 소재개발, UTH용 소재부품개발, 고강성/고탄성 하이퍼 플라스틱 개발 등
	타이타늄	저원가 고품질 Ti생산기술, 생활소재용 Ti산화물 제조기술, Ti중간재 제조기술, Ti제조 및 고성능 합금기술, Ti부품 제조 공정기술 등

사물 인터넷	디바이스 기술	초경량 저전력 IoT 디바이스 플랫폼 기술, 자율제어/고신뢰 IoT 디바이스 플랫폼 기술, 개방형 HW/SW 플랫폼 기술, 초소형 저전력 스마트 센서 모듈 기술 등
	네트워크 기술	다중 디바이스 연결을 위한 액세스 네트워크 기술, 자율 디바이스 연결을 위한 서비스 인지형 네트워크 기술, 이종기기 간 연동을 위한 복합 IoT 게이트웨이 기술 등
	플랫폼 기술	분산구조 기반의 IoT 플랫폼 기술, 실시간성 보장형 IoT 플랫폼 기술, 이종 플랫폼의 Federation 기술 등
	보안 기술	IoT 프라이버시 보호 기술, 하드웨어기반 IoT 보안 기술, 코로스 레이어 보안기술 등
빅데이터	고성능 빅데이터 처리 및 저장 관리 기술	고속 네트워크 통합형 분산처리 고성능화 기술, 성능가속기 기반 고성능 처리 기술, 성능가속기 기반 고성능 저장 관리 기술, 다양한 응용 패턴 통합 지원 기술 등
	빅데이터 플랫폼 자원 관리 및 운영 최적화 기술	이종의 다양한 워크로드 인지형 자원관리 기술, 작업 처리율 향상을 위한 작업 스케줄링 기술, 최적의 성능 도출형 플랫폼 운영관리 기술 등
	예측형 시뮬레이션 및 지능 알고리즘 기반 분석 기술	지능형 예측 분석 기술, 이종 데이터소스 융합 분석 기술, 협업 분석 기술, 모사현실 모델링 프레임워크 기술 등
	빅데이터 원천기술	빅데이터 분석기술, 빅데이터 어플라이언스 구축 기술, 워크플로우 기반 적용 시나리오 구현기술, 데이터 품질 정량화 및 최적화 기술, 빅데이터 유통 인프라 구축 기술 등
첨단소재 가공시스템	첨단소재 가공시스템	첨단소재의 효율적인 가공을 위한 가공·검사 장비, 개방형 CNC, 운영 S/W 등을 패키지 개발 등
	첨단공구	첨단소재 가공성을 향상시키기 위한 공구형상 설계, 내마모성, 수명향상을 위한 표면처리 기술을 통해 첨단소재 전용 공구개발 등
	하이퍼텍스	탄소섬유복합재 적층을 통하여 절삭가공 전단계의 CFRP 반제품 생산장비 및 성형장비개발 등

사례 연구 6

○● 점포형 창업의 성공요소 – 상권분석과 입지선정

좋은 상권이란, 손님을 쉽게 확보할 수 있는 지역을 의미한다. 그리고 입지란, 그 상권 내에서 내 점포가 위치한 곳이 사업하기에 얼마나 좋은 환경을 가지고 있는가를 의미한다.

상권과 입지가 매우 중요한 이유는, 상권의 변화와 이동 그리고 활성화 시기를 잘못 판단할 경우, 내 점포가 작게는 수천만원에서 크게는 수억원까지 손해를 볼 수 있기 때문이다. 따라서 예비창업자들은 상권 변화를 항상 눈여겨 봐야 한다.

무엇보다 입지 선정 시, 많은 창업자들이 부동산 중개소를 너무 의지하는데, 중개사가 창업 전문가는 아니므로 전문가들에게 자문을 구하고, 스스로 공부하면서 결국 본인이 직접 선정할 수 있어야 한다.

○● 거시적 상권 접근 방법

상권을 변화시키는 가장 큰 원인은 10년 단위로 수립되는 도시계획이다. 이때 대규모 이주와 유입으로 상권에 큰 변화가 생긴다. 아파트의 경우, 신축부터 입주까지 약 3년 정도가 소요되며 이때 수요자가 거주하지 않는 공백기가 발생한다.

지방 도시 역시 구시가지는 슬럼화되고 신도심으로 상권이 급속히 이동하는 현상이 나타난다. 그렇기 때문에 입점하려는 상권의 도시계획에 대해 꼭 알아봐야 한다.

이 외에도 대규모 유통시설 입점과 도로, 지하철, 철도 신설이나 신도시 개발로 등 끊임없이 움직이는 상권을 지속적으로 살펴야 한다. 상권은 크게 둘로 나눌 수 있다.

1. 유동인구 상권 – 불특정 다수를 주 고객으로 하는 상권으로, 유동인구가 집중되는 번화가, 역세권, 대학가, 패션타운 등을 예로 들 수 있다.
2. 배후인구 상권 – 타겟이 정해져 있는 상권으로, 아파트나 주거지역, 오피스가 몰려있어 반복적 구매가 최대 핵심이다.

1) 유동인구 상권의 특징

번화가 상권: 번화가는 일반 사람들이 돈을 쓰겠다고 생각하고 나서는 경우가 많아 충동구매를 할 가능성이 높다. 그러므로 그 고객들을 내 점포로 끌어들일 수 있는 마케팅이 필요하다. 또, 역세권과 겹치는 경우가 많아 다양한 연령대의 인구가 유입돼 안정적인 수익을 유지할 수 있다는 큰 장점을 가지고 있다. 하지만 권리금, 보증금, 임대료, 시설비가 워낙 높고, 경쟁이 치열하기 때문에 창업을 처음하는 사람들에게는 다소 위험한 상권이다.

2) 역세권

역세권은 지하철이나 전철, 기차역, 버스터미널 등 교통을 이용하려는 유동인구가 타깃으로 형성된 판매구역을 말한다. 역세권은 목적 자체가 교통시설을 이용하고자 하는 고객들이 대부분이기 때문에 '시간제약'이 걸려 있다. 그렇기 때문에 간편하고 빠른 소비를 원하게 된다. 외식업의 경우, 간편하고 빠른 식사가 가능한 아이템이어야 한다.

3) 대학가

대학가 상권은 대학생들 뿐만 아니라 대학생 문화를 선망하는 10대 초반의 학생들이 대부분이기 때문에 유행에 민감하고 가격에 민감하다. 그래서 실험적인 아이템을 선보이기에 가장 좋고, 업종의 순환도 빠르고 활발하다. 외식업의 경우도, 새로움 & 놀라움 & 과감한 아이템을 중심으로 하는, 즉 트렌드에 민감하고 값은 싸면서도 푸짐해야 경쟁에서 살아남을 수 있다.

○● 배후인구 상권의 특징

아파트단지 내 상권

확실한 배후 인구가 있는 아파트 단지 내 상권은 상권분석이 쉽고 업종이 정해져 있는 경우가 많아서 안정적인 수익을 기대할 수 있다. 특히 20~30평형대 아파트 단지의 경우 세대 구성원이 젊고, 요즘은 보통 맞벌이 부부라서 주중엔 야간소비가 많고, 아이에들에게 투자되는 돈도 만만치 않다. 그래서 소비와 반복구매가 왕성해 주변 업소마다 적정 수익을 충분히 가져갈 수 있다.

반대로 40~50평형대 아파트 단지의 경우, 40~50대 이상의 경제력을 갖춘 사람들이 많아 잉여시간이 많다 보니 아파트 단지 내 소비가 그리 많지는 않다.

신도시 아파트 밀집지역

신도시형의 경우 대형 할인점이나 백화점이 주변에 입점되는 경우가 많다. 그러므로 할인점이나 백화점과의 경쟁상품은 피해야 하고, 상호 보완될 수 있는 업종 쪽으로 가닥을 잡아야 한다. 외식업의 경우, 전문음식 업종으로 가족단위의 고객을 위한 중대형 전문음식점이 유리할 수 있다.

오피스 상권

무엇보다 상주하는 주변 직장인들의 성향을 파악하는 게 중요하다. 또, 영업시간이 제한적인 점과 주말 매출을 기대하기 힘들다는 점에 주의해서 접근해야 한다. 외식업의 경우, 조리가 간단하면서도 빨리 나올 수 있는 즉 회전율이 높은 시스템을 구축해야 하고, 퇴근 후 회식자리를 위해 충분한 공간이 있는 점포가 유리하다. 또, 직장인들의 입맛이 더 까다롭기 때문에 맛으로 승부해야 한다는 사실을 잊지 말아야 한다. 이런 상권의 특징에 따라 아이템을 선정해야 한다. 동일 업종이라도 주변 상권의 조건에 따라 사업 승패가 크게 좌우되기 때문이다. 좋은 입지를 선정했다면 창업 성공의 절반은 한 것이다.

출처: 갈비명가, 2017. 8. 4. 발췌정리.

5 창업열풍과 환경

창조와 혁신을 통하여 새로운 일자리와 시장 창출, 그리고 창의성이 존중되고 발현되는 사회구현을 목표로 하는 정부의 창업활성화 정책에 힘입어 창업 열풍이 그 어느 때보다 거세게 불고 있다.

정부의 적극적인 창업지원과 ICT(Information and CommunicationTechnologies) 발전으로 아이디어와 기술만 있다면 누구나 쉽게 창업에 나설 수 있는 환경이 조성되었다.

하지만 많은 스타트 기업들이 창업 후 죽음의 계곡을 넘지 못하고 좌절하는 것이 현실이다. 스타트 기업은 창업지원 시설 이외에 자금, 사업화, 판로확보 등 다양한 애로사항에 직면하고 있으며, 이러한 애로사항을 종합적으로 해결할 수 있는 지원제도가 필요하게 되었다.

이러한 요구에 따라 2000년대 중반부터 미국을 중심으로 액셀러레이터(Accelerator)라는 새로운 창업지원 모델이 등장하여 창업생태계에 새로운 바람을 일으키고 있다. 스타트 기업이 필요로 하는 창업 공간 외 초기자금, 교육 프로그램, 펀딩, 네트워킹 등 각종 종합지원을 해주는 사업 모델로 주목을 받고 있다.[6]

최근 10년 사이 전 세계적으로 창업생태계는 '대중화'의 격변을 경험하고 있다.[7] 과거까지 소수의 창업자, 소수의 투자자만의 관심사였던 창업이 이제는 다수가 아이디어의 창업을 꿈꾸고 다수의 대중이 창업 아이디어에 투자하고 있다. 우리나라는 고학력 인구의 비중이 높고, 중산층 삶에 대한 열망이 크며, 산업화 수준이 높고, 광범위한 IT네트워크를 보유하고 있다.

이는 개인 누구나가 '창업대중화'의 흐름에서 주요한 역할을 할 가능성을 높인다. 창업대중화가 더욱 폭발력을 갖추게 된 것은 기술적·사회적 배경과도 관련이 있다. 기술적으로는 사람과 사물을 아우르는 네트워크망이 수립되고, 개인도 개인의 아이디어나 소프트웨어 기술만으로 이 네트워크망을 활용할 수 있게 되는 방대한 '네트워크화'가 창업 대중화를 가

---

6 박찬희, 국내외 액셀러레이터 운영실태 분석 및 활성화 방안, 부산대, 2017.
7 월스트리트저널 창간 125주년을 기념하기 위해 특집·기사를 기고한 안젤라 벤튼은 누구나 사업을 차릴 수 있고, 누구나 쉽게 필요한 정보에 접근하여 이를 바탕으로 성공을 꿈꿀 수 있기 때문에 현재를 "민주화(democratized)된 창업시대"라고 표현하였다.

능하게 하고 있다. 또한 사회적으로는 일자리의 주축인 기업 부문이 불안정해지면서 취업을 중심으로 한 삶의 설계가 흔들이고, 사람들이 기존 제도권 밖에서 삶을 도모해야 하는 '개인화'가 가속화되고 있다.

종래 제도권 밖의 개인은 잉여적이거나 특수한 존재였지만 이제 개인은 네트워크에 의해 제도화된 또는 네트워크를 주도적으로 창출하는 '제도화된 개인(institutionalized individual)'으로 새롭게 자리매김하고 있으며, 개인이 부가가치 창출의 주역으로 부상하고 있다. '창업 대중화'의 수요를 만족시키기 위해 창업생태계에 등장한 새로운 주체, 제2의 창업·벤처붐을 이끌고 있는 주체가 액셀러레이터(Accelerator)이다.

① 글로벌 환경과 생태계

ICT 산업 패러다임이 급격하게 변화하고 있으며, ICT가 보편 기술화되면서 ICT가 경제·사회에 미치는 영향력도 증대되고 있다. 산업, 분야를 막론하고 ICT의 중요성이 증대되고 있어 ICT 산업 경쟁력 확보는 ICT 산업 자체 경쟁력뿐 아니라 우리 경제 전반의 경쟁력에 영향을 주고 있다.

모든 것이 인터넷 플랫폼으로 흡수되고 있는 현 상황을 고려할 때, ICT 산업의 패러다임 변화를 적시에 파악하고, 이에 적합한 정책 방향을 수립할 필요가 있다.

② 중국의 부상

전 세계 ICT 시장에서 중국 ICT기업들의 글로벌 영향력 확대되고 있다. 중국 ICT 기업들의 약진이 두드러지면서 우리 기업들과의 경쟁이 심화되고 있으며 중국기업들의 부상이 하드웨어를 넘어서 소프트웨어, 사물인터넷 분야로 이어지고 있다는 점에서 매우 위협적이다.

부상하는 중국으로부터의 위협에 대응하기 위해 양국 ICT 산업간 협력강화, 한국 ICT 산업생태계의 건강성 제고, 미래 유망분야 경쟁력 확보가 시급하다.

③ ICT 수출 부진

ICT 수출 3대 주요품목(반도체, 디스플레이, 휴대폰)에서도 전반적인 부진이 나타나고 있다. ICT 수출의 둔화는 경기적 요인에 더해 ICT 수출의 고성장을 가능하게 했던 구조의 변화에 따른 구조적 요인에 기인한다.

④ 차세대 인터넷 비즈니스

차세대 인터넷 비즈니스의 핵심 가치사슬은 연결(Connectivity)과 데이터(Data)이므로 이러한 관점에서 대표적인 차세대 인터넷 비즈니스로는 사물인터넷, 빅데이터, 클라우드 컴퓨팅이 있다. 사물인터넷, 빅데이터, 클라우드 컴퓨팅 등 차세대 인터넷 비즈니스의 확산은 공급보다는 수요창출이 성공의 핵심이다.

⑤ 벤처생태계

국내 벤처생태계는 90년대 후반부터 지속되어온 정책 노력에 따라 최근 벤처기업 3만 개를 돌파하는 등 성장세이나, 회수시장의 부진, 사업실패부담 등이 병목이 되어 민간중심 벤처생태계 활성화는 미진한 상황이다. 기업가정신의 부족, 기술기반창업의 부족, 자금조달의 보수성, 회수 및 매각시장의 비활성화, 불공정거래, ICT 수출 부진 등이 주요 이슈로 제기된다.

창조적 파괴[creative destruction]

기술혁신으로 낡은 것을 파괴·도태시키고 새로운 것을 창조하고 변혁을 일으키는 과정으로 경제학자 슘페터가 기술 발달에 경제가 얼마나 잘 적응해 나가는지를 설명하기 위해 제시한 개념이다. 그는 자본주의의 역동성을 가져오는 가장 큰 요인으로 창조적 혁신을 주창했으며, 특히 경제발전 과정에서 기업가의 창조적 파괴 행위를 강조하였다.

1912년에 발표한 〈경제발전론〉에서 슘페터는 이윤이 기업가의 혁신에서 발생되는 것이라고 하였다. 즉, 이윤은 혁신적인 기업가의 '창조적 파괴행위'로 인한 생산요소의 새로운 결합에서 파생되며, 이윤이란 바로 창조적 파괴행위를 성공적으로 이끈 기업가의 정당한 노력의 대가라는 것이다. 슘페터의 '창조적 파괴'는 100년 전에 나온 용어지만 기술 발전 속도가 빨라지는 21세기에 더 들어맞는 논리다.

출처: 한국경제 용어사전.

사례연구 7 ■

이스라엘, 70대도 창업 열풍, '황혼 창업'의 비결은?

세계는 지금 고령화 문제에 직면해 있다. 특히 우리나라의 고령화는 전 세계에서 가장 빠른 속도로 진행되고 있는 상황이다. 65세 이상 노인 세 명 중 한 명은 노동을 하고 있지만 한국의 노인 빈곤율은 63%로 OECD 국가 중 가장 높다. '중동의 실리콘밸리'로 불리는 이스라엘에서는 은퇴 이후에도 계속해서 창업에 도전하는 사회

분위기가 자리 잡고 있다. 그 비결은 무엇일까?

　IT 분야에 종사하며 젊은 시절을 보낸 엘다 씨. 그는 최근 손자들을 위한 '달걀 혼합기' 제품을 개발하며 창업에 뛰어들었다. 기계에 대한 지식이 전무 한 상황이었지만 4년간의 개발 과정을 거쳐 마침내 제품을 만들어냈다. 이처럼 이스라엘에서는 황혼 창업이 단순한 은퇴 세대의 소일거리에 그치지 않고 제품 개발에 도전하는 경우가 많다.

　이스라엘 정부는 창업자들에게 종잣돈을 제공하고 성공한 기업에게는 투자금의 3배를 돌려받지만 실패한 기업에게는 한 푼도 돌려받지 않는다. 이처럼 황혼 창업이 활발할 수 있는 이유는 투자로 얻은 수익을 창업 기업에 지원하는 이스라엘만의 선순환 구조가 있기 때문이다.

출처: KBS, 2017. 7. 22.

사례 연구 8

성공한 자들의 공통점

준비하라

창업을 준비하라, 결코 손해 보지 않을 것이다

결코, 준비 없이 무작정 시작하지 마라

스타트업은 무엇인가?

아무도 구체적으로 알려주지 않지만, 꼭 알아야 할 것들?

준비 기간 동안 미리 결정하라

가족들의 동의를 받아라

알고 창업하라

어떤 결말이 아름다울까?

팀을 만들어라

창업에서 사람이 중요한 이유

창업을 위한 최소한의 인적 구성은?

스타트업에 맞는 사람 VS 그렇지 않은 사람

'스타트업에서 뛰어난 개발자'는 무언가 다르다

어디서, 어떻게 찾을 것인가?

팀원에게 약속하라

헤어질 수 있다

계획하라

의외로, 당신의 계획처럼 모든 게 진행되지 않는다
서비스가 아니라 사업을 계획하라
시장과 고객에 대해 연구하라
당신도 할 수 있다
장기적으로 비개발자 출신 CEO의 강점이 있다

시작하라

성공한 자들은 어떻게 시작했을까?
SNS를 적극적으로 활용하라
하나만 집중해라
어떤 아이템이 좋을까
빠르게 실패해라
첫 아이템이 실패했다면?

CEO의 리더십과 커뮤니케이션

개발자 출신 CEO는 초기에 유리하다
장기적으로 비개발자 출신 CEO의 강점이 있다
대표가 직원들을 마주하는 자세는?
스트레스에 강한 대표가 되어야 한다
맥가이버 CEO가 되어야 한다
기업문화를 만들어라
CEO가 인맥을 관리하는 방법?

도약하라

멘토를 만나라
투자자 관련 용어 이해
액셀러레이터를 만나라
투자의 순환 순서
투자를 받기 전 확인할 것들
가치와 지분을 이해하라
투자가 능사가 아니다?
투자사에 자신의 상황을 업데이트하라
초기 스타트업을 위한 투자사 정보를 파악하라

제3장

액셀러레이터

Nothing Ventures, Nothing Gains!

1. 액셀러레이터
2. 액셀러레이터의 비즈니스 모델
3. 액셀러레이터 유형
4. 액셀러레이터법
5. 인큐베이터와 액셀러레이터

6. 국내 액셀러레이터 주요 현황
7. 해외 선진 액셀러레이터 현황
8. 액셀러레이터 문제점과 과제
9. 액셀러레이터 현황과 실태
10. 개정 창업지원법 주요 내용

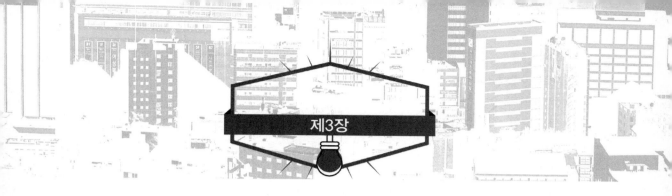

제3장

액셀러레이터

1 액셀러레이터

(1) 액셀러레이터의 등장과 환경

우리나라를 비롯한 세계 각국에서 다양한 창업지원 모델을 도입하여 정부차원의 적극적인 지원을 하고 있으며, 궁극적인 목적은 단기간에 스타트기업을 육성하여 고성장 기업으로 도약시키는 것이다. 또한 글로벌 대기업들도 독자적으로 기업의 특성에 맞는 액셀러레이터 프로그램을 운영하고 있으며, 이들 기업은 지속적인 혁신과 상생을 위하여 보완관계에 있는 창업기업들로 생태계를 구성하여 지속적인 성장을 돕고 있다.

국내에서도 2010년부터 벤처 1세대를 중심으로 자금과 경험으로 바탕으로 스타트 기업들을 지원하는 액셀러레이터 기업들이 생겨나기 시작하였다. 하지만 국내도입 초기 단계로서 액셀러레이터의 법적인 지위와 역할 등에 대해서 모호하며, 또 스타트기업들이 창업보육센터(BI)와 벤처캐피탈(VC) 등 유사 지원제도와 구분하여 활용하거나, 또 어떤 액셀러레이터를 선택하고 이용할지에 대한 정보가 부족한 것이 현실이다. 외부 자금조달이나 정부 지원없이 스타트 기업을 지속적으로 지원하는 데는 한계가 있다. 액셀러레이터가 처음과 달리또 창업부터 글로벌 시장진출을 지원하기 위해서는 해외 유명 액셀러레이터와 글로벌 기업의 프로그램과 연계할 수 있는 전략적 접근이 필요하다.

국내도입 후 액셀러레이터의 확산에도 불구하고 아직까지 양적이나 질적인 활성화가 부족하며, 또 지원효과와 성과를 객관적으로 평가할 수 있는 평가체계가 아직은 미흡한 수준이다.

한국생산성본부의 연구결과에 따르면, 글로벌 경제위기의 확대로 인해 새로운 성장 동력을 찾기 위한 고려가 미국, EU, 핀란드, 캐나다 등 선진국을 중심으로 전 세계적으로 진행되고 있다. 특히 혁신적 기술과 서비스 아이디어를 기반으로 설립되는 벤처의 창업 및 육성은 일자리 창출, 소득 상승 등 경제적 파급 효과가 높은 창조경제의 핵심적인 과제로 인식되고 있다.

국내에서는 '중소기업창업지원법(이하 창지법)'과 '벤처기업육성에 관한 특별조치법(이하 벤처특별법)' 등 관련법, 그리고 '조세특례제한법' 등을 통해 조세 혜택 등의 지원제도를 통한 활성화를 추진해 오고 있다. 그 결과 도입된 중소기업창업투자회사(이하 벤처캐피탈, VC), 중소기업창업투자조합, 그리고 창업보육센터(이하 BI) 등은 투자금과 보육시설 등 물질적 지원에 중점을 맞추고 있다. 창업활성화 시기에는 이러한 물질적 지원이 효과적으로 적용된 것으로 평가되고 있으나, 점차 경기가 불안정해지고 창업 시도가 낮아짐에 따라 벤처캐피탈의 투자성향도 점차 보수적으로 바뀌고, BI 육성 전문성에 대한 부실화 등으로 그 효과성이 약화되고 있는 것으로 나타났다.

글로벌 경제위기의 확대로 인해 새로운 성장 동력을 찾는 노력은 혁신적 기술과 사업 아이디어를 가지고 있는 벤처의 창업과 육성으로 이어지고 있다. 이들은 일자리 창출, 소득 상승을 유발할 수 있는 경제적 파급 효과가 높은 핵심 과제로 인식되고 있다. 벤처 창업, 즉 혁신형 신사업을 추진하기 위해서는 스타트업이 다양하게 보유하고 있을 아이디어의 성공 가능성을 높이고, 생존율을 향상시킬 수 있는 접근법이 요구된다. 국내에서는 창지법, 벤처특별법, 그리고 조세특례제한법 등을 통해 조세 감면혜택 등의 지원제도를 통한 활성화를 기대하고 있다.

초기 투자와 보육시설 등 물리적 지원에 중점을 맞추어 왔으나, 경기 침체가 장기화되고, 창업 시도가 감소하여, 이들의 효과성이 약화되고 있는 것으로 평가된다. 이에 반해 해외 선진국에서는 성공 창업가 등이 자기 자본 및 전문성을 활용하여 스타트업을 우수 벤처로 육성하는 액셀러레이터 모델이 점차 확산되고 있다. 이들은 초기 투자뿐만 아니라 사업의 파트너로서 참여하여, 스타트업이 가질 수 없는 경험과 노하우, 그리고 수요처를 연계하여 시장 진입을 원활히 할 수 있도록 지원한다. 액셀러레이터의 접근법은 기존 벤처캐피탈이나 창업보육센터와는 다르게 스타트업의 육성을 위한 전략적 접근법으로 이해되고 있으며, 그 활용범위 또한 점차 확대되고 있다.

이들은 소규모의 초기 투자를 통해 빠르게 스타트업의 서비스와 제품의 시장 진입을 성공한 후 투자자가 보유 및 형성하고 있는 글로벌 네트워크를 통해 일정 규모 수준으로 성장시킬 수 있도록 대규모 자금이 다시 투입될 수 있는 구조로 설계하여 운영하는 것으로 나타났다.

한편 국내 현황에 대한 분석 결과, 일부 성공 창업가 및 선도 벤처 등을 중심으로 2017년 9월 현재 40여 개가 운영 중인 것으로 조사되었다. 이들은 해외 선진 액셀러레이터가 약 8년 이상 정도인 것에 비해 3년 정도로 짧은 업력에도 불구하고 상당한 성과를 보이고 있으나, 아직 질적·양적으로 초기 단계에 머무르고 있는 것으로 판단된다.

미국의 Y-Combinator와 TechStars, 독일의 GSVA, 그리고 핀란드의 The Startup Sauna 등 해외 선진 액셀러레이터에 대한 분석 결과, 4가지의 핵심 역량이 나타났다. 이는 공정한 선발체계 및 조기투자를 통한 스타트업의 생존율 향상과 단순 투자자가 아닌 사업의 동반자라는 인식을 심어줄 수 있는 지원 방향성, 차별화된 멘토링 프로그램, 그리고 전문성이 검증된 멘토 Pool 등으로 구분할 수 있다. 즉 단기간 집중교육과 관리체계를 통해 스타트업이 시장 진입과 지속적 성장을 위한 역량을 확보하는 데 초점을 두고, 상담 대신 문제해결과 이슈를 풀어나갈 수 있는 코칭 형태로 육성 프로그램을 운영하는 것으로 나타났다.

액셀러레이터는 법인 및 개인투자자로부터 자본을 투자받아, 스타트업에 대하여 지분투자와 멘토링과 교육을 제공하고, 이에 대한 대가로 회사의 지분을 취득하게 된다. 이후 시장에 성공적으로 안착한 졸업 스타트업을 대상으로 지분매각과 배당을 통해 투자금을 회수하게 되는 비즈니스모델을 적용한다. 정부는 벤처 투자 영역에 대한 민간 투자 활성화를 위해 창업기업에 집중 투자하는 '중소기업창업투자회사', '중소기업창업투자조합', 그리고 '창업보육센터' 제도를 도입하고 이에 대한 조세 면제 및 감면 혜택을 부여하고 있다. 하지만 액셀러레이터는 아직 이러한 창업보육지원기관으로서의 법적 지위를 확보하지 못함으로 인해 일반 법인으로 활동하게 되고, 상기의 지원제도에 따른 혜택을 받지 못하고 있다.

해외 선진국의 경우 신성장동력 확보를 위해 스타트업 활성화를 위한 다양한 지원 정책을 펼치고 있는 것으로 분석되었다. 특히 민간의 주도하에 창업활동이 활발히 이루어지고 있어, 자생적 육성체계가 어느 정도 활성화되어 있음에도 불구하고, 인센티브 기반의 정책 지원을 통해 강한 드라이브를 거는 것으로 분석된다. 미국, 독일, 호주, 싱가포르는 세액 공제를 통한 혜택, 영국, 캐나다, 이스라엘은 민관 공동투자를 통한 매칭방식의 적용을 통해 투자 손실에 대한 리스크를 회피할 수 있도록 지원하고 있다.

법제도상의 쟁점은 크게 4가지로 구분할 수 있다. 첫째, 액셀러레이터를 위한 신규 입법의 적정성에 대한 판단이다. 즉 창지법에 정의된 여러 창업지원기관과의 차별성에 대한 쟁점으로 액셀러레이터에 대한 새로운 법의 설계가 필요한가에 대한 논란이다. 둘째, 만약 새로운 입법 설계가 요구된다면, 그 등록 요건을 어느 정도 수준을 할 것인가의 이슈이다. 셋째, 법적 지위를 확보하였을 시, 그 지원혜택의 형평성에 대한 논란과 넷째, 신규 제도의 도입이 결정된 이상, 이를 어떠한 형식으로 확산시킬 것인가에 대한 것이 주요하게 대두된다.

글로벌 경제위기의 확대로 인해 새로운 성장 동력을 찾기 위한 고려가 미국, EU, 핀란드, 캐나다 등 선진국을 중심으로 전 세계적으로 진행되고 있다. 특히 혁신적 기술과 서비스 아이디어를 기반으로 설립되는 벤처의 창업 및 육성은 일자리 창출, 소득 상승 등 경제적 파급 효과가 높은 창조경제의 핵심적인 과제로 인식되고 있다.

대다수의 스타트업[1]은 아이디어개발에서 컨셉개발과 테스트로 이어지는 단계에서 도출된 아이디어에 대한 적정성에 대한 타당성 검증을 통해, 초기에 제거하거나 변경시키는 것이 스타트업의 불필요한 노력과 자본 투자를 줄일 수 있는 것으로 평가받는다. 이는 결국 스타트업이 다양하게 보유하고 있을 아이디어의 성공 가능성을 높이고, 생존율을 향상시킬 수 있는 접근법으로 제시된다.

이때 스타트업의 초기 위험을 감소시키는 한편 죽음의 계곡(valley of death)[2]을 극복하고 성공 벤처로 성장할 수 있게 하기 위해서는 〈그림 3-1〉에서 제시된 바와 같이 자본금(seed capital)을 투자할 수 있는 개인투자자인 전문엔젤과 초기 투자위험을 공유할 수 있는 FFF(friends, family, and founders)의 진입이 요구된다.

국내에서는 '중소기업창업 지원법'과 '벤처기업육성에 관한 특별조치법' 등 관련법, 그리고 '조세특례제한법' 등을 통해 조세 혜택 등의 지원제도를 통한 활성화를 추진해 오고 있다. 그 결과 도입된 중소기업창업투자회사, 중소기업창업투자조합, 그리고 창업보육센터 등은 투자금과 보육시설 등 물질적 지원에 중점을 맞추고 있다. 창업활성화 시기에는 이러한 물질적 지원이 효과적으로 적용된 것으로 평가되고 있으나, 점차 경기가 불안정해지고 창업 시도가 낮아짐에 따라 벤처캐피탈의 투자성향도 점차 보수적으로 바뀌고, BI 육성전문성에

---

1 스타트업(startup)이란 반복가능하고 확장 가능한 비즈니스모델을 탐구하기 위해 결성된 기업, 파트너십 또는 일시적인 조직체(위키피디아); 미래창조과학부의 '글로벌 액셀러레이터 육성계획'에서는 창업을 하기 전이나 한 경우 3년 이내의 기업을 의미한다.

2 기업이 아이디어·기술 사업화에는 성공했지만 이후 자금 부족으로 인해 상용화에 실패하는 상황을 이르는 말이다. 즉, 전문 인력들에 의해 기술개발은 원활하게 이뤄냈지만, 자금 조달의 어려움으로 개발한 기술을 활용하여 사업화하는 단계까지 이르지 못하고 도산하는 현상을 이른다(네이버).

그림 3-1 스타트업 재무흐름 순환도(Startup's Finance Cycle)

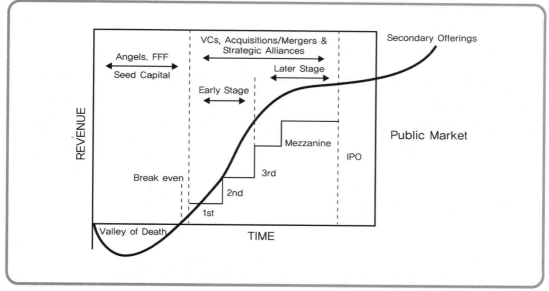

출처: Wikipedia, 'Start up Company'

대한 부실화 등으로 그 효과성이 약화되고 있는 것으로 나타났다.

　이와 관련하여 해외 선진국에서는 성공 창업가 등이 자기 자본 및 전문성을 활용하여 초기 창업 기업을 우수 벤처로 육성하는 액셀러레이터 모델이 활성화되고 있다. 이들은 초기 투자뿐만 아니라 사업의 방향성과 타당성에 대한 깊이 있는 컨설팅과 가이드라인을 병행하여 제공하는데, 이는 단순 가이드 수준이 아니라 같이 투자하고, 시장 진출을 통한 시장 확대를 병행할 수 있는 멘토링 등 비즈니스 파트너 수준의 개입으로 평가받고 있다. 새롭게 등장한 스타트업 생태계의 핵심 플레이어인 액셀러레이터는 기존 벤처 캐피탈이나 인큐베이터와 다르게, 사업 발굴뿐만 아니라 육성을 위한 전략적 접근법으로 이해되고 있으며, 그 활용범위가 확대되고 있다.

　국내에서도 일부 성공 창업가 및 선도 벤처 등을 중심으로 40여 개의 액셀러레이터가 운영 중이며, 짧은 기간에도 불구하고 그 성과를 보이고 있으나 아직 질적·양적으로 초기단계에 있다. 특히 현행법 상 액셀러레이터의 활성화를 위한 법·제도적 기반이 미비하여 액셀러레이터 프로그램의 안정된 품질이 보장되지 못하고 지원 제도 미비로 세금이 중과되고 대기업·선도벤처 등의 참여가 지연되는 등 생태계 전반으로의 확산에 한계가 있는 상황이다.

　이에 초기 창업자, 즉 스타트업을 우수 벤처로 육성하는 데 필요한 초기 단계의 출자금과 보육시설 등의 물질적 자원과 함께 멘토링, 비즈니스 네트워킹 등의 무형적 지원이 가능한 액셀러레이터의 육성과 활성화가 시급하다. 다만 액셀러레이터의 무분별한 난립을 막기 위해서는 민간의 자생적 초기 창업 생태계 구축을 위한 핵심 역할을 수행 할 수 있는 우수한 액셀러레이터의 선별 지원 또한 고려되어야 한다.

이는 〈그림 3-2〉에서 제시된 바와 같이 창업기업 성공과 생존율을 높이는 것을 목표로 하는 창업 활성화 정책의 핵심인 액셀러레이터의 우수성을 판단할 수 있는 성과평가체계와 함께 법적 지위 확보, 그리고 전문액셀러레이터가 활동할 수 있는 제도적 기반 마련이 동시에 필요함을 의미한다.

그림 3-2 액셀러레이터의 필요성

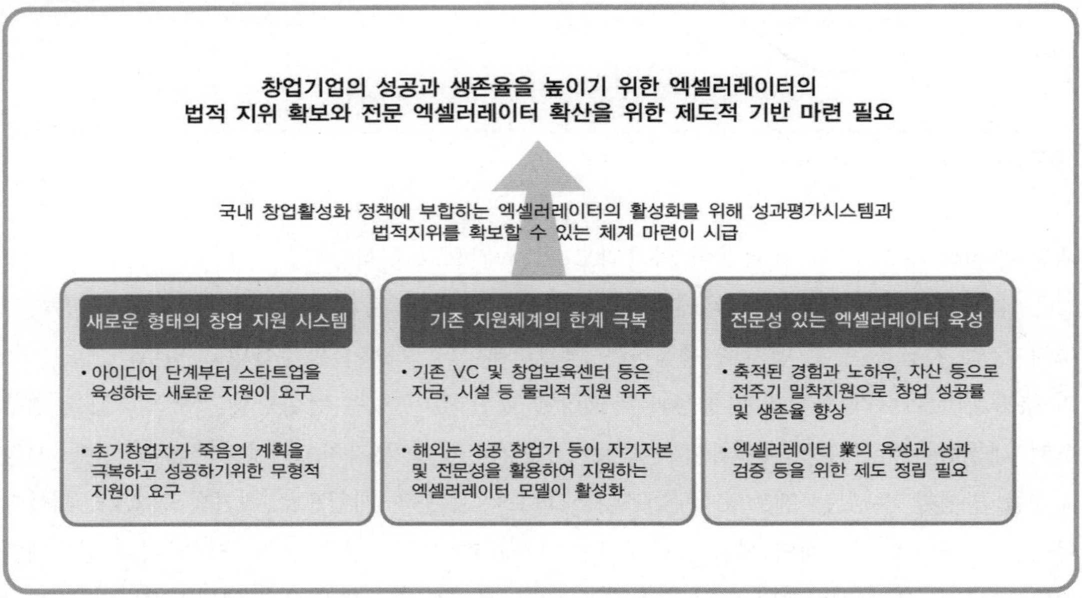

창업기업의 성공과 생존율을 높이기 위한 엑셀러레이터의 법적 지위 확보와 전문 엑셀러레이터 확산을 위한 제도적 기반 마련 필요

국내 창업활성화 정책에 부합하는 엑셀러레이터의 활성화를 위해 성과평가시스템과 법적지위를 확보할 수 있는 체계 마련이 시급

새로운 형태의 창업 지원 시스템	기존 지원체계의 한계 극복	전문성 있는 엑셀러레이터 육성
• 아이디어 단계부터 스타트업을 육성하는 새로운 지원이 요구	• 기존 VC 및 창업보육센터 등은 자금, 시설 등 물리적 지원 위주	• 축적된 경험과 노하우, 자산 등으로 전주기 밀착지원으로 창업 성공률 및 생존율 향상
• 초기창업자가 죽음의 계획을 극복하고 성공하기위한 무형적 지원이 요구	• 해외는 성공 창업가 등이 자기자본 및 전문성을 활용하여 지원하는 엑셀러레이터 모델이 활성화	• 엑셀러레이터 業의 육성과 성과 검증 등을 위한 제도 정립 필요

사례 연구 1 ■■■■■■■■■■■■■■■■■■■■■■■■■

"제품 아닌 경험을 파는 기업이 4차 산업혁명 시대의 승자 된다"

한국경제신문사와 미래창조과학부가 공동 주최한 '스트롱코리아 포럼 2017'에서 프랑스의 3D(3차원) 소프트웨어 기업인 다쏘시스템의 버나드 샬레 회장은 "제4차 산업혁명의 핵심은 제조 공정을 단순히 디지털화하거나 새로운 공장을 짓는 게 아니라 소비자의 경험과 생산자의 전문성을 융합하는 데 있다"고 말했다.

샬레 회장은 1980년대부터 다쏘시스템의 혁신적 연구개발(R&D)을 주도했다. 일찍부터 R&D의 중요성을 간파한 그는 회사에 연구 전담 부서를 만들고 R&D 성과와 회사의 경영 전략을 접목했다. 1995년에는 세계 최초로 디지털 방식으로만 설계한 보잉 777 항공기 제작을 주도하며 이름을 알렸다.

샬레 회장은 '경험의 시대, 과학과 산업'을 주제로 한 이날 강연에서 "4차 산업혁명은 이미 오래전 시작됐다"며 본질에 대한 명확한 이해가 필요하다고 강조했다. 그는 "지난 30년간 자동차·생명공학 분야의 많은 기업이 디지털 기술을 이용해서 제품 생산 방식을 바꾸고 학문 간 영역을 넘나들며 세계를 바꿔왔다"고 말했다. 하지만 "4차 산업혁명을 '기업과 공장의 디지털화'로 단순히 정의하는 일은 지나치게 협의적 해석"이라며 "궁극적 목표를 인류 상상력의 산물인 세상을 새롭게 디자인하고 바꾸는 쪽으로 잡아야 한다"고 말했다.

샬레 회장은 "앞으로의 산업은 과거에는 발견되지 않았거나 서로 관련이 없어 보이는 현상을 연결하는 방향으로 발전할 것"이라고 말했다. 제품 디자인과 생산, 판매에 사용되는 3D 모델링과 시뮬레이션 기술은 그 핵심에 있다.

이들 기술 덕분에 많은 과학자와 기업이 그간 보지 못했던 부분을 새롭게 발견할 기회를 얻고 있다. 보잉만 해도 1999년 철저히 디지털 공간에서만 설계되고 시험을 거친 항공기와 부품을 생산하기 시작했다. 노벨상 수상자인 마틴 카플러스 미국 하버드대 교수도 분자가 세포에 들어갔을 때 나타나는 현상을 시뮬레이션을 통해 알아내 2013년 노벨화학상을 받았다. 미국 식품의약국(FDA)은 2014년 심장 질환을 진단하고 새로운 의료기기를 개발하기 위해 살아있는 심장과 똑같이 작동하는 가상의 심장을 만드는 프로젝트에 착수했다.

샬레 회장은 "4차 산업혁명 시대에는 기업이 생산한 제품만으로 경쟁력을 따질 수 없게 될 것"이라며 "얼마나 더 큰 가치와 풍부한 경험을 소비자에게 제공하느냐에 따라 성패가 갈린다"고 말했다. 이를 위해 다양한 전문가의 협업이 필수라고 강조했다. 그는 규모가 큰 기업만이 이런 시험을 할 수 있는 건 아니라고 했다. 한 예로 유럽에선 지역 학교와 중소기업이 함께 힘을 모아 소비자의 만족도를 높일 무인자율주행차를 공동 개발하고 있다.

샬레 회장은 "큰 조직보다 오히려 작은 규모가 모였을 때 성공할 가능성이 크다"며 "규모가 큰 기업들도 혁신 제품을 만들기 위해 작은 규모 실험에 나서고 있다"고 말했다. 그는 하루 전인 지난달 31일 젊은 디자이너를 지원하기 위해 이노디자인과 함께 문을 연 3D익스피어리언스랩도 그런 시도 중 하나라고 소개했다.

그는 신기술 도입과 생산 공정이 바뀌면 일자리가 줄어든다는 생각은 '기우'라고 강조했다. 샬레 회장은 "신기술이 도입되면 일자리가 줄어드는 게 아니라 오히려 숙련된 노동이 더 강조될 것"이라며 "공장 근로자들이 공학자처럼 고부가가치 제품을 생산하면서 '블루 칼라'라는 말이 사라지고 '뉴칼라'라는 말이 생겨날 수 있다"고 말했다.

그는 "앞으로 산업과 과학에서 빅데이터와 데이터 과학이 막강한 힘을 발휘할 것"이라고 말했다. 막대한 데이터를 바탕으로 보이지 않는 현상을 알아내고 해결책을 찾는 재료로 사용될 수 있기 때문이다. 하지만 대다수 나라가 여전히 빅데이터 정책에 소극적이라고 지적했다. 빅데이터 선진국인 싱가포르 역시 많은 공공데이터를 보유하고 있지만 처음에는 제대로 활용하지 못했다. 하지만 이제는 시민이 보유한 스마트 사진 자료까지 실시간 수집해 도시 문제 해결에 적극적으로 활용하고 있다.

> 샬레 회장은 "한국을 비롯해 여러 나라가 여전히 많은 양의 빅데이터를 확보하고 있지만, 쌓아두고 사용하지 않은 '블랙데이터'인 경우가 많다"며 "정부가 적극적으로 나서 벤처와 과학자가 사용할 수 있도록 길을 더 열어야 한다"고 말했다.
>
> 출처: 한국경제, 스트롱코리아 포럼, 2017; 재인용 및 발췌정리.

(2) 액셀러레이터란?

1) 스타트업 비즈니스의 패러다임 변화

스타트업은 장기적으로 경제 발전 및 일자리 창출에 크게 기여하는 것으로 보고되는데, 미국의 경우 10인 이하의 근로자를 고용하는 소규모 스타트업의 수가 인터넷 판매업을 중심으로 증가하는 것으로 나타났고 이는 전체 창업자의 34% 수준(2012년)에서 42% 수준(2013년)까지 올라간 것으로 분석된다.[3] 스타트업은 불황에도 불구하고 고용을 계획하고 있으며 특히 글로벌 시대에 걸맞은 우수인재를 확보하기를 기대하는 것으로 나타났다.

또한 동 보고서에 따르면 2013년 미국 스타트업의 87%가 신규 인력 고용계획을 가지고 있는 것으로 나타났으며, 이 수치는 점차 늘어나고 있다. 미국 스타트업의 채용 담당자가 필

그림 3-3   최근 미국 스타트업의 고용인구 수에 따른 비율

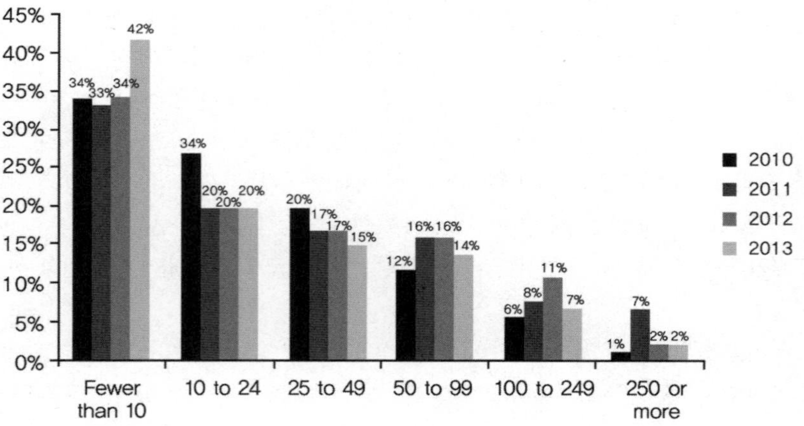

[3] Startup Outlook, 2013.

요로 하는 신규 인력의 속성은 과학, 기술, 엔지니어링, 그리고 수학(Science, Technology, Engineering, Mathematics)에 관한 업무능력(STEM skills)을 가진 자를 높이 평가하고 채용을 기대하는 것으로 보인다.

이와 더불어 미국의 경우 성공적으로 성장한 스타트업이 GDP전체의 약 21%에 해당하는 수익을 창출하며, 대략 11%의 민간부문 고용을 창출하는 것으로 나타났는데, 이는 스타트업의 경제 파급효과가 매우 높음을 간접적으로 의미한다. 또한 첨단·고기술 업종의 고용창출 효과는 2009년 기준 사업체당 6.3명으로 전산업 평균(3.0명) 및 제조업 평균(5.5명)보다 높은 것으로 나타나며, 생존율 또한 높은 것으로 보고되었다.[4]

표 3-1	창업기업의 고용창출 효과와 생존율 비교									(단위: 명, %)	
구분	1개 사업체별 고용창출 효과								생존율		
	2002	2003	2004	2005	2006	2007	2008	2009	3년생	5년생	10년생
전체	2.9	2.8	2.9	2.9	2.8	2.9	2.9	3.0	0.66	0.46	0.26
제조업	5.4	5.7	5.8	5.6	5.7	5.8	5.2	5.5	0.86	0.68	0.47
첨단·고기술 업종	7.2	7.9	8.3	7.4	7.9	7.4	6.3	6.3	0.89	0.72	0.50

주: 2002년부터 2009년 기간 동안의 창업기업 분석 결과.
자료: 중소기업청, MB정부 창업지원시책 분석 및 보완과제 연구, 2011.

스타트업은 고위험·고수익(High Risk, High Return) 사업의 성격을 가지고 있어, 자본과 노동 투자만으로는 그 한계가 있으며, 기술혁신, 우수한 인재 육성 및 보급 등 세심한 관리가 요구된다.[5] 미국의 경우 스타트업의 수익창출 여부에 대한 조사결과 24.6%만이 흑자를 내는 것으로 보고되었는데,[6] 이는 스타트업의 생존과 지속 성장이 매우 어려운 것임을 알 수 있다.

최근 창업아이템으로 많이 선택하는 모바일 앱(App)의 거래장터인 앱스토어(Google Play, AppStore 등)에 관한 최근 분석결과에 따르면 수익창출이 쉽지 않은 것으로 나타났다.

2013년 모바일 앱 스토어의 다운로드 수는 약 1,020억 건에 달하지만, 전체 앱 다운로드에서 유료 앱이 차지하는 비중은 9%에 불과한 것으로 나타났다.

---

[4] 경기중소기업종합지원센터, 2013.
[5] Economist, 2014.
[6] Startup Outlook, 2013.

　　창업을 위해 필요한 앱 개발비용으로는 애플의 iOS 경우 앱 1개당 평균 $27,463(한화 약 3천만 원), 블랙베리(Blackberry)의 경우 $15,181(한화 약 1천 8백만 원)가 소요되는 것으로 나타났는데, 이를 토대로 앱 1개당 개발비는 $20,000(한화 약 2천 3백만 원) 정도가 소요되는 것으로 추정할 수 있다.

　　이에 반해 앱 1개당 수익은 블랙베리와 iOS가 각각 $3,853(한화 약 4백만 원)과 $3,693(한화 약 3백 8십만 원), 안드로이드의 수익은 $2,735(한화 약 3백만 원)로 나타났는데, 순수 개발비용 외에도 마케팅과 운영비용 등이 추가로 들어가는 것을 고려한다면 앱을 통한 수익창출은 어려운 것으로 추정된다. 실질적으로 전체 모바일 개발사의 25%가 수익이 전혀 없는 상태로 나타났다.[7] 이러한 현상은 결국 앱 개발 환경이 새로운 수익을 창출할 수 있는 블루오션이 아니라 경쟁이 치열한 레드오션이 되었음을 알 수 있다. 이에 따라 창업을 시도하는 많은 창업가가 확실한 수익모델이나 차별화된 서비스를 보유하지 못할 경우 쉽사리 생존할 수 없음을 의미한다.

　　이렇듯 수익을 전혀 못내는 개발자의 비중이 16%에 달하는 현 상황으로부터 탈피하기 위해서는 기존의 앱 판매라는 직접적 수익창출방식에서 인 앱 광고(in-App Advertisement), 브랜드 간접노출(PPL), 상품 판매대행 등과 같은 다양한 수익모델에 대한 고려와 적용이 필요하다. 하지만 현재 국내의 다양한 창업 인큐베이팅 기관에서 지원하고 있는 모바일 앱 창

그림 3-4　**앱스토어 주요 카테고리별 앱 수익 현황**

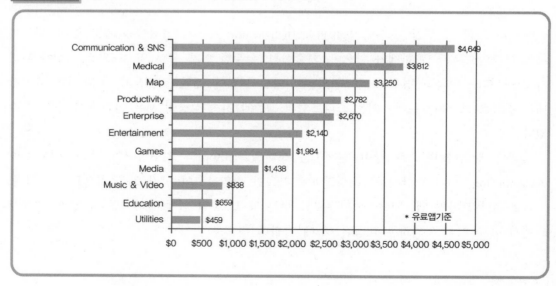

7 Vision Mobile, 2013.

업을 위한 자금 지원과 교육 프로그램은 대다수가 앱 기획 혹은 개발 역량 향상에 초점을 맞추고 있어, 실질적 마케팅과 비즈니스모델 수립, 그리고 서비스 디자인 등의 역량을 향상시키기에 한계가 있다.

이는 결국 청년 창업의 돌파구로 인식되고 있는 앱 개발을 통한 성공적 창업에 한계가 있으며, 이는 자원의 효율적 배분에 반하는 국가적·인적 역량의 낭비를 초래할 가능성이 높음을 의미한다.

한편 창업 1세대에 해당하는 1990년대, 인터넷 붐을 통해 형성된 닷컴 시대에 비해 2010년대 스타트업들은 사업 초기부터 글로벌 시장을 사업 영역으로 정하는 한편 최소 투자를 통해 빠른 시간 내에 비즈니스 모델의 성공을 확보하는 방향으로 사업 전략을 수립하는 것으로 나타났다.[8]

닷컴의 열풍시대에는 사업초기부터 많은 인적·금전적 자본을 투자하여 해당 국가 내에서 구글, 호텔닷컴과 같은 성공기업들이 창출되었으나 반면에 90% 이상이 시장에서 사라지게 되어 막대한 투자자들의 손실이 발생하였다. 이는 투자자로 하여금 초기 사업 아이템에 대한 투자에 인색하고, 가능성보다 실현가능성이나 재무적 수익 실현을 우선시하는 의사결정을 내리도록 유도한 직접적 원인이 되었다. 즉 성공이 어느 정도 입증된 창업기업에게 대규모 자금을 투자하는 방침이 주류를 이루게 된 것이다.

이에 반해 2010년대 스타트업들은 사업초기부터 글로벌 시장을 목표로 비즈니스모델을 설정하고 전 세계의 스타트업 또는 선도기업과의 상호 결합을 통해 창의적 아이디어를 확보[9]하는 생태계 형성 전략을 사용하는 것으로 판단된다. 추가적으로 플랫폼 비즈니스, 클라우드 서비스 등과 같이 제품의 서비스화(servitization) 전략을 활용하여, 다수의 사용자에게 맞춤형 서비스를 제공할 수 있는 대중맞춤화전략(mass customization)도 병행 사용한다.

이러한 스타트업의 변화는 닷컴 시대에 성공이 어느 정도 입증된 창업기업들에게 대규모 자금을 투자하는 벤처캐피털과 엔젤의 투자방식을 변화시켰다. 즉 〈그림 3-5〉와 같이 새로운 사업 환경을 형성하고, 경쟁력을 확보하기 위해서는 창업하기 전 비즈니스 모델과 핵심 기술의 글로벌 성공을 직접 멘토링할 수 있는 파트너십 형태의 투자 전략이 요구되었다. 이와 병행하여 소규모의 초기 투자를 통해 빠르게 스타트업의 서비스와 제품의 시장 진입을 성공한 후 투자자가 보유 및 형성하고 있는 글로벌 네트워크를 통해 일정 규모 수준으로 성장시킬 수 있도록 대규모 자금이 다시 투입될 수 있는 형태로 변화됨을 의미한다.

결국 스타트업의 사업추진 방향성에 대한 방향성과 인식 변화는 전체 산업 체계를 재편

---

8 Economist, 2014.
9 모든 것을 기록하는 에버노트는 1박 2일의 해커톤대회를 통해 전 세계 스타트업들의 아이디어를 자신들의 소프트웨어와 결합하여 글로벌 경쟁력을 확보하는 접근법을 사용하였다.

그림 3-5   스타트업 육성을 위한 투자 시점과 육성 방향성 변화

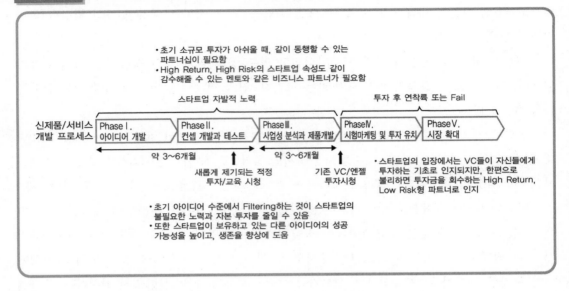

하고 스타트업 성공 프로세스의 핵심 개념을 바꾸는 핵심 동인이 되었으며, 이의 핵심은 창업 초기 투자자인 개인투자자, 즉 엔젤 투자의 역할이라 볼 수 있다.

엔젤은 벤처캐피탈과 달리 법인의 형태를 반드시 취하지 않을 수 있어, 투자에 대한 자율성과 유연성이 상대적으로 높다. 뿐만 아니라 보편적으로 엔젤은 창업에 대한 성공 경험을 보유하고 있거나 개인 비즈니스 네트워크를 별도로 구축하고 있는 경우가 많은 것으로 알려져 있다. 이들은 초기 스타트업이 가질 수 있는 고위험(High-Risk)의 요인으로 제기되는 차별화된 비즈니스모델의 구축과 시장 확대를 위한 제품과 서비스 디자인, 비즈니스 파트너십 구축, 이슈와 문제 해결을 위한 지원 체계 등의 무형적 투자가 가능함을 반증한다.

이때 요구되는 무형적 투자라 함은 단순히 자금을 투자하는 것만이 아니라 엔젤이 보유하고 있는 경험이나 노하우, 그리고 비즈니스 네트워크 등을 전수하고 연결시켜주는 멘토링과 교육 등의 보육에 대한 투자를 의미한다. 따라서 창업환경이 활성화된 선진국일수록 이런 엔젤의 투자 규모나 시도는 높은 것으로 보고된다

실리콘밸리 등 유명 창업 선진국인 미국의 경우 2011년 기준, 엔젤투자 규모(225억 달러)는 벤처캐피탈 투자(291억 달러) 규모에 버금가는 수준으로 나타난다. 반면 국내 엔젤투자는 〈그림 3-6〉에서 살펴볼 수 있는 바와 같이 전체 벤처캐피탈 투자액(11.77억 달러)의 2% 수준에 불과할 뿐만 아니라 90년대 말 IT열풍과 함께 일었던 벤처 거품이 꺼지면서 1/18 수준으로 급감하고 있는 것으로 조사되었다.

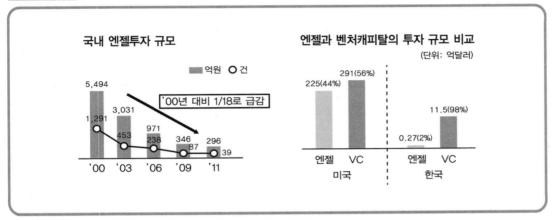

자료: 관련부처 합동, '벤처·창업 자금 생태계 선순환 방안,' 2013. 5.

2) 액셀러레이터 태동 및 개념

이렇듯 스타트업을 통한 신사업 기회를 확보하는 전략은 점차 초기 스타트업이 가질 수 있는 고위험(High-Risk)의 요인을 제거할 수 있는 방향으로 변화되는 것으로 판단된다. 즉 차별화된 비즈니스모델의 구축과 시장 확대를 위한 제품과 서비스 디자인, 비즈니스 파트너십 구축, 이슈와 문제 해결을 위한 지원 체계 등의 무형적 투자에 초점을 맞추는 형식으로 변화하고 있음을 알 수 있다.

즉 닷컴 시대에 성공이 어느 정도 입증된 창업기업들에게 대규모 자금을 투자하는 벤처캐피탈과 엔젤의 투자방식이 새롭게 변화된 생태계에서는 창업 전 비즈니스 모델과 기술의 글로벌 성공을 직접 멘토링하고 소규모 선도투자를 통해 빠르게 시장진입에 성공한 후 글로벌 네트워크를 통해 대규모 자금이 다시 투입하는 새로운 창업투자 및 보육 역할을 수행하는 새로운 투자육성전담기관의 탄생을 의미한다.

'액셀러레이터'는 〈표 3-2〉에서 제시된 바와 같이 기존 벤처캐피탈, 창업보육센터, 그리고 개인투자자(엔젤)가 창업된 기업과 성공벤처에 집중 투자하는 과정에서 발생한 실패를 통해 얻은 교훈인 '단순 투자'가 아니라 보육과 사업화를 지원하는 '원스탑 육성서비스'의 필요성에 따라 등장한 개념으로 설명된다. 즉 성공적 투자를 위해서는 완성된 기업에 투자하기보다 창업 전 스타트업이 보유하고 있는 획기적 아이디어에 대한 초기 투자와 사업화를 위한 비즈니스 네트워크 구축 및 이슈 해결 등의 무형적 지원이 더 중요함에 따라 등장한 개념으로 이해할 수 있다.

| 표 3-2 | 스타트업 육성 프로그램 유형과 주요 차이점 | | | | | | | |

구분	배치/기수	스타트업 지분획득	사업아이템 선발	멘토십	투자자 미팅	펀딩	육성기간 제한여부	육성기간
인큐베이터	없음	없음	외부	있음	가끔	없음	없음	1~2년
액셀러레이터	있음	소량	외부	있음	있음	있음	있음	3~12개월
컴퍼니 빌더	없음	대량	내부	있음	있음	있음	없음	2~3년

자료: Telefonica(2013), The Accelerator and Incubator Ecosystem in Europe, 재구성.

이와 관련하여 해외 리서치 기관과 연구진은 액셀러레이터에 대하여 그 목적이나 역할, 그리고 수행하는 책임과 역할에 따라 다양하게 정의를 내리고 있다. 해외 선진 액셀러레이터의 홈페이지에 제시되어 있는 역할을 살펴보면 소규모 팀으로 구성된 스타트업을 대상으로 공정한 선발과정을 거친 후 정해진 기간 동안 교육과 지분 투자 등을 통해 스타트업이 성장할 수 있도록 지원하는 프로그램 또는 기관으로 정의되고 있다. 이때 매우 경쟁적인 신청절차를 통해 선발하고, 이들을 대상으로 한 초기 투자에 초점을 맞추는 것으로 보고된다.

특히 기존 벤처캐피탈이 아이디어를 보유하고 있는 개인사업자를 보다 선호하는 반면 액셀러레이터는 3~4명 정도로 구성된 팀에 더 관심을 가지고, 제한된 시간에 비즈니스 파트너십의 연계를 통해 집중 지원과 교육을 제공하는 것으로 나타났다. 이 밖에도 개발된 상품 또는 시작품으로 기존 시장공략을 목표로 스타트업을 단기간에 교육시키며, 대기업에 의한 기업공개나 매입으로 현금화하는 것을 장기 목표로 설정하는 투자육성전담기관으로 정의된다.

국내 연구기관의 경우 정보통신정책연구원에 따르면 경쟁적 과정을 통해 선발된 소수의 스타트업을 대상으로 멘토링, 네트워킹 및 (지분)투자 등을 체계화시킨 단기 프로그램을 제공하는 촉진자로 정의하였다. 이 밖에 미래창조과학부의 '글로벌 액셀러레이터 육성계획'에 따르면 성공벤처인 등 민간의 전문성을 활용하여 초기 창업자를 발굴, 투자뿐만 아니라 6개월 내외의 짧은 기간 동안 투자자·고객 지향형 성공 제품을 만들도록 '실전창업교육과 전문 멘토링을 지원하는 민간 전문기관 또는 기업으로 정의하고 있다. 이때 액셀러레이터는 글로벌기업·성공 벤처기업 등이 축적된 경험과 노하우, 자산을 바탕으로 짧은 기간 동안 『아이디어 발굴 → 초기투자 → 멘토링·네트워킹 → 해외진출』을 전주기적으로 밀착 지원하여 창업기업의 성공률을 높이고 성장을 가속화 시키는 민간 전문기관 또는 기업으로 다시 정의될 수 있다.

결국 액셀러레이터의 핵심 키워드로는 첫째, '공정경쟁을 통한 선발'로 나타났다. Y-Combinator를 비롯한 거의 대부분 선진 액셀러레이터는 기수(batch) 선발 정책을 펼치고 있었으며, 이때 참가자를 대상으로 공정하게 선발될 수 있도록 설계를 하는 것으로 나타났다.

둘째, '초기 스타트업에 대한 지분투자'로 나타났는데, 이는 앞에서도 제시했던 바와 같이 기존 벤처캐피탈이 어느 정도 제품이나 서비스를 완성한 기업을 대상으로 투자하는 접근법에서 파트너십을 공유할 수 있는 스타트업에 대한 초기 투자를 통해 사업화를 확신하고, 이후 대량의 투자를 통해 글로벌 시장에 런칭시키는 전략으로 변화시켰음을 알 수 있다.

셋째, '멘토링과 교육' 또한 중요하게 여기는 것으로 나타났다. 3~6개월 정도의 정해진 기간을 통해 액셀러레이터는 성공한 창업 경험을 보유하고 있는 멘토의 경험과 스타트업이 가져야 되는 역량 등을 짧은 시간 안에 전수하는 것을 핵심 역량으로 인지하고 있으며, 이를 위해 개인보다 3~4인으로 구성된 소규모 팀을 보다 선호하는 것으로 나타났다.

넷째, 스타트업의 사업화를 성공적으로 추진하고, 이의 지속성을 유지하기 위해서는 단순 투자가 아니라 비즈니스 파트너를 연계하고, 수요처를 발굴해서 직접적으로 수익모델을 창출할 수 있도록 하는 '무형적 지원'이 병행될 때, 보육의 효과가 극대화되는 것으로 판단된다.

이상과 같이 '액셀러레이터'의 핵심 속성과 정의를 다음과 같이 정리할 수 있다.

표 3-3 　**액셀러레이터 주요 속성과 정의**

핵심속성	1) 성공적 창업 경험이 있는 벤처기업인 주도 2) 공정하고 갱쟁적인 절차를 거쳐 개인보다는 3~4인으로 구성된 팀 선발 3) 경험, 노하우 및 비즈니스 네트워크를 통해 단기간 집중 육성 4) 투자기능분만 아니라 멘토링 등을 포함한 육성역량도 보유 5) 스타트업의 가치 상승에 따라 수익을 창출하는 창업지원전문기관
정의	소규모 팀으로 구선된 스타트업을 대상으로 공정한 경쟁과 선발과정을 거쳐 정해진 기간 동안 『아이디어 발굴 → 초기투자 → 멘토링·네트워킹 → 해외진출』을 전주기적으로 밀착 지원하여 빠른 시간 내에 수익을 창출할 수 있는 기업으로 육성하는 민간전문기관 또는 기업

3) 액셀러레이터 유형

액셀러레이터에 대한 유형으로는 〈표 3-4〉와 같이 지원 시기, 활동 범위 등으로 구분할 수 있다.

| 표 3-4 | 액셀러레이터 유형과 주요 속성 | |

구분	유형	개념
지원시기	초기형	• 초기 액셀러레이터(Seed accelerator)는 최기자금 지급과 비즈니스 모델 개발에 집중하며, VC 및 엔젤들의 투자를 받기 위한 데모데이(Demo day) 기회 제공으로 종료
	후기형	• 후기형 액셀러레이터Second-stage accelerator)는 전통적인 컨설팅과 유사하며, 전반적인 경영 자문 서비스를 중소기업을 대상으로 집중하여 제공 • 대표적으로 Impulsa Business Accelerator가 있으며, 비즈니스가 직면할 수 있는 모든 조직적, 운영적, 전략적 어려움을 처리하여 빠르게 성장할 수 있도록 하는 데 중점을 주고 있으며 경영컨설팅의 비즈니스 모델과 유사함
활동 범위	특화형	• 창업 분야의 다양한 멘토로 구성된 커뮤니티에서 소규모 팀을 선발하여 한시적인 운영기간 동안 자금 또는 기술 등 특화된 부분을 지원 • 투자집중형과 기술지원형으로 세부화될 수 있음
	지주형	• 연쇄 창업가(Serial entrepreneuyr)가 주로 참여하며, 창업기업 투자(invest)에 그치지 않고 활동의 범위를 필요에 따라 설립(build), 인수(acquire)를 모두 수행하는 스타트업의 지주회사 형태 • 유니버설 스튜디오와 같은 형태로서, Company Builder라고 칭하기도 하며, 기존 액셀러레이터와 같은 지원분만 아니라 부진한 스타트업 인수, 직접 회사를 설립 및 운영까지 담당

자료: 정보통신정책연구원(2014), 벤처 액셀러레이터 이해와 정책방향, KISDI Premium Report, 14-02, 일부수정 및 보완.

정보통신정책연구원은 스타트업에 대한 지원 시기에 따라 액셀러레이터의 핵심 속성 중 하나인 스타트업에 대한 초기 투자와 벤처캐피탈에 가까운 전통적 육성 서비스를 제공하는 후기형으로 구분하였다. 이 밖에도 투자집중과 기술지원형으로 구성된 특화형과 단순 투자에 그치지 않고 스타트업의 사업 활성화를 위해 M&A(Merge &Aquisition) 등을 통한 사업 참여를 주도하는 지주형으로 구분할 수 있다.

이 밖에도 국내 액셀러레이터의 경우, 형성을 위한 투자 및 추진 주체에 따라 대기업형, 창업보육센터형, 그리고 전문엔젤 주도형 등으로 구분할 수 있다.

대기업형은 내부 임직원을 포함한 스타트업에 대한 투자를 통해 미래 신사업 기회를 창출하고, 향후 지분 확보 등을 통한 계열사 편입 등을 기대한다. 창업보육센터형은 기보유하고 있는 공간, 장비 등의 물리적 시설 기반 지원체계에 교육프로그램 개설과 멘토 모집, 그리고 자금 투자 등의 연계를 통해 액셀러레이터로의 전환을 기대하게 된다. 현재 대학에서 추진 중인 기술지주회사가 대표적 사례이다.

　　마지막으로 전문엔젤 주도형의 경우, 성공적 창업 경험을 토대로 해외 선진 액셀러레이터의 우수한 선발프로그램, 멘토링 및 교육, 그리고 초기 투자 등을 적극적으로 수행하고 있는 곳이다.

　　하지만 이들의 경우 현재 '중소기업창업 지원법'에 등록되어 있는 중소기업창업투자회사나 투자조합 등의 기업과 달리 창업투자로 인정받지 못하는 일반법인의 형태로 투자하고, 그 결과로 발생하는 소득에 대한 양도소득세와 배당세를 부담하고 있다.

(3) 다양한 정의

1) 중기청(2016년)

　　스타트업이 성장할 수 있도록 초기에 도와주는 조직, 즉 창업기획자를 의미하지만, 최근 개정된 창업지원법에는 액셀러레이터를 "초기창업자 등의 선발 및 투자, 전문보육을 주된 업무로 하는 자로서 이 법에 따른 지원을 받으려면 중소기업청장에게 등록하여야 한다."로 정의한다.

2) 미국 연방중소기업청(SBA)의 정책 보고서(2014년)

　　TAP에 따르면 "유망기업에 Seed단계의 투자를 제공하여 일부 지분을 취득하고, 데모데이를 마지막으로 하는 멘토링과 교육 세션이 정해진 기간 동안 기수 기반으로 제공되는 프로그램을 운영하는 사업기관"이라고 정의하고 있다. 또 2014년 발족된 Accelerator Leaders Forum(ALF)에서는 "성공한 벤처인이 자신의 성공 노하우, 투자재원을 활용하여 스타트업을 발굴·투자하고, 6개월 내외의 짧은 기간 동안 실전 창업교육과 전문 멘토링을 지원하여 창업 성공률을 높이고 성장을 가속화(accelerating)시키는 민간 전문기관 또는 기업"으로 정의하고 있다.

　　이를 바탕으로 액셀러레이터 개념을 종합해보면 선배 창업가의 경험과 재원을 활용하여 고성장이 예상되는 초기 창업자를 선발하여 Seed Money와 함께 짧은 기간에 집중적으로 멘토링, 교육, 네트워킹 및 투자연계 등을 체계화시킨 단기 프로그램을 제공하는 촉진자 또는 창업기획자를 의미한다.

　　주요 특징은 누구에게나 개방적이지만 경쟁적 선발과정을 통해 선발하며, 선발된 초기 창업자(기수)를 3~6개월의 짧은 기간 안에 집중적으로 보육하며, 주로 지분교환방식(10% 이내)으로 소액의 창업 준비금을 투자하며, 개별 창업기업 지원보다는 기수(Batch)별 집단 지원하며, 데모데이(Demo day)를 통하여 투자자와 연결로 프로그램이 종료된다.

 액셀러레이터의 등장은 2000년대 중반 Airbnb, Dropbox 등을 글로벌기업으로 성장시
킨 Y-Combinator가 효시이며, 미국 실리콘밸리를 중심으로 경쟁 과정을 통해 선발된 소수
의 창업기업에게 투자와 함께 단기간에 집중적으로 멘토링과 투자연계까지 체계적으로 지원
하는 새로운 창업지원 프로그램이 등장하여 주목받기 시작하였다.

 액셀러레이터는 창업보육센터의 변형된 형태의 모델로 지금까지 창업보육센터와 명확
한 구별 없이 혼용되어 사용하기도 했다. 하지만 최근 창업지원법 개정으로 법적인 지위를
획득하여 구별되며 창업보육센터와 달리 선발과정과 진행기간, 그리고 진행 프로그램과 투
자 및 보상 등에 있어 차이가 있다.[10]

표 3-5 창업보육센터와 액셀러레이터의 비교

구분	창업보육센터	액셀러레이터
선발과정	비경쟁적	경쟁적
보육기간	장기(3~5년)	단기(3~6개월)
초기 투자금	없음	소액 지분 투자
보상	없음	일부 지분 취득
주요 프로그램	경영지원 서비스	전문적인 초기 육성 프로그램
지원 단위	개별지원	기수별 집단지원

출처: 김용재 외, 벤처액셀러레이터 이해와 정책방향, 정보통신정책연구원, 2014.

 〈표 3-5〉처럼 액셀러레이터는 입주 희망 벤처기업의 사무 공간 제공, 보육료 지급의
단순한 인큐베이터 프로그램을 넘어 예비 창업가 및 초기 벤처기업과의 완전한 동반 관계를
의미한다.[11] 즉, 초기 창업기업에게 실질적이고 적극적인 지원을 위해 짧은 기간 동안(3~6
개월) 시설제공뿐만 아니라 초기비용(Seed Money) 투자와 아이디어 컨설팅, 행정 및 법률서비
스, 그리고 투자자 연계 등의 다양한 맞춤 교육과 멘토링 서비스를 제공하는 것이다.

 입주 희망기업들을 심사하여 시설 및 각종 서비스를 제공하는 창업보육센터와 달리 액
셀러레이터는 혁신적인 아이디어와 기술을 가진 기업가를 발굴하여 창업 팀을 구성하고, 사
업 아이디어를 제품과 서비스로 실현하는 초기 창업과정에 밀접하게 관여하여 벤처기업의
성공적인 안정화 확률을 높이는 밀착형 지원 프로그램이다. 즉, 액셀러레이터는 초기의 벤처

[10] 김용재 외, 벤처액셀러레이터 이해와 정책방향, 정보통신정책연구원, 2014.
[11] 배영임 외, 벤처생태계의 내실화 촉진을 위한 정책연구, 중소기업연구원, 2012.

기업을 단순히 지원하는 것이 아니라 초기의 벤처 발전과정(seed−stage development)에 깊게 관여하여 벤처기업 그 자체로서 기능하는 것이다.

3) 운영의 특징

그림 3-7 액셀러레이터 프로그램의 운영 흐름도

01 SELECTION 선정 → 02 EDUCATION 교육 → 03 MENTORSHIP 멘토링 → 04 DEMO DAY 데모데이 → 05 INVESTMENT 투자/회수

출처: TAP.

〈그림 3−7〉처럼 액셀러레이터 프로그램은 몇 가지 다른 특징을 가지고 있다. 일반적인 선발과정은 온라인으로 공개적으로 상시 신청을 받고 있으며 고성장이 예상되는 기술기반의 초기 창업기업 위주로 높은 경쟁기반의 기수(Batch)별로 주기적으로 선발한다. 또 선발된 팀에게 주로 10% 내외의 지분교환방식의 초기 창업자금을 투자하며, 개인보다는 소수의 창업 팀 위주로 지원을 한다. 지원기간도 단기간(3∼6개월)에 집중 보육하고, 프로그램 중에 피칭과 코칭이 이루어지며, 마지막 데모데이를 통해 투자자에게 소개 및 연결로 종료된다.

또 액셀러레이터의 가장 중요한 특징 중 하나가 경험 많은 전문가의 밀착 멘토링이다. 프로그램은 보통 3∼6개월 동안 진행되는데 이때 창업가와 투자자, 그리고 여러 분야의 창업관련 전문가들이 다수 참여하여 창업 팀과 1:1 멘토링을 실시함으로써 아이디어에 대한 조언뿐만 아니라 사업진행 과정과 투자유치 방법 등에 대해 집중적으로 지원한다. 또 기수별로 소수의 팀으로 운영되는데 교육과 공동 작업을 통해 팀 간에 서로 네트워킹하고 문제를 해결하며 다양한 시너지를 창출하고 있다.[12]

그리고 스타트업이 액셀러레이터 프로그램에 참여함으로써 얻게 되는 가장 큰 성과는 투자유치이다. 기본적으로 선발과 함께 일정 금액을 지분형태로 투자를 받게 되며, 그리고 프로그램의 중간에 피칭데이와 마지막에 데모데이를 통해 여러 투자가들로부터 투자유치 기회를 갖는다.

액셀러레이터 프로그램에는 다양한 멘토들이 참여하지만 그 중 가장 많은 비중을 차지하는 것이 엔젤과 VC 등 투자가들이며, 프로그램을 통해 다양한 투자방법을 배우게 된다.

사례 연구 2 ■

"자동차도 콜라처럼 자판기로 판다"는 중국

중국 전자상거래 업체 알리바바가 이르면 내년에 고가 자동차도 자판기를 통해 판매할 예정이라고 한다. 자동차 온라인쇼핑 시대를 맞아 차를 콜라만큼 쉽게 사는 새 시장모델을 선보이겠다는 것이다. 일명 '명차(名車) 자판기'는 소비자가 스마트폰으로 차종을 골라 구매 버튼을 누르면 빌딩형 자판기에서 차를 내려 건네는 방식이다. 빌딩형 자판기는 자동차 관리에 유리하고, 쇼윈도 홍보기능, 매장 운영비·인건비 절감 등 1석 3조라고 한다.

알리바바가 내놓는 혁신적 아이디어들이 혀를 내두르게 한다. 미국 아마존에 버금갈 정도다. 자동차 자판기처럼 그 발상의 전환은 끝을 알 수 없다. 이를 막을 규제도 없다. 이렇게 '유니콘 기업'(기업가치 10억 달러 이상 스타트업)이 등장할 수 있는 혁신인프라 속에 제2, 제3의 알리바바가 나오는 것도 머지않았다. 레이쥔 샤오미 회장이 "세계가 중국을 따라할 때"라던 자신감이 전혀 과장이 아니다.

값싼 노동력 위주였던 중국이 '창업과 혁신의 천국'으로 변신한 데는 그만한 이유가 있다. 국가 주도로 일관된 발전전략으로 규제를 혁파하고 멍석을 넓게 펼쳐준 결과다.

2014년 '대중창업, 만중혁신(누구나 창업하고 혁신하자)', 2015년 '인터넷 플러스(산업과 ICT 융합)', 올해 '다증합일[13](서류 한 장으로 창업)' 등이 사회주의 국가인 중국에서 펼친 정책들이다. 여기에다 지식재산권 보호 등 제도, 자금, 인재 유치까지 지원해 탄탄한 혁신 생태계를 만든 것이다.

실패를 용인하는 제도와 문화도 혁신의 보조동력이다. LG경제연구원에 따르면 중국 국무원은 연구인력이 별도로 창업해 상업화 기회를 탐색할 기간으로 3년을 보장해준다. 실패해도 종전 직위로 복귀할 수 있어 고급 과학기술 인재들까지 창업에 뛰어든다. 성공 확률은 더 커질 것이다.

중국이 단지 시장이 방대해 창업과 혁신 천국이 됐다고 보면 오산이다. 한껏 뛰어놀 공간을 마련해주고 넘어져도 일으켜 세우기에 인재와 돈이 몰린다. 그렇게 시작한 스타트업들이 알리바바, 텐센트, DJI(세계 최대 드론 업체) 등을 모델 삼아 또 다른 도약을 꿈꾼다. '실패는 곧 죽음'이라는 한국의 창업환경이 오버랩된다.

출처: 한국경제, 2017. 8. 4.

---

13 최근 2년간 중국은 전국적으로 다증합일(多症合一), 즉 다수의 증을 하나로 통합하는 것을 추진시킴과 동시에 외국인투자기업의 설립 및 변경에 대한 심사비준(인허가)제도를 신고등록 제도로 변경하는 등 절차 간소화를 추진하고 있다.

2 액셀러레이터의 비즈니스 모델

　일반적인 액셀러레이터의 사업형태는 주식회사가 대부분이며, 일부는 상생과 사회공헌을 위하여 대기업에서 출자한 비영리 재단법인 형태로 운영되는 경우도 있다. 사업형태는 달라도 운영에 있어서는 일반적 수익모델을 가지고 있다.

그림 3-8 　**액셀러레이터 비즈니스 모델**

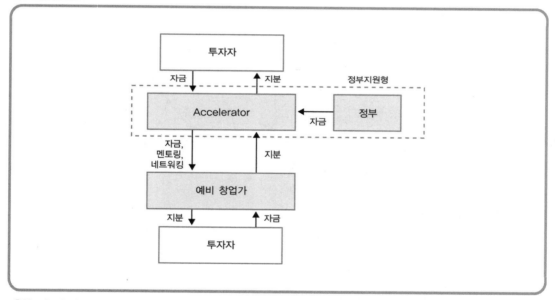

출처: 김주성 외, 액셀러레이터의 국내외 현황 및 운영사례, 한국전자통신연구원, 2015.

　〈그림 3-8〉처럼 액셀러레이터의 자금조달은 성공한 기업가나 모기업으로부터 출자받아 운영하는 것이 일반적이며, 팁스(TIPS) 같은 정부지원 사업 참여로 운영자금과 투자자금을 함께 지원받고 있다. 이렇게 조달한 자금의 일부는 프로그램을 운영하는 데 사용하며, 또 일부는 프로그램에 참여하는 기업에 초기비용(Seed Money)으로 투자하게 된다. 투자대가로 기업으로부터 10% 내외의 일정 지분을 제공받으며, 이후 스타트업의 성장과정에서 M&A나 IPO 등의 출구전략으로 통하여 창업기업의 지분을 매각함으로써 이익을 실현하게 된다. 이

렇게 회수된 자금은 다시 신규창업 지원 프로그램 운영과 기업투자로 재순환된다.

사례 연구 3

상반기 신설법인 수 역대 최다 증가 … 제조, 증가세 VS 서비스업 감소

2017년 상반기 신설법인은 반기 기준으로 역대 최고치인 4만 9,424개를 기록하여 5만개 달성에 육박했다. 아울러 올해에도 신설법인 증가세가 지속되어 사상 최대였던 지난해 실적(96,155개)을 돌파할 것으로 예상된다. 중소벤처기업부에 따르면 2017년도 상반기 신설법인은 전년 동기대비 2.4%(1,161개) 증가한 49,424개를 기록하여, 반기 기준으로 역대 최대치 달성했다.

신설 법인 수 증감 현황(2000~2016)

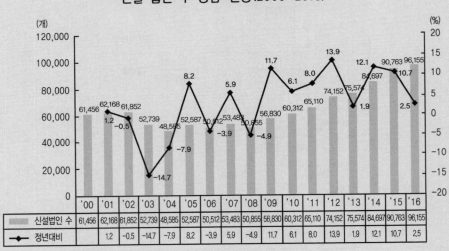

	'00	'01	'02	'03	'04	'05	'06	'07	'08	'09	'10	'11	'12	'13	'14	'15	'16
신설법인 수	61,456	62,168	61,852	52,739	48,585	52,587	50,512	53,483	50,855	56,830	60,312	65,110	74,152	75,574	84,697	90,763	96,155
정년대비		1.2	-0.5	-14,7	-7,9	8.2	-3,9	5.9	-4,9	11.7	6.1	8.0	13,9	1,9	12,1	10,7	2,5

업종별로는 '제조업'과 '전기·가스 및 수도업'의 법인설립이 늘어났으며 특히 제조업 법인설립은 '13년 이후 최고로 높은 증가율(12.7%)을 나타냈다.

'제조업' 법인 확대는 수출 증가 및 제조업 생산 증가 등이 크게 작용할 것으로 보이며 '전기·가스 및 수도 업'은 최근 정부의 친환경에너지 정책에 기인하여 관련 사업의 창업에 영향을 미친 것으로 보인다. 반면 '서비스업'의 경우 서비스 경기 둔화 등의 영향으로 법인설립이 감소하는 추세를 나타냈다.

소매판매액지수(전년동기대비, %)는 ('16.1/4) 5.0 → ('16.2/4) 5.9 → ('16.3/4) 3.5 → ('16.4/4) 2.5 → ('17.1/4) 1.9 순으로 떨어졌다.

상반기 신설법인 동향의 주요 특징으로는 업종별로 제조업(10,107개, 20.4%), 도소매업(10,057개, 20.3%),

건설업(5,337개, 10.8%), 부동산임대업(4,925개, 10.1%) 등의 순으로 설립됐다.

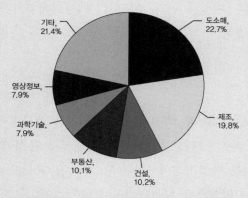

2016년 동기 대비 법인 설립 증가규모가 큰 업종은 전기·가스·수도업(226.1%), 금융보험업(16.5%), 제조업(12.7%) 순으로 나타났다.

연령별로 대표자 연령을 기준으로 40대(17,861개, 36.1%), 50대(13,039개, 26.4%), 30대(10,516개, 21.3%) 순으로 설립되었으며 지난해 상반기와 비교하여 60세 이상(702개, 17.1%)이 큰 폭으로 증가했다. 여성법인은 24.7%(12,205개), 남성법인 75.3%, (37,219개)로 전년동기 대비 여성(5.3%) 및 남성(1.5%) 모두 증가하였다.

2016년 신설법인이 통계 작성(2000년) 이후 최초로 9.6만개를 돌파하며, 역대 최고치를 기록했다. 중소기업청(청장 주영섭)이 2.8(수) 발표한 신설법인 동향에 따르면, 2016년 신설법인은 전년대비 2.5%(2,387개) 증가한 96,155개로 '08년 이후 8년 연속 증가세를 이어갔다. 업종별로는 전년 대비 법인 설립 증가규모가 큰 업종은 도소매업(1,533개), 영상정보서비스업(634개), 사업시설관리업(553개) 등으로 서비스업 법인 설립이 큰 폭으로 증가(3,671개)했다. 업종별 비중을 보면 도소매업(21,780개, 22.7%), 제조업(19,037개, 19.8%), 건설업(9,825개, 10.2%) 등의 순으로 설립됐다.

출처: 사이언스 뉴스, 2017. 2. 7.; 모닝경제, 중소벤처기업부 2017. 7. 31. 발췌정리.

3 액셀러레이터 유형

2005년 실리콘밸리 중심으로 민간 액셀러레이터인 Y−Combinator가 초창기 기업에 투자를 집중하여 성공을 거둔 이후 다양한 형태의 액셀러레이터가 등장하여 전 세계적으로 2,000여 개가 넘는 액셀러레이터가 운영 중이며, 국내에도 2010년부터 벤처1세대를 중심으로 2017년 9월 현재 40여 개의 액셀러레이터가 운영 중이지만 아직 초기단계에 머물러 있다.

액셀러레이터 구분은 투자 주체, 지원 시기, 활동의 범위에 따라 다양한 형태로 운영되고 있으며, 우리나라는 정부 지원과 민간 주도형의 액셀러레이터가 투자집중형으로 엑셀러레이팅 프로그램을 운영 중이다.

(1) 민간주도형

투자 주체를 구분해보면 대부분 액셀러레이터가 민간 주도형에 해당되며, 성공한 창업가나 기업이 상생과 영리추구, 그리고 기업 전략 차원에서 운영한다. 민간 주도형의 경우, Y-Combinator와 같은 전문 액셀러레이터형과 Microsoft, Google 등과 같은 대기업이 전략적 차원에서 운영하는 대기업형으로 세분화된다.

국내의 경우에는 프라이머, 패스트트랙아시아, K-Startup 등이 대표적인 민간주도형에 해당된다.

(2) 정부 지원형

정부 지원형은 정부가 보조금 개념의 투자로 선정된 민간 액셀러레이터를 통해 운영된다 국내에서는 2013년부터 스타트업의 글로벌 진출을 위한 액셀러레이터 선정과 고급인력의 기술창업을 돕는 TIPS프로그램의 운영사 선정 등을 통해 정부의 지원을 받고 있다.

① 초기지원형

지원 시기로 분류해보면 초기 지원형은 스타트업 선정과 함께 초기비용(seed money)을 투자하고 멘토링에 집중하며, 데모데이(Demo day)를 통하여 VC 등 투자자들에게 투자 기회를 제공하고 종료한다. 다수의 액셀러레이터가 초기 지원형으로 운영되고 있다.

② 후기지원형

후기 지원형 액셀러레이터는 전통적인 컨설팅과 유사하며, 중소기업을 대상으로 전반적인 경영자문 서비스를 주로 제공한다. 대표적인 액셀러레이터는 Impulsa Business Accelerator가 있으며, 비즈니스에서 직면할 수 있는 조직적, 운영적, 전략적 어려움을 처리하여 빠르게 성장할수 있도록 지원하는 데 중점을 두고 있으며 경영컨설팅과 비슷하다.

③ 특화형

활동의 범위로 분류해보면 특화형은 창업 분야의 다양한 멘토로 구성된 커뮤니티에서 소규모 팀을 선발하여 한시적인 운영기간 동안 자금 또는 기술 등 특화된 부분을 지원하는 것을 의미하며, 투자 집중형과 기술 지원형이 여기에 해당된다.

④ 투자 집중형

투자 집중형은 엔젤 투자자, VC, 창업가 등 창업 분야의 다양한 멘토로 구성된 커뮤니티에서 소규모 팀을 선발하여 창업 지원하는 전통적인 액셀러레이터 또는 벤처캐피탈 모델을 의미하며, 기술지원형은 대기업 위주로 운영되는 모델로, Microsoft · Google의 경우처럼 클라우드 기반으로 기술 분야 위주로 지원하며, 투자보다는 장소제공과 기술지원을 위주로 한다.

⑤ 지주형

지주형은 연쇄 창업가(Serial entrepreneur)가 주로 참여하며, 창업기업 투자와 성장을 함께하며 M&A 스타트업의 지주회사 형태를 의미한다. 유니버셜 스튜디오와 같은 형태로서, 컴퍼니 빌더(Company Builder)라고도 하며, 기존 액셀러레이터와 같은 지원뿐만 아니라, 창업팀과 함께 직접 회사를 설립과 운영까지 담당한다. 대표적으로 Betaworks와 Light Bank Capital 등이 활동 중이며, 국내의 경우는 패스트트랙아시아가 이 비즈니스 모델과 유사하다.

사례 연구 4 ∎∎∎∎∎∎∎∎∎∎∎∎∎∎∎∎∎∎∎∎∎∎∎∎∎∎∎∎∎∎∎∎∎∎∎

창업 열풍, 여성 기술창업은 예외?

창업 열풍이 불고 있지만 여성 기술 창업은 여전히 저조한 것으로 드러났다. 엔젤투자협회에 따르면 2016년 말 기준 민간투자주도형 기술창업지원(TIPS) 창업팀 218개 가운데 7개 팀만 여성 대표다. 전체에서 여성 대표가 차지하는 비중이 3.2%에 불과하다. TIPS는 민간 주도로 우수 기술을 보유한 창업 팀을 선발해 집중 육성하는 프로그램이다.

이미 기업 기반을 닦은 중견벤처 업계에도 여성 대표 수는 적다. 여성벤처 현황을 보면 지난해 말 여성벤처 기업 수는 2,923개다. 전체 벤처 확인 기업 3만 360개에서 8.7%에 불과하다. 최근 3년간 0.7%p 늘어나는 데 그쳤다.

기술 기반 여성기업 비중도 21.7%로 전체 여성기업 비중 38.9%에 비해 절반 수준이다. 기술력과 혁신성이 높은 분야에서 여성 활동이 현저히 낮은 것으로 분석된다고 중소기업청은 분석했다.

실제로 2015년 기준 여성 창업자 10명 가운데 9명은 소상공인이다. 62.2%는 숙박과 음식업, 소매업 등 경쟁이 치열하고 성장 가능성이 낮은 생계형 산업에 몰렸다. 여성이 대표로 있는 기술기업에서 일하는 종사자 수도 적다. 기술 기반 여성기업 평균 종사자는 3.4명으로 일반기업 4.5명보다 규모가 영세하다.

여성 기술 창업이 적은 이유는 외부자금 조달 어려움과 사회 편견, 육아 등이 꼽힌다. 중기청에 따르면 소상 공인 및 중견기업 영역을 제외한 지원사업 중 여성기업 지원 비중은 약 8.6% 수준이다. 중기청 사업의 여성기 업 활성화를 위한 지원 정책은 주로 가점이나 전용 자금을 편성하는 방식 활용돼 왔다.

여성기업지원에 관한 법률이 1999년 제정됐지만 가정주부와 취업준비생, 여성가장 등 생계형 창업자를 위한 지원을 중심으로 정책이 마련됐다. 법 제정 취지가 취업 취약계층인 여성 경제활동 독려가 목적이기 때문이다.

사회 편견도 문제다. 일하는 여성보다 여성 창업에 대한 시선이 더 따갑다고 여성 기업인들은 입을 모은다. 중소기업을 이끄는 한 여성 대표는 "핵심 임원이 남자일 경우 종종 무시당하는 느낌을 받을 때가 많다"며 "다른 회사나 공공기관, 정부 간 업무 협력에서도 사업 경험이 부족하다는 선입견이 걸림돌일 때도 있다"고 말 했다. 창업 여성에 대한 육아 지원도 부족하다. 사실 취업 여성에 비해 육아 환경이 열악하다. 대표가 많은 업 무를 담당해야 하는 시기라 육아에 할애할 수 있는 시간이 부족하다.

윤소라 여성벤처협회 회장은 "여성 창업가는 아이를 낳는 순간 경력 단절이 아니라 사업 단절이 된다"면서 "여성 창업 자체가 어려운 상황에서 기술창업이나 벤처기업 확인은 더 쉽지 않다"고 밝혔다.

이에 중기청은 최근 '2017년 여성기업 활동 촉진에 관한 기본계획'을 발표, 여성경제인 육성과 여성벤처 기 업 지원을 약속했다. 지난해 말 기준 2,923개인 여성벤처기업을 올해 안에 3,500개로 끌어올리고 기술 기반 여성창업자도 연간 1,000명을 육성할 계획이다.

중기청은 이에 여성기업 활성화 예산 69억 5,000만원, 여성벤처기업 지원에 6억원을 배정했다. 기술개발과 글로벌 경쟁력 확보를 위한 여성기업 전용 R&D 자금도 올해 100억원을 책정했다. 여성창업자 육아 부담 경감 을 위해 16개 지역에 여성전용 보육시설도 운영키로 했다. 올 하반기 경기북부센터가 첫 개소할 예정이다.

중소기업청 관계자는 "기술기반과 혁신 분야 여성기업 활동은 아직 낮은 수준"이라면서 "이를 개선하기 위 한 노력과 정부 지원이 필요하다"고 말했다.

출처: 전자신문, 2017. 5. 14. 발췌정리.

4 액셀러레이터법

미래부·중기청에 따르면, 액셀러레이터의 효과와 중요성, 그리고 활성화를 위하여 액셀 러레이터의 법적인 지위 부여와 자금조달 등 창업지원법을 개정하여 실행을 앞두고 있다. 액셀러레이터법의 본격적인 실행에 앞서 정부주도의 민간연계 프로그램인 TIPS와 창조경제 혁신센터를 비롯하여 국내외 액셀러레이터의 현황과 운영실태 조사 및 비교분석 함으로써 향후 액셀러레이터 활성화 방안이 적극 모색되어야 할 시점이다.

액셀러레이터가 본격적으로 확산되기 시작한 것은 2000년대 중반 이후이다. 이들은 아직까지 활동의 기간이 짧고, 사적으로 지원되는 자금조달 방식으로 인해 액셀러레이터에 대한 정보가 제한적인 것이 사실이다. 해외 대표적인 액셀러레이터로는 Y Combinator, Techstars, AngelPad, 500startups 등이 있다. Y Combinator의 비즈니스 모델 성공 이후 2000년대 중반부터 액셀러레이터 설립이 급증하고 있으며, 미국, 영국, 이스라엘 등 벤처·창업이 활성화된 국가를 중심으로 전 세계에 2천개 이상의 액셀러레이터가 활동하고 있다

2015년 3월 기준으로 해외 액셀러레이터의 활동랭킹을 살펴보면 〈표 3-6〉과 같다. 해외 선진 액셀러레이터의 특징은 공정한 선발, 조기 투자, 차별화된 1:1 멘토링, 코칭 중심의 단기간집중지원 등을 들 수 있다. 액셀러레이터의 활동은 국가별로 다른 특징을 보이는데, 미국 액셀러레이터는 전형적인 민간주도형 모델이다. 이에 반하여 독일의 액셀러레이터는 인큐베이터를 중심으로 멘토링을 특화한 모델이고, 핀란드의 액셀러레이터는 대학 중심으로 운영하며 투자에 대한 지분은 보유하지 않는 특징을 보인다.

국내는 2010년 설립한 '프라이머'를 최초의 액셀러레이터로 볼 수 있으며 쿨리지코너인베스트먼트, 패스트트랙아시아 등이 초기 액셀러레이터이다.

최근 30여 개가 넘는 액셀러레이터가 설립 및 운영 중에 있다. 이들의 이해 단체인 액셀러레이터 리더스 포럼(ALF)에서는 액셀러레이터를 다음과 같이 정의한다.

표 3-6 해외 주요 액셀러레이터 랭킹

랭킹	투자 기업규모(개)		투자금 회수(백만 달러)		펀딩 규모(백만 달러)		펀딩 라운드 횟수(번)	
1위	Y Combinator	747	Y Combinator	2,284	Y Combinator	4,043	Y Combinator	521
2위	Techstars	485	AngelPad	401	Techstars	941	500startups	343
3위	500startups	267	Techstars	176	AngelPad	231	Techstars	338
4위	DreamIT Ventures	139	LaunchpadLA	45	500startups	179	SV Angel	155
5위	Startupbootcamp	130	500startups	21	DreamIT Ventures	141	DreamIT Ventures	100
6위	Seedcamp	118	Seedcamp	17	Seedcamp	131	AngelPad	98
7위	AngelPad	98	Betaspring	14	Capital Innovator	111	Startupcamp	89
8위	The Alchemist Accelerator	90	Le Camping	10	Mucker Lab	110	NXTP Labs	76
9위	NXTP Labs	73	Startmate	5	ImagineK12	94	Andreessen Horowitz	73
10위	Bataspring	71	Amplify.LA	2	Flashpoint	63	Eleven	65

자료: Seed-DB.com('15년 3월 기준).

'성공한 벤처인이 자신의 성공 노하우, 투자재원을 활용하여 스타트업을 발굴·투자하고, 6개월 내외의 짧은 기간 동안 실전 창업교육과 전문 멘토링을 지원하여 창업성공률을 높이고 성장을 가속화(accelerating)시키는 민간 전문기관 또는 기업이 액셀러레이터'이다.

사례 연구 5 ■

4차 산업혁명 발목 잡는 규제 없앤다

정부가 정보통신기술(ICT), 헬스케어, 신재생에너지 등의 분야에서 4차 산업혁명의 걸림돌이 되는 규제를 찾아 개선하기로 했다. 관계당국과 업계에 따르면 공정거래위원회는 최근 4차 산업혁명 활성화를 가로막는 경쟁제한적 규제 발굴을 위한 2건의 연구용역을 발주했다. 공정위가 새 정부의 100대 국정과제 중 하나인 4차 산업혁명 관련 규제 완화를 위한 본격적인 행보에 돌입한 것이다.

공정위 관계자는 "4차 산업혁명의 기반 기술 분야인 ICT와 상용화가 이뤄질 헬스케어·신재생에너지 부문을 전문성을 고려해 따로 용역을 맡길 계획"이라며 "시장의 신규 진입이나 혁신적 영업활동을 가로막는 규제 개선 과제를 발굴해 내년도 경쟁제한적 규제 개선 추진 과제에 반영할 것"이라고 말했다.

기반 기술인 ICT 분야에서는 인공지능(AI), 가상현실(VR), 사물인터넷(IoT), 핀테크 등 전 분야에 걸쳐 국내 규제 현황과 개선 과제, 해외 규제 사례 등을 종합적으로 분석해 개선할 규제를 찾는다. 공정위는 이르면 12월께 연구용역을 마무리하고 소관부처와 규제 개선을 위해 협의할 예정이다.

특히 헬스케어산업에서는 빅데이터 사용 등을 제한한 규제를 중점적으로 발굴할 계획이다. 현재 헬스케어 분야의 기반인 진료정보 등은 관련법에 묶여 비식별정보조차 제대로 공유되지 않는다는 지적이 나오고 있다. 올해 초 보건복지부 등 관련 부처에서 규제 완화 방안을 마련하고 있지만 정부에서 공정위를 중심으로 종합적 검토를 할 것으로 보인다.

공정위 관계자는 "4차 산업혁명을 선도하는 미국 등 선진국의 경우 신기술에 대해서는 규제가 없는 상태에서 시작해 발전 과정에서 문제점이 생길 때마다 하나씩 규제를 만들어간다"며 규제를 개선할 필요성을 설명했다.

공정위는 시장 구조 개선을 위해 지속적으로 경쟁제한적 규제를 발굴해 개선책을 내놓고 있다. 최근에는 분양보증업무의 공공기관 독점과 민물장어 치어 수입규제 등을 발굴하고 소관부처와 협의해 규제를 풀기도 했다. 현재 이동통신과 영화시장의 진입과 경쟁을 막는 규제를 찾기 위한 연구용역을 진행 중이다.

출처: 매일경제, 2017. 8. 1. 발췌정리.

5 인큐베이터와 액셀러레이터

인큐베이터와 액셀러레이터는 모두 초기단계의 기업에 조언, 서비스, 자금조달, 공간을 제공하고 그들의 사업이 확장될 수 있도록 돕는 경험이 풍부한 기업인의 그룹이라는 특징이 있다.

그러나 인큐베이터는 ① 비영리조직이고 흔히 대학과 연계, ② 창업기업에게 합리적인 가격으로 사무공간을 제공, ③ 지역 창업기업을 대상으로 하며, ④ 투자활동은 하지 않는다.

이에 반하여 액셀러레이터는 ① 이윤을 목적으로 하며 창업기업에 자본을 공급하는 대가로 지분을 받고, ② 사무공간을 반드시 제공하지는 않으나 보통 미팅 공간 정도는 제공하고, ③ 지역적 제한 없이 창업기업을 선발·보육 한다.[14]

사례 연구 6 ■

벤처인큐베이터?

참신한 아이디어와 기술력을 가진 예비창업자나 창업 초기 벤처기업인들에게 사업공간을 제공하고 경영컨설팅과 기술지도 등을 통해 창업성공률을 높이는 사업자를 말한다. 과거 단순히 전주(錢主) 역할을 해온 창업투자회사와는 달리 이들은 좋은 아이디어만 제공하면 회사의 설립은 물론 자금조달·마케팅·홍보까지 맡아서 기업을 키워주는 역할을 한다.

현재 대기업·벤처기업·창업투자회사·회계사·변호사는 물론 대학생에 이르기까지 벤처 인큐베이팅 사업에 적극적으로 뛰어들고 있는데, 이는 바로 자신이 발굴한 유망벤처기업의 성장을 통해서 높은 투자수익을 기대할 수 있으며, 특히 기업들의 경우 좋은 사업 아이템을 손쉽게 확보해서 자신들의 사업다각화에 적극 활용할 수 있기 때문이다.

반면에 이들로부터 지원을 받는 신생기업들의 입장에서는 막대한 사업 초기 투자비용을 절감하고, 기술·경영지도·법률·회계·컨설팅 등의 제반문제들로부터 벗어나 연구개발에만 전념할 수 있다는 이점이 있다.

---

14 김선우 외, 국내외 액셀러레이터 사례 및 운영제도 분석, 중소기업청·창업진흥원, 2015.

그러나 최근 미국의 애버딘 그룹은 현재의 인큐베이터들 중 70% 이상이 전문성 결여로 수년 내에 도태될 것이라는 연구 결과를 발표한 바 있다.

출처: 매일경제, 매경닷컴.

 **사례 연구 7** ■■■■■■■■■■■■■■■■■■■■■■■■■■

액셀러레이터도 전문시대 … 푸드테크, 소셜벤처부터 헬스케어까지

벤처 인큐베이터보다 더 초기 단계의 창업 기업을 벤처 단계로 성장시키는 역할을 하는 액셀러레이터가 분업화하고 있다. 좀 더 전문화된 맞춤형 액셀러레이터가 속속 등장하고 있다.

종잣돈과 사무실 등 각종 인프라, 컨설팅 서비스 위주 사업 한계를 뛰어넘어 사업 분야별 전문 액셀러레이터가 증가하고 있어 유관업계 생태계가 변하고 있다.

소셜벤처, 푸드테크, 헬스케어전문 특화 액셀러레이터가 늘어나며 보육기능에 전문성까지 더하고 있다.

1일 관련 업계에 따르면 지난해 헬스케어전문 액셀러레이터로 시작한 디지털헬스케어파트너스(DHP)는 최근 파트너를 3명에서 15명으로 늘렸다. 디지털 헬스케어 전문가부터 각 분야 전문의, 변호사, 회계사까지 인적구성을 다양화했다. 국내 헬스케어 스타트업 생태계를 만들기 위한 수순이다. 지난해 12월 첫 투자를 시작으로 투자기업도 3곳으로 늘어났다. 내년까지 최대 8개 기업을 육성하는 것이 목표다.

최윤섭 디지털헬스케어 연구소장은 "디지털 헬스케어는 최근 세계적으로 주목받고 있는 주요 분야"라며 "국내는 전문의료지식, IT, 정부규제 등 다양한 분야가 뒤섞여 있어 스타트업이 뛰어들기는 어려운 시장으로 다양한 전문 파트너와 함께 업계 생태계부터 만들어 가고 있다"고 말했다.

에오피오오엔지(Sopoong)는 소셜벤처 전문 액셀러레이터다. 지금까지 총 28개 기업에 투자와 보육을 진행했다. 소셜벤처지만 28개 기업가치는 4,201억 원에 달한다. 투자 기업 생존율은 일반 중소기업을 훌쩍 뛰어넘는 93%를 기록하고 있다. 최근 3기 13개 기업 가운데 '셔틀타요' 등 2개 기업은 후속투자를 이끌어 내기도 했으며 4기 기업 선발에 돌입했다.

외식 비즈니스 플랫폼을 운영하는 씨엔티테크는 최근 푸드테크 전문 액셀러레이팅에 집중하고 있다. 단순 오프라인과 온라인 마케팅을 아닌 인공지능(AI), 사물인터넷(IoT)와 외식산업을 결합한 푸테크전문 기업 육성을 목표로 잡았다.

씨엔티테크는 액셀러레이팅 프로그램 시작한지 4년만에 150개 기업이 액셀러레이팅을 받았고 40개 기업은 후속투자를 이끌어 냈다.

전화성 씨엔티테크 대표는 "지난해 씨엔티테크 액셀러레이팅을 받은 외식미디어 전문기업 그리드잇은 50억 원 투자유치에 성공했고 이외에도 40여 개 기업이 후속투자를 받고 있다"며 "씨엔티테크가 갖고 있는 기술과 시장인프라 제공으로 푸드테크 전문기업을 육성하고 있다"고 말했다.

업계는 이들 기업이 특정 분야에 집중하는 이유를 '전문성' 때문이라고 설명한다. 국내서는 전문 액셀러레이터가 다소 생소하지만 해외는 이미 보편화 돼 있다. 국내 액셀러레이터 규모는 50개에 달할 정도로 양적 성장을 이뤘지만 시장에서는 여전히 헬스케어, 핀테크, 소셜벤처 등 전문분야에 대한 이해는 부족하다는 평가다.

소셜벤처를 운영하고 있는 한 업체 대표는 "소셜벤처는 단순 돈벌이에 목적을 두고 있지 않기 때문에 투자, 사업 설명에 많은 어려움이 있는 것이 사실"이라며 "같은 목표를 지닌 사람과 함께 아이디어를 공유하거나 전문화된 인력이 함께하기 때문에 사업에 충실할 수 있다"고 말했다.

안창주 수원대 창업지원단 교수는 "액셀러레이터 역할은 스타트업 투자뿐 아니라 투자 후 시장에 성공적으로 진출하도록 돕는 것"이라며 "전문성을 갖고 있는 액셀러레이터는 해당분야 네트워크 인프라를 풍부하게 갖추고 있어 효율적으로 스타트업이 시장에 안착할 수 있는 마중물 역할을 한다"고 말했다.

출처: etnews, 2017. 8. 1.

 사례 연구 8 ■■■■■■■■■■■■■■■■■■■■■■■■■■■■■■■■■■■

소셜벤처 인큐베이터 소풍 "3기 투자기업은 … "

소셜벤처 인큐베이터 소풍(sopoong)이 소셜벤처 인큐베이팅 투자 프로그램 3기 선정 팀을 공개했다.

이번 3기 선정 기업은 맞벌이 가정을 위한 대학생 돌보미 연결 서비스 자란다. 생필품 기획/판매 크라우드 펀딩 플랫폼 팩토리얼, 반려동물 맞춤 수제사료 제작, 판매 서비스 펫픽, 저소득층을 위한 안질환 판독 서비스 프로젝트봄, 기간제형 재활 프로그램 개발, 기기 렌탈 서비스 맥솔루션 등 5개 기업이다.

5개팀은 투자금 2,000만원과 3개월 간의 집중 엑셀러레이팅 프로그램을 받게 된다. 한상엽 대표는 "다양한 사회 문제를 함께 해결할 좋은 팀을 만나 매우 기쁘다"며 "특히 진단이나 치료 등의 기술 기반 소셜벤처가 함께 하게 된 점이 고무적이며 소풍의 전문성을 살려 3개월간 제대로 된 성장을 만들어보겠다"고 말했다. 3기 선발팀은 오는 6월 15일에 열리는 데모데이를 통해 일반인에게 공개되며 올 하반기 동일 투자프로그램 4기 모집이 진행될 예정이다.

출처: 2017. 3. 1., venturesquare.net

6 국내 액셀러레이터 주요 현황

먼저 국내 액셀러레이터에서 검토하고 있는 투자 영역은 스타트업이 중점적으로 사업 아이템으로 선정하고 있는 정보통신기술과 소프트웨어를 이용한 모바일·인터넷 서비스에 집중되고 있다. 특히 〈표 3-7〉과 같이 교육IT, 빅데이터/클라우드, 그리고 하드웨어/IoT (Internet of Things) 등 기술적 이슈를 중심으로 진행되고 있는 것으로 나타났다. 그 밖에도 전통적으로 그 시장성이 높게 평가되고 있는 금융, 헬스, 공공, 그리고 에너지·환경 이슈에 대한 사업투자도 고려하는 것으로 파악된다.

표 3-7 **국내 액셀러레이터의 투자 고려 영역**   (전체 응답자 수＝10)

구분	투자 고려 영역							
	헬스 IT	교육 IT	에너지·환경 IT	금융 IT	하드웨어/IoT	공공	빅데이터/클라우드	기타
응답자 수	3	7	1	3	5	2	7	4

자료: 한국생산성본부, 2014.

국내 액셀러레이터의 설립은 대다수가 3년 이내, 자본금 규모는 평균 23억으로 나타났다. 직원은 평균적으로 7명 정도가 상주하고 있는 것으로 조사되었고, 투자자와 멘토 수는 각각 평균 7명, 30여 명 정도를 보유하고 있는 것으로 판단된다.

액셀러레이터는 응답한 16곳 중, 주식회사로 설립되는 경우가 많았으며(12곳), 재단법인 (3곳), 그리고 유한회사 1곳 등으로 조사되었다. 사업장은 응답한 10곳 모두가 서울/수도권 지역으로 응답하여, 창업활동이 활성화되어 있는 지역에 몰려 있는 것을 확인할 수 있었다. 투자자로부터 확보한 투자금의 규모는 평균 12억 원으로 나타났다.

표 3-8 **국내 액셀러레이터 일반 현황**   (단위: 억, 명, 년)

구분	자본금 규모	투자금 규모	투자자 수	보유 멘토수	상근직원 수	업력
최대	58	100	23	150	130	5
평균	24	25.3	7.7	32	22	3

| 최소 | 5 | 1 | 1 | 4 | 2 | 1 |
| 응답 수 | 13 | 7 | 7 | 14 | 9 | 13 |

자료: ALF 실태조사 결과, 2014. 5/22~5/27.

① 주요 사업활동

액셀러레이터가 주로 활동을 해야 될 스타트업 선발과 육성, 그리고 졸업(exit)을 통한 수익 창출과 관련된 조사 결과는 다음과 같다.

평균적으로 선발하여 보육하고 있는 스타트업 수는 19.4개로 나타났으며, 1배치당 평균적으로 9개 정도를 선발하는 것으로 나타났다. 선발된 스타트업에 대하여 최소 1천만 원에서부터 최대 3억 원까지, 평균적으로 5천 5백만 원 정도를 초기 투자비로 고려하는 것으로 보인다. 한편 보육을 마치고 졸업한 스타트업은 평균적으로 18.5개로 나타났다. 하지만 응답한 11곳 중, 3곳은 아직 졸업 스타트업이 없는 것으로 나타났고, 관련 수익 창출도 평균 2억 원대로 초기 단계인 것으로 판단된다.

표 3-9 국내 액셀러레이터 사업활동 현황 (단위: 곳, 백 만원, 곳, 억)

구분	보육 스타트업 수	스타트업에 대한 투자규모	배치당 선발 스타트업 수	졸업 스타트업 수	수익 창출 금액
최대	50	300	15	50	7
평균	19.4	55	9.7	18.5	2.2
최소	3	10	0	0	0
응답 수	16	8	11	9	7

자료: ALF 실태조사 결과, 2014.

한편 보편적으로 벤처캐피탈이 투자받은 금액의 5% 내외를 운영비로 사용하는 반면 액셀러레이터는 50% 내외를 운영비, 즉 스타트업에 대한 교육과 멘토링, 그리고 데모데이 등 비즈니스 파트너십을 위한 비용으로 사용하는 것으로 나타나, 이러한 점은 기존 창업투자보육기관과의 차별성을 보여준다.

국내 액셀러레이터 산업은 이제 태동기로서 성공 벤처인 등을 중심으로 형성된 20여 개가 운영 중이며 짧은 기간에도 불구하고 성과를 보이고 있으나, 전반적으로는 아직 양적·질적인 측면에서 초기 단계인 것으로 판단된다.

해외 선진 액셀러레이터인 Y-Combinator, TechStars 등과 비교해보면, 투자 유치규모는 약 25배 차이, 육성 스타트업의 규모는 약 10배, 졸업 스타트업 수는 23배 정도의 차이가 나는 것으로 분석되었다. 반면 스타트업에 대한 초기 투자 규모는 오히려 국내 액셀러레이터가 유사하거나 보다 많은 수준으로 나타났다.

표 3-10 국내 액셀러레이터와 해외 선진 액셀러레이터 비교 (단위: 백만$, 곳, 만$, 년)

구분	투자 유치 규모	육성 스타트업 규모	졸업(Exit) 스타트업 수	스타트업 투자규모	업력
국내 평균	2	15	15	1.5~2	3
선진 액셀러레이터	500	150	350	1~2	8~9

주: 본 비교표는 ALF에서 제시해 준 현황 값과 2014. 10. 15 기준, Seed-DB(www.seed-db.com)에 등록되어 있는 값을 토대로 비교하여 산정

② 시사점

국내 액셀러레이터 산업은 이제 태동기로서 성공 벤처인 등을 중심으로 형성된 20여 개가 운영 중인 것으로 나타났다. 도입된 시기에 비해 성과를 보이고는 있으나 해외 선진 액셀러레이터에 비해 5~6여 년 정도 늦고, 그 규모 또한 상대적으로 작아 민간 액셀러레이터가 주도적으로 추진하는 데 한계가 있어 정책적 지원이 필요한 것으로 판단된다. 특히 액셀러레이터가 가져야 되는 초기 지분투자, 우수한 멘토들로 구성된 멘토 멤버십, 다양한 지원 프로그램, 그리고 공정한 스타트업 선발을 위한 체계 등이 아직 미비한 것으로 평가되는 만큼 액셀러레이터의 활성화를 위한 가이드라인 개발이 병행되어야 한다. 앞에서 살펴봤듯이, 성공적 액셀러레이터는 창업 성공 경험을 보유하고 있는 여러 영역의 전문가들을 멘토 멤버십으로 연계하여 그들이 가지고 있는 지식이나 노하우를 후배 스타트업이 전수받을 수 있도록 하는 것이 요구되나, 현 국내 액셀러레이터는 이러한 멘토들의 확보가 미비한 것으로 조사되었다.

또한 새로운 창업육성을 위한 접근법으로 대두되고 있는 액셀러레이터 양성을 통해 국가적으로 신성장동력 개발을 통한 창조경제 수립, 청년창업을 통해 좋은 일자리 창출 등의 효과를 기대하는 정부와 달리 단순히 지원 사업으로 인식하는 병폐를 막기 위해서는 스타트업에 대한 초기 지분 투자를 유도하는 것이 필요한 것으로 도출된다. 이때 엔젤(개인투자자)의 적극적 참여가 필요하나 현행 세제상 법제도가 개인 투자자의 배당과 소득세에 대해 과도하게 책정되어 있어, 유인책으로서의 개선이 요구된다.

마지막으로 우수한 스타트업의 선발을 위해서는 공정경쟁체계 확립과 배치제 도입을

통해 사전 선발과 관련된 공지와 선발과정에서 발생할 수 있는 공정성 향상을 위한 노력도 필요한 것으로 나타났다. 이를 통해 창업의 핵심 이해관계자인 스타트업의 활성화를 통한 국가의 신성장동력을 확보하고, 지속적으로 성장할 수 있는 선순환 생태계의 구성을 지원하고 유도할 수 있는 국내 액셀러레이터의 양성을 기대할 수 있다.

표 3-11 국내 주요 액셀러레이터 실적과 특징

기관명	대표자	실적	특징
글로벌 창업 네트워크	신이철	• 4기수 운영, 45개사 지원	• 벤처1세대 출신 • 중소기업청 산하 비영리 사단법인 • 크라우드 펀딩 플랫폼 '와디즈' 제휴
네오위즈 네오플라이	권용길	• 3기수 운영, 22개사 지원 • 마이리얼트립, 이엠컴퍼니 등	• 네오위즈 운영 • 게임분야 특화
더 벤처스	호창성	• 연중 수시 운영, 15개사 지원 • 파킹스퀘어, 셀잇, 브릿지모바일 등	• VIKI.com 창업자 출신
벤처스퀘어	명승은	• 3기수 운영, 28개사 지원	• 스타트업 전문 미디어 운영
벤처 포트	유청연	• 2기수 운영, 20개사 지원 • 힐세리온, 퍼블스튜디오 등	• 마젤란기술투자와 공동운영 • VC, 벤처기업가 중심
스마일 게이트 홀딩스 오렌지팜	권혁빈	• 1기수 운영 • 약 20개사 지원 예정	• 스마일게이트 운영 • 게임 분야 특화
스파크랩	이현주	• 3기수 운영, 13개사 지원 • 노리, 미미박스 등	• 버나드문(美 비드퀵)·한주(호스트웨이) 등 • 실리콘밸리 + 국내 창업가
씨엔티테크	전화성	• 1기수 운영, 7개사 지원 • 엄청난벤처, 프리코어 등	• KAIST 학내벤처 1호 창업자 출신 • 서비스 플랫폼 분야 특화
클리지코너 & Bootstrap	권혁태	• 6기수 운영, 25개사 지원 • BCNX, 이큐브랩 등	• 자체 보육센터 보유
패션테크놀로지 액셀러레이터	리차드민	• 1기수 운영, 16개사 지원 • 쉐이커미디어, 루이슈즈 등	• 미국 FT합작지사 설립 • 패션분야 특화
패스트트랙 아시아	박지웅	• 4기수 운영, 13사 지원 • 헬로네이처, 푸드플라이 등	• 스타트업 공동창업 및 투자지원
퓨처 플레이	류중회	• 3개사 지원 • 스튜디오 XD, SNEK 등	• 올라윅스(류중회) 창업자 참여

프라이머	권도균	• 연중 수시 운영, 27개사 지원 • 퀵캣, 에드투페이퍼 등	• 이니시스(권도균), 다음(이택경) 창업자 출신
매쉬업엔젤스	이택경	• 2기수 운영, 29개사 지원 • 버튼대리, 리멤버, 눔 등	• 엔젤네트워크(Angel Network)
D.CAMP (은행권청년창업재단)	김광현	• 콘텐츠 특화 인큐베이팅 등 • 38개사 자금 지원	• 은행권청년창업재단 설립 • K-startup 매칭투자, 창업공간 제공
K-startup 앱센터운동본부	변광준	• 4기수 운영, 20개사 지원 • 센텐스랩, 젤리코스터 등	• 구글(자금/멘토링), SK플래닛(자금), D.Camp 협력
SK플래닛 01 스타트업 코리아	서진우	• 1기수 운영, 6개사 지원 • 오픈, 아우름 플래닛 등	• 사회공헌 차원 • 지분 투자 없음
Sopoong(소풍)	임준우	• 국내 8개사, 해외 1개사 등 총 9개사 지원	• 사회혁신기업, 소셜벤처 투자· 지원 • 이재웅 다음 창업주가 설립
디쓰리쥬빌리	이덕준	• 국내 16개, 해외 15개 총 31개 사 지원 • 희망을 만드는 사람들, 파킹클라우드, 유클래스 등	• 전직 G마켓 임원들이 설립 • 국내 및 미국 외 남미, 아프리카, 인도 등 저소득 국가의 스타트업 발굴
액트너랩	조인제	• 2기수 운영, 7개사 디원 • 오렌지파워, 토이스밋, 크레모텍 등	• 하드웨어 분야 특화 • Lab IX(실리콘밸리) 및 STK, 로켓페이스, 인텔 등과의 제휴
코이스라 시드 파트너스	강영재	• 5개사 지원 • 코랭고, 마이드라이브스 등	• 이스라엘 멘토링 제공

자료: 각사 홈페이지 발췌 및 재정리.

7 해외 선진 액셀러레이터 현황

(1) 해외 선진국의 액셀러레이터 사례

미국의 Y-Combinator를 비롯하여 전 세계에 2천여 개 이상이 운영 중인 것으로 조사되었다. 각 액셀러레이터는 산업 분야별로 전문화되고, 구글, 코카콜라, 나이키 등 해외 글로벌 대기업이 참여하는 기업형 액셀러레이터 운영도 확산 중에 있는 것으로 판단된다.

먼저 벤처창업이 전세계적으로 가장 활성화되어 있는 미국의 경우 전 세계 1위 액셀러레이터인 Y-Combinator를 비롯한 다수의 액셀러레이터가 포진되어 있다. 이들은 멘토링 프로그램, 3~6개월의 단기 집중 교육, 비즈니스파트너와의 연계를 위한 데모데이, 그리고 졸업한 스타트업과 보육 중인 스타트업과의 네트워킹 등을 중심으로 액셀러레이터 활동을 전개해 오고 있다. 특히 자국의 스타트업에 머무르지 않고, 중국, 한국 등 아시아, 그리고 유럽 등 스타트업 잠재력이 있는 국가를 대상으로 스타트업을 선발하고, 선발된 곳에 대해서는 미국으로 데리고 가 직접 보육 프로그램에 가입시키고, 글로벌 기업으로의 전환을 유도한다.

독일의 GSVA(German Silicon Valley Accelerator)의 경우 전통적 BI(Business Incubator)에

표 3-12 **해외 선진 액셀러레이터 요약**

구분	Y-Combinator	TechStars	GSVA	The Startup Sauna
국가	미국	미국	독일	핀란드
설립연도	2005	2006	2012	212
설립지역	Mountain View, CA	Austin, Boston, Boulder, Chicago, London, NY, Seattle	베를린, 실리콘밸리, NY	헬싱키
투자형식	자기자본	자기자본	안함(멘토링에 초점)	Aalto University가 투자
투자금	$11,000-20,000	$6,000-18,000	별도 투자 없음	보유하지 않음
교육기간	3개월	3개월	3개월	5주
배치 운영	• 1배치당 60여 개 선발 • 연평균 2회 선발	• 지원자의 1% 선발 (1배치당 9~14개) • 2014년 14회 선발	• 9개 선발(현재 보육중) • 2014년 1회 선발	• 회당 17개 선발 • 연평균 2회 선발
졸업자 수	460개 이상	223개(펀드 유치)	29개	109개
보육시설	제공	제공	제공	제공
멘토의 상태	10명의 전속 멘토 고용	100여 명 자원자로 구성	일반멘토(경영일반)와 전문멘토(관련기술)로 구성	멘토링보다 코칭에 가까움
멘토 비용 지급	지급함	지급하지 않음	명예직	지급하지 않음

자료: 각 액셀러레이터 홈페이지, 연간보고서, 선행보고서 발췌정리.

멘토링 프로그램을 특화시킨 액셀러레이터로 판단된다. 이들은 선발된 스타트업에 대해 경영일반과 기술 분야로 각각 멘토링 그룹을 구성하고, 보육시설과 연계하여 짧은 시간 내에 졸업할 수 있도록 지원하는 프로그램을 운영하는 것으로 나타났다.

독일과 더불어 대표적 유럽의 선진국인 핀란드는 국가 차원에서 서비스 혁신을 통한 신사업 추진을 적극 장려하고 있다. 핀란드의 대표적 액셀러레이터인 The Startup Sauna는 대학을 중심으로 산업 클러스터를 추진하는 형태로 판단된다. 연평균 2회 정도 배치를 선발하며, 각 배치마다 17개 정도의 스타트업을 추진하는데, 이때 투자방식은 알토 대학(Alto Univ.)이 최대 4만 유로까지 투자하되, 지분은 보유하지 않는 형태로 나타났다. 육성을 위한 방법으로는 멘토링보다는 코칭에 가까운 프로그램을 운영하며, 설립된 지 2년 만에 109개의 졸업 스타트업을 배출한 것으로 보고된다. 이를 요약한 것이 〈표 3-13〉에 제시되어 있다.

(2) 분석 및 시사점

해외 선진 액셀러레이터는 비교적 스타트업에 대한 공정한 선발체계, 초기 투자와 멘토링 등 육성 프로그램 운영, 그리고 코칭에 기반한 단기간 집중교육을 통해 스타트업의 비즈니스 연착륙을 위한 지원을 효과적으로 수행하고 있는 것으로 판단된다. 이를 위한 핵심 역량은 4가지로 요약된다.

첫째, 공정한 선발체계이다. 모든 선진 액셀러레이터는 배치(batch) 기반 운영체계를 가지고 있는 것으로 판단된다. 이는 선발 시기, 선발을 위한 항목과 지원 프로그램 등을 공고하여 자국 내의 스타트업뿐만 아니라 해외의 우수한 잠재스타트업이 선발될 수 있는 계기를 제공해 준다.

미국 TechStars의 경우 4,000명의 지원팀 중 1%만 선발하는 소규모 형태의 프로그램을 진행하고, AngelPad는 한 기수 당 스타트업 선발을 15개 팀을 제한하여 선발하고, Y-Combinator의 경우 졸업생(alumni)과 현역 육성 스타트업 간 지속적 교류를 위한 매개체로 활용한다. 독일의 GSVA는 스타트업 선발 과정에서 평가 기준을 제시함으로써 스타트업이 사전 준비해야 될 사항을 인지하고 이를 통해 선정 결과에 대해 신뢰성을 가질 수 있도록 하고 있도록 장치를 마련하였다.

둘째, 조기투자를 통한 스타트업의 생존율 향상과 단순 투자자가 아닌 사업의 동반자라는 인식을 심어주는 데 초점을 맞추고 있다. 선진 액셀러레이터는 초기 투자(seed funding)를 통해 스타트업이 가지고 있는 초기 자금의 부족으로 인한 어려움을 푸는 데 초점을 맞추고 있는 것으로 나타났다.

공익성과 정부지원으로 운영되는 액셀러레이터를 제외하고 대다수 선진 액셀러레이터는 스타트업이 초기 사업 활동을 수행할 수 있도록 3~4만 달러 정도의 투자를 하는 것으로 조사되었다. 이때, 기존 벤처캐피탈과 달리 소규모의 지분 확보(10% 이내)에 초점을 맞추는 것으로 나타났는데 이는 스타트업에 대한 투자뿐만 아니라 성공적인 육성을 위한 스타트업만의 전략적 비저닝(visioning)과 독자적 철학을 기반으로 한 비즈니스모델을 완성할 수 있도록 육성 방향성을 수립한 것으로 이해할 수 있다.

셋째, 차별화된 멘토링 프로그램이다. 액셀러레이터는 앞에서 설명했듯이 벤처캐피탈과 다른 점으로 단순 지분투자에 그치는 것이 아니라 스타트업이 시장에 연착륙할 수 있도록 1:1 멘토링 프로그램을 운영하는 것을 들 수 있다. 이때 선발된 멘토는 해당 영역에서 창업을 하여 성공적 수확(harvesting)을 경험한 경영자 출신, 기업의 성장과 내적역량을 강화하는 관리자, 기술적 이슈와 문제를 해결하도록 도와주는 테크니컬 엔지니어, 법제도 등을 해결하는 변호사 등 다수의 전문가를 스타트업에 배정하여 지원한다.

Y−Combinator의 경우 전속 멘토(Full−time Mentor)를 고용하여 스타트업을 밀착 지원하고, 발생하는 문제점을 같이 논의하여 해결함으로써 향후 스타트업이 성공적으로 Exit한 후, 다시 이들이 멘토로 돌아올 수 있는 문화를 조성하여 세계 1위 액셀러레이터로서의 위상을 확보하였다. TechStars는 멘토 파트너십 구축 시, 다양한 비즈니스 경험을 보유하고 있는 전문가들이 자신의 경험과 노하우를 후배 스타트업에게 전수해줄 수 있는 기회를 무상으로 제공하는 대신 멘토들이 원활히 활동할 수 있도록 지원 체계와 멤버십의 구축을 병행 제공한다. 특히 독일의 GSVA는 멘토링 프로그램을 운영하는 과정에서 경영일반과 기술적 전문가로 구성된 특별멘토팀으로 역할을 차별화하고, 각 스타트업이 기대하는 서비스를 제공함으로써 보다 연착륙 확률을 높일 수 있도록 유도한 점이 돋보인다.

마지막으로 무기한적 접근이 아닌 단기 프로젝트 형태의 집중교육 프로그램을 핵심역량으로 정의할 수 있다. 선진 액셀러레이터는 스타트업의 사업화 역량을 키우기 위해 2~3개월 주기로 아이디어 스크리닝, 제품컨셉 및 프로토타입 개발, 상품 런칭을 위한 시장 조사, 비즈니스 파트너 연계 등의 다양한 지원 프로그램을 운영하고 있는 것으로 나타났다.

Y−Combinator는 Dinner, Office Hours, Demo Day, Alumni, Social Events 등의 지원 프로그램을 통해 스타트업이 사업 준비를 하는 과정에서 발생할 수 있는 다양한 이슈 및 문제점을 해결할 수 있도록 지원하는 것으로 조사되었다. 핀란드의 The Startup Sauna는 5주의 단기간 집중교육을 통해 스타트업이 시장 진입과 지속적 성장을 위한 역량을 확보하는

데 초점을 두고, 상담 대신 문제해결과 이슈를 풀어나갈 수 있는 코칭 형태로 육성 프로그램 운영하는 것으로 나타났다.

이상과 같이 해외 선진 액셀러레이터의 주요 역량과 운영 프로그램에 대한 분석 결과를 다음과 같이 요약할 수 있다.

첫째, 기존에 창업을 하여 성공한 경험이 있는 경영인과 엔지니어들이 중심이 되어 잠재력이 있는 스타트업을 배치제도를 통해 공정히 선발해야 한다. 둘째, 스타트업이 창업 과정에서 발생하는 초기 어려움을 극복하고, 성장할 수 있도록 조기 지분 투자하고, 향후 벤처캐피탈로부터 자금투자를 받을 수 있도록 지원한다. 셋째, 창업역량, 경영관리, 기술역량이 우수한 전문가그룹의 멘토 멤버십을 기반으로 한 1:1 멘토링으로 맞춤형 육성프로그램을 운영한다. 넷째, 보통 3개월 정도의 단기간 집중교육을 통해 스타트업이 조기에 Exit할 수 있도록 경영역량과 시장진입을 지원하는 코칭 형태의 육성 지원이 요구된다.

표 3-13 **국가별 4차 산업혁명 정책 현황 비교[15]**

구분	예시
공정한 선발체계	• TechStars는 4,000명의 지원팀 중 1%만 선발하는 소규모 형태의 프로그램 진행 • AngelPad는 한 기수당 스타트업 선발을 15개 팀을 제한하여 선발 • Y-Combinator의 경우 졸업생(alumni)과 현역 육성 스타트업 간 지속적 교류를 위한 매개체로 활용 • 독일의 GSVA는 스타트업 선발 과정에서 평가 기준을 제시함으로써 스타트업이 사전 준비해야 될 사항을 인지하고 선정 결과에 대한 신뢰성을 가질 수 있도록 유도함
조기 투자	• 대다수 선진 액셀러레이터는 스타트업이 조기에 필요로 하는 자금 지원을 위해 소규모 지분 확보를 통한 자금 투자(Seed Funding)를 함
차별화된 멘토링 프로그램	• Y-Combinator는 전속 멘토(Full-time Mentor)를 고용하여 스타트업을 밀착지원하고, 발생하는 문제점을 같이 논의하여 해결함으로써 향후 스타트업이 성공적으로 Exit한 후, 다시 이들이 멘토로 돌아올 수 있는 문화를 조성함 • TechStars는 멘토 파트너십 구축 시, 다양한 비즈니스 경험을 보유하고 있는 전문가들이 자신의 경험과 노하우를 후배 스타트업에게 전수해줄 수 있는 기회를 무상으로 제공하는 대신 멘토들이 원활이 활동할 수 있도록 지원과 멤버십 구축 • GSVA는 멘토링 프로그램을 운영하는 과정에서 경영일반과 기술적 전문가로 구성된 특별멘토팀으로 역할을 차별화하고, 각 스타트업이 기대하는 서비스를 제공함으로써 보다 연착륙 확률을 높일 수 있도록 유도함
코칭중심 육성 지원	• Y-Combinator는 Dinner, Office Hours, Demo Day, Alumni, Social Events 등의 지원 프로그램을 통해 스타트업이 사업 준비를 하는 과정에서 발생할 수 있는 다양한 이슈 및 문제점을 해결할 수 있도록 지원함

• 핀란드의 The Startup Sauna는 5주의 단기간 집중교육을 통해 스타트업이 시장진입과 지속적 성장을 위한 역량을 확보하는 데 초점을 두고, 상담 대신 문제해결과 이슈를 풀어나갈 수 있는 코칭형태로 육성 프로그램 운영

표 3-14 인큐베이터와 액셀러레이터의 차별점

	인큐베이터	액셀러레이터
고객	과학에 기초를 둔 모든 사업(바이오테크, 나노, 의료장비, 클린에너지 등), 비기술 사업, 모든 연령과 성별, 해당 산업과 섹터에서의 경험이 있는 사람 포함	웹 기반, 모바일앱, 소셜네트워킹, 게임, 클라우드 기반, 소프트웨어 설계 등. 즉각적인 대량 투자를 필요로 하지 않는 사업, 컨셉을 증명할 수 있는 사업. 주로 젊고 열정을 지닌 남성, 게이머, 해커 등을 선호
비즈니스 모델	기업과 투자가에 의해 영리를 목적으로 만들어지기도 하나, 인큐베이터의 비즈니스 모델은 90% 이상이 비영리 목적임	주로 영리를 목적으로 하는 비즈니스 모델
스폰서	대학교, 경제단체, 지역단체, 정부	기업가와 투자가
선발과정	대부분 지역 사회에서 경쟁적 선발	다양한 지역과 국가, 전세계에서 경쟁적 선발
지원기간	1-5년 이상(평균 33개월)	단기(1-6개월) 간의 boot camos
투자	보통 직접적인 투자는 하지 않음	미국의 경우 한 팀당 18만 달러에서 25만 달러까지 투자하고, 보통 지분율 4-8% 보유
시설	인큐베이션 기간 동안 합리적인 가격 또는 무료로 보육 공간 제공	부트캠프 기간 동안 미팅 장소 제공, 일부는 공간을 장기적으로 제공하기도 함

사례연구 9

4차 산업혁명 차세대 생체인식기술

비밀번호를 대체할 수 있는 본인 인증 기술로 생체인증이 주목받고 있습니다. FIDO(Fast Identity Online) 생체인증은 온라인 환경에서 기존의 아이디, 패스워드 방식 대신 지문인식, 홍채 인식과 같은 생체인식 기술을 활용해 보다 편리하고 안전하게 개인 인증을 수행하는 기술을 말한다. 기존 생체 인증에서 단점으로 지적된 안정성을 확보하기 위해 인증 프로토콜과 인증수단을 분리해 보안과 편리성을 챙겼다.

15 정보통신기술진흥센터, "주요 선진국의 제4차 산업혁명 정책동향", 2016.

인증 프로토콜과 인증 수단을 분리해 보안성과 편리성이 높고 스마트 모바일 환경에 적합한 인증기술이라는 점에서 최근 차세대 인증 방식으로 각광받고 있는 것이다.

지문, 홍채, 지정맥 등 스마트 디바이스에서 생체인증 종류와 관계없이 개방이란 모토로 시작됐고, 노트북·PC, 안드로이드 같은 웹 환경에서도 활용할 수 있는 FIDO 2.0이 발표될 예정으로 스마트폰을 이용해 노트북의 잠금을 해제하거나 생체인증 장치가 빌트인(Built-In)된 노트북 등에 활용될 전망이다.

FIDO 2.0에서는 초연결이란 모토로 스마트폰, 데스크톱, 노트북, 웨어러블 기기 등 모든 IT 기기가 단 한 번의 생체인증으로 추가 인증 없이 통합 사용할 수 있게 된다.

전문가들은 미래에 생체인증기술은 사물인터넷(IoT)과 모바일, 웨어러블 디바이스 기반의 생체인증기술이 융합된 제품과 서비스로 확대될 것으로 전망하고 있다.

예를 들어 의료복지 분야의 경우 원격진료, 환자 신분 확인, 무인 전자처방전 등에 적용될 수 있는데, 실제로 국내 기업이 적용을 테스트하고 있다. 자동차 산업의 경우는 지정맥 기술을 이용한 생체인증 자동차 열쇠가 시동기능, 제3자운전, 운전자의 생체리듬 건강진단과 구난활동 등에 활용될 것으로 예측할 수 있다.

또 스마트폰과 연동된 각종 IoT 홈 관련 기기 인증에도 우선 적용될 것이며 관련 기술들이 예상보다 빠르게 생활 속에 자리 잡게 될 것이라고 전문가들은 예상한다.

최근 기업형 해커집단과 블랙마켓의 활성화로 다중요소 인증으로 옮겨가는 추세이다. FIDO U2F 기술과 같이 MFA(Multi-Factor Authentication)는 여러 인증요소를 함께 사용하는 것으로 사용자 본인 확인에 있어서 높은 수준의 보안을 제공하게 된다.

예를 들면 지문, 얼굴, 지정맥 기술 등의 생체인증에 결합해 스마트카드나 스마트폰 등으로 이중요소를 인증하거나 패스워드를 요구하는 형태를 의미하며 실제로 구의 행위 기반 연구 프로젝트인 '아바커스 프로젝트'에서는 생체인증기술과 자판입력 패턴이나 걸음걸이, 음성패턴, 현 위치 등을 분석, 이중 인증 시스템을 작동해 진정한 소유자인지 판정하는 복합판정(인증) 시스템을 구현하기도 한다.

이처럼 다양한 인증기술이 확대된 이유는 2015년 3월 금융위원회에서 공인인증서 의무사용 폐지를 발표하면서 안전한 인증방법을 사용해야 한다고 고시했다.

이에 따라 본인인증, 거래인증, 상호인증, 지급결재, 보안 인증 등에 각종 다양한 인증기술이 데뷔했으며 그중 가장 개방적이며 확장성이 돋보인 기술이 FIDO 생체인증기술이다.

생체인식 전문 분석기업 AMI는 2020년 글로벌 생체인식 시장이 340억 달러가 될 것으로 예측하고 있습니다. 이는 핀테크를 단초로 IoT 시장으로 확대되면서 더 큰 시장이 될 것이란 전망이다.

전문가들은 우리나라는 이러한 개방성을 바탕으로 다양한 인증기술과 생체인증기술이 시장 지배를 위해 각축을 벌일 것으로 보인다고 전망하고 있다. 특히 국내에서 관련 법규나 기술표준 및 제도 등이 정비돼야 한다고 강조한다.

이기혁 중앙대 교수는 "향후 생체인증기술과 시장은 다양화, 다변화될 것"이라며 "지문 시장은 지문 시장대로 지속적으로 발전하고 좀 더 높은 수준의 인증이 필요할 경우 지정 맥 시장이나 복합판정 인증 형태로 다변화될 것"이라고 말했다.

출처: 2017. 8. 2., dt.co.kr; 한국벤처캐피탈협회, 발췌정리.

8 액셀러레이터 문제점과 과제

(1) 문제점

예비 창업기업 및 초기 창업기업을 위한 전문 보육 및 투자를 패키지로 지원하는 액셀러레이터의 역할은 대중화된 창업생태계 속에서 기대효과가 크다. 기존 연구에 나타난 액셀러레이터가 창업생태계에 미치는 효과는 ① 창업기업의 생존율을 10~15% 더 높이며, ② 회수금액이 VC투자에 따른 금액보다 크고, ③ VC보다 더 빠른 자금회수가 가능하다.

그러나 우리나라에서 액셀러레이터가 본격적으로 활동하고 확산되기에는 한계가 있다. 첫째, 벤처캐피탈(VC)과 유사하게 기업에 대한 투자를 수행하고 있음에도 현행법상 VC로 인정하는 설립요건(자본금 50억 규정)을 채우지 못하여 투자법인의 지위 획득이 어렵다. 둘째, VC로 인정이 되지 않다 보니 투자활동에 대한 조세감면 혜택을 받고 있지 못하다. 셋째, 액셀러레이터로서의 법률적 지위가 확보되고 있지 못하여 관련 사업에 참여가 어렵다. 예를 들어 '투자연계멘토링과제'에 참여할 수 있는 요건은 개인투자자, 엔젤클럽 소속 투자자, 개인투자조합, VC, 기술지주회사이다. 엔젤투자매칭펀드도 개인 엔젤투자자, 엔젤클럽, 적격 엔젤투자전문회사, 대학기술지주회사, 창업기획사만이 참여하여 지원받을 수 있다. 넷째, 액셀러레이터는 운영비(교육, 멘토링, 데모데이 등) 규모가 VC와 비교하여 현저히 크지만 현행 제도하에서는 관련 비용을 조합의 부담으로 하게 하고 있어 비용처리가 어렵다. 다섯째, 해외 스타트업 투자를 지원한다거나, 우수 창업인재를 국내로 유치하기 위한 전략 및 정책이 없어 글로벌 진출에 어려움이 있다.

액셀러레이터는 VC와 비교해서 '작은 자본 규모의 투자 활동', 인큐베이터와 비교해서 '전문보육을 통한 시장진입'을 촉진하는 점에서 유사조직과 차별화되며, 이들의 활동을 사회적으로 인정하는 법적지위가 마련되어야 한다. 우리는 1996년 도입된 『벤처기업육성에 관한 특별조치법(벤특법)』을 통하여 한국이 혁신적 벤처·창업생태계를 만드는 중요한 전기를 마련한 경험이 있다.

2010년 이후 '네트워크화', '개인화'라는 기술적·사회적 배경은 손쉬운 창업, 가벼운 창업, 빠른 창업을 대거 양산하고 있다.

민간 부문의 창업 붐에 부응하고, 한국의 창업생태계의 한계를 극복하기 위한 기재로서 정부는 액셀러레이터의 제도적 기반을 마련하는 데 보다 적극적일 필요가 있다.

(2) 운영방안

우선 효율적인 액셀러레이터 운영방안으로는 첫째, 기존에 창업과 기술에 많은 경험이 있는 전문가가 중심이 되어 잠재력이 있는 스타트업을 기수(Batch)별로 공정하고 경쟁적으로 선발해야 한다. 둘째, 스타트업이 창업초기에서 발생하는 경제적 어려움을 극복하고 동반자 의식을 갖도록 초기자금 투자와 향후 투자가로부터 투자를 받을 수 있도록 지원한다. 셋째, 창업·사업화·경영·기술 등 우수한 전문가 그룹 기반의 맞춤형 육성프로그램을 운영한다. 넷째, 단기간 집중교육을 통해 스타트업이 조기에 성장할 수 있도록 경영역량과 시장진입을 지원하는 역량 있는 코칭 지원이 요구된다. 다섯째, 산업 분야별 전문화 역량과 글로벌 창업을 지원할 수 있는 해외 협력 네트워크 역량이 요구된다.

(3) 활성화

액셀러레이터 활성화 방안은 첫째, 개정된 창업지원법의 등록요건을 다양화하고 간소화해야 한다. 둘째, 액셀러레이터 운영 현황과 투자회사의 정보를 공유할 수 있는 종합정보망이 구축이 필요하다. 셋째, 창업보육센터 등 기존 창업지원 기관의 참여를 확대해야 한다. 넷째, 투자 활성화를 위한 세제지원과 거래 활성화를 위한 제도마련이 필요하다. 다섯째, 전문가 시니어를 포함한 다양한 전문가를 멘토로 활용하는 방안을 마련해야 한다. 여섯째, 대기업과 성공기업의 액셀러레이터 운영과 협업을 촉진해야 한다. 일곱째, 산업별 전문화와 글로벌화를 촉진하여야 한다.

(4) 액셀러레이터의 필요성

최근 창업가를 대상으로 창업 활성화를 위한 필요한 지원에 대한 설문조사에 따르면 많은 창업가들이 아이디어를 검증하고 구체화시켜주는 컨설팅과 필요한 창업자금 지원, 재무·마케팅 등 창업교육 지원, 전문가와 연결 등에 높은 응답 요구를 보인다. 이와 같이 창업에 필요한 자금 지원 이외에 창업 활성화에 필요한 전문가의 컨설팅과 경영지원, 그리고 인적 네트워크 등 전반적이고 체계적인 지원시스템에 대한 수요가 꾸준히 증가하고 있다.

　　창업가가 초기에 겪는 가장 큰 문제점중 하나가 필요한 자금조달이며, 사업초기 3~4년간 자금조달에 어려움으로 죽음의 계곡(Death valley)을 경험하게 되며 이 시기에 많은 스타트업이 도산하는 것이 현실이다.

　　창업 초기에 제대로 준비된 수익모델 없이 무작정 엔젤이나 VC를 통해 투자를 유치하려는 노력보다 정부의 창업 지원금이나 액셀러레이터 같은 Founders 등의 지원을 모색하는 것이 훨씬 더 효과적이다. 초기 자금을 유치한 이후에도 사업화까지 필요한 아이디어 검증부터 사업화 및 투자연계까지 단기간의 종합적인 지원이 필요하다.

그림 3-9　스타트업의 성장 가속화

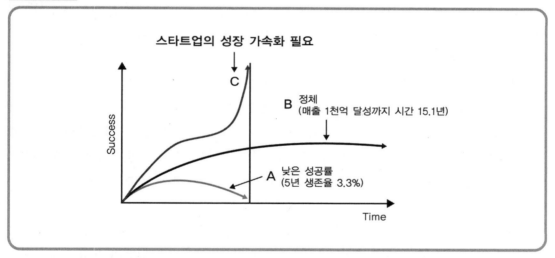

출처: Accelerator Leadship Forum, 2014.

　　〈그림 3-9〉에 (A)곡선처럼 창업기업이 창업 후 5년까지 생존율이 33%의 낮은 생존율을 보이고 있으며, 또 생존한 중소기업은 (B)곡선처럼 창업 후 1천억의 매출 달성까지 소요기간이 평균 15.1년으로 성장 정체를 보이고 있다. 이러한 도산과 정체를 탈피하고 (C)곡선처럼 창업과 함께 단기간에 성장을 가속화시킬 수 있는 새로운 역할이 필요하다. 이 역할이 혁신적인 아이디어와 기술을 가진 창업팀을 발굴하여 창업 초기에 자금투자로 함께 성장한다는 동반자 의식을 심어주고, 안전하게 사업에 진입할 수 있도록 멘토링과 투자연계까지 종합적으로 지원할 수 있는 새로운 역할이 필요하다.

　　2000년부터 미국을 중심으로 경험 많은 벤처기업이 전통적인 창업지원제도인 창업보육센터를 변형하여 아이디어 단계부터 사업화까지 단기간에 종합 지원하는 액셀러레이터라는 지원모델이 등장하였다. 즉 창업자에게 단순한 공간제공과 투자가 아니라, 경험 많은 멘토가 아이디어발굴부터 사업화까지 지원하는 원스톱 육성서비스의 필요성에 따라 등장한 창업지원 모델이다.[16]

(5) 액셀러레이터 프로그램 효과

액셀러레이터 프로그램이 전 세계적으로 확산되는 이유는 창업초기 많은 어려움에 직면하는 스타트업에게 단순한 공간 제공과 투자금 제공에 거치지 않고 참여기업과 운영자, 그리고 멘토 등에게 다양한 혜택을 주기 때문이다.

특히 프로그램에 참여하는 스타트업에게는 창업공간과 초기 운영자금, 동료 창업가와의 교류 및 경쟁 환경, 사업모델 검증 등 다양하고 밀착된 멘토링, 잠재 투자자와의 접촉기회 등 다양한 혜택을 받을 수 있다.

먼저 선정과 함께 받는 초기 투자금은 창업팀들이 창업초기에 필요한 운영자금 조달에 신경 쓰지 않고 창업활동에만 집중할 수 있게 하고, 또 액셀러레이터와 동반자 의식을 갖게 한다는 장점이 있다. 다음으로 프로그램 중에 받는 밀착 멘토링은 선배기업인들의 경험과 조언, 사업모델 검증, 투자를 받기위한 전략 등 다양한 멘토들로부터 많은 조언들로 이루어진다. 경험이 많지 않은 창업가들에게는 프로그램에 참가하면서 얻는 멘토링의 효과는 외부에서는 경험하지 못하고 쉽게 얻을 수 없다.

다음 혜택은 선정과 함께 제공되는 창업공간과 동료들과의 만남이다. 보통 프로그램은 기수별로 선정과 진행, 그리고 졸업을 함께하면서 같은 창업 공간 사용과 교류로 동료애를 가지게 된다. 창업공간과 시설 제공으로 창업에 필요한 준비는 물론 다양한 창업정보를 얻을 수 있고, 또 동료 창업자들과 교류와 협업을 통해 많은 어려움을 극복하고 공감하는 등 시너지를 창출하고, 또 선의의 경쟁을 통해 보다 더 사업에 집중할수 있게 되고, 또 프로그램이 끝난 후에도 서로 도움을 주고받을 수 있는 유용한 자산이 된다.

다음의 혜택은 창업팀이 자신들의 아이디어와 비즈니스 전략을 검증받을 수 있다는 것이다. 창업자들이 이 프로그램에 참여하게 되면 피칭데이를 비롯한 여러 방법을 통해서 멘토들과 외부 전문가들로부터 심사나 평가를 받게 된다. 이러한 사업모델 검증과정은 잠재력 있는 창업기업으로 성장과 함께 투자로 연계될 수 있도록 한다.

---

16 박찬희, 앞의 논문, 2017.

다음의 가장 큰 혜택은 여러 투자가와의 접촉 기회의 제공이다. 많은 엔젤이나 VC 등이 투자 가능성 있는 투자대상을 발굴하기 위해 이 프로그램에 멘토로 참여한다. 처음 아이디어만을 가지고 창업을 하는 창업가들이 투자자를 직접 만나서 투자를 유치하기란 매우 어려운 일이다.

그러나 프로그램 중간에 이루어지는 피칭데이나 저녁식사 행사 등을 통해 많은 투자가들을 자연스럽게 만나게 되며, 투자유치 전략과 투자설명회 준비에 많은 도움을 받게 된다. 그리고 마지막 데모데이를 통해 여러 투자자들에게 투자를 받을 수 있는 기회를 제공한다.

이외에도 프로그램의 치열한 경쟁 환경으로 인해 창업에 긍정적인 효과를 낳고 있다 주어진 미션과 프레임워크, 그리고 투자유치 등 동료들과 경쟁방식 진행으로 창업팀에게는 큰 부담이지만, 한편으로는 완성도에 대한 기대치 상승과 선의의 경쟁심과 협업을 통해 창업에 긍정적인효과를 가져 오고 있으며, 이러한 경험으로 창업팀이 현실에서 겪게 될 환경변화에 적절히 대처할 수 있는 능력을 갖게 된다.

액셀러레이터 프로그램의 혜택은 창업기업뿐 아니라 프로그램에 함께 참여하는 운영자와 투자자 등에게도 제공된다. 운영자는 우수한 창업팀 선발과 성장으로 투자금 회수 그리고 보다 많은 창업팀 지원으로 선순환적인 창업생태계를 이끌 수 있으며, 엔젤과 VC는 투자에 필요한 정보와 수집활동에 소요되는 비용과 시간을 크게 절약할 수 있으며, 다른 투자자들과의 만남을 통해 투자정보 공유와 공동 투자기회를 모색할 수 있으며, 투자 창업팀의 성장으로 높은 수익을 확보할 수 있다. 또 일반인과 기업들은 사업기회와 유능한 인재 Pool을 가질 수 있으며, 사업과관된 투자자 네트워크를 구축할 수 있다.

사례 연구 10

AI시대, 에듀테크 표준화 로드맵 만든다

정부가 인공지능(AI) 등 지능정보사회에 적합한 에듀테크 표준화 로드맵을 마련한다. 국내외 에듀테크 관련 기술 표준 동향을 정리해 표준 개발 우선순위를 정한다. 에듀테크 업계에 유용한 기술 가이드라인으로 활용될 전망이다.

1일 한국교육학술정보원(KERIS) 관계자는 "지능정보사회에 AI 추론기술, 가상현실(VR)·증강현실(AR) 실감형 콘텐츠 등 다양한 기술이 교육과 접목되는데 아직 관련 표준이 없다"면서 "에듀테크 기업과 서비스 이용자에게 필요한 표준화 목록과 전략을 만들겠다"고 말했다.

그동안 기업은 교육 기술 관련 표준으로 '스마트미디어 상호운영성 표준을 위한 표준 프레임워크 1.0', 'K-ICT 표준화전략맵' 등을 활용했다. 이러닝, 스마트콘텐츠(실감/융합 영상교육, 전자출판 등) 등 부문별 표준을 찾아 적용했다. 에듀테크에 특화한 표준 가이드가 적었다.

교육 부문만 별도로 기술 표준을 기획한 것은 이번이 처음이다. KERIS는 지능정보사회를 대비한 교육기술 표준 요소를 도출한다. 이를 위해 교육분야 산학연 전문가 집단을 구성해 고충지도(hassle map)를 추진한다. 고충지도는 고객 체험 속에 숨어있는 불안감, 불편함, 복잡함 등을 정리한 내용이다. 에듀테크 서비스 이용자와 기업의 고충지도를 제작해 요소별로 필요한 표준 프레임워크를 정한다. 해외 표준 채택이 필요한 분야와 신규 표준 개발이 필요한 부분을 나눠 목록 체계를 만든다. 직접 개발이 필요한 분야는 정부 표준 연구개발(R&D) 과제 대상이 되도록 추진한다.

세계적으로 에듀테크 시장은 급성장 중이다. 국내도 기존 이러닝 시장 4조원 규모에서 VR, AI 등을 결합한 에듀테크 시장이 2025년께 50조원 규모로 성장할 것으로 예상된다. 에듀테크 표준화 작업이 마무리되면 산업계에 유용한 자료로 활용될 전망이다.

KERIS 관계자는 "에듀테크 서비스를 준비하는 사업자나 개인이 한 눈에 살펴보는 기술가이드가 되도록 준비하겠다"면서 "표준화 로드맵을 마련해 우선 필요한 표준부터 내년 정책에 반영되도록 조율하겠다"고 말했다.

출처: etnews, 2017. 8. 1.

9 액셀러레이터의 현황과 실태

최근 국내 창업지원 정책은 엔젤투자 활성화, 크라우드펀딩 제도화, 미래창조펀드 조성 등으로 창업기업의 자금조달 구조를 융자에서 투자 중심으로 변경하고, 창조경제혁신센터와 TIPS 등의 추진으로 지역의 창업 활성화와 글로벌 기술창업 지원 등 창업 플랫폼을 다양화하고 있다.

또 창업넷을 비롯하여 여러 기관에 산재해 있는 창업지원 정책들을 "K-스타트업"으로 통합하여 한 곳에서 확인하고 지원할 수 있도록 접근성을 개선하였다. 그리고 실패에 대한 두려움 없이 창업과 성장할 수 있도록 멘토링 강화, R&D자금 지원, 재도전 지원센터 등 선진국 수준의 창업 생태계 인프라 확충과 선순환의 생태계 조성을 위하여 노력하고 있다.

특히 최근 스타트업 성장을 지원하고 창업생태계 발전의 한 축을 담당하고 있는 민간 주도의 액셀러레이터 활성화를 위해 창업지원법(일명 액셀러레이터법) 개정과 시행을 앞두고 있다.

| 표 3-15 | 2015년도 부처별 지원사업 예산 현황 |

	중기청	미래부	문체부	농식품부	해수부	교육부	고용부	환경부	농진청	계
사업수(개)	42/47	39	4	3	2	1	1	1	1	94/99
'15예산(억원) 융자·보증제외	3,800	1,653	174	206	24	14	141	3	5	6,020
'15예산(억원) 융자·보증포함	209,500	1,653	174	206	24	14	141	3	5	211,720

출처: 정부 보도자료.

우리나라 창업지원 정책은 표처럼 미래부와 중기청 주도로 시행하고 있고, 2015년 중앙부처 기준으로 전체 창업지원 사업은 94개 사업에 융자·보증을 제외하면 6,020억원 규모를 지원하고 있는 것으로 나타났다.

| 표 3-16 | 분야별 지원사업과 예산액 | (단위: 억원) |

구분	사업화	판로 마케팅 해외진출	창업교육	시설공간	네트워킹· 행사	R&D	멘토링· 컨설팅	소계	총계
사업수	40	12	11	11	10	6	4	94	99
예산액	2,433	234	238	918	34	2,016	146	6,020	211,720

지원 분야별로 보면 〈표 3-16〉과 같이 사업화를 위한 패키지형 지원 사업이 40개로 최다 많고, 다음으로 판로·마케팅·해외진출이 12개, 창업교육과 시설·공간제공이 각각 11개, 네트워킹·행사가 10개 등의 순으로, 그리고 금액별로 보면 사업화와 R&D, 그리고 시설 및 공간 등 순으로 지원하고 있다.

지금까지 국내 스타트업 지원정책은 유망기업을 발굴하여 일정기간 창업 공간을 제공하여 졸업하는 인큐베이팅 위주로 운영되어 왔다. 창업육성 정책과 정부지원으로 각 대학과 지자체 및 연구기관 중심으로 많은 창업보육센터(BI)가 생겨났고, 유망한 벤처기업들에게 저비용으로 공간제공과 집적화를 통하여 지원과 함께 성장을 도모한다는 사업모델에서 큰 변화 없이 지속되어 왔다.

하지만 일정기간 동안 공간과 시설 제공만으로는 스타트업의 성장에 한계가 있으며, 사업초기 아이디어 검증부터 투자 연계까지 종합 지원하는 멘토의 중요성을 인식하게 되었다. 최근 정부는 기술창업을 촉진하고 스타트업을 종합 지원하기 위하여 액셀러레이터와 연계하는 여러 사업을 추진하고 있으며, 특히 액셀러레이터의 법적지위와 관리를 통해 저변확대와 활성화를 위해 창업지원법을 개정하여 실행을 예고하고 있다.

사례연구 11

○● 바이오산업 키우는 인큐베이터·액셀러레이터

제약·바이오산업이 미래 먹거리로 떠오르고 있지만 신약은 연구·개발부터 임상시험을 거쳐 제품판매까지 10년 이상의 기간이 걸리고, 신약 개발 성공률은 10% 미만이기 때문에 전형적인 '하이 리스크', '하이 리턴' 산업으로 분류되고 있다. 특히 바이오산업에서 많은 기업들이 창업 이후 산업 생태계에서 퇴출을 의미하는 '데스 밸리'를 극복하지 못하는 것으로 알려져 있다. 생명공학정책연구센터 조사에 따르면 1992년부터 작년까지 창업한 국내 바이오 분야 중소·벤처기업은 1894개로, 이 중 1,545개가 생존해 있고 349개 기업은 폐업한 상황이다.

이에 2022년까지 연평균 6.3% 성장해 1조 1,200억 달러에 달할 것으로 기대되고 있는 글로벌 제약·바이오산업에서 우리나라가 자리 잡기 위한 생태계 마련의 필요성이 최근 강조되고 있습니다. 특히 바이오벤처가 성장의 기반을 다지기 위한 '인큐베이터'와 '액셀러레이터'의 역할이 부각되고 있는 상황이다.

○● 산업 성장 밑거름되는 '인큐베이터'

인큐베이터는 기술과 아이디어를 갖고 있지만 사업화에 어려움을 겪는 창업자를 일정 기간 입주시켜 지원·관리해 기업이 산업 생태계에서 자생할 수 있도록 지원하는 기관을 말한다. 우리나라에서는 지난 1997년 IMF 외환 위기 당시 새로운 창업 지원에 대한 인큐베이터가 늘어나기 시작해 2000년까지 240개의 인큐베이터가 지정됐다. 생명공학정책연구센터가 중소기업청에서 지정한 인큐베이터를 중심으로 살펴본 결과 올해 상반기 기준으로 전국에 265개의 인큐베이터가 운영되고 있으며, 운영 주체는 대학이 197개(74.3%)로 가장 많은 부분을 차지하고 있다. 또 전체의 21.5%인 57개 국내 인큐베이터가 바이오 및 의료산업 관련 특화 보육 기능을 갖고 있는 것으로 나타났다.

국내 바이오분야에서 대표적인 인큐베이터는 2000년에 문을 연 한국생명공학연구원의 바이오벤처센터로 35개 보육실과 분야별 첨단장비 및 전문인력을 보유하고 있다. 기업의 성장 단계별 맞춤 지원으로 지금까지 10개의 코스닥 등록사를 배출했으며, 중소기업청 운영평가에서 13회 연속 S등급을 획득한 바 있습니다. 해외 사례로는 지난 2013년 11월 미국 매사추세츠 캠브리지 켄달 스퀘어에 정부·학계·산업계 등이 바이오 스타트업을 위해 투자·설립한 비영리 기관 랩센트럴(LabCentral)이 있다. 해당 지역에는 2015년 기준으로 140억 달러 규모의 투자가 이뤄지고 있으며, 미국 화이자, 미국 암젠 등의 연구개발(R&D) 센터가 들어서 있다. 또 독일 바이오메드 혁신센터는 전 세계 연구자들을 대상으로 공모를 진행하고, 선발된 팀은 제약사의 지원을 받아 하이델베르크 대학 오픈이노베이션랩에서 연구를 진행한다. 공모 과제는 의약품, 분자생물학, 진단, 신경과학 등 분야의 임상 전 단계 연구로 2~4년 동안 연구를 통해 좋은 성과가 나오면 제약사가 기술을 사거나 연구팀이 창업해 제품 개발을 지속할 수 있다.

○● **창업 성공률 높이는 '액셀러레이터'**

액셀러레이터는 초기 창업자를 선별해 6개월 내외 기간 동안 실전 창업교육과 전문적인 멘토링을 지원해 창업 성공률을 높이고 성장을 가속화하는 민간 전문기관 또는 기업을 의미한다. 인큐베이터와 비슷하지만 액셀러레이터는 창업기업에 자본을 공급하는 대가로 지분을 받는 점이 가장 큰 차이점이다. 때문에 인큐베이터의 스폰서가 대학, 경제·지역단체, 정부 등이라면 액셀러레이터의 스폰서는 기업가 혹은 투자가 등이 대부분이다. 인큐베이터가 회사의 초기 기술과 네트워크 연결 등을 지원해 스타트업이 스스로 일어서 걸을 수 있도록 돕고, 액셀러레이터는 확고한 미래 전략을 세울 수 있도록 지원해 기업이 뛰는 방법을 가르쳐주는 곳이라고 보는 시각도 있다.

미국에서 헬스케어 스타트업 분야에 투자가 많이 이뤄진 것은 액셀러레이터의 역할이 큰 것으로 평가됩니다. 미국에서는 2012년부터 헬스케어 분야에 특화된 액셀러레이터가 생겨났는데, 2014년 기준 전 세계 115개의 헬스케어 액셀러레이터 중 87개가 미국에 소재한 것으로 나타났다.

국내에서는 작년 6월 처음으로 디지털헬스 스타트업을 전문적으로 육성하기 위한 액셀러레이터 '디지털헬스케어파트너스(DHP)'가 설립됐다. DHP는 서울대학교병원 교수 출신의 최윤섭 대표 파트너를 비롯해 의사이자 IT 융합 전문가인 정지훈 교수, 맥킨지 컨설팅 출신의 내과전문의 김치원 원장 등 국내 디지털 헬스케어 분야에서 손꼽히는 전문가들이 모여 초기 헬스케어 스타트업을 발굴·육성하고 있다. DHP는 현재 희귀 유전질환을 한 번에 진단하는 서비스를 세계 최초로 출시한 '쓰리빌리언(3Billion)', 당뇨병 관리 스타트업 '닥터다이어리', 가상현실(VR) 기반 의료 스타트업 '서지컬마인드' 등을 지원하고 있다.

최윤섭 DHP 대표는 "국내 디지털 헬스케어 스타트업의 가장 큰 고민은 창업 초기에 팀 내 의료 전문가가 없어 창업 아이디어를 의학적으로 검증하거나 의료계와 협업을 하기 어려웠다는 점"이라며 "의료 전문가로 구성된 DHP가 국내에서 혁신적인 디지털 헬스케어 스타트업이 육성되는 데 기여할 것"이라고 말했다.

출처: 2017. 8. 9., dt.co.kr

10 개정 창업지원법 주요 내용[17]

국내 액셀러레이터는 성공한 기업가와 대기업이 중심이 되어 운영하는 민간주도형과 팁스(TIPS) 운영기관처럼 정부주도형이 짧은 기간 동안 양적으로 확대해 왔지만, 창업지원센터나 벤처캐피탈처럼 법적 지원과 제도화가 되어 있지 않아 발전에는 한계가 있었다.

표 3-17 **주요 창업기관의 제도 및 지원 현황**

구분		창업보육센터	벤처캐피탈	엔젤투자자	액셀러레이터
제도 현황	법적 지위	창업보육센터	벤처 캐피탈	(개인투자자)	일반 주식회사
	펀드 조성	해당 없음	○	(개인자금)	×
정부 지원	세제 혜택	해당 없음	○	○	×
	매칭 펀드	해당 없음	○	○	×
	예산 지원	○	해당 없음	해당 없음	×

출처: 정부 보도자료 재구성.

〈표 3-17〉처럼 액셀러레이터의 수익구조는 스타트업 지분 투자를 통해 수익을 발생시키는 창업투자회사의 성격이 강하지만, 등록조건(자본금 50억원 이상, 금융 전문 인력 2인 이상 등)이 높아 대부분 일반 주식회사나 재단법인으로 등록되어 있다.

이로 인해 자체적으로 투자펀드를 조성할 수 없어 추가자금 조달이 어려웠으며, 운영과 지분 매각 시 세제혜택 등 지원을 받을 수 없었다.

또 기존의 창업지원법은 숙박·금융·보험업 등의 업종이 창업지원 제한 대상으로 분류되어 있어 만약 액셀러레이터가 창업투자회사로 등록하면 빈방 공유 서비스, 간편결제 서비스 등의 스타트업에 대한 투자는 불가능했다.

그동안 시대에 뒤떨어지고 뚜렷한 법적인 근거와 지원이 없어 액셀러레이터 부실화로 스타트업 성장을 막는다는 불만과 함께 법제정 요청이 많았다.

이런 요구를 반영하여 2016년 5월 10일 중소기업창업 지원법(일명 액셀러레이터법) 개정을 통해, 액셀러레이터의 정의와 등록 요건, 그리고 육성근거 등을 제도화하였다.

중소기업창업지원법의 주요 변경 내용은 다음과 같다.

1) 초기창업자는 창업자 중에서 중소기업을 창업하여 사업을 개시한 날부터 3년이 지나지 아니한 자로, 액셀러레이터는 초기창업자 등의 선발 및 투자, 전문보육을 주된 업무로 하는 자로서 중소기업청장에게 등록한자로 정의함(안 제2조).

2) 정보통신기술을 활용하여 금융서비스를 제공하는 업종 중 대통령령으로 정하는 업종을 창업지원 제한 대상에서 제외함(안 제3조).

3) 액셀러레이터는 창업자 선발대회 등의 방법으로 초기창업자를 선발하고 투자하여야 함(안 제9조의3 신설).

4) 액셀러레이터는 초기창업자의 창업 성공 가능성을 높이기 위하여 초기창업자에 대한 사업 모델 개발, 기술·제품 개발, 시설·장소의 확보 등의 전문보육을 하여야 함(안 제9조의4 신설).

5) 액셀러레이터는 초기창업자에 투자할 목적으로 「벤처기업육성에 관한 특별조치법」 13조에 따른 개인투자조합을 결성할 수 있음(안 제9조의5 신설).

6) 정부는 액셀러레이터를 국제적 역량을 갖춘 액셀러레이터로 육성하기 위하여 필요한 시책을 수립·시행할 수 있음(안 제9조의7 신설).

7) 중소기업청장은 액셀러레이터에 대하여 업무운용 상황 등에 관한 보고를 하게 할 수 있고, 소속 공무원으로 하여금 액셀러레이터 사무실에 출입하여 감사보고서 등 의 장부·서류를 검사할 수 있도록 하는 것(안 제40조) 등이다.

2010년 국내에 도입된 액셀러레이터는 창업 활성화와 글로벌 기술창업 지원 정책으로 빠르게 성장하고 있으며, 최근 창업지원법 개정과 시행을 앞두고 한층 더 창업생태계가 선진국 수준으로 발전할 수 있는 발판을 마련하였다.

또 적법하게 등록된 액셀러레이터에게 벤처기업법 제13조에 따른 개인투자조합을 결성할 수 있는 권한을 부여하는 한편, 대표적인 초기 기술창업자 육성 프로그램인 TIPS 운영사 신청자격도 원칙적으로 액셀러레이터에 한정하고, 창업투자회사에 준하는 세제지원책도 마련할 계획이다.

사례 연구 12

[공동발의] 중소기업창업 지원법 일부개정법률안(2017. 7. 21)

제안이유 및 주요내용

현행법은 중소기업 창업 및 재창업에 대한 지원 사항을 규정하고 있으나, 대다수 창업자들은 정부의 창업지원이 여전히 부족하다고 보고 있으며 사업실패에 대한 높은 부담감을 호소하고 있음.

특히 자금여력이 부족한 초기창업자의 경우 사업실패로 인해 생계의 위협까지 받는 상황이 발생할 수 있는데, 이러한 사업실패의 부담감이 창업 도전의식을 저하시키고 4차산업 등 미래를 선도할 혁신기술 창업을 지지부진하게 만드는 원인으로 지적받고 있음.

초기창업자들의 사업의지를 고취하기 위해서는 무엇보다도 사업실패로부터 최소한의 생계를 유지하고 재창업을 할 수 있도록 지원하는 사회안전망이 구축되어야 한다는 의견이 제기되고 있음.

이에 초기창업자들이 폐업·부도 등 사업의 실패나 위기에 처한 경우 생활의 안정과 재창업의 기회를 확보할 수 있도록 지원하는 창업공제사업기금을 설치·운용하는 법률 근거를 마련함으로써 중소기업 창업을 활성화하려는 것임(안 제39조의6부터 제39조의11까지 및 제45조).

출처: [공동발의] 중소기업창업 지원법 일부개정법률안(2017. 7. 21.)

중소기업창업 지원법 일부개정법률안
(박정의원 대표발의)

의 안 번 호	8143

발의연월일 : 2017. 7. 21.

발 의 자 : 박 정·이개호·소병훈
김병욱·김철민·노웅래
기동민·서형수·인재근
이찬열·민홍철·정성호
박찬대·김정우·박남춘
백재현 의원(16인)

제안이유 및 주요내용

현행법은 중소기업 창업 및 재창업에 대한 지원 사항을 규정하고 있으나, 대다수 창업자들은 정부의 창업지원이 여전히 부족하다고 보고 있으며 사업실패에 대한 높은 부담감을 호소하고 있음.

특히 자금여력이 부족한 초기창업자의 경우 사업실패로 인해 생계의 위협까지 받는 상황이 발생할 수 있는데, 이러한 사업실패의 부담감이 창업 도전의식을 저하시키고 4차산업 등 미래를 선도할 혁신기술 창업을 지지부진하게 만드는 원인으로 지적받고 있음.

초기창업자들의 사업의지를 고취하기 위해서는 무엇보다도 사업실패로부터 최소한의 생계를 유지하고 재창업을 할 수 있도록 지원하는 사회안전망이 구축되어야 한다는 의견이 제기되고 있음.

이에 초기창업자들이 폐업·부도 등 사업의 실패나 위기에 처한 경우 생활의 안정과 재창업의 기회를 확보할 수 있도록 지원하는 창업공제사업기금을 설치·운용하는 법률 근거를 마련함으로써 중소기업 창업을 활성화하려는 것임(안 제39조의6부터 제39조의11까지 및 제45조).

참고사항

이 법률안은 박정의원이 대표발의한 「국가재정법 일부개정법률안」(의안번호 제8144호) 및 「복권 및 복권기금법 일부개정법률안」(의안번호 제8146호)의 의결을 전제로 하는 것이므로 같은 법률안이 의결되지 아니하거나 수정의결되는 경우에는 이에 맞추어 조정되어야 할 것임.

법률 제   호

중소기업창업 지원법 일부개정법률안

중소기업창업 지원법 일부를 다음과 같이 개정한다.

제5장의2(제39조의6부터 제39조의11)를 다음과 같이 신설한다.

제5장의2 중소기업 창업공제사업기금

제39조의6(중소기업 창업공제사업기금의 설치) 중소기업청장은 초기창업자가 폐업·부도 등 사업의 실패나 위기로부터 생활의 안정을 확보하고 재창업의 기회를 제공받을 수 있도록 중소기업 창업공제사업기금(이하 "창업공제사업기금"이라 한다)을 설치한다.

제39조의7(창업공제사업기금의 조성 등) ① 창업공제사업기금은 다음 각 호의 재원으로 조성한다.

1. 창업공제사업기금에 가입한 초기창업자가 납부하는 공제부금

2. 정부, 중소기업, 그 밖의 자의 출연금

3. 「복권 및 복권기금법」 제23조제1항에 따라 배분된 복권 수익금

4. 창업공제사업기금의 관리 및 운용에 필요한 차입금

5. 창업공제사업기금의 운용으로 발생하는 수익금

② 창업공제사업기금에 가입할 수 있는 자는 대통령령으로 정하는 연령 이하의 초기창업자로 한다. 다만, 창업공제사업기금의 운용목적에 부합하지 아니한 자 등 대통령령으로 정하는 초기창업자는 창업공제사업기금에 가입할 수 없다.

③ 정부는 초기창업자의 창업공제사업기금 가입을 촉진하기 위하여 창업공제사업기금에 가입하는 초기창업자에게 필요한 지원을 할 수 있다.

④ 정부는 회계연도마다 예산의 범위에서 정부의 출연금을 세출예산에 계상하여야 한다.

제39조의8(창업공제사업기금의 관리 및 운용) ① 창업공제사업기금은 「중소기업진흥에 관한 법률」 제68조에 따른 중소기업진흥공단(이하 "중소기업진흥공단"이라 한다)이 관리·운용한다.

② 창업공제사업기금의 운용에 관한 사항을 심의·의결하기 위하여 중소기업진흥공단에 기금운용위원회를 둔다.

③ 중소기업진흥공단은 대통령령으로 정하는 바에 따라 회계연도마다 기금운용계획안을 작성하고 기금운용위원회의 의결을 거쳐 회계연도 개시 20일 전까지 중소기업청장에게 보고하여야 한다. 이를 변경하려는 때에도 또한 같다.

④ 그 밖에 기금운용위원회의 구성 및 운영, 창업공제사업기금의 관리 및 운용에 필요한 사항은 대통령령으로 정한다.

제39조의9(창업공제사업기금의 사용) ① 창업공제사업기금은 다음 각 호의 사업을 위하여 사용할 수 있다.

1. 창업공제사업기금의 가입자가 폐업, 부도 등 대통령령으로 정하는 공제사유가 발생한 경우 공제금의 지급
2. 창업공제사업기금의 가입자에 대한 대출
3. 창업공제사업기금의 가입자의 재창업을 위한 자금 지원
4. 제1호부터 제3호까지에 따른 사업과 관련된 부대사업
5. 창업공제사업기금의 관리 및 운용

② 제1항 각 호의 사업에 대하여는 「보험업법」을 적용하지 아니한다.

제39조의10(준비금의 적립) ① 중소기업진흥공단은 결산기마다 장래에 지급할 공제금에 충당하기 위한 준비금을 계상하고 이를 별도로 적립·운용하여야 한다.

② 제1항에 따른 준비금의 적립·운용에 필요한 사항은 대통령령으로 정한다.

제39조의11(수급권의 보호) 공제금을 지급받을 권리는 이를 양도 또는 압류하거나 담보로 제공할 수 없다. 다만, 제39조의9 제1항 제2호에 따라 대출을 받은 자가 대출금과 이자를 상환하기 전에 공제금 지급사유가 발생한 경우 중소기업진흥공단은 공제금에서 대출금과 이자를 공제할 수 있다.

제45조 제2항 중 "「중소기업진흥에 관한 법률」 제68조에 따른 중소기업진흥공단"을 "중소기업진흥공단"으로 한다.

부　　칙

이 법은 2018년 1월 1일부터 시행한다.

신·구조문대비표

현 행	개 정 안
〈신 설〉	제5장의2 중소기업 창업공제사업기금
〈신 설〉	제39조의6(중소기업 창업공제사업기금의 설치) 중소기업청장은 초기창업자가 폐업·부도 등 사업의 실패나 위기로부터 생활의 안정을 확보하고 재창업의 기회를 제공받을 수 있도록 중소기업 창업공제사업기금(이하 "창업공제사업기금"이라 한다)을 설치한다.
〈신 설〉	제39조의7(창업공제사업기금의 조성 등) ① 창업공제사업기금은 다음 각 호의 재원으로 조성한다. 1. 창업공제사업기금에 가입한 초기창업자가 납부하는 공제부금 2. 정부, 중소기업, 그 밖의 자의 출연금 3. 「복권 및 복권기금법」 제23조제1항에 따라 배분된 복권 수익금 4. 창업공제사업기금의 관리 및 운용에 필요한 차입금 5. 창업공제사업기금의 운용으로 발생하는 수익금 ② 창업공제사업기금에 가입할 수 있는 자는 대통령령으로 정하는 연령 이하의 초기창업자로 한다. 다만, 창업공제사업기금의 운용목적에 부합하지 아니한 자 등 대통령령으로 정하는 초기창업자는 창업공제사업기금에 가입할 수 없다. ③ 정부는 초기창업자의 창업공제사업기금 가입을 촉진하기 위하여 창업공제사업기금에 가입하는 초기창업자에게 필요한 지원을 할 수 있다. ④ 정부는 회계연도마다 예산의 범위에서 정부의 출연금을 세출예산에 계상하여야 한다.
〈신 설〉	제39조의8(창업공제사업기금의 관리 및 운용) ① 창업공제사업기금은 「중소기업진흥에 관한 법률」 제68조에 따른 중소기업진흥공단(이하 "중소기업진흥공단"이라 한다)이 관리·운용한다. ② 창업공제사업기금의 운용에 관한 사항을 심의·의결하기 위하여 중소기업진흥공단에 기금운용위원회를 둔다. ③ 중소기업진흥공단은 대통령령으로 정하는 바에 따라 회계연도마다 기금운용계획안을 작성하고 기금운용위원회의 의결을 거쳐 회계연도 개시 20일 전까지 중소기업청장에게 보고하여야 한다. 이를 변경하려는 때에도 또한 같다.

④ 그 밖에 기금운용위원회의 구성 및 운영, 창업공제사업기금의 관리 및 운용에 필요한 사항은 대통령령으로 정한다.

〈신　설〉

제39조의9(창업공제사업기금의 사용) ① 창업공제사업기금은 다음 각 호의 사업을 위하여 사용할 수 있다.
　1. 창업공제사업기금의 가입자가 폐업, 부도 등 대통령령으로 정하는 공제사유가 발생한 경우 공제금의 지급
　2. 창업공제사업기금의 가입자에 대한 대출
　3. 창업공제사업기금의 가입자의 재창업을 위한 자금 지원
　4. 제1호부터 제3호까지에 따른 사업과 관련된 부대사업
　5. 창업공제사업기금의 관리 및 운용
② 제1항 각 호의 사업에 대하여는 「보험업법」을 적용하지 아니한다.

〈신　설〉

제39조의10(준비금의 적립) ① 중소기업진흥공단은 결산기마다 장래에 지급할 공제금에 충당하기 위한 준비금을 계상하고 이를 별도로 적립·운용하여야 한다.
② 제1항에 따른 준비금의 적립·운용에 필요한 사항은 대통령령으로 정한다.

〈신　설〉

제39조의11(수급권의 보호) 공제금을 지급받을 권리는 이를 양도 또는 압류하거나 담보로 제공할 수 없다. 다만, 제39조의9 제1항 제2호에 따라 대출을 받은 자가 대출금와 이자를 상환하기 전에 공제금 지급사유가 발생한 경우 중소기업진흥공단은 공제금에서 대출금과 이자를 공제할 수 있다.

제45조(권한의 위임·위탁) ① (생　략)
② 중소기업청장은 이 법에 따른 업무의 일부를 대통령령으로 정하는 바에 따라 다른 행정기관의 장, 「중소기업진흥에 관한 법률」 제68조에 따른 중소기업진흥공단, 중소기업창업투자회사, 중소기업상담회사, 그 밖의 중소기업 관련 기관에 위탁할 수 있다.

제45조(권한의 위임·위탁) ① (현행과 같음)
② ----------------------------------

중소기업진흥공단 ----------------------

-----------------------------------.

제4장

창업아이템

Nothing Ventures, Nothing Gains!

1. 창업아이템 발굴
2. 창업아이템 발굴 분석
   Checklist

3. 자료수집 및 시장조사 방법
4. Business Model
   Canvas(BMC)

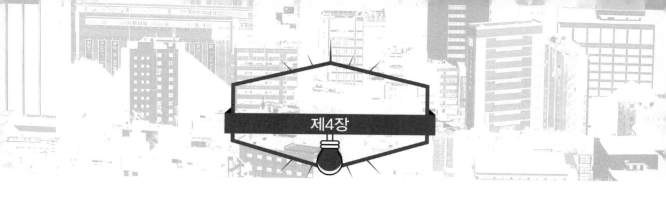

창업아이템

창업은 비즈니스모델의 발굴과 선정에 따른 선택과 집중을 하는 것으로 시장에서 성장 가능성이 있는지, 진입장벽은 없는지 등을 사전에 파악하여 분석하는 것이 매우 중요하다. 본 장에서는 창업아이템 발굴과 선정을 위하여 실무적으로 사용되는 방법론 등을 살펴보고자 한다.

1 창업아이템 발굴

창업의 목표의식을 명확히 함으로써 창업진행 시 선택과 집중을 통한 성장가능성이 한층 더 높아질 수 있다. 아이템 발굴을 위한 기본적 질문은 다음의 〈그림 4-1〉과 같다.

〈그림 4-1〉과 같이 대부분의 창업자는 본인이 좋아하거나 경험해본 것을 기초로 창업 아이템을 검증 받아 보고 싶어 한다. 특히 주변의 친구나 아는 사람들이 "이런 제품이 있었으면 좋을 것 같은데" 또는 "창업자 당신이 하고 싶은 제품 정말 좋은 것 같다. 나오면 내가 사줄게" 등의 이야기를 해주면 창업자는 꼭 해당 제품을 만들어서 판매하고자 하는 의욕만 앞서게 된다.

창업자가 주의해야 할 것은 해당 제품에 대한 실제 고객과 시장에 대한 검증이 없다는 것이 문제점이다. 즉, 해당 제품이 정말 새로운 것인지 또는 기존 제품과 기술에 비해 발전

그림 4-1 창업아이템 발굴에 대한 질문

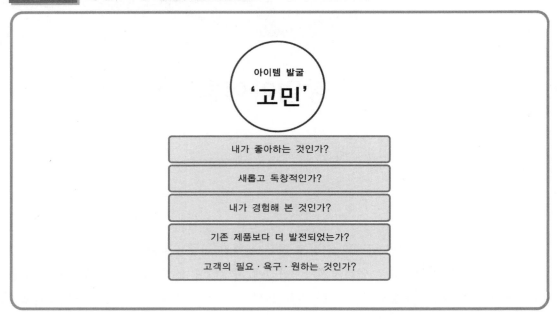

아이템 발굴
'고민'

내가 좋아하는 것인가?

새롭고 독창적인가?

내가 경험해 본 것인가?

기존 제품보다 더 발전되었는가?

고객의 필요·욕구·원하는 것인가?

된 모델인지, 주변의 친구나 아는 사람이 아닌 제3자의 고객이 정말로 필요로 하거나 구매에 대한 욕구를 가지고 있는지를 필히 세분화하여 검토할 필요성이 있다.

따라서 창업은 시장과 제3의 고객 중심으로 진행되어야 하고, 창업을 준비할 때에는 창업자 본인의 욕심과 의지만 가지고서는 창업수행이 어려움을 인지하고 반드시 전문가 또는 창업지원기관 등의 도움을 받을 것을 적극 권장한다.

 사례 연구 1 ■

시민·전문가로 구성된 107인의 서울창업포럼 총회 열려

제조업 특화 창업허브 공간 구축 제안, 공공·민간·창업기업 연계 유통·마케팅 연계 플랫폼 구축 제안 등 서울시 창업정책관련 연구과제를 선정하여 6개월 이상 공동연구하고 결과를 공유하는 '107인의 서울창업포럼' 총회가 2017년 6월 30일 열렸다. 지난 2년간 80여 개 공동 연구과제를 수행하여 2편의 정책자료집이 발간되었으며, 그 중 제조업 특화 창업허브 공간 구축 제안은 디지털대장간(시제품 제작소) 개관('16. 5), 공공·민간·창업기업 연계 유통·마케팅 연계 플랫폼 구축 제안은 서울유통센터 개관('16. 5)으로 온라인 원스탑 플랫폼 제안은 서울창업허브 정보제공 플랫폼 구축('17. 6)으로 반영됐다.

서울창업포럼 총회는 공공·민간의 창업센터장, 투자사 및 액셀러레이터, 학계전문가, 마케팅 전문가, 창업미디어, 성공창업가 등 창업 생태계강화를 위한 전문가가 참여한 가운데, 서울창업허브에서 '스타트업 허브도시 서울'로서의 서울시의 역할과 발전방안을 논의한다.

서울창업포럼은 2015년 발족되어 올해 3주년을 맞고 있으며, 미국 '글로벌 액셀러레이터 네트워크(Global Accelarator Network)', 유럽의 'EU 액셀러레이터 어셈블리(EU Accelerator Assembly)'와 같이 창업전문가들의 연대가 강조되는 세계적 추세 속에서 창업전문가들의 협의체로 구성됐다.

〈정책자문, 창업생태계강화 핵심과제 발굴·연구, 네트워킹 역할 수행〉

이어서 서울창업포럼 내 ▲ 교육분과 ▲ 재창업분과 ▲ 브랜드분과 ▲ 마케팅분과 ▲ 글로벌분과 ▲ 투자분과 ▲ 지원분과 등 7개 분과별 수행 중인 연구과제에 대한 의견을 나누며, 연구과제의 정책 반영을 위한 방향을 논의하였다.

○● 2017 서울창업허브 분과별 연구과제

연번	분과명	연구과제명
1	교육	4차 산업혁명시대를 위한 새로운 창업교육의 방향
2	재창업	신용회복 등을 통한 재창업 활성화를 위한 방안
3	브랜드	창업기업의 브랜드 지원정책 현주소와 개선방향
4	마케팅	주요 클러스터 현황 및 연계방안
5	글로벌	서울시에서 외국인 창업이 필요한 목적 및 기대효과
6	투자	국내 창업생태계 현황 및 개선방안 연구 • 창업자, 예비창업자, 학생을 중심으로 2015년 2016년 비교분석
7	지원	창업생태계에서 서울창업카페의 발전방안 연구

또한, 창업에 대한 현장 경험을 나누기 위해 O2O(Online to Offline) 중소형 숙박업 서비스기업 야놀자 부대표이자 구글코리아, 맥킨지에서 근무 경험이 있는 김종윤 부대표의 창업기업 성공 노하우와 임정욱 스타트업얼라이언스 센터장, 유병준 서울대 경영전문대학원 교수의 강연시간도 진행된다. 서동록 서울시 경제진흥본부장은 "창업지원정책은 정체된 경제의 성장을 위한 해법이며 4차 산업혁명을 대비하기 위해 학문간 융합과 혁신을 이루기 위해서는 공공과 민간의 공유와 연대 협력이 가장 중요하다", "앞으로도 창업활성화를 위해 민간 협력을 더욱 강화하여 창업하기 좋은 서울시, 창업허브 도시를 만들도록 노력할 것"이라고 밝혔다.

출처: 서울시, 2017. 6. 30 발췌 및 재정리.

2 창업아이템 발굴 분석 Check list

창업아이템 발굴을 위한 질문사항을 기반으로 창업자는 창업아이템 선정을 위한 분석 체크리스트를 사전에 만들어 인터뷰 시 적극 활용한 점검을 해보는 과정이 현실적으로 필요하다.

이는 시장조사의 개념과 유사한 것으로 머릿속으로만 정리하여 분석을 하거나 조사를 할 때 놓치는 부분이 분명히 발생하기 때문에 창업자가 알고자 하는 내용에 대한 철저한 준비를 통한 진행은 필수이다.

'창업아이템 발굴 분석 Check list'의 예시는 다음과 같다.

표 4-1 창업아이템 발굴 분석 Check list 예시

점검 내용	점수			비고
	상(예)	중	하(아니오)	
동일 또는 유사한 제품은 없는가?				
동일 또는 유사한 기술은 없는가?				
제품은 실제로 구현될 수 있는가?				
정부의 인·허가 대상인가?				
직접 생산할 수 있는가?				
주문 생산할 수 있는가?				
대체재가 있는가?				
국내시장의 진입장벽은 없는가?				
고객의 확보는 가능한가?				
시장에 형성된 가격은 어떠한가?				
자금조달 방법은 있는가?				
순이익은 어떤가?				
성장가능성은 어떤가?				
수출은 가능한가?				
경쟁사 해당 제품생명주기는 어떠한가? (도입, 성장, 성숙, 쇠퇴)				

〈표 4-1〉과 같이 창업아이템 발굴 분석 체크리스트를 작성하여 현재의 시장과 창업자의 수준을 분석한다면, 창업아이템에 대한 선정 유무를 어느 정도 파악할 수 있을 것이다. 이를 통해서 창업자 본인은 새로운 아이템을 발굴할 것인지, 해당 아이템을 좀 더 기술적으로 고도화하거나 새로운 제품을 개발하여 시장에 진입시킬 수 있는 전략 등의 수립을 위한 선택과 집중을 명확히 할 수 있도록 기회를 도출할 수 있게 될 것이다.

사례 연구 2

크라우드펀딩: 누구나 알고 있었던, 그러나 전혀 새로운 투자의 시작

"누구의 돈을 어떤 방식으로 누구에게 배분할 것인가"는 경제를 결정하는 가장 중요한 질문 중의 하나이다. 크게는 국가생산체제를 공산주의와 자본주의로 나누는 것에서부터 작게는 집안 살림을 어떻게 꾸릴 것인가까지 포괄하는 질문이다. 이렇게 중요한 자본흐름과 관련하여 작지 않은 변화가 감지되고 있는데, 바로 미국의 킥스타터(Kickstarter)로 대변되는 크라우드펀딩이다.

크라우드펀딩(crowd funding)은 이름 그대로 대중이 돈을 대는 행위를 말한다. 몇몇 소수의 자본가가 아니라 일반대중이 스스로 좋은 투자처를 찾아내어 소액을 투자하는 개념이다. 돈을 필요로 하는 자(자금수요자)가 자신이 왜 돈을 필요로 하는지, 자신에게 투자하면 어떤 보상을 받을 수 있는지를 제시한다. 이들의 제안을 받아들인 누군가(자금공여자)가 소액의 자금을 제공하는데, 이러한 사람들이 많아지면 제안자는 그 돈을 모아 자신이 하고자 하는 일을 이룰 수 있다.

크라우드펀딩은 킥스타터(kickstarter.com), 인디고고(indiegogo.com), 크라우드큐브(crowdcube.com) 등 미국과 유럽의 크라우드펀딩 플랫폼의 성공을 통해 대중적으로 알려지게 되었으며, 2012년 4월 미국의 오바마 대통령이 중소기업, 창업기업의 지분까지 크라우드펀딩으로 공모할 수 있게 하는 JOBS Act에 서명함으로써 전 세계 자본시장의 관심을 받게 되었다. 올해 JOBS Act에 의한 지분형 크라우드펀딩이 미국에서 실제로 실시될 예정인데, 이에 따라 성장세가 더욱 가속화될 것으로 보인다. 일례로, 펀딩플랫폼인 펀더블(fundable.com)은 올해 크라우드펀딩을 통한 모금액의 예상치를 100억 달러로 제시했는데, 우리나라에서 벤처캐피탈이 투자하는 금액이 연간 1.5조 내외, 미국이 연간 200억 달러 남짓인 것을 생각하면 실로 엄청난 수치이다.[1]

급속도로 성장하고 있는 크라우드펀딩. 하지만 그 개념이 전혀 새롭거나 대단한 것은 아니다. 단 며칠 만에 천만 달러 가까이를 모금한 페블(Pebble)의 성공사례나 매년 100% 가까이 성장하고 있는 시장규모 덕분에 크라우드펀딩은 선견지명을 가진 누군가가 새롭게 제시한 놀라운 발명품쯤으로 여겨지기 쉽다. 하지만 어떤 이유에서든 십시일반으로 자금을 모으는 것은 예전이나 지금이나 주위에서 쉽게 볼 수 있는 경제활동이다. ARS

1 수치는 한국벤처캐피탈협회와 미국의 National Venture Capital Association의 Yearbook을 참고.

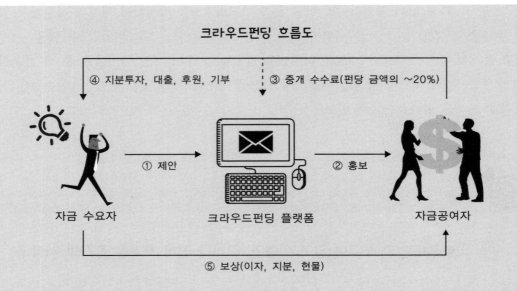

크라우드펀딩 흐름도

④ 지분투자, 대출, 후원, 기부   ③ 중개 수수료(펀당 금액의 ~20%)

① 제안   ② 홍보

자금 수요자   크라우드펀딩 플랫폼   자금공여자

⑤ 보상(이자, 지분, 현물)

전화 한 통화에 자선기금 2,000원씩 모은다거나 자신이 좋아하는 K-POP 가수의 공연을 유치하기 위해 팬클럽에서 공연티켓을 선구매하는 것 등이 기본적으로 모두 크라우드펀딩의 일종이다. 지인의 결혼식에 축의금을 걸고, 상가집에서 조의금을 내는 것도 그렇다. 자금이 필요하다고 여겨지는 곳에 자발적으로 소액의 자금을 대는 것. 이미 오랫동안 우리 주위에서 있어왔고 누구나 참여하는 활동 중에 하나이다.

　그렇다면, 크라우드펀딩은 이미 알고 있었던 '십시일반 돈모으기'의 또 다른 이름일 뿐인가? 전세계적인 성장세는 어떤 의미를 가지며, 왜 많은 사람들이 여기에 주목하는 것인가? 이러한 질문에 대답하기 위해 크라우드펀딩이 가진 본질적인 특징에 주목할 필요가 있다. 크라우드펀딩은 만인이 만인을 대상으로 하는 자금시장의 형태를 띤다. 즉, 중간에 플랫폼이라는 공간이 존재하지만 이는 시장(marketplace)의 역할을 할 뿐 기본적으로 다대다의 방식으로 자본을 거래 혹은 유통하게 된다. 브로커나 전문투자가가 중간에 개입하지 않고, 모든 사람이 자금수요자가 될 수 있고 다시 자금공여자도 될 수 있으며, 수요와 공급이 직접거래로 일어난다. 바로 이 때문에 크라우드펀딩은 기존의 자본공급방식에 변화를 유도할 잠재력을 가지고 있다. 또한, 2014년 현재의 사회적, 기술적 환경으로 말미암아 그 잠재적인 변화의 정도가 무시 못할 수준이 될 것이다.

　다시 처음의 "돈을 어떻게 배분할 것인가"하는 이슈로 돌아가보자. 지난 수백 년간 자본시장은 투자할 수 있는 모든 것들을 대상으로 성장해 왔다. 집, 건물, 기계 등의 유형자산뿐 아니라, 보이지 않는 기술, 아이디어에도 투자해 왔고, 실현이 불투명한 미래의 거래에도 투자하며, 이미 투자한 것들을 묶어서 다시 투자상품으로 만드는 등의 테크닉도 크게 발전했다. 하지만, 그 투자의 상당부분은 투자전문가라는 소수의 그룹이 담당해 왔고, 이로 인해 자본을 모으고 투자하고 회수하는 전체 흐름이 자본가, 투자전문가, 기관 등 소수에게 쏠리는 결과로 이어졌다. 그렇게 성장해 온 것이 20세기의 세계경제를 움직인 뉴욕, 런던, 도쿄의 금융시장이며, 구글, 페이스북 등 혁신적인 벤처와 창업기업을 키워낸 벤처캐피탈이다. 지금도 금융과 투자의 전문가들이 적절한 곳에 적정한 만큼의 자금을 공급하는 역할을 수행하고 있다.

하지만, 최근의 시장 변화는 과연 전통적인 금융전문가들이 적절한 곳에 자금을 공급할 수 있는가 하는 문제를 제기한다. 기술은 알아차리기 힘들 정도로 빠르게 변화하여 1년 전의 기술선도기업이 후발기업에게 추월당하는 일이 다반사로 일어난다. ICT 벤처기업의 경우에는 클라우드컴퓨팅, 오픈소스, 3D 프린팅 등의 기술환경 덕택에 소규모의 팀이 낮은 비용으로 민첩성을 앞세워 센세이셔널한 애플리케이션이나 컨텐츠를 공급하는데, 이들에게는 적은 액수의 자금이 수시로 적기에 공급되어야 할 필요가 있다. 반면에 전통적인 전문투자조직들은 전체 펀드의 포트폴리오 관리를 위해 어느 규모 이상의 투자를 Series A, Series B로 이어지는 순차 라운드 형태로 자금을 공급한다. 이러한 장기간의 투자는 벤처기업에 대한 영향력을 확대하고 창업자에게 동기부여를 제공하며 벤처기업 투자성공의 평가잣대로 활용되는 장점이 있으나, 최근의 민첩함을 최우선시하는 소규모 벤처의 경우에는 적용이 어렵다.

게다가 비공개기업(private company)에 대한 기존의 투자는 기업의 정보가 소수의 사람들에게만 공유되는 폐쇄성을 보여, 기술, 시장, 인력 등에 대한 평가 역시 소수의 사람들의 안목에 의지한다. 이러한 전통적 투자관행은 창업 빈도가 낮으며 기술의 변화가 느려 해당 영역 전문가의 안목으로 충분히 옥석을 가려낼 수 있을 때 유의미한 방식이다. 하지만, 지금은 창업에 소요되는 비용이 감소하면서 창업기업의 수가 폭발적으로 증가하고 있다. 사업의 대상 역시 일부 지역, 계층 등 특화된 소비자층을 겨냥하거나 생각지도 못했던 영역을 접목하는 방식으로 다양성이 증가하고 있다. 이러한 상황에서 몇 명의 전문가만으로 순식간에 어느 기업의 기술과 아이디어가 우수하며, 어느 창업기업에게 도움을 줄 수 있는 디자이너나 프로그래머가 누구인지 등을 파악하는 것은 쉽지 않다. 어느 전문가도 이것이 정답이라고 말하지 못하면서, 소수의 금융전문가에게 자본의 효율적 배분을 기대하던 시대가 지고 있다.

그렇다면, 무엇이 대안인가? 하나의 대안은 창업자들의 무한경쟁과 빠른 성장을 유도하는 액셀러레이터, 즉 창업보육의 멘토형 전문가들이다. 그리고 또 다른 대안은 시장 스스로 우수한 창업자를 골라내고 시장이 가장 원하는 기술과 제품을 판단하도록 하는 것이다. 재화와 서비스의 생산자이며 수요자이며 동시에 투자자인 대중들이 바로 시장이며, 이들로 하여금 기술과 사업을 판단하고 자금을 공급하며 그 이익과 손실을 나누어갖는 것이 크라우드펀딩이다. 즉, 크라우드펀딩은 대중의 지혜(the wisdom of crowd)를 활용하는 것에 그 핵심이 있다. 이를 통해, 소수에게 독점되어 공급되었던 자본이 좀 더 대중들에게 어필할 수 있는 기술이나 벤처에 투자되며, 더 나아가 대중의 관심을 끄는 자선사업이나 문화사업 등으로 이동하게 된다. 기존의 은행, 투자기관, 벤처캐피탈의 문을 두드리기 어려웠던 수많은 아이디어 보유자들에게 기회가 주어지게 된다.

대중의 대중에 대한 대규모 자본의 흐름은 여태껏 흔치 않았던 배분방식이다. 오랫동안 은행, 증권시장 등 중개기관을 통한 중앙집권적 방식을 통해 자금이 이동해왔기 때문이다. 대중에서 대중으로의 자금 이동은 기술, 경제, 사회적 환경 변화에 신속하고 유기적으로 반응한다는 특징이 있다. 수많은 사람들 중에 누군가는 독특한 아이디어의 가치를 알아보는 사람이 존재하며, 이들의 판단이 시장성에 부합한다면 그 아이디어는 사업으로 성장할 수 있다. 또한 정보가 투명하게 공개되고, 자본이 특정 지역, 산업, 기업에 집중되지 않고 다방면으로 분산성을 띄게 되며, 대중이 가진 문화적, 직업적, 다양성이 반영된다.[2] 지리적, 인구통계학적으로 집중도가 높

---

2 Lawton, K. and Marom, D. (2013) The Crowdfunding Revolution: How to Raise Venture Capital using Social Media, McGraw Hill.

았던 자본이 좀 더 분산되고 지금까지 소외받았던 영역에도 자금 공급의 손길이 이어질 수 있다. 전통적인 자본시장체제가 아직 발전하지 못한 아프리카 등의 저개발국가에도 크라우드펀딩의 관심이 높아지고 있는 이유이다.

크라우드펀딩이 단순한 '십시일반 돈모으기'에서 지금과 같이 자본시장의 변화를 일으킬 만한 규모로 실현되는 데까지 최근의 기술환경과 사회문화적 환경의 역할도 빼놓을 수 없다. 첫째로, 크라우드펀딩은 수많은 자금수요자와 공급자를 연결할 매개체를 필요로 하는데, 인터넷, 웹2.0, SNS 등의 환경이 이를 가능케 했다. 인터넷 플랫폼 위에서 더 많은 사람들에게 정보를 공유하고 더 많은 투자자들을 끌어들이기 위해 SNS를 활용하거나 플랫폼이 SNS 방식으로 진화하는 등의 기술적 구조를 갖출 필요가 있었다. 둘째로, 국민소득과 교육수준이 높으며 아이디어를 사업으로 연결시키는 창업인프라가 구축되어 있을 때 크라우드펀딩이 효과적일 수 있다. 세계에서 창업시스템이 가장 잘 갖추어진 미국에서 크라우드펀딩이 촉발한 것은 우연이 아니다. 낮은 창업비용, 높은 창업가정신, 창업 및 소규모 비즈니스를 위한 지원인프라 등이 필요하며, 고등교육을 받은 대중들의 지혜로운 안목과 아이디어가 요구된다.

우리나라는 인터넷 보급률, 스마트폰 사용률 등이 전세계적으로 수위권에 들어 앞으로 크라우드펀딩 플랫폼을 구축하기에 용이한 국가 중 하나이다. 또한, 교육수준이 높고 최근의 창조경제라는 국정 아젠다를 통해 창업에 대한 관심이 고조되고 있기 때문에, 중장기적으로 크라우드펀딩이 발아할 수 있는 환경을 갖추고 있다고 볼 수 있다. 다만 크라우드펀딩이 무엇이며, 개인이 크라우드펀딩을 통해서 할 수 있는 일과 의무가 무엇인지 논의와 교육이 필요하다. 또한, 대중들의 집합적 지식에 대한 적절한 보상과 보호체계가 필요한데, 이 역시 사회적 합의를 통해 이끌어내야 할 것이다.

국내에서 크라우드펀딩은 시작단계이다. 미국과 유럽처럼 성장할 수 있을지, 킥스타터와 같이 창업환경의 지도를 바꾸는 선도적인 플랫폼이 등장할 수 있을지 점치기에는 아직 이른 감이 있다. 하지만, 사회에 대한 관심이 높고 자신이 가진 자산과 역량을 적극적으로 활용하고자 하는 우리 시대의 많은 대중들에게 크라우드펀딩은 전혀 새로운 투자의 세계를 열어줄 잠재력이 있다는 것은 분명하다.

출처: KISDI KNOWLEDGE NETWORK, 2014. 4. 22.

3 자료수집 및 시장조사 방법

'창업아이템 발굴 분석 Check list'를 통하여 조사를 하는 경우 창업자 본인의 주관적인 생각을 기준으로 조사하고 분석을 할 경우에 문제가 된다. 따라서 '창업아이템 발굴 Check list'에 따른 확인절차를 객관적으로 제시할 수 있는 근거자료를 수집하는 것이 좋으며, 시장

그림 4-2 자료수집 및 시장조사 방법

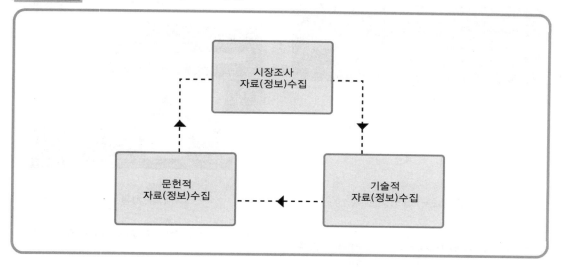

조사에 대한 기본적인 방법은 다음과 같다.

(1) 문헌적 자료수집

문헌적 자료(정보)수집은 ① 논문, ② 통계자료, ③ 신문, ④ 기업 등 발표 자료 등을 통해서 창업아이템에 관한 최신 자료와 정보 등을 수집할 수 있다. 창업자는 가능한 경우 최신 자료를 중심으로 3년 이내의 자료 찾아 분석하고 검토할 것을 권장한다. 그 이유는 시장의 환경 및 트렌드 등은 수시로 변하기 때문이다. 문헌적 자료(정보)수집을 할 수 있는 주요 홈페이지 등을 소개하면 다음과 같다.

한국교육학술정보원

국회도서관

한국연구재단(KCI)

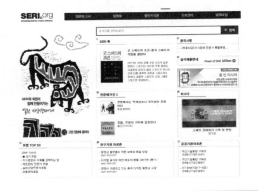

삼성경제연구소

LG경제연구원

현대경제연구원

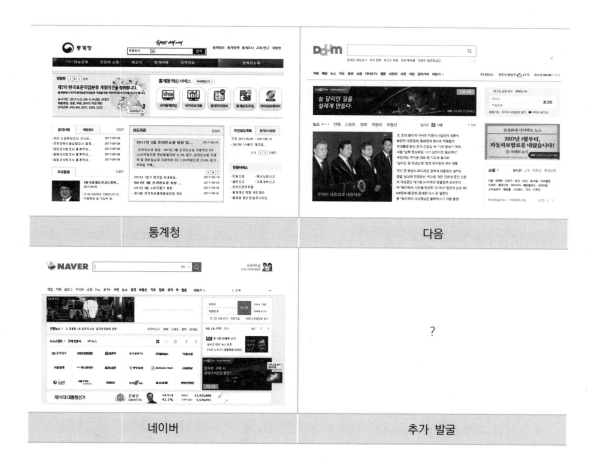

통계청	다음
네이버	추가 발굴

(2) 기술적 자료수집

기술적 자료와 관련하여 해당 창업아이템에 대한 선행 기술이 제품화 또는 준비단계 중에 있는지를 확인하기 위해 관련 기술 자료(정보)를 수집하고 분석 및 검토하는 데 목적이 있다. 만약 제3자의 선행기술이 있거나 제품을 생산하여 판매 중인 자로부터 자신들의 제품이 창업자의 아이템과 동일 또는 유사하다고 주장하며 지식재산권을 침해하였다고 주장할 경우 창업자는 어떻게 대처할 수 있을까? 창업자의 아이템과 동일 또는 유사한 제품에 대하여 분쟁이 제기된 경우 창업자는 적극적으로 경고장에 대한 방어를 하여야 하는데 차이점 등이 없다고 가정할 경우 창업자에게는 불리한 상황으로 손해배상 등의 책임이 발생하게 된다. 따라서 창업아이템을 발굴한 경우 필히 선행 기술과 선행 제품이 있는지를 꼼꼼히 살펴보는 것이 필요하다.

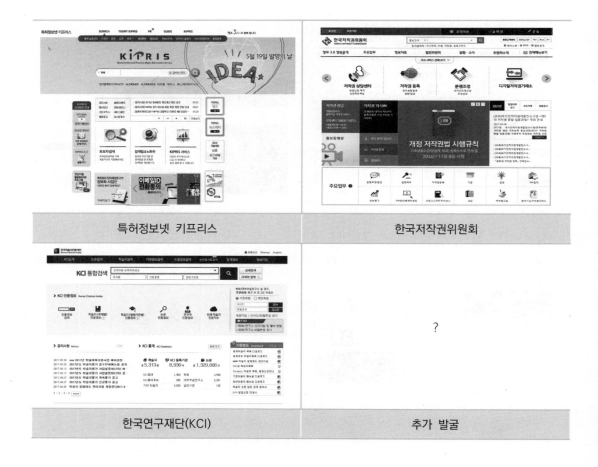

| 특허정보넷 키프리스 | 한국저작권위원회 |
| 한국연구재단(KCI) | 추가 발굴 |

(3) 시장조사 자료수집

1) 시장조사의 필요성

창업아이템 발굴과 관련하여 시장조사는 매우 중요한 절차이다. 창업자는 자신의 창업아이템이 세상에서 유일하다고 생각하는 경우가 많아 타인의 말을 귀담아 듣지 않으려고 하는 성향이 강하다. 그러나 현실적으로는 이미 유사한 제품이 존재하고 이미 생산하여 판매를 하고 있는 경우가 많다는 점을 꼭 기억해 두어야 한다. 즉, 앞에서 살펴본 기술적 자료수집에 따른 방법 중 특허정보넷에 특허가 출원 또는 공개, 등록이 되어 있는지의 유무를 잘 살펴보아야 한다.

특허는 일반적으로 특허 등록이 완료되지 않은 경우 특허출원인의 요청으로 비공개되어 있거나 또는 출원만 된 상태에서는 제3자의 특허 출원 유무 등을 파악할 수 없고, 창업자가 시장을 통해 제품을 판매를 하던 중 특허 출원인으로부터 경고장을 받는 사례가 실제로 발생한다. 따라서 시장조사를 할 경우 문헌적, 기술적 자료 수집을 동시에 진행하여 전체를 살펴볼 것을 권장한다.

시장조사의 경우 대표적으로 ① 오프라인과 ② 온라인으로 구분되며, 최근에는 온라인을 통한 전자상거래가 활성화되어 오프라인의 상품 또는 제품이 대부분 공개 및 노출되고 있다. 따라서 관련 시장이 있다면 온라인을 기초로 유사 또는 동일한 제품군을 정리하여 살펴보고, 내용상 홍보 또는 광고를 위해 소개되고 있는 기능 등을 꼼꼼히 분석하고 검토하는 지혜도 필요하다.

이후 필요에 따라 해당 상품 또는 제품이 판매되는 매장 등을 직접 방문하여 점원 또는 전문가로부터 창업자가 알고자 하는 사항과 지식 등을 확인하고, 직접 상품을 눈으로 보았을 때 창업자가 생각하는 기능과 방향성 등과 어느 정도 일치하는지, 유사한지, 동일한지, 차별성은 있는지 등을 적극적으로 검토해봄으로써 분쟁요소 및 침해요소를 최대한 제거할 수 있도록 최선을 다하여야 한다. 즉, 시장조사를 통해서 제품에 대한 다양성을 확인한다면 기존의 제품보다 한층 더 업그레이드된 제품을 개발하고 신규아이템 발굴에 많은 도움이 된다.

2) 시장조사 분석 Check list

표 4-2 Check list 예시

시장조사 아이템 명칭				
시장조사 방법 및 목적				
시장조사 장소(기간)				
시장조사 내용	점수			비고
	상 (예)	중	하 (아니오)	
동일 또는 유사한 제품이 있는가?				제품회사 기재
동일 또는 유사한 기술이 있는가?				핵심기술 기재
창업자 아이템과 기능이 동일한가?				동일기능 기재
창업자 아이템과 차별성이 있는가?				차별성 기재
창업자가 생각하는 가격과 유사한가?				판매가격 기재
대체재가 있는가?				대체재 기재
디자인의 유사성이 있는가?				유사성 기재

경쟁사 해당 제품 생명주기는 어떠한가? (도입, 성장, 성숙, 쇠퇴)				해당 제품 생명주기 기재
시장진입에 문제가 있는가?				시장진입 문제 기재
시장진출 시 성장가능성이 있는가?				성장가능성 기재

시장조사 내용 분석

창업자가 생각하는 아이템과 비교에 따른
- 유사제품 존재
- 기술성에 큰 차이가 없음
- 가격 상이

개선방안

창업자는 기존 제품과 기술에 대한 내용 중 차별성이라고 생각하는 사안 제시

결론

보완 사항 및 개선 사항 등을 창업자 입장에서 작성

'4차 산업혁명'은 삶의 모습을 어떻게 바꿀 것인가?

4차 산업혁명이 국가적인 이슈다. 2016년 WEF에서 '4차 산업혁명'이 논의된 이후, 정치와 언론에 나오는 미래 전망에 대한 기사나 정책에 '4차 산업혁명'이라는 말이 빠지지 않는다. 그리고 그 표현에 대한 비판 또한 끊이지 않는다. 해외에서는 '4차 산업혁명'이라는 말을 쓰지 않는다는 것이다.

세계 모든 나라에서 영어를 모국어로 쓰는 것은 아니기에, 'Fourth Industrial Revolution' 말고 각국의 언어에 대응할 만한 표현을 인터넷에서 검색해보았다. Google Japan의 뉴스란에서 '四次産業革命'으로 검색을 해본 결과, 약 94,000건의 뉴스가 검색이 되었다. 중국 바이두의 기사검색에서 '四次工業革命'으로 검색하면 약 84,000건의 뉴스가 검색이 되었다. 최소한 동아시아 3국은 비슷한 표현을 사용하고 있는 것으로 보인다.

특기할 만한 것은, 일본의 문서들에서는 일본어로 '四次産業革命'에 대응하는 영어 표현으로 'Industry 4.0'을 사용한다는 점이다. 독일에서 'Die Vierte Industrielle Revolution'라는 표현으로 검색하는 것이 의미가 있을지 모르겠으나, 검색 결과에 같이 뜨는 문서들은 'Industrie 4.0' 관련 문서이다. 생각해보면 당연한 결과이다. '4차 산업혁명'이라고 일컬어지는 많은 부분이 독일의 'Industrie 4.0'에서 나왔으니 말이다.

'4차 산업혁명'이라는 표현의 옳고 그름에 대해 논하고 싶은 것은 아니다. 지금 일어나는 상황을 '4차 산업혁명'으로 부르든 '인더스트리 4.0'이라 부르든 3차 산업혁명의 연속이라고 생각하든, 변화가 일어나고 있다는 사실은 부정하기 어려울 것이다. 표현에 대한 논의는 잠시 제쳐두고, 작금의 변화가 사회적으로 어떠한 파급효과를 가져올지에 대해서 생각해볼 필요가 있다.

'4차 산업혁명'의 영향에 대해서 세 가지 질문을 던지고자 한다. (1) '4차 산업혁명'은 생산성을 혁신할 것인가. (2) '4차 산업혁명'은 분배구조를 변화시킬 것인가. (3) '4차 산업혁명'은 인간의 삶의 양식을 어떻게 바꿀 것인가.

많은 연구자들이 지적했다시피, 1970년대 중반 이후 도입된 IT 기술은 가시적인 생산성의 변화를 가져오지 못했다. Robert Gordon이나 Chad Syverson의 연구 결과에 따르면 2004년 이후 생산성 둔화가 OECD 국가 전체에서 관찰된다. 기존 경제성장의 척도가 IT 기술의 혁신에 따른 사회적 후생의 변화를 반영하지 못해서 생기는 오류라는 해석 또한 Erik Brynjolfsson 등의 연구자에 의해 부정되고 있다.

한 가지 생각해볼 점은 IT 기술이 생산방식을 변화시켰는지 여부이다. 1차 산업혁명에서 증기기관의 발명은 수공업에서 기계공업으로 생산의 패러다임을 전환하였고, 2차 산업혁명에서는 컨베이어 벨트 시스템이 도입되면서 대량생산이 본격화된다. 디지털 기술이 보급된 이후 생산 체계의 변화가 일어났는가. 답하기 쉽지 않다. 컴퓨터와 인터넷의 보급으로 자동화가 진행되었지만, 아직도 많은 생산현장에서는 인간의 노동을 필요로 한다.

'4차 산업혁명'이 그리는 생산현장에서는 인간의 노동이 배제된다. 기계들이 서로 연결되어(초연결성), 서로 데이터를 주고받으며 생산과정을 통제하고 관리한다(초지능성). 물론 초기에는 인간의 개입이 필요할 것이나, 시스템이 어느 정도 완성된 이후에는 심각한 오류 상황을 제외하고는 인간의 개입이 최소화될 것으로 예상된다. 경제학에서 이야기하는 생산요소의 두 축인 노동과 자본에서 노동의 역할이 최소화되는 것이다. 이러한 상황이 현실화되었을 경우, 생산성은 어떻게 변화할 것인가. 그 이전에 '노동' 생산성이라는 개념 자체가 어떻게 변화해나갈 것인지 의문이다.

생산요소의 변화는 필연적으로 분배구조의 변화를 낳는다. 경제학에서 이야기하는 가계의 소득은 노동과 자본이라는 주요 생산요소의 투입에 대한 반대급부이다. 인간의 노동이 최소화되는 사회라면 당연히 현재의 노동과 자본 투입에 기반한 분배 시스템에 수정이 필요할 것이다. '4차 산업혁명'과 인공지능을 바라보는 일반인들의 두려움, 특히 일자리가 어떻게 변할지에 대한 두려움은 결국 무엇을 해서 먹고 살지에 대한 두려움과 맞닿아있다. 현재 논의되고 있는 기술에 대한 양극화의 문제나, 기초소득이나 로봇세에 대한 논의도 큰 그림에서는 분배 시스템의 수정·개혁과 연관지어 생각해볼 수 있을 것이다.

마지막으로 노동과 관계없이 소득이 생기는 시스템이라면 사람들의 삶의 양식은 어떻게 바뀔 것인지에 대한 궁금증이 생긴다. 긱 이코노미(Gig Economy)는 노동의 방식과 삶의 양식이 변해가는 과도기의 현상일 것인가. 사람들이 일하고 싶은 장소와 시간에 일을 하는 것이 보편화될 것인가. 노동시간이 줄어들면서 생기는 여가 시간은 어떤 방식으로 소비될 것인가. 그리고 인간의 노동력이 국가경쟁력에 영향을 미치지 않는 사회에서는 결혼과 출산 시스템, 그리고 국가의 인구정책은 어떻게 변화할 것인가.

물론 이 질문들에 대해서 지금 대답을 하기는 어렵다. 아마 어느 전문가도 이 문제에 대해서 단독으로 명확한 답변을 내놓기는 어려울 것이다. 하지만 외국에서는 비슷한 질문에 대해 각계의 전문가들이 머리를 맞대고 논의하고 있다. 최근 독일에서 출간된 '노동 4.0' 백서와, 미 백악관에서 발표한 인공지능 보고서 등은 기술 혁신이 우리 경제와 사회에 미칠 영향에 대해서 다루었다. 우리도 표현에 대한 논쟁은 잠시 멈추고, 산업의 발전 방향과 더불어 사회 전반의 바람직한 발전방향에 대한 논의해보는 것은 어떨까.

출처: KISDI KNOWLEDGE NETWORK, 2017. 6. 27.

4 Business Model Canvas(BMC)

(1) 개념

비즈니스 모델은 어떤 제품이나 서비스를 어떻게 소비자에게 편리하게 제공하고, 어떻게 마케팅하며, 어떻게 돈을 벌겠다는 아이디어를 말한다. 1998년 미국 대법원이 기업이나 금융기관의 비즈니스 모델 등 서비스 기법에 특허권을 인정한 이후 기업들로부터의 특허 신청이 급증하고 있다.

비즈니스 모델은 특히 인터넷 기업들이 인터넷상에서 독특한 사업 아이디어를 내 이를 웹상에서 운영하는 것을 특허 출원하기 시작하면서 널리 쓰이게 됐다. 미국 프라이스라인과 아마존이 각각 특허를 출원한 '역경매'와 '원 클릭 서비스'가 대표적인 예라 할 수 있다. 사업 아이디어가 중시되는 인터넷 기업의 특성상 많은 인터넷 기업들이 다른 업체의 모방을 사전에 차단하기 위해 앞다퉈 비즈니스 모델 특허 출원을 내고 있으나, 그 대상을 어디까지로 규정할 것인가 등에 대해서는 여전히 논란의 여지가 많다.

예를 들어, 스미토모 은행이 일본 특허청으로부터 '금융 비즈니스 모델 특허'로 인정받은 내용은 다수의 고객으로부터 입금을 받아야 할 통신판매회사 등이 일일이 은행 지점에 입금 여부를 확인하지 않고 인터넷으로 자동 조회할 수 있도록 하는 '퍼펙트'라는 서비스 시스템이다. 이에 따라 앞으로 다른 은행이나 금융기관이 이 같은 서비스를 제공하려면 반드시 스미토모 은행에 라이선스 비용을 지불해야 한다. 최근에는 세계적으로 소프트웨어 특허의 일종인 e-비즈니스 모델을 특허로 출원하는 문제가 논란이 되고 있다. 미국의 이용자들은 불매 운동 등 반대 운동을 전개하고 있으며 리눅스 개발자인 리처드 스톨만은 '소프트웨어 특허'를 미래의 가장 큰 위험으로 여기는 대표적인 인물이다.[3]

비즈니스 모델 캔버스(BMC)는 스위스 로잔 대학교 예스 피그누어(Yves Pigneur) 교수와 알렉산더 오스터 왈드(Alexander Osterwalder)가 2010년 "Business Model Generation" 저서를 통해 비즈니스 모델(BM)을 소개한 툴이다. 비즈니스모델 툴을 통해서 해당 회사 조직이 제품(서비스)의 가치를 발굴하여 고객에게 소개하고 판매하여 수익을 발생시킬 수 있는지를 체계화시킨 것이다. 비즈니스 모델은 4가지 영역(area)과 9가지의 블록(building blocks)으로 구성되어 있으며, 세부적인 구분은 다음과 같다.

1) 4가지 영역

WHO, WHAT, HOW, HOW MUCH

2) 9가지의 블록

① 고객 세분화
② 고객 관계
③ 채널
④ 가치제안

---

3 매일경제용어사전.

⑤ 핵심 활동

⑥ 핵심 역량

⑦ 핵심 파트너

⑧ 수익원

⑨ 비용구조로 구분할 수 있다.

이를 해당 영역과 블록을 결합하여 살펴보면 다음의 그림과 같으며, 해당 내용을 중심으로 작성 및 이해를 하면 편리하다.

그림 4-3 BMC 구조

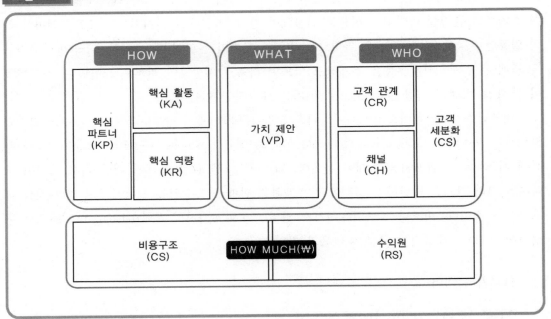

(2) BMC 주요 내용

비즈니스 모델 캔버스는 ① 고객세분화, ② 가치 제안, ③ 채널, ④ 고객 관계, ⑤ 수익원, ⑥ 핵심 역량, ⑦ 핵심 활동, ⑧ 핵심 파트너, ⑨ 비용 구조의 순서로 작성하면 된다. 9가지 블록은 개별적으로 작성되나 해당 순서에 따른 관련 내용을 기준으로 해당 창업아이템과 일관성이 있도록 작성되어야 하고, 작성된 내용을 통해서 비즈니스모델에 대한 분석과 판단에 따른 문제점 등을 도출하여 개선방안에 대한 유무를 판단하여 지속적으로 진행해야 하는지 또는 정리해야 하는지를 판단하는 중요한 지표로 사용된다.

1) 고객 세분화(Customer Segments, CS)

BM과 관련하여 가장 중요한 요소는 '고객은 누구로 하는가?'이다. 즉, 고객세분화를 어떻게 하느냐에 따라서 창업아이템에 대한 방향성이 달라진다.

고객세분화를 '좁은 범위로 할 것인가? 넓은 범위로 할 것인가?'를 창업자는 시장분석 등을 통해서 결정을 하여야 한다.

일반적으로는 STP(시장세분화 전략)의 형식에 따라서 인구통계, 지역별 분류, 성별 분류, 고객가치추구, 고객심리 등의 유형으로 고객별 특성과 성향 등을 중심으로 파악하는 것이 일반적이다.

2) 가치 제안(Value Propositions, VP)

고객에게 창업자의 제품에 대한 가치를 제안하는 것은 매우 중요한 요소이다. 즉, 고객이 창업자의 제품에 대한 특징과 좋은 점을 모른다면 그냥 지나치기 쉽지만 창업자의 제품에 대한 좋은 점을 직접 또는 간접적으로 알게 되었을 때에는 한번 정도 관심을 줄 수 있기 때문이다.

가치 제안에 따른 가치는 기존의 제품 또는 서비스 등에 대한 성능, 디자인, 가격, 편의성과, 비용절감, 리스크 해결, 브랜드의 지위, 목표 등이 있다.

3) 채널(Channels, CH)

목표하는 고객에게 창업자의 제품 판매 또는 서비스 제공을 할 수 있는 방법을 말한다. 즉, 시장을 통해서 상품과 서비스가 원활하게 제공되도록 하는 것은 고객 만족을 위한 것으로 창업자는 채널을 명확히 구성 및 구축하는 것이 중요하다고 할 수 있다.

채널은 오프라인과 온라인으로 구분할 수 있으며, 오프라인은 매장 중심의 백화점, 대형할인점, 슈퍼마켓, 전문점, 도·소매점 등이 있으며, 온라인은 인터넷쇼핑몰, 오픈 마켓 등이 대표적이다. 채널은 제품과 서비스에 대한 고객의 이해도를 기초로 구매를 위한 방법, 가치에 대한 전달 및 제안 방법, A/S 등이 주요 내용이 된다.

4) 고객 관계(Customer Relationships, CR)

목표로 하는 고객과 어떠한 방법으로 관계를 지속시킬 수 있는지에 대한 방법 등을 제시하는 것을 말한다. 즉, 충성고객을 유지시키는 방법, 고객의 이탈을 방지하는 방법, 신규고객으로 유치하는 방법 등을 정리하여 방향성과 전략을 수립할 수 있다.

① '개별 어시스트 방식'을 통한 콜센터 상담, 판매직원 지원을 통해 고객에게 직접 상품에 대한 정보와 도움을 주고, 고객별 전담인력을 선정하여 적극적으로 응대하도록 한다.

② '셀프 서비스'를 통해서 고객이 직접 필요로 하는 사항을 해결할 수 있도록 하거나, '자동화 서비스'를 통한 개인별 온라인 맞춤형 서비스를 제공할 수 있다.

③ 창업자는 온라인 커뮤니티를 운영하거나 '코크리에이션'을 통한 고객들의 리뷰에 대한 반영 및 제품 개발에 직접 참여시키는 방법으로 고객에게 신뢰성을 제공할 수 있고 고객 확보 및 유지에 많은 도움이 될 수 있다.

5) 수익원(Revenue Streams, RS)

기업이 고객으로부터 판매를 통한 수익[4]을 발생시킬 수 있는 것을 말한다.

수익원은 '물품 판매'를 통해 직접 얻거나, 서비스 이용을 위한 '이용료 또는 가입비', 일정기간 자산을 이용할 수 있도록 권리를 제공하고 받는 대가인 '대여료 또는 임대료', 지식재산권 사용에 따른 '라이선싱 비용', 중개에 따른 '중개 수수료', 제품 또는 서비스 등의 브랜드 노출에 따른 '광고비' 등이 대표적인 예이다.

6) 핵심 자원(Key Resources, KR)

가치에 대한 성공적 실현을 위해서는 현실적으로 필요한 핵심 자원을 다양하게 보유 및 갖추고 있으면 창업 시 매우 유리하다.

공장, 설비, 기계, 시스템, 물류 등의 '물적 자원'과 생산의 기술과 지식을 갖춘 인력, 개발자, 웹마스터, 투자자 등의 '인적 자원'이 필요하며, 지식재산권, 브랜드, 고객 DB 등의 '지적 자산', 현금, 신용, 주식 등의 '재무적 자원'을 대표적으로 제시될 수 있다.

7) 핵심 활동(Key Activities, KA)

창업자가 원활한 창업을 진행하기 위해 집중적으로 실행해야 하는 활동을 말하며, 창업

---

4 수입 - 비용 = 수익.

자 중심의 진행이 되어야 한다.

제품에 대한 모델링과 설계, 제작 등의 '생산'과 고객중심의 문제에 대한 '해결방안', '플랫폼', '네트워크' 등이 필요하다.

8) 핵심 파트너(Key Partnerships, KP)

창업자가 창업을 하면서 역량 또는 자원 등의 부족함과 미비점을 보완해줄 수 있는 파트너를 찾거나 도움을 받아 창업 리스크를 해결 또는 최소화할 수 있는 대책을 갖춘 자를 말한다.

'업무적 지원관계', '경쟁사 기반의 전략적 파트너십', 안정적인 '구매자와 공급자 관계' 등의 유형이 있다.

9) 비용구조(Cost Structure, CS)

창업을 하면서 발생되는 전반적인 비용을 말한다. 또한 가치 제안과 고객 관계 유지, 수익원 창출 시 비용이 발생한다.

매출액 변동에 민감하지 않은 비용으로 4대보험 기준 인건비, 임차료, 보험료, 정기적 광고비, 감가상각비 등의 '고정비'와 매출액 변동에 민감한 원재료비, 파트타임 인건비, 비정기적 광고비 등의 '변동비'가 있다.

(3) BMC 주요 작성 예시

BMC는 위에서 살펴본 9가지 블록을 통해서 창업자와 창업아이템에 대한 현재의 상황을 분석할 수 있고, 장·단점을 파악하여 사업전략 등을 수립할 수 있으며, 해당 BMC에 대한 구조의 쉬운 이해와 내용의 예시를 최종 정리하여 보면 〈그림 4-4〉와 같다.

그림 4-4 BMC 주요 작성 예시

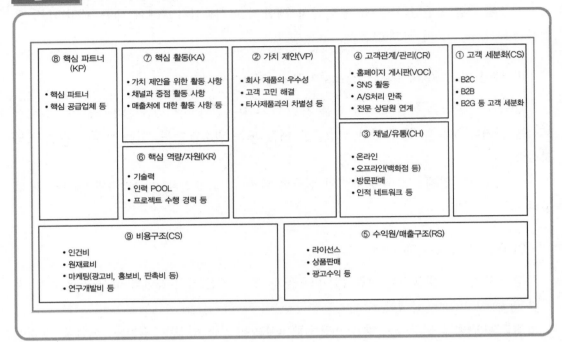

 사례 연구 4 ■■■■■■■■■■■■■■■■■■■■■■■■■■■■■■■■

귀농도 Start-up, 경상북도 귀농인 스타트업 역량강화

경상북도농업기술원은 최근 늘어나고 있는 귀농인들을 대상으로 농업창업 성공역량을 강화하고 경북의 미래 전문농업인 육성을 위해 '귀농창업 Start-up 역량강화 교육'을 추진한다.

이번 교육은 상반기 귀농창업모델 개발과정(1~3기) 수료자 가운데 우수 수료생 30명을 선발해 창업에 꼭 필요한 교육 중심으로 실시한다.

또한, 디지털 마케팅, 모바일 프로그램 개발, 상품디자인 등 스타트업에 필요한 강좌를 구성해 7~8월 중 2회에 걸쳐 교육하고 4차산업혁명, FTA 등 다양한 농업변화에 적극적으로 대처하는 능력을 배양하기 위해 10회에 걸친 현장중심의 맞춤형 교육도 실시할 예정이다.

특히, 교육생들이 직접 창안한 귀농창업모델 3종(농업비즈니스 모델 캔버스, 소득모델, 창업액션플랜모델)을 발표하고 전문가의 평가를 통해 최종 15명을 선발한다.

선발된 교육생에게는 창업전문가들의 맨투맨 심화코칭을 지원하고 창의적인 아이디어와 기술로 자신만의 창업 로드맵을 완성하도록 개인당 1,000만원의 소자본 창업실행비를 지원한다.

이번 귀농창업교육과정의 특징은 기초이론교육, 실무경험교육, 현장실습교육 등 다양한 프로그램으로 진행
되며, 학습기술 향상도에 따라 귀농창업비즈니스과정, 귀농기술창업과정, 귀농창업전문가과정 등 단계별 맞춤
교육시스템으로 구성돼, 구체적인 실행단계에 있는 예비 귀농창업자들이 보다 쉽게 사업을 추진하도록 도움을
준다.

곽영호 농업기술원 기술지원국장은 "귀농, 귀촌가구수가 매년 4만 가구 이상 농촌으로 이주하면서 농촌문화
도 급변하게 될 것이다"며, "귀농교육 뿐만 아니라 다양한 영역에서 변화하는 교육수요에 맞춰 농업인이 만족
하고 실생활에 도움이 되는 정책을 펼치도록 최선을 다하겠다"고 밝혔다.

출처: 뉴스웨이, 2017. 7. 28.

 사례 연구 5 ■

스타트업에게 필요한 건 비즈니스모델 캔버스가 아니라 '서바이벌 캔버스'
비즈니스 모델 캔버스? No! 스타트업을 위한 '서바이벌 캔버스'

창업을 하면 보통 회사가 꾸준히 성장해 나가는 상승 그래프를 그릴 것이다. 그러나 실제로는 대개 하락했다
가 상승하는 선을 그린다. 하락해 있는 위치에서 빨리 빠져나오는 걸리는 '서바이벌'이라고 한다.

사업을 시작하는 회사가 비즈니스 모델 캔버스를 채우기란 쉽지 않다. 채울 수 없는데 억지로 채우려고 하니
까 상상을 해야 한다. 그렇게 해서 캔버스를 완성한다고 해서 사업이 완성되는 건 아니다. '어느 칸부터 채우느
냐', 나는 캔버스를 채워나가는 것이 사업이라고 생각한다.

싸이월드를 창업할 때 7년 동안 엔지니어로 일했던 경험을 바탕으로 주변에 박사 과정을 이수하고 있는 친
구들과 같이 창업을 했다. 비즈니스 모델 캔버스의 '자원' 칸을 먼저 채웠다. 25억을 투자받고 나니 성공모델,
인재, 투자금 이 3가지 핵심역량을 모두 갖추게 되었다. 그 후 클럽, 채팅, 사람찾기 기능 등을 한데 모아 서비
스하려고 했다. 프리챌, 아이러브스쿨, 다모임 등 셀 수도 없는 서비스가 이미 우리보다 앞서 서비스하고 있었
다. 그러나 이런 상태가 스타트업이 기본적으로 맞닥뜨리는 상황이다.

'서비스는 완벽한데 고객 반응은 없고, 서비스를 홍보할 돈이 필요한데 투자자는 실적을 보여달라 하고 …
경쟁 차별화는 쉽지 않네'

그러면 '뭔가 차별화를 해야겠다'는 결론에 도달하게 된다. 그러나 차별화를 어떻게 할 것인지에 대한 생각
은 떠오르지 않는다. 지친다. 그러자 이제 '회사가 망하면 내가 끝장날 수 있겠다'는 두려움이 생긴다. 이것이
바로 7번의 서비스 개편 끝에 싸이월드가 '미니홈피'라는 서비스를 내놓게 된 과정이다.

○● PART 1. 가까운 고객 문제 찾기 – 사업 초반에 당면하는 문제점에 대해

"고객"

사업은 핵심역량에서 출발하는 게 아님을 깨달았다. 우리가 누구를 위해서 일해야 하는지를 생각하게 되었다. 7번째 서비스 개편 프로젝트 팀은 그래서 옆 건물의 가정집 3층으로 이사했다. 기존의 생각에서 벗어나기 위해서였다. 그리고 실제로 '사이좋은 사람들'이 있는 곳을 찾아갔다(싸이월드의 비전이 '사이좋은 세상'이다). 팀을 나누어 일주일 동안 홍대, 명동, 강남역, 신촌, 대학로에서 사이좋게 지내는 사람들을 카메라에 담고 메모하였다. 처음에는 그렇게 관찰하는 시간이 아깝다는 생각이 들었지만 아는 교수님이 그렇게 하라고 했기 때문에 한 번 해보기로 하였다.

그런데 찍은 사진을 다 모아놓고 보니 깜짝 놀랐다. 사진의 대부분이 여자였던 것이다. 우리 회사의 팀원이 전부 남자라서 그런 것이 아니다. 분명히 직원 성비율이 반반 정도였다. 사진을 보고서 우리가 누구를 위해서 일해야 할지가 딱 정해졌다. 20대 여성. 이들을 잡으면 '이 좋은 세상'을 만들 수 있겠다 싶었다.

직원 27명이 몇 백만 명의 20대 여성을 대상으로 서비스 할 수는 없다. 타깃을 줄이고 줄이다보니 '교회'가 나왔다. 왜냐하면 직원 대부분이 분당에 살았고 교회를 다녔기 때문이다. 다른 이유는 없고 고객을 만나는 비용이 적어서 '교회를 다니고 분당에 사는 20대 여성'을 대상으로 서비스를 생각하게 되었다. 타깃이 정해진 후 그 타깃층에게 '잘 보일 수 있도록' 교회 홈페이지도 만들어주는 등의 노력을 하였다.

어느 날 고객으로부터 자기 자신의 홈페이지를 만들고 싶다는 요청을 받게 된다. 그 당시에 개발자들은 "네띠앙 같이 무료로 개인 홈페이지를 만들어주는 곳이 있는데도 자기 홈페이지를 못 만드는 것은 능력이 없어서이다"라고 했다.

'미니홈피'는 그렇게 탄생하였다. 기존의 홈페이지 제작 서비스에는 여러 문제가 있다는 걸 발견한 후 미니홈피는 그 문제들을 참고하여 첫째, 가입만 하면 홈페이지가 자동으로 생성되게 하였으며 둘째, 이메일로 친구를 초대할 수 있게 하였다. 셋째, 친구 홈페이지 주소를 외워서 들어올 필요없이 일촌으로 묶었다. 마지막으로 무제한으로 사진을 업로드할 수 있게 하였다.

고객은 설득의 대상이 아니라 배움을 구해야 할 대상이다

고객이 누구인지, 그리고 고객이 무엇을 원하는지를 파악한 뒤에는 사업이 쉬웠다. 회원들이 들어오기 시작했다. 그러나 미니홈피를 만들 때까지 3년 반이 걸렸다. 20여 억 원이 전부 '학습비용'이었던 셈이었다.

물 밑에 있을 때는 돈이 필요한 게 아니다. 고객이 있어야 물 밖으로 나올 수 있다. 그리고 물 밖으로 나오면 투자자들이 몰린다. 그래서 명심해야 한다. 고객에 대해 깨닫고 사업을 시작한 후에 서비스가 달라졌다. 노하우가 생겼다. 경험이 자산이 되면서 새로운 파트너도 생겼다. 다시 말하지만, 비즈니스 모델 캔버스를 다 채울 필요가 없다. 어느 칸에서 시작하는 지가 중요하다.

"아이디어가 생각나면 숨길 생각부터 한다. 황금을 찾은 듯한 기분이기 때문이다. 그 다음에 이 아이디어를 서비스로 만들어줄 수 있는 사람을 찾기 시작한다. 마침내 서비스를 만든 후 고객을 찾아간다. 그런데 고객의 반응이 시큰둥하다. 고객이 서비스를 사용할 필요성을 못 느끼고 있다. 그러면 그들을 설득하기 시작한다. 내 서비스가 기존의 서비스보다 낫다는 걸 설득하려고 한다. 그 다음에 투자자를 찾아간다."

이러한 사업 프로세스는 물 밖에 있는 회사들에게나 가능한 것이다. 물 밖에 나온 회사는 자사의 고객이 누구인지 알기 때문에 고객한테 물어보지 않는다. 자신이 있기 때문이다. 만약 물 밑에 있는 스타트업이 이런 프로세스를 밟는다면 다 망한다. 고객을 설득하는 게 아니라 누가 도움을 받고 누가 서비스의 혜택을 받을 수 있을지를 생각하고 그들에게서 배워야 한다.

스타트업보다 고객이 더 잘 안다고 가정하라. 고객과 같이 새로운 것을 만드는 것이다. 그래서 초기 고객은 고객이기 이전에 나와 같이 서비스를 만드는 사람이다. 그 사람이 만족한다면 내 서비스의 스토리도 만들어주고 다른 고객들도 데리고 올 것이다. 우리가 스토리를 만드는 능력이 있는 게 아니다. 문제를 갖고 있는 고객이 우리 회사의 스토리가 되는 것이다. 이렇게 생각을 전환하면 스타트업이 살아남을 확률이 높아진다.

사업가는 고객의 문제를 찾아서 해결해주는 사람이다. 내게 갑자기 떠오른 아이디어를 고객이 써야 한다는 생각은 착각이다. 내가 예전에 처음 회사에 입사했을 적에 상사로부터 따끔한 충고를 들은 적이 있다. "너도 모르는 기술을 갖고 서비스하려고 하지 마라." 서비스한다는 것은 내가 진짜 잘하는 것을 서비스하는 것이다.

고객의 문제를 찾아내기가 힘들어진 시대

우리는 고객의 문제를 찾아내기가 힘들어진 시대에 살고 있다. 산업화 시대 때에 삼성, 현대면 되었다. 인터넷이 도입되기 시작했던 때까지만 해도 고객의 문제가 눈에 뻔히 보였다. 그러나 지금은 문제가 안 보인다. 문제가 없는 것처럼 보인다. 지금은 고객의 문제를 찾는 게 훨씬 어려운 시장이다. 이전의 회사들이 고객의 문제를 많이 해결해서 문제점이 줄었기 때문이다. 고객이 불편함을 못 느끼고 있다.

그렇다면 다른 사람들이 못 보고 있는 문제를 찾아내려면 어떻게 해야 할까? 내 주변 사람이 느끼는 작은 문제에서 시작해야 한다. 고객에게 가까이 가야 한다. 사업을 한다는 것은 돈을 세이브(save)하는 것이다. 비용은 서비스를 만들 때와 고객에게 서비스를 전달해줄 때 발생한다. 이때 고객이 가까이 있다면 그 비용이 줄어든다. 그래서 가까운 고객을 찾아야 하는 것이다. 성공한 스타트업은 대개 자기 주변의 문제를 해결하다가 사업이 점점 커진 사례이다.

그래서 마침내 내가 무엇을 하는지 사람들이 알고서 문제가 생긴 타겟 고객이 나를 찾아오는 그 순간, 그 때가 바로 '서바이벌'한 상태인 것이다. 그래서 내가 오늘 이야기할 것이 '서바이벌 캔버스'이다.

○● **PART 2. 낯선 해결책 찾기 – 위 문제점들에 대한 효율적인 해결책에 대해**

해결책을 제시할 때 '이게 최선이다, 이게 베스트이다'라고 생각한다 해도 그 분야에 종사하지 않는다면 뜬구름 잡는 이야기를 늘어놓을 수 있다. 그래서 어떤 사업을 진행한다면 내 해결책이 최상의 답이 아닐 수 있다는 생각을 갖고 기존의 해결책들을 바라보아야 한다.

기존 해결책을 이해한다는 건 기본적으로 로드맵을 그릴 줄 아는 것이다. 성공하기 위해서는 우리가 무엇을 하고 싶은지를 아는 게 아니라 로드맵을 그릴 줄 알아야 한다.

"SONY의 '마이마이' 제품은 이동 중에도 음악을 들을 수 있는 뮤직플레이어의 시초였다. 이동성을 보장하는 것. 이것이 오디오를 작게 만들게 된 핵심 이유였다. 그 후로 카세트테이프 플레이어의 음질과 저장공간 문제를 해결한 CD플레이어가 나왔고, 그 다음에 MP3 플레이어가 나왔다. 진화한 것이다. 그리고 MP3 플레이어의 단점을 아이팟이 해결하였다. 직접 음악을 다운로드할 수 있는 시대가 열렸다."

해결책을 찾을 때 필요한 것은 리스트업(list up)이 아니다. 기존의 해결책을 뜯어보아야 한다. 그러면 히스토리(history)를 알 수 있다. 그래야 문제점이 보인다. 기존 서비스 전체가 문제일 수는 없다. 특정 부분만 문제이고, 바로 그 특정 부분을 해결하는 게 진화이다. 그래서 뜯어보아야 한다.

애플이 아이팟에 '휠 버튼'을 만들었다. 휠 버튼을 처음 보았나? 낯설게 느껴질지 모르나 우리는 이미 휠 버튼을 컴퓨터 마우스에서 본 적이 있다. 그런데 이것이 왜 아이팟에 장착되게 되었나? 자신이 오랫동안 있었던 분야에서 사업의 포인트를 찾아낸 것이다. 아이팟이 일종의 하드디스크인 셈이다.

해결책 찾기는 '퍼즐 맞추기'와 같다

내가 3년 동안 '물 밑에서 헤매고 있던' 싸이월드 사업 이야기로 돌아가서, 네띠앙이 잘 나갈 때 네띠앙을 대체하고자 서비스를 만들었다. 그리고 뻔한(똑같은) 서비스인데 단지 '내가 만든 서비스'라고 해서 뛰어나다고 생각했었다.

스타트업이 왜 힘든 일인가? 내가 언제 물 밖으로 나갈지 모르기 때문이다. 다른 것이 힘든 게 아니라 언제 '그 날'이 올지를 모르니까 힘든 것이다. 마치 군대에 있는데 제대할 날짜를 알 수 없는 끔찍한 상황과도 같다.

그래서 난 지금 여러분들에게 힘들지 않을 수 있는 방법 하나를 알려주려고 하는 것이다. 그게 바로 '퍼즐 맞추기'이다. 직원들과 커뮤니케이션하고, 로드맵을 서로 공유하면서 우리가 어느 정도까지 왔는지를 보면서 퍼즐을 맞추어야 한다. 나는 해결책을 퍼즐 맞추듯이 찾는다. 그렇지 않으면 지루해서 못 견딘다.

다시 말해 해결책을 찾을 때 아이디어에 집중하지 말고 주변을 살펴라. 네띠앙을 다 뜯어서 해체하는 데까지 시간이 걸렸다. 뜯어보니까 이 4가지가 문제였다. 홈페이지 만들기, 홈페이지 주소 찾기, 친구 초대, 한정된 사진 업로드 용량. 그래서 싸이월드는 이러한 네띠앙 일부의 문제점을 해결한 서비스이다. 마치 아이팟이 아이리버와 똑같은 뮤직플레이어인데 하드디스크와 휠 버튼만 바뀐 것처럼.

미니홈피가 탄생한 후에도 타깃 고객을 지속적으로 관찰하면서 알게 된 점을 바탕으로 일촌평 쓰기 기능과 선물가게를 만들게 된다. 그리고 선물가게가 만들어지자 화폐의 필요성을 느꼈고 '도토리'가 탄생을 한다.

물 밑에 오래 있는 게 결코 헛된 일이 아니다. 열심히 하면 설령 헛된 일이라 하더라도 퍼즐 조각을 획득하게 된다. 젊었을 때 중요한 건 이 퍼즐 조각을 가능한 한 많이 모으는 것이다. 남의 일이라고 하더라도 최선을 다하면 나도 모르게 조각을 갖게 되고, 그러면 언젠가 나한테 맞는 그림이 생겼을 때 내가 갖고 있는 조각을 다 붙여넣을 수 있게 된다.

해결책을 찾을 때 내가 다 만들어야 한다는 생각에서 벗어나라. 남과 협력하는 걸 두려워하지 마라. 싸이월드는 미니홈피 컨셉을 만들되 그 안에 들어가는 스킨은 보다 뛰어난 역량을 갖고 있는 다른 업체들과의 제휴를 통해 해결하였다. 회사 직원들이 배워서 할 수 있었음에도 그렇게 하였다. 배경음악도 음악 서버를 갖고 있는 다른 회사와 협력하였다. 내가 갖고 있는 퍼즐을 다 붙여 넣고도 모자라는 건 다른 곳에서 제일 좋은 퍼즐 조각을 구해서 붙일 줄 알아야 한다. 내가 다 만들기에는 스타트업으로서 리소스가 부족하다.

진화의 로드맵을 그려야 한다

1. 아주 먼 옛날 점성술사는 하늘의 뜻을 알고 있다며 자신의 말을 잘 들으라고 한다.
2. 그러나 안타깝게도 그런 시대를 즐길 수 있는 시간이 길지 않았다. 왕이 나타났기 때문이다.
3. 왕이 있던 시대 다음에는 법치주의가 등장한다. 왕의 독재를 싫어한 사람들이 법대로 하자고 반발하였다.
4. 법의 시대가 가고 투표의 시대가 왔다. 사람들 개개인이 목소리를 내기 시작했다.

내가 어떤 사업에 진입하는 데에는 학습 비용이 들고, 그 학습이 끝나면 사업을 시작할 수 있다. 학습 과정이 반드시 필요하다. 해결책은 하늘에서 뚝 떨어지는 것이 아니다. 맥락과 흐름이 있다. 학습 과정 없이 이미 진화한 시대를 되풀이하고 따라하면 망한다. 이전의 서비스들은 다 대체될 위험에 처해있다. '시간의 문제'인 것이다. 타깃 시장에서도 이와 같은 히스토리가 있다는 걸 공부하고 진입하라.

해결책은 뻔하지도, 과하지도 않아야 한다

내 서비스는 통합적이고 종합적이여야 한다는 생각을 버려라. 페이스북의 핵심은 뉴스피드이다. 트위터의 핵심은 팔로우이다. 싸이월드의 핵심은 일촌이다. 그 이외에는 다 비슷하거나 똑같다.

낯선 게 이긴다. 돌연변이는 오래 못 살지만, 낯선 게 오래 살 수 있다면 '성공한 돌연변이'가 될 수 있다. 그래서 해결책이 나올 때마다 나는 그것이 뻔한 것인지를 묻는다. 뻔한 이야기는 고객이 다 알아보기 마련이다. 그러나 이상하게도 우리는 항상 뻔한 결정에 저절로 몸이 간다. 그럼에도 불구하고 낯선 답을 내놓는 걸 두려워하지 말아야 한다.

창업가가 뻔한 서비스를 만드는 것 다음으로 실수하는 것은 과한 것이다. 어느 부분이 부족하다 싶으면 채우고, 부족하면 채우고, 빼곡히 채워넣는다. 그러나 그건 과한 것이다. 내가 정작 무엇을 결정할지 모른다는 것이다. 스타트업은 뻔하지 않아야 하지만 과하지도 않아야 한다.

인터넷 서비스를 하면서 제일 낯설고 과하지도 않은 기업의 예를 들라고 한다면 난 구글을 꼽고 싶다. 포털 서비스가 득세할 때 구글 검색이 나왔는데, 빈 공간 없이 빼곡한 정보의 포털 첫 화면과 달리 텅 빈 공간에 검색창만 나와 있던 구글은 내게 낯설고도 과하지 않은 기업이었다.

출처: venture square, 안경은, 2013. 7. 11. 발췌정리.

창업자금과 지원제도

Nothing Ventures, Nothing Gains!

1. 기업성장단계와 자금유치 유형
2. 엔젤투자 VS 벤처캐피탈
3. 창업지원제도
4. 국내외 액셀러레이터 지원정책

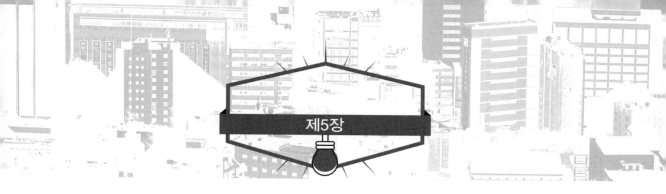

제5장

창업자금과 지원제도

　　정부에서는 창업자를 위한 창업육성을 적극적으로 추진하고 있으며, 창업에 따른 산업 발전에 기여할 수 있는 핵심 자원 등을 확보하기 위하여 다양한 방식으로 자금지원을 위한 노력을 하고 있다. 다만, 문제가 되는 것은 정부창업지원금만을 노리는 일명 창업헌터들로 인해 실제 정상적으로 창업하고자 노력하는 창업자들에게 피해를 발생시키고 있는 것이 현실로 정부는 창업헌터에 대한 법적 조치 및 해결할 수 있는 규제방안을 더욱 강구할 시점이라고 생각된다.

그림 5-1 창업지원 사이트 '창업넷'

본장에서는 자금조달에 관한 사항과 창업지원제도에 대한 Map을 정리하여 살펴보고 창업자가 자금조달을 위한 방향을 설정할 수 있도록 기초적 이해를 위한 내용으로 살펴보고자 한다.

1 기업성장단계와 자금유치 유형[1]

그림 5-2 자금유치 유형

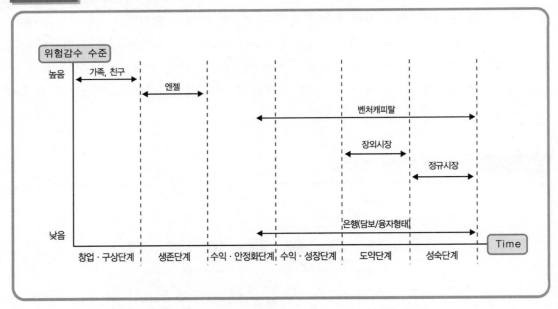

창업자가 최초 자금조달을 하는 방법은 우선 ① 창업자 본인의 자금을 최대한 사용하고, 그 다음 부모님과 친구 등 지인들을 대상으로 자금을 대여하거나 투자로 유치하는 등의 행동을 한다. ② 이후 창업자는 창업관련 공모전 또는 창업지원 사업 등을 통해서 시제품제작 비용 및 마케팅 지원비 등을 받아서 업무를 진행하나 해당 공모전과 창업지원 사업은 한계성이 있다.

---

1 정보통신정책연구원, "엔젤의 유형과 엔젤자금 유치 벤처기업의 성향 분석", 2000.

또한 창업자는 자금을 다 사용한 경우 ③ 2차적으로 금융기관을 통한 융자를 시도하거나 특허 등의 기술이 있을 경우 기술보증보험 또는 중소기업진흥공단 등을 통해서 벤처확인을 통한 보증을 받아 금융권으로부터 대출을 받는다.

창업자는 대출받은 자금 등을 다 사용하기 전에 미래를 위해서 ④ 3차적으로 IR 등의 참가를 통해서 투자기관을 통한 투자 유치, 벤처캐피탈에 의한 투자 유치, 엔젤투자자를 통한 투자 유치 등의 방법을 강구하나 실제 창업자의 창업아이템이 투자로까지 연결되는 것은 정말 어렵다. 즉, 창업자는 초기에는 가족 또는 지인 등을 통한 자금을 빌려 창업에 사용을 하나 한계성이 있고, 투자자 또는 금융기관 또한 미래를 알 수 없는 창업자에 Risk를 감수하면서까지 쉽게 자금을 투자해주거나 융자해줄 것을 기대할 수 없는 것이 현실이다.

사례연구 1

ICT 중소벤처의 창업 및 성장 지원정책

박근혜 정부 출범 이후 ICT 중소벤처의 창업 및 성장을 위한 다양한 지원정책이 수립되고 있다. 그러나 정책 수요자인 창업기업, 투자자, 벤처캐피탈 등 정책의 수혜자들이 실질적인 혜택을 지속적으로 누리며, 결과적으로는 이들의 자생력을 기르기 위한 지원방안을 보다 구체적으로 마련할 필요성이 높아지고 있다.

현재 창업기업은 자금, 인력, 마케팅 등 여러 부분에서 다양한 애로사항을 피력하고 있으며, 이러한 애로사항을 종합적으로 해결할 수 있는 지원에 대한 수요가 증가하고 있다. 2000년대 중반 이후 창업 생태계의 새로운 지원체계로서 액셀러레이터(accelerator)가 등장했으며, 창업 기업이 필요로 하는 멘토링, 교육, 네트워킹 등 각종 지원을 하는 비즈니스 모델로 주목을 받고 있다. 해외에서는 이러한 비즈니스 모델에 대한 정부차원의 지원을 활발히 하고 있으며, 이러한 액셀러레이터 지원 프로그램은 궁극적으로 고성장 기업의 육성을 목적으로 하고 있다. 해외의 글로벌 기업들 또한 개별 기업의 특성에 맞는 액셀러레이터 프로그램을 운영하고 있으며, 이들 기업은 혁신을 가속화시키고 경쟁에서 우위를 차지하기 위하여 보완적 관계에 있는 관련 산업이나 인접 분야의 창업기업들로 생태계를 구성하고 이들 창업기업의 성장을 돕고 있다.

아직 초기단계인 국내의 액셀러레이터가 자체적으로 활성화되어 창업 기업을 지원하고 성장시키기에는 많은 어려움이 있으며, 액셀러레이터 활성화를 위한 구체적인 정책방안이 필요한 시점이다. 국내의 액셀러레이터는 빠른 확산에도 불구하고 아직까지 그 효과가 검증되지 않은 상황이며, 액셀러레이터의 성과를 객관적으로 평가할 수 있는 체계가 요구되고 있다. 또한, 글로벌 시장을 목표로 국내 액셀러레이터 및 창업기업의 원활한 성장을 위해 해외 유수 액셀러레이터 및 글로벌 기업의 프로그램을 국내와 연계할 수 있는 전략적 접근이 필요하다. 아울러 중장기적인 관점에서 현행 벤처캐피탈, 창업보육센터 등과 구분되는 역할을 하고 있는 엑셀러레이터의 주요 요건을 정의하고 제도적 지위의 마련 또한 검토할 필요가 있을 것이다.

1990년대 중반 이후 벤처기업 지원 및 육성 정책들이 적극적으로 시행되어 왔음에도 불구하고 혁신에 기반을 둔 고성장 벤처들이 지속적으로 배출되지 않고 있다. 지원 대상 벤처기업들도 그동안 정부 정책이 지속 가능한 벤처 생태계 조성보다는 신규 기업 수 증가나 벤처자금 신규 지원 등 단기성과에 치중하는 것을 문제점으로 지적된다.

이는 정부 정책이 벤처 및 벤처 생태계의 기능과 구조에 대한 심도 있는 이해를 축적하지 않고 단기간에 벤처 생태계로부터의 성과를 거두려고 한 것과 관련 있다. 지금까지 "벤처기업–벤처캐피탈–자금 회수시장"을 중심으로 하는 협의의 벤처 생태계에 초점을 맞추어 벤처 지원 정책이 설계되고 집행되었다. 이러한 협의의 벤처 생태계 관점은 대기업 등과 같은 주요 이해관계자를 벤처정책 대상에서 누락시키는 결과로 이어져 벤처정책의 효과를 제한하였을 것으로 판단된다.

예를 들어 인수합병(M&A) 활성화 대책에서 인수합병 매수자로 참여할 수 있는 역량이 가장 큰 대기업들의 참여 방안이 거의 논의되지 않았으며, 이는 인수합병(M&A) 활성화 대책의 효과를 상당히 축소시켰을 가능성이 있다. 또한 혁신과 벤처기업을 동일시하다 보니 혁신 역량(Innovative Capacity)과 신사업 창출 역량(Entrepreneurial Capacity)의 원천이 반드시 일치하지 않을 수 있으며, 생태계 내에서 주요 이해관계자간의 협력과 정부 정책에 의해 두 역량이 전략적으로 연결된다는 점이 종종 간과되는 실정이다.

예를 들어 대기업들이 연구개발(R&D) 투자를 많이 하지만 이것이 벤처들에 의한 신사업으로 연결되기 위해서는 정부를 포함하여 주요 이해관계자 간의 협력이 매우 중요하다. 따라서 "벤처기업–벤처캐피탈–자금 회수시장" 중심의 협의의 벤처 생태계 개념에 입각한 정부 정책은 벤처 생태계의 역량을 증가시키기에는 한계이다.

최근 연구 결과에 의하면 벤처 및 벤처캐피탈 등 위험 자본뿐만 아니라 대기업, 대학 및 연구소, 정부 등도 벤처 생태계의 중요한 이해관계자(Stakeholder)로 인식되고 있으며, 혁신 기반 고성장 벤처들의 형성 및 성장은 이들 이해관계자들의 역량과 상호 작용에 큰 영향을 받고 있다는 것이 알려진다.

우리나라 벤처 관련 제도 및 정책들을 광의의 벤처 생태계 관점, 특히 벤처 생태계가 경제시스템에서 수행하는 기능에 대한 이해와 벤처 생태계의 이해관계자들(Stakeholder)들의 입장에서 분석하고 평가한 연구는 많지 않은 실정이다.

따라서 벤처기업 육성 정책에서 생태계 조성 정책(Ecosystem–oriented Policy)으로 정책 방향 전환을 위한 이론적 근거와 정책적 고려 사항을 제시하기 위해 우리나라 벤처 생태계의 기능과 구조에 대한 체계적인 인식과 평가가 필요하다.

벤처 생태계의 구조는 MIT Regional Entrepreneurial Accelerator Program(REAP)이 제시한 벤처 생태계의 주요 이해관계자들(벤처창업가(Entrepreneur), 위험 자본, 대기업, 대학 및 연구소, 그리고 정부)을 중심으로 분석한다.

벤처 생태계 기능을 "고도의 불확실성(Uncertainty)"과 "분산된 자원 (Resources)의 조정"이라는 난제를 극복하려는 이해관계자들의 "경제 실험(Economic Experiment)의 수행"이라는 관점에서 분석되어야 할 것이다.

한편, 최근 연구 결과에 의하면 혁신 기반 벤처들(Innovation–driven Entrepreneur, IDE)은 일반적인 중소기업(Small–and–Medium sized Enter– prise, SME)과 기업 특징 및 혁신과 경제 성장에 미치는 영향이 매우 다르다고 알려지고 있다.

사업계획서 완벽하게 쓰고 투자받았는데 망했다?
창업할 때 가장 중요한 건 '가설 테스트'

> ✓ John Mullins
> 사업가능성 테스트는 아이디어의 결함을 찾는 반드시 필요한 단계다

2009년 미국 스탠퍼드대 경영대학원에 다니던 제시카 재클리는 친구들과 함께 '프로파운더(ProFounder)'라는 회사를 차렸다. '벤처회사가 온라인에서 여러 사람으로부터 자금을 모을 수 있게 해주자'는 게 사업 아이디어였다.

스타트업(창업 초기 기업)이 아이디어를 제시하면 투자자들이 이를 보고 투자할 수 있게 해준 것인데, 이제는 창업자들의 자금 조달 창구로 자리 잡은 '크라우드 펀딩' 모델이다. 그런데 같은 해 서비스를 시작한 비슷한 성격의 '킥스타터'가 세계 최대 크라우드 펀딩 사이트로 성장한 반면, 프로파운더는 3년 만에 문을 닫았다.

○● 프로파운더는 왜 실패했을까?

프로파운더 창업자들은 미국 50개주(州) 전체에서 동시에 크라우드 펀딩 사업을 하기로 했다. 문제는 미국 주마다 규제와 법이 달라 모든 주에서 한꺼번에 합법적인 서비스를 출시하는 게 사실상 어려웠다는 것이다. 사업 자금을 구해도 법률 문제를 처리하는 변호사 비용으로 돈이 대부분 빠져나갔다.

존 멀린스 영국 런던비즈니스스쿨 교수는 "프로파운더가 저지른 근본적인 실수는 사업 가능성을 테스트해보지 않고 무턱대고 사업에 뛰어들었다는 것"이라고 말한다. "사업 계획서를 작성하기 전에 사업 아이디어에 대한 간단한 테스트를 해보는 것이 창업에서 가장 중요합니다. 대개 완벽한 사업 계획서를 쓰는 데 너무 많은 시간과 에너지를 쏟아붓습니다. 그 전에 작은 테스트를 통해 아이디어의 결함 등을 발견할 수 있습니다. 프로파운더 창업자들은 사업 아이디어가 실제로 전국에서 동시에 실행 가능한지 시험도 하지 않고 사업을 진행했습니다.

이들은 먼저 캘리포니아주에서 테스트를 했어야 합니다. 한 지역에서 시작해서 잘되면 다른 주로 차근차근 사업을 확대했어야 하죠. 이들은 크라우드 펀딩 사업에서 성공과 실패를 가르는 기본 가설은 뭔지, 어떤 가설을 검증해야 하는지도 몰랐습니다."

멀린스 교수는 런던비즈니스스쿨에서 창업, 기업가 정신, 마케팅에 대해 주로 강의하고 있다. 2011년 '싱커스 50인(Thinkers 50)' 행사에서 경영 사상 리더에게 주는 레이더상을 받았다. 3M, 타임워너 커뮤니케이션, 케냐항공, 국제금융공사(IFC) 등에 컨설팅도 했다. 멀린스 교수는 식품 유통 사업 등 두 번의 창업 경험을 바탕으로 창업 성공을 위한 여러 권의 가이드북을 썼다.

'성공하는 사업의 7가지 원칙(The New Business Road Test)'은 본격적인 사업 시작 전 테스트의 필요성을 강조한 책이다. 2003년 첫 출간 이후 현재까지 네 차례 개정판이 나올 정도로 창업 지침서로 인기를 끌었다.

실리콘밸리 벤처캐피털 회사인 KPCB(클라이너 퍼킨스 코필드 앤드 바이어스)의 파트너 랜디 코미사와 공저한 '플랜 B로 향하라(Getting to Plan B·한국 미출간)'는 2009년 비즈니스위크지(誌)와 잉크(Inc.)에서 '최고의 책' 중 한 권으로 선정됐다. 2014년 출간한 '고객으로부터 사업 자금을 모아라(The Customer-Funded Business·한국 미출간)'는 포천지(誌)가 선정한 '2014년 놓치지 말아야 할 책 다섯 권'에 포함됐다.

○● 스티브 잡스도 아이튠스 개설 前 테스트

— 사업을 본격적으로 시작하기 전에 가설을 테스트해야 한다고 하셨습니다.

"사업 기회가 있는지 평가하기 위해 시험이 필요합니다. 새로운 사업이란 '나는 소비자가 이걸 원한다고 생각해' '나는 이런 서비스가 꼭 필요한 것 같아' 같은 가설들을 모은 것입니다. 창업자가 생각하는 가설이 맞을지 알아보려면 가설을 테스트해야 합니다. 시험을 통해 옳은 방향으로 가고 있지 않다고 판명되면 방향을 바꾸는 것입니다.

애플은 15년 전 그다지 성공적인 PC(개인 컴퓨터) 제조사가 아니었습니다. 마니아층이 있긴 했지만, 시장점유율은 미미했습니다. 회사를 떠났다가 복귀한 스티브 잡스는 음악 산업에 만연한 문제를 관찰했습니다. 당시 온라인에서는 아무도 음악에 대해 돈을 내지 않았습니다. '음악은 공짜'라는 생각이 당연시됐죠. 음악 파일 무료 공유 사이트인 냅스터가 온라인에서 불법으로 공짜 음악을 제공했습니다. 잡스는 '나에게 이 문제를 해결할 아이디어가 있어. 하지만 먼저 몇 가지 가설부터 검증해봐야 해'라고 생각했죠.

잡스가 세운 첫째 가설은 '소비자가 온라인으로 음악을 내려받을 때 대가를 지불하게 할 수 있을 것'이었습니다. 둘째는 '음악 산업 종사자들은 CD나 앨범을 파는 대신 아이튠스에서 음악을 팔 수 있을 것'이었죠. 두 가지 가설 중 어느 하나라도 맞다는 보장은 없었습니다. 테스트를 해야 했죠."

— 어떻게 테스트를 했습니까?

"잡스는 두 번째 가설을 테스트하기 위해 록 그룹 이글스의 드러머 돈 헨리에게 전화해 '당신들이 만든 음악에 대해 정당한 대가를 못 받고 있죠? 제 아이디어 좀 들어보실래요?'라고 물었고 헨리는 '좋다'고 답했습니다. 잡스는 다른 뮤지션들과 프로듀서들에게도 연락해 애플의 온라인 장터인 아이튠스를 통해 소비자가 음악을 유료로 구입하게 할 것이라고 설명하고 이들의 동참을 이끌어냈습니다. 잡스는 무작정 아이튠스 스토어와 아이팟을 만든 게 아니었습니다. 자신이 세운 가설을 먼저 검증하고 사업에 확신을 가진 후 실행에 나섰죠. 첫 번째 가설 역시 아이튠스 개설 첫날 사용자가 음악을 내려받은 건수가 140만건을 기록하면서 검증됐습니다."

— 창업 때 또 어떤 것을 중점적으로 고려해야 합니까?

"가장 중요한 것은 회사가 팔려고 하는 제품이나 서비스에 대해 돈을 낼 고객을 찾는 것입니다. 페이스북과 트위터는 실제 수익을 내기 전에 대규모 사용자 기반을 구축했습니다. 사용자가 반드시 돈을 내는 고객은 아닙니다. 누구도 페이스북을 이용하려고 페이스북에 돈을 내지는 않습니다. 페이스북이 돈을 벌게 해주는 것은 광고업체입니다. 페이스북은 거대한 사용자 커뮤니티를 만들어 광고업체들에 이 커뮤니티를 판 것입니다. 모두 페이스북 창업자인 마크 저커버그가 되기를 꿈꾸지만 대부분은 저커버그처럼 되지 못합니다. 저커버그는 '내가 제공하는 가치에 대가를 지불할 고객을 찾을 수 있는가'라는 근본적인 질문에 답을 갖고 있었습니다.

고객이 제품이나 서비스를 받기 전에 미리 돈을 내게 줄 수 있으면 가장 좋습니다. 고객이 가진 문제나 어려움이 무엇인지 정확히 파악하고 해결책을 제시한다면 이 고객들은 기꺼이 먼저 값을 치르려고 할 겁니다. 이렇게만 된다면 외부 투자자에게서 투자금을 유치하려고 애쓰지 않아도 되죠. 고객으로부터 필요한 자금을 확보할 수 있으니까요. 고객 한 명을 만족시키고 또 다른 고객을 계속 찾는 것입니다. 빌 게이츠와 폴 앨런도 마이크로소프트를 만들기 위해 이 방법을 썼습니다. 델 컴퓨터의 마이클 델도 마찬가지입니다. 그는 고객이 컴퓨터를 받기 전에 컴퓨터 값을 미리 내도록 했습니다. 고객으로부터 제품 값을 받은 후에 그 돈으로 부품 등을 사서 컴퓨터를 제작했죠. 누가 내 고객인지를 아는 것은 가장 기본적인 원칙인데도, 모르는 사람이 많습니다."

○● '고객으로부터 자금 모을 수 있나' 고민을

— 외부 투자금 유치에 대해 다소 부정적인 견해를 가지고 계신 것 같습니다.

"지난 몇 세대 동안 벤처캐피털과 엔젤투자자들은 벤처 회사가 사업 계획서를 잘 쓰고 외부 투자자들로부터 자금을 조달하는 것이 성공의 필수 코스인 것처럼 얘기해왔습니다. 투자 유치 후 회사가 몇 번 방향 전환을 거치면 금방 부자가 될 것처럼 말이죠. 저는 그동안의 사고 방식이 근본적으로 잘못됐다고 생각합니다. 벤처캐피털은 기본적으로 '히트' 비즈니스입니다. 벤처캐피털의 펀드 포트폴리오에 들어있는 30~40여 개 기업 중 단 한 두 개만이 성공할 가능성이 있다는 말입니다. 투자자가 원하는 것을 정확히 이해하고 이것이 내가 원하는 것과 일치할 때만 벤처캐피털의 세계에 들어가야 합니다.

벤처캐피털은 벤처회사를 주식시장에 상장시키거나 다른 회사에 팔아서 수익을 냅니다. 창업 후 회사를 키우고 매각해 돈을 벌기를 원하는 창업자도 있습니다만, 모든 창업자가 자신의 사업을 팔고 싶어 하는 것은 아닙니다. 창업자는 외부에서 투자를 받기 전에 충분히 생각해봐야 합니다. '기업가로서 내 목표와 꿈은 무엇인가' '투자자로부터 자금을 모으는 것이 목표를 이루기 위한 옳은 방법인가' '투자자가 아닌 고객으로부터 자금을 마련할 수 있나' 등을 심사숙고해야 합니다. 외부 투자를 받은 후에도 전과 같은 자유를 유지하고 통제권을 갖는다는 것은 순진한 생각입니다. 어떤 회사가 투자사에서 거액의 투자를 유치했다고 하면 대단한 일인 것처럼 이야기되지만, 무조건 좋은 일만은 아닙니다."

— 우버와 에어비앤비 등 유니콘(기업 가치 평가액이 10억 달러가 넘는 비상장 스타트업) 회사들의 몸값이 거품이라는 지적이 있습니다.

"많은 사람이 '스타트업 붐에 거품이 끼어 있나'고 묻습니다. 저는 거품 지적에 동의합니다. 문제는 언제 이 거품이 터질지, 거품이 터지기 전까지 얼마나 더 이 추세가 계속될지 모른다는 것입니다. 트렌드에 올라탔을 때는 돈을 벌 수 있을지 몰라도 어느 순간 거품이 터질 겁니다. 이미 거품이 꺼지는 신호가 나타나기 시작했습니다. 모바일 결제 스타트업 스퀘어는 상장 전 벤처캐피털로부터 60억 달러에 달하는 가치를 평가받았지만, 증시 상장을 위한 공모가 책정 당시의 기업 가치는 30억 달러에 그쳤습니다."

— 유니콘 스타트업의 거품이 터진다면 어떤 영향이 있을까요.

"이 회사들은 대부분 벤처캐피털에서 자금을 조달했습니다. 벤처캐피털이 투자금을 회수하려면 회사가 상장되거나 매각돼야 합니다. 이렇게 몸값이 높은 회사들을 살 만한 곳이 몇 개나 될까요? 매각에 실패하는 회사들이 나올 것입니다. 기업 가치는 떨어지고 추가 투자를 못 받으면 성장도 멈출 수밖에 없습니다. 일부는 생존하겠지만, 다른 일부는 생존이 지속 불가능한 날이 올 겁니다."

출처: 조선일보 2016. 2. 27.

미국, 포용적 하이테크 인큐베이터 및 액셀러레이터의 창출:
여성 및 소수민족 기업의 참여확대 방안

[개요]

☐ 비즈니스 인큐베이터와 액셀러레이터는 벤처기업, 특히 하이테크 부문 기업의 성장을 지원하는 전략으로 인기를 끌고 있음

○ 최근 여성 및 소수민족 기업 육성 및 창성에 대한 민관의 관심이 높아지는 가운데, 이들 기업의 인큐베이터/액셀러레이터 참여 확대가 시급한 문제로 대두

[주요 내용]

☐ 비즈니스 인큐베이터와 액셀러레이터는 벤처기업, 특히 하이테크 부문 기업의 성장을 지원하는 전략으로 인기를 끌고 있음

○ 하이테크 중소기업들은 동 정책도구를 신생 기업인들이 어렵게 생각하는 네트워킹, 교육, 자본 모집 등에 활용

○ 이 같은 문제들은 소수민족 및 여성기업들에 가장 극심하게 느끼고 있으나, 이들 기업의 인큐베이터/액셀러레이터 참여는 백인/남성기업에 비해 뒤처지는 실정임

○ 최근 여성 및 소수민족 기업 육성 및 창성에 대한 민관의 관심이 높아지는 가운데, 이들 기업의 인큐베이터/액셀러레이터 참여 확대가 시급한 문제로 대두

☐ 미국 정부는 여성 및 소수민족 기업 활성화를 위해 지난 40년간 노력을 기울여왔으나, 이들의 비중은 업계에서 아직도 낮은 것이 현실

○ 전체 기업 중 여성기업은 20%, 소수민족 기업은 18%에 불과

○ 하이테크 부문에서는 그 비중이 각각 14%와 19%에 달하는 것으로 추산

○ 하이테크 부문에서 소수민족 기업의 비중이 높은 것은 아시아계 미국인의 참여빈도가 높기 때문

☐ 여성/소수민족 기업의 인큐베이터/액셀러레이터 참여율은 아직 정확한 데이터는 없지만, 전반적으로 이들의 참여율이 전반적으로 저조하다는 것이 중론

○ 인큐베이터/액셀러레이터에 참여 중인 여성/소수민족 기업의 자본 조달 역시 백인/남성 기업 대비 성공률이 낮음

☐ 최근에는 이들 취약계층을 타게팅한 인큐베이터도 등장

○ 대다수의 인큐베이터(69%)는 인종/성별 구성에 대해서 관심을 두고 있지 않으나, 여성전용 인큐베이터(9%), 히스패닉 전용 인큐베이터(9%), 흑인전용(8%), 아메리카 원주민 전용(4%) 등이 나타나고 있음

☐ 하이테크 인큐베이터/액셀러레이터에 여성/소수민족 기업 참여를 저해하는 요인은 충원상의 문제, 선정과정 상의 편향, 프로그램 설계, 문화 등 네가지로 구분할 수 있음

□ **(충원상의 문제)**

하이테크 인큐베이터/액셀러레이터의 제한된 네트워크를 활용한 비효과적이고 비적극적인 충원방식이 여성과 소수민족 기업의 참여를 저해

○ 아직 여성/소수민족 기업의 니즈를 타게팅하는 충원모델이 없는 상황

□ **(신청 및 선정 과정에서의 편향)**

Y 컴비네이터 등과 같은 유명 액셀러레이터의 경우 선정률이 3% 미만

○ 이들 유명 액셀러레이터의 경우 패널을 구성하여 선정절차를 운영하는 데 이 과정에서 선정위원의 선입견이나 부지불식간의 동류의식(People Like Us)이 작용하기 쉬움

□ **(프로그램 설계)**

대다수 인큐베이터/액셀러레이터 프로그램이 여성/소수민족 기업의 니즈에 맞지 않는 경우가 다수

○ 이용시간 제약, 네트워킹, 교육 등 프로그램 등이 저녁시간에 집중되어 자녀를 둔 여성기업 입장에서 활용하기 곤란

○ 멘토 기업 역시 여성/소수민족 기업에만 있는 고충을 알기가 쉽지 않음

□ **(문화)**

하이테크 업계에 만연한 배타적 마초 문화는 여성과 소수기업의 참여를 저해하는 가장 커다란 원인으로 지목 가능

○ 일부 액셀러레이터는 이 같은 '배타성'을 홍보수단으로 활용하고 있으며, 일부가 표방하는 바 경쟁이 치열하고, 24/7 장시간근무를 자주하는 '남성 클럽'적 이미지는 여성기업의 참여를 저해

□ 여성/소수민족 기업의 참여를 확대하기 위해서 인큐베이터/액셀러레이터는 다음과 같은 조치추진 필요

○ 충원 네트워크를 보다 다양한 파트너로 확대

○ 인종/성별 구성의 다양성이 확보된 선정위원회 구성

○ 여성 및 소수민족 기업 전용 프로그램 구축

○ 포용적인 문화 구축을 적극적으로 추구해 나갈 필요가 있음

출처: kosbi; ICIC, Creating Inclusive High-Tech Incubators and Accelerators.

2 엔젤투자 VS 벤처캐피탈

표 5-1   엔젤투자와 벤처캐피탈 비교

구분	엔젤투자 (Angel Investor)	벤처캐피탈 (Venture Capital)
투자단계	성장 초기단계 선호	창업 후 초기성장단계 선호
지원내용	노하우 및 자금지원 등	자금지원
투자동기	고수익성, 지인, 인연 등	고수익성
투자재원	개인자산(투자펀드 작음)	투자자 모집(투자펀드 큼)
자격요건	제한 없음	법적요건
위험허용도	높음	낮음
투자수익성	높음	낮음
피투자자의 위치	투자자와 근거리	제한 없음
신분노출	비공개	공개
접촉계기	우연적 만남	협의 후 만남
형태	클럽	회사 또는 조합

벤처캐피탈은 창업지원법 제16조와 동법 시행령 제11조에 의거하여 벤처조합을 결성할 경우 약정 총액의 40%를 창업 또는 벤처기업에 의무적으로 투자하도록 규정하고 있으며, 약정 총액이 10억 원인 벤처조합을 결정할 경우 4억 원에 대해서는 의무적으로 창업 또는 벤처기업에 투자하여야 한다. 엔젤투자와 벤처캐피탈을 정리하여 살펴보면 다음과 같다.

① 엔젤투자는 창업자가 '죽음의 계곡(Death Valley)' 단계에 있을 때 창업자가 엔젤투자자에게 투자설명을 하여 선정된 경우 소액의 필요한 자금을 직접 투자하는 것이다. 엔젤투자자는 창업자로부터 주식으로 대가를 받아 경영에 대한 자문과 멘토링 등을 실시하여 창업기업이 더 성장할 수 있도록 적극적인 지원을 하고 창업자의 기업 가치를 저변 확대하여 '투자이익'을 회수하는 것이 주요한 목적이다.

② 벤처캐피탈은 고위험의 창업자에게 투자하고 창업자는 VC에게 지분을 제공하여 창업자의 성장에 따른 약정된 이익을 취하는 투자전문가로 형성된 전문적 투자집단이다. 즉,

창업자가 기술은 있으나 경영운영이 미흡하거나 자본금이 낮아 추가적 성장에 어려움이 있다고 판단되는 경우 초기투자를 진행하여 적극적인 경영지원과 멘토링을 통해서 창업자를 성장시켜 투자금을 회수하는 것이 일반적인 형태이다. 투자방법으로는 창업자로부터 투자설명을 듣고 가치가 있다고 판단되는 창업자를 선정하여 창업자의 신주인수 또는 지분을 출자하거나, 무담보 전환사채 또는 무담보 신주 인수권부 사채를 인수하기도 하며, 직접적인 프로젝트 투자를 진행하기도 한다.

창업·벤처기업 전문 사모펀드

창업·벤처기업에 원활한 자금조달을 지원하고 벤처투자 시장에 민간자본 유입을 촉진하기 위한 펀드로 2017년 1월부터 도입, 시행됐다.

창업·벤처전문 PEF는 출자 이후 2년 내에 자산의 50% 이상을 창업·벤처기업이나 기술과 경영혁신기업, 신기술사업자 등 중소기업에 투자해야 한다. 특수목적회사(SPC)나 창업·벤처기업의 채권과 이에 따른 담보권 매매, 영화·공연 등 프로젝트 투자, 특허·상표권 등의 지식재산권 투자도 이에 포함된다. 투자액에 대해서는 법인세액 공제, 소득공제 등 세제혜택이 부여된다.

사례 연구 4

본격적인 엔젤투자의 시대가 열린다
- 엔젤투자자 증가, 엔젤범위확대, 투자분위기 확산 -

중소기업청은 "2011년부터 추진해온 시책에 힘입어 엔젤투자자 및 엔젤클럽의 수적증가 등 엔젤투자시장이 활발해질 조짐을 보임에 따라, 지속적인 노력을 통해 내년에는 엔젤투자시장의 획기적인 도약의 원년이 될 수 있을것으로 기대한다."고 밝혔다.

엔젤은 창업 또는 창업 초기단계(early stage)에 있는 벤처기업들에게 필요한 자금을 공급해주고 기업에 대한 지속적인 지원을 통해 기업의 성과를 공유하는 개인투자가들을 말한다.

엔젤투자는 기업이 창업단계 투자와 성장단계 투자간의 자본공급 갭(Capital gap)을 극복하게 하고 멘토링을 통해 창업 기업에게 경영 및 기술, 마케팅 등의 지원을 제공하는 기업성장에는 필수적인 요소이다.

또한, 엔젤투자는 창업을 통한 경제성장 잠재력을 확보하는 중요 요소로 엔젤투자활성화는 지속적 고용 창출을 위한 핵심과제이다.

* 미국의 경우, 2011년 엔젤투자(225억 달러)로 165,000개의 새로운 일자리(엔젤투자당 2.5개) 창출(Center forVenture Research – 2011 Report)

그러나, 창업활성화의 관건인 엔젤투자는 '00년 당시의 IT붐이 붕괴되면서 투자열기가 급격히 냉각되었고 벤처투자의 신뢰성 저하로 인한 투자자 이탈, 중간회수시장 부재 등으로 지난해까지 지속적으로 위축되어 왔다.

이에 따라 엔젤투자의 규모는 '00년 대비 94%이상 크게 감소하였으며, 벤처캐피탈 투자도 규모는 증가하였으나, 창업초기기업에 대한 투자는 오히려 감소하였다.

우리나라 엔젤투자현황('00년-'11년)

연도별	'00	'01	'02	'03	'04	'05	'06	'07	'08	'09	'10	'11
업체수(개)	1,291	1,007	573	453	194	174	238	220	152	87	83	39
금액(억원)	5,493	3,409	1,109	3,031	463	820	971	897	492	346	326	296
투자자수 (명)	28,875	12,002	4,717	3,964	2,246	2,107	2,727	2,170	1,742	1,243	748	619

* 벤처캐피탈 창업기업투자수: ('05) 635 → ('07) 615 → ('09) 524 → ('10) 560
* 벤처캐피탈 창업초기투자 비중: ('00년) 72% → ('10년) 29%

이러한 규모는 미국의 11년도 엔젤투자가 총 벤처투자 대비 비중이 43.6%에 달하고 있음을 감안하면 터무니없이 적은 규모이다.

구 분	VC투자		엔젤투자		총벤처투자	
	투자액	GDP비중	투자액	GDP비중	투자액	GDP비중
미 국	291억 달러	0.19%	225억 달러	0.15%	516억 달러	0.34%
한 국	14,969억원	0.12%	296억원	0.0023%	15,265억원	0.12%

* 엔젤투자자수는, 미국은 지난해 총 318,480명이 66,230개 기업에 투자하였으나, 우리나라는 619명이 39개 기업 투자하는 데 불과하였음

이에, 중소기업청에서는 엔젤투자의 활성화 없이는 창업활성화는 어렵다는 인식하에 지난해 하반기부터 엔젤투자 활성화를 위한 시책을 추진하였다. 우선 엔젤투자시장의 저변확대를 위해 전문적인 엔젤발굴·육성 및 관리와 엔젤의 투자활동을 체계적으로 지원하기 위하여 엔젤투자지원센터를 지난해 11월에 설치하였으며, 이러한 엔젤투자 지원체계 마련 등에 힘입어 금년 10월 엔젤투자자들을 중심으로 한국엔젤투자협회가 결성됨에 따라 민간차원의 엔젤투자시장 육성 및 활성화, 엔젤투자문화 확산의 기틀이 마련되었다.

또한 투자 리스크 완화를 통한 투자 활동 촉진을 위해 엔젤이 투자한 기업에 동일한 조건으로 1:1매칭 투자해주는 엔젤투자매칭펀드를 지난해 말에 100억원을 조성하였으며 금년에는 700억원의 예산을 투입하여 770억원 규모의 엔젤투자 매칭펀드를 조성하였다. 특히 금년에는 엔젤투자의 지역 확산을 위해 지자체와 공동으로 지역엔젤투자매칭펀드 결성 및 대학 내 창업을 촉진하기 위해 대학엔젤투자매칭펀드를 결성하였다.

〈엔젤투자매칭펀드 결성 현황〉

조합명	결성일	모태펀드 출자	결성 규모	비고
한국 엔젤투자매칭펀드1호	11-12-05	90	100	전국단위
한국 엔젤투자매칭펀드2호	12-08-16	318.3	330	전국단위
대학 엔젤투자매칭펀드	12-08-16	200	210	대학
경남 엔젤투자매칭펀드	12-06-05	39.5	50	지역
부산 엔젤투자매칭펀드	12-06-21	39.5	50	지역
광주 엔젤투자매칭펀드	12-08-03	39.5	50	지역
강원 엔젤투자매칭펀드	12-10-19	23.7	30	지역
대구 엔젤투자매칭펀드	12-11-19	39.5	50	지역
계		790	870	

이와 더불어 엔젤투자지원센터 및 엔젤협회를 통해 지자체, 대학 등 관련기관에 대한 엔젤교육, 포럼, 세미나 등을 통해 엔젤투자에 대한 이해를 높여 엔젤투자가 전국으로 확산되도록 노력하고 있다. 그리고 지난해 12월 세제관련법령을 개정하여 엔젤투자자에 대한 세제지원을 투자금액의 10%에서 20%로 확대하였으며 내년에는 30%로 확대할 계획이다.

* 엔젤 투자금액에 대한 소득공제비율 추이(조세특례제한법)
  (97.12.) 20% → (99.9) 30% → (02.1) 15% → (07.1) 10% → ('11.12) 20%

이러한 엔젤투자 활성화에 대한 노력의 결과로 엔젤투자 저변이 점차 확대되고 투자가 늘어나는 조짐이 보이고 있다. 지난 11월 말에 설치한 엔젤투자지원센터에 등록한 엔젤투자자가 12월 현재 2,390명을 넘었으며 57개의 엔젤클럽이 결성·등록되었고, 엔젤투자매칭펀드는 12월 현재 78개 창업초기기업에 120억원이 매칭 투자되어 금년말까지 100여 개 기업에 150억원이 매칭 투자될 것으로 예상되는 등 총 300억원 이상이 창업초기기업에 투자될 것으로 보인다.

아울러, 창업 초기기업 투자 확대 및 엔젤투자자 외연 확대를 위해 엔젤투자자의 개념을 개인에서 일정범위의 기관 및 기업까지 확대 추진하기로 하였다. 우선, 벤처기업협회에서 실시하는 선도벤처연계 기술창업프로그램에서 선정된 선도벤처기업이 창업초기기업에 대한 투자활동을 하면 전문적인 엔젤투자가로 인정받게 되고, 액셀러레이터 등 엔젤투자 및 창업 인큐베이팅을 전문으로 수행하는 소규모 일반법인 5개사를 전문엔젤투자자로 지정하였으며, 엔젤투자매칭펀드의 지원범위에 포함할 예정이다.

또한 대학 내 엔젤형 투자 확산을 위해 대학기술지주회사 및 대학재단 등 대학 내 투자가능기관도 엔젤투자자로 인정받게 되며, 정부가 주최 또는 후원하는 창업경진대회에 참가한 기업에게 투자하는 일반법인, 지역창업관련기관 등도 엔젤투자자 범위에 포함할 계획이다.

중소기업청은 내년에는 엔젤투자시장의 지속적인 성장을 위해 엔젤 저변확대에 더욱 박차를 가할 계획이다.

우선 수도권에만 국한된 엔젤투자를 전국으로 확산시키기 위해 지자체와 대학 등과 협력하여 각 지역별로 지역엔젤포럼을 개최하여 엔젤투자 붐을 조성하고, 지역의 창업자들과 엔젤투자자간의 네트워크 활동 지원을 통해 엔젤투자 문화를 조성해 나가는 하는 한편, 이를 통해 엔젤클럽의 지역 확산을 추진해 나갈 계획이다.

* 엔젤투자매칭펀드 선정된 67개 업체 중 수도권 업체가 57개 업체(비중:85%)
* 등록엔젤 2,390명 중 82%, 등록엔젤클럽 57개 중 53개사 서울지역임

또한 내년에도 정부예산 500억원을 확보하여 엔젤투자지원을 위한 펀드를 추가 조성하는 한편, 엔젤의 범위 확대 등을 통해 200개 이상의 창업초기기업에게 500억원 이상이 투자될 수 있도록 한다는 계획이다.

중기청은 내년에도 엔젤투자자 및 엔젤클럽를 지속적으로 발굴·육성하여 엔젤투자시장이 획기적인 도약을 할 수 있도록 지원하여, 엔젤투자시장의 확대가 미래의 경제성장 잠재력을 확충하고, 지속적 고용 창출을 위한 기반이 될 것으로 기대하고 있다.

출처: 중소기업청, 2012. 12. 10.

 사례 연구 5 ■■■■■■■■■■■■■■■■■■■■■■■■■■

'15년 기준 벤처천억기업 474개사, 실태조사결과 발표

[주요내용]

중소기업청과 벤처기업협회는 '15년 기준 매출 1,000억원을 돌파한 벤처기업을 조사하고, 그 결과를 발표하였다. 「벤처천억기업」 조사는 '05년부터 매년 실시하는 것으로, 1회 이상 벤처확인기업(82,178개사) 중 '15년 매출 천억원 이상 기업의 경영성과·성공요인을 분석·발표하였다.

조사에 따르면, '15년 매출 1,000억원 이상을 달성한 벤처기업 수[2]는 전년(460개사)보다 14개사(3.0%)가 증가한 474개사[3]로서, 침체되었던 2015년도에 비해 증가폭이 늘었으며(증가율1.5%→3.0%), 신규로 매출 1,000억원을 돌파한 기업도 55개사가 되는 등평균 매출액은 다소(1.0%) 감소하고 중견기업 비중이 줄었으나,[4] 총 기업 수는 꾸준히 증가하고 있으며 고용·영업 이익 등 경영실적도 지속적으로 증가[5]하고 있다.

벤처천억기업(평균 업력 23.4년)이 창업 후 매출 천억원 달성에는 평균 17.4년이 소요되었으며, 창업 7년 이

---

2 벤처천억기업 수: ('12) 416 → ('13) 453 → ('14) 460 → ('15) 474.

3 매출 1조 기업(6개사): 네이버, 성우하이텍, STX중공업, 유라코퍼레이션, 코웨이, 휴맥스.

4 평균 매출액(억원): ('14)2,151 → ('15) 2,129 중소기업 vs. 중견기업(%): ('14) 34.8% vs. 65.2% → ('15) 38.4% vs. 61.6%.

5 총 고용인력(179,172명, 전년 173,420명 대비 3.3% 증가) 평균 영업이익(160억원, 전년 145억원 대비 10.3% 증가).

내에 매출 천억원을 달성한 기업도 7개사[6]에 달한다.

[㈜더블유게임즈]: 최단기간 천억달성, 본글로벌 창업(100% 해외매출)

▶ 페이스북 등 SNS 플랫폼을 기반으로 한 캐주얼 소셜게임 "더블유카지노"를 개발하여 성공, 북미 및 유럽 지역 중심으로 매출 급성장

▶ 200여 개 국가에 게임서비스, 일 사용자 100만명, 누적 다운로드 2천만건 동시 달성

▶ 창업 3.5년 만인 '15년에 코스닥 상장, 상장으로 확보된 자금을 해외마케팅에 사용

   * 매출액(억원): ('13) 453 → ('14) 713 → ('15) 1,224

벤처천억기업 달성의 주요 원인으로는 ① 창업초기 등 적기에 이루어진 벤처투자, ② R&D 투자 및 산업재산권 등 지속적인 기술력 확보를 통한 경쟁력 강화, ③ 적극적인 해외시장 개척이 특징적이다.

(벤처투자)

창업 이후 벤처투자를 받은 기업은 200개사로서 이중 57.4%가 창업 7년 이내에 투자를 받아, 초기창업 및 죽음의 계곡 시기의 성장원동력으로 작용한 것으로 분석되었다.[7]

(기술력 확보)

또한 평균 43.5건의 특허권(일반 벤처기업(4.2건)의 10배) 등 산업재산권 보유 및 활용, R&D 및 연구인력 확보 등 기술혁신이 주요 성장 동력으로 작용하였으며, 매출대비 R&D 비율(2.0%)은 중소기업(0.8%), 중견기업(1.05%), 대기업(1.4%)보다 높은 수준이다.

[㈜실리콘마이터스]: 연구개발 비율 우수(20.1%)기업 (평균 2.0%)

▶ 창업주인 허염 대표가 미국스탠포드 전자공학 박사학위를 받고 삼성전자, 하이닉스 근무 후 2007년 지인 5명과 자본금 6억 원으로 창업

▶ 전체 140명 중 엔지니어 인력이 100여 명이 될 정도로 기술인재 채용 중시

▶ 세계반도체연맹(GSA)에서 최우수 매출성장업체상(Outstanding Revenue Growth Award) 수여[8]

(해외시장개척)

해외매출, 수출 등을 통해 주요판로를 확대한 것이 천억 벤처의 성공요인으로 분석되었다.

기업당 평균 수출금액은 529억 원 이며(중견기업 450억 원), 매출액대비 수출비율 24.9% 수준이다.

특히 전년도 수출증가율이 마이너스인 가운데, 벤처천억기업의 전년도 대비 수출증가율은 18.7%을 기록하였다.

출처: 중소기업청 보도자료, 2016. 07. 22.

---

[6] 자이글, 엘앤피코스메틱, 클레어스코리아, 에스티유니타스, 카버코리아, 더블유게임즈, 솔루엠.
[7] 기업당 평균 투자유치 건수는 2.7건, 평균 투자유치금액은 24억원.
[8] 매출액(억원): ('13) 1,188→ ('14) 1,026 → ('15) 1,682.

3   창업지원제도

　　창업지원제도는 ① 중앙부터 지원 사업, ② 지방자치단체 지원 사업, ③ 창업절차 및 제도로 구분되며, '창업넷' 홈페이지를 통해서 세부적인 제도 등을 살펴볼 수 있다. 창업자는 해당 창업지원제도 Map을 기반으로 자신에게 필요한 창업지원이 무엇인지를 파악하여 해당 기관 또는 해당 기관의 홈페이지를 살펴보는 노력이 필요하며, 단계적으로 창업관련 지원 사업 등을 한눈에 볼 수 있도록 구축해 놓은 '창업넷' 홈페이지를 적극 활용할 경우 창업 진행에 많은 도움이 될 것이다.

그림 5-3   창업지원 중앙부처 및 주요지원 사항

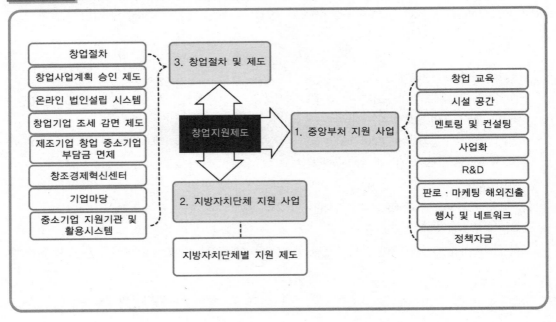

사례 연구 6 ■

2012년 처음 도입한 한국형 '액셀러레이터' = 한국 청년창업의 요람으로 육성할 계획 – 한국형 '액셀러레이터' 4곳을 최초로 선정 · 발표

최근 미국 실리콘밸리 등에서 대표적인 스타트업 발굴·육성프로그램으로 자리잡은 '엑셀러레이트'가 드디어 우리나라에서도 본격 가동될 전망이다. 중소기업청은 2012년 처음 도입한 한국형 '액셀러레이터' 4곳을 최초로 선정·발표하였다.

* 선정기관: (주)벤처스퀘어, (주)레인디, (주)닷네임코리아, (주)벤처포트

'액셀러레이터(Accelerator)'란 초기창업자를 선별하여 3개월 내외의 짧은 기간 동안 집중 보육하는 기관을 뜻하며 스타트업을 만들어 내는 '공장'에 비유하여 '스타트업 팩토리'라고도 불린다.

'액셀러레이터'는 웹, 모바일 등 플랫폼 기반 비즈니스 발달에 따른 창업비용 감소 등 최근의 창업환경 변화에 따라 2000년 후반부터 태동하였으며, 다음과 같은 특징을 가진다.

① 누구에게나 개방적이지만 매우 경쟁적인 선발 절차
② 초기창업준비금(pre-seed) 투자와 보육공간 제공
③ 개인 창업자보다는 소규모 팀에 '기수(시즌)'별 집중 지원
④ 교육과 멘토링을 포함하여 기수 내의 모든 창업팀을 지원

또한 '액셀러레이터'는 기존의 창업보육센터 시스템과 다음과 같은 점에서 구분된다.

〈 창업보육센터와 액셀러레이터의 비교 〉

구분	기존 창업보육센터	액셀러레이터
보육기간	장기(3~5년)	단기 (3~6개월)
초기투자	없음	소액 지분투자
주요 프로그램	경영 지원 서비스	전문적 초기 육성 프로그램
지원단위	개별 지원	기수별 집단 지원

'액셀러레이터'의 가장 대표적인 예는 '05년 미국에서 설립된 Y-Combinator로, 설립 이후 6년간 316개 기업에 투자하였으며 투자한 회사의 총 가치는 '11년 6월 기준으로 50억 달러로 추산된다. Y-Combinator는 기업당 평균 $18,000를 투자(지분율 6%)하였다.

2012년 현재 미국의 Y-Combinator 외에도 Techstars, Plug&play 등 다양한 '액셀러레이터'가 활동하고 있으며, 최근에는 유럽, 일본 등에서도 빠르게 전파되고 있다.

최근에는 우리나라에서도 90년대 말 벤처 붐을 주도했던 '벤처 1세대'들의 주도하에 '프라이머' 등 자생적

'액셀러레이터' 활동이 싹트기 시작했다. 2002년에 선정된 4개 기관은 모두 그간의 풍부한 경험을 바탕으로 각각의 전문분야에 특화되어 있다.

스타트업 및 벤처 전문 온라인 미디어로써 설립된 '벤처스퀘어'는 그간 구축한 창업 전문가, 벤처캐피탈, 엔젤 투자자 등과의 네트워크를 기반으로 우수한 멘토를 연계하는 방식의 '네트워크형 액셀러레이터'를 지향하며, 실제 4개 기업에 투자를 병행하며 창업기업 멘토링 전도사로 나서고 있는 '레인디'는 그간의 후배기업 지도 경험을 바탕으로 개인교습 방식의 '밀착형 액셀러레이터'를 표방하고 있다.

도메인 등록 기업 '닷네임코리아'는 '싸이월드' 창업자로 유명한 형용준 씨와 의기투합하여 업무 협력관계에 있는 인터넷 분야 창업기업들의 상품화 개발을 함께 지원하는 방식의 '고유사업 기반형 액셀러레이터' 모델을 제시하여 눈길을 끌었다.

'스타 벤처의 매니저 회사'를 표방하며 인큐베이팅·IR 전문기업으로 설립된 '벤처포트'는 Campus CEO 프로그램 운영경험 등을 바탕으로 마젤란 기술투자와 연계한 '벤처캐피탈 투자 연계형 액셀러레이터'로 활발한 활동을 할 것으로 기대된다.

정부는 이번에 선정한 4곳의 '액셀러레이터'가 연간 2기수의 보육과정을 운영하는 데 필요한 비용을 지원하고, '액셀러레이터'가 창업팀에 창업초기자금을 투자하면 정부가 1:1의 비율로 매칭투자하는 등 적극 지원할 계획이다.

이번에 선정된 '액셀러레이터'로부터 집중 트레이닝을 받길 원하는 예비창업자나 창업팀은 각 기관별 홈페이지를 참고하여 신청할 수 있다.

〈 선정기관별 연락처 및 홈페이지 〉

기관명	연락처	홈페이지
(주)벤처스퀘어	070-8224-8975	http://www.venturesquare.net
(주)레인디	02-6080-0592	http://raind.co.kr
(주)닷네임코리아	070-7090-0812	http://www.dotname.co.kr
(주)벤처포트	02-302-7037	http://venture.port.co.kr

출처: 중소기업청, 2012. 5. 12., 발췌 및 재정리.

사례 연구 7 ■

○● 액셀러레이터 운영 방안

해외 선진 액셀러레이터의 운영과 주요 핵심역량을 보면서, 스타트업의 효과적인 지원과 액셀러레이터의 활성화를 위해서 다음과 같은 운영방안이 요구된다.

첫째, 기존에 창업과 기술에 많은 경험이 있는 전문가가 중심이 되어 잠재력이 있는 스타트업을 기수(Batch)

별로 공정하고 경쟁적으로 선발해야 한다.

둘째, 스타트업이 창업초기에서 발생하는 경제적 어려움을 극복하고 동반자 의식을 갖도록 초기자금 투자와 향후 투자가로부터 투자를 받을 수 있도록 지원한다.

셋째, 창업·사업화·경영·기술 등 우수한 전문가 그룹 기반의 맞춤형 육성프로그램을 운영한다.

넷째, 단기간 집중교육을 통해 스타트업이 조기에 성장할 수 있도록 경영역량과 시장진입을 지원하는 역량 있는 코칭 지원이 요구된다.

다섯째, 산업 분야별 전문화 역량과 글로벌 창업을 지원할 수 있는 해외 협력 네트워크 역량이 요구된다.

○● **활성화 방안**

액셀러레이터가 활성화를 통하여 새로운 창업지원 기관으로 자리 잡기 위해서는 다음과 같은 제도적 지원 및 활성화 방안이 따라야 한다.

첫째, 개정된 창업지원법의 등록요건을 다양화하고 간소화해야 한다. 일반 법인은 1억원(비영리 법인은 5천만원)의 최소 자본금, 창투사 경력 3년 이상의 전문인력(2명 이상), 6개월마다 운영현황 보고, 최소 1,000만원 이상 투자와 3개월 이상 지원 등 시행규칙을 예고하고 있지만 창투사 이외의 다양한 경험을 가진 전문가들이 참여할 수 있고, 운영현황 보고도 연간 단위로 완화와 내용도 간소화하여 업무 부담을 줄여야 한다. 그리고 개인투자조합 결성에 법인이 참여할 수 있도록 확대하여 자금조달이 원활하도록 해야 한다.

둘째, 액셀러레이터 운영현황과 투자회사의 정보를 공유할 수 있는 종합정보망이 구축이 필요하다. Seed-DB와 Global Accelerator Network처럼 창업가와 액셀러레이터가 서로 정보를 공유할 수 있도록 액셀러레이터 운영 현황과 스타트업의 정보 등을 한곳에서 접근할 수 있는 포털 구축이 필요하다.

셋째, 창업보육센터 등 기존 창업지원 기관의 참여를 확대해야 한다. 특히 20여년 동안 스타트업에게 핵심적인 지원을 해오고 있는 창업보육센터(BI)를 별도 법인화하여 자본과 인력, 그리고 단기 보육프로그램 확충을 통해서 단순 공간과 시설 제공에서 벗어나 창업초기 종합지원 기관으로 육성해야 한다.

넷째, 투자활성화를 위해 세제지원과 거래 활성화를 위한 제도마련이 필요하다. 엔젤을 포함하여 개인투자조합이 활성화될 수 있도록 지분매매와 배당 때 이중으로 부과되고 있는 세금을 창업투자회사 수준으로 지원하고, 투자지분 회수를 원활하게 할 수 있도록 거래 활성화 방안을 마련하여야 한다.

다섯째, 전문가 시니어 등 다양한 전문가를 멘토로 활용 방안을 마련해야 한다. 경기 불황과 조기 퇴직 등 많은 경험과 기술을 가진 시니어를 생계형 창업이 아닌 액셀러레이터 같은 기회형 창업이나 액셀러레이터 멘토로 활용할 수 있는 교육과 인증제도 도입 등이 필요하다.

여섯째, 대기업과 성공기업의 액셀러레이터 운영과 협업을 촉진해야 한다. Goole, MicroSoft 등 글로벌 기업처럼 기업의 경험과 콘텐츠를 활용하여 관련 분야의 스타트업을 육성하는 대기업형 액셀러레이터를 촉진하고, 전문 액셀러레이터와 관련 스타트업이 참여하는 개방형 혁신 등 협업을 촉진하는 정책을 추진해야 한다.

일곱째, 산업 분야별 전문화와 글로벌화를 추진하여야 한다. TechStars와 같이 산업과 연계하여 글로벌 기술 창업을 지원하는 액셀러레이터로 육성하고 지원하여야 한다.[9]

---

9 http://www.riss.kr/search/detail/DetailView.do?p_mat_type=be54d9b8bc7cdb09&control_no=e6d300081eff2772ffe0bdc3ef48d419#redirect

 사례연구 8 ▪▪▪▪▪▪▪▪▪▪▪▪▪▪▪▪▪▪▪▪▪▪▪▪▪▪

멘토링·교육·네트워킹 등 창업기업 성장 지원 프로그램
'액셀러레이터' 창업생태계 새로운 지원체계로 대두

○● 국내 액셀러레이터의 경쟁력 확보를 위한 정책방향
▲ 객관적 평가체계 위한 성과분석 지표 개발 및 시스템 구축
▲ 해외 선진 액셀러레이터 및 글로벌 기업 프로그램 국내 기관·기업 연계
▲ 현행 벤처캐피탈·창업보육센터 등과 구분 ⋯ 주요 요건 정의 및 제도적 지위 마련

KISDI는 보고서에서 창업생태계의 새로운 지원체계로 액셀러레이터가 대두되고 있다며 기존 지원체계와의 차이점, 국내외 액셀러레이터 현황 및 해외 정부 및 글로벌 기업들의 사례를 소개하고, 국내 액셀러레이터의 경쟁력 확보를 위한 정책 추진 방향을 제시했다.

현재 창업기업은 자금, 인력, 마케팅 등 여러 부분에서 다양한 애로사항을 피력하고 있으며, 이러한 애로사항을 해결할 수 있는 지원에 대한 수요가 증가하고 있다.

신정부 출범 이후, ICT 중소벤처의 창업 및 성장을 위한 다양한 지원정책이 수립되고 있지만 정책 수요자인 창업기업과 투자자, 벤처캐피탈 등의 정책 수혜자들이 실질적인 혜택을 지속적으로 누리며, 결과적으로는 이들의 자생력을 기를 수 있도록 지원방안을 보다 구체적으로 마련할 필요성이 높아지고 있다.

액셀러레이터(accelerator)는 2000년대 중반 이후 창업 생태계의 새로운 지원체계로 등장했으며, 창업기업 성장에 필요한 멘토링, 교육, 네트워킹 등을 지원하는 비즈니스 모델로 주목 받고 있다.

〈 해외 주요국의 액셀러레이터 지원 방식 비교 〉

구분	액셀러레이터 지원 방식	지원 내용	1차 지원 대상
핀란드	간접	액셀러레이터의 포트폴리오 기업에게 우대조건 제공	창업초기 기업
영국	간접	코칭 서비스 비용 보조	고성장 중소기업
호주	직접	공간, 멘토링, 매칭 투자 등 제공	초기단계 하이테크 기업
캐나다	직접	자금 지원	액셀러레이터

해외에서는 고성장 기업의 육성을 목적으로 이러한 비즈니스 모델에 대한 정부차원의 지원을 활발히 하고 있으며 해외의 글로벌 기업들 또한 보완적 관계에 있는 관련 산업이나 인접분야의 창업기업 육성을 통해 자신들의 경쟁력을 확보할 수 있도록 개별 기업의 특성에 맞는 액셀러레이터 프로그램을 운영하고 있다.

아직 초기단계인 국내 액셀러레이터의 경우 자체적으로 활성화돼 창업기업을 지원하고 성장시키기에는 많은 어려움이 있고 액셀러레이터의 경쟁력 강화를 위한 환경조성이 필요한 시점이라며 국내 액셀러레이터의 경쟁력 확보를 위한 정책 추진 방향을 세가지로 제시했다.

첫째, 액셀러레이터가 실제로 창업 생태계 활성화에 도움이 되는지에 대한 검증이 필요하며 이를 위한 성과 분석 지표 개발 및 시스템 구축이 중요하다. 국내의 액셀러레이터는 빠른 확산에도 불구하고 아직까지 그 효과가 검증되지 않은 상황이며, 액셀러레이터의 성과를 객관적으로 평가할 수 있는 체계가 필요하다. 실제로 액셀러레이터의 일부 기능만을 행사하면서 스타트업의 니즈를 해결하지 못하는 경우가 다수 존재하는 것으로 파악됐으며 액셀러레이터의 빠른 확산에도 불구하고 아직까지 가시화된 실적 데이터가 부족함은 액셀러레이터가 과연 효과적이라고 볼 수 있는지에 대한 의문을 제기할 수 있다. 특히, 최근 ICT 분야의 국내 시장과 글로벌 시장의 동기화 현상을 고려한다면 해외 유수 국제 관련 기관과의 협력에 기반한 주요 지표 개발 및 분석이 중요하다.

둘째, 글로벌 시장을 목표로 국내 액셀러레이터 및 창업기업의 원활한 성장을 위해 해외 유수 액셀러레이터 및 글로벌 기업의 프로그램을 국내와 연계할 수 있는 전략적 접근이 필요하다. 최근에는 글로벌 시장 환경에서 시장규모 및 성장가능성의 경쟁력을 확보하기 위해 창업 초기부터 글로벌화를 지향하는 전략이 성공의 주요 요소로 작용하고 있으며, 본 투 글로벌(Born to Global) 기업은 내수지향 기업보다 고용창출, 투자액, 지속가능성 측면에서 효과적인 것으로 나타났다. 따라서 글로벌 시장을 지향하기 위해 해외 선진 액셀러레이터의 국내 유치 및 전략적 제휴를 유도하고 국내 기관·기업과의 연계 및 협업을 추진할 필요가 있으며, 특히 해외기관과의 공동사업, 국내에 지사를 둔 글로벌 기업의 액셀러레이터 프로그램의 보다 활발한 국내 유치가 필요하다.

셋째, 중장기적인 관점에서 현행 벤처캐피탈, 창업보육센터 등과 구분되는 역할을 하고 있는 액셀러레이터의 주요 요건을 정의하고 제도적 지위의 마련 또한 검토할 필요가 있다. 기존 벤처캐피탈의 경우 자본금이나 인원과 같은 외형적 요건에 치중하고 있으므로 액셀러레이터의 제도적 지위를 마련하는 데 있어서 멘토링, 교육, 인적 네트워킹과 관련한 내용적 요건(해당분야에서의 경험, 능력 등)을 핵심적으로 고려해, 일정 요건을 충족하는 액셀러레이터 및 수요자(창업기업)를 유인할 수 있는 세제혜택 마련 및 각종 정부지원 프로그램과의 연계방안이 필요하다.

출처: KISDI Premium Report(14-02).

4 국내외 액셀러레이터 지원정책

(1) 국내 지원정책 및 대기업의 액셀러레이터 프로그램

1) 국내 액셀러레이터 지원정책

지금까지 국내 창업보육센터 운영 모델은 「유망기업 발굴 - 사무실 제공 - 졸업」의 단순한 과정만을 수행해 왔다. 즉 창업보육센터 설립초기부터 유망한 벤처기업들에게 사무실을 저렴하게 제공하고, 벤처기업들의 집적화를 지원함으로써 성장을 도모한다는 취지에서 시작된 사업모델에서 큰 변화 없이 지속되어 왔다.

2013년 9월부터 글로벌 창업네트워크, 벤처스퀘어, FT액셀러레이터 등 3개사와 해외의 글로벌 액셀러레이터간 3개 컨소시엄을 선발하여 지원을 하였고, 이들은 총 28개의 스타트업을 선발하여 약 3.5개월 간 국내외 멘토링 네트워킹, 데모데이, 투자유치 등을 지원하였다.

스타트업 측면에서는 투자유치 12건(해외 2건, 130만 불 규모), 사업계약 및 제휴 14건(해외 9건) 등의 성과를 보였다. 또한 2014년 3월 6일 제7차 창조경제 위원회에서 확정한 「글로벌 액셀러레이터 육성계획」에 따라 글로벌 역량을 갖춘 액셀러레이터 지원 대상을 '13년의 3개에서 '14년에 5개로 확대하고, 전문협의체를 구성하여 운영하기로 확정하였다.

표 5-2 **글로벌 액셀러레이터 육성계획의 주요 추진내용**

문제점	추진과제	주요 내용
• 국내시장 중심 • 맞춤형지원 부족	전문역량 강화	• 글로벌진출 역량강화 • 성장단계, 산업, 지역별 특화
• 민간역량 활용미흡 • 유관기관 협력제한 • 정책간 연계미약	협업체계 확충	• 대기업, 선도벤처 참여확대 • 엔젤, VC, BI 협력강화 • 패키지식 지원 사업연계
• 상호협력 부족 • 정보 비대칭성 문제 • 제도적 기반부재	성장기반 구축	• 전문 협의체 운영 • 정보제공, 공유체계 마련 • 법규, 제도화 검토

출처: 글로벌 액셀러레이터 육성계획(미래창조과학부, 2014. 3. 6).

〈표 5-2〉와 같이 글로벌 액셀러레이터 육성 계획의 주요 추진 내용으로는 전문 역량 강화, 협업체계 확충, 성장기반 구축으로 요약할 수 있다.

2) 대기업 액셀러레이터 프로그램 실태

국내에도 대기업주도의 우수한 액셀러레이터 프로그램이 존재하고 있다. CSR(기업의 사회적 책임) 차원의 엑셀러레이션 프로그램이 다수이지만, 동반성장을 목적으로 하는 CSV(공유 가치창조)의 개념도 존재한다(platum, 2013).

① 삼성SDS - 에스젠 에코 네트워크(sGen Eco Network)

2012년부터 운영하고 있는 삼성SDS의 에스젠 에코 네트워크(sGenEco Network)는 참신한 아이디어와 역량을 보유한 창업기업을 발굴해서 창업 전반에 대하여 지원하는 삼성의 인큐베이팅 프로그램이다. 이 프로그램을 통하여 사무공간을 지원받고 운영자금, 영업 노하우, 마케팅 지도, 기술교육, 법률적 자문 등 창업과 관련한 전반적인 지원과 충실한 멘토링을 받을 수 있다. 에스젠 에코 네트워크의 특징이라면 CSR보다는 CSV에 초점이 맞춰져 있다. 공모전을 통해 선정된 팀은 엑셀러레이션 프로그램을 통해 삼성 SDS와 상생할 수 있는 스타트업으로 성장할 수 있다.

② 포스코 - 포스코벤처파트너스

2011년에 시작되어 운영되고 있는 '포스코벤처스파트너스'는 포스코가 '한국형 청년창업 지원 생태계구축 모델'로 들고 나온 엑셀러레이션 프로그램이다. 이 프로그램은 뛰어난 기술 아이디어를 가진 스타트업을 발굴하여 초기 단계 육성에서 사후 관리까지 직접 지원한다. 포스코 벤처파트너스는 국내에 대표적인 사회적 책임(CSR) 차원으로 운영되는 대기업 운영 엑셀러레이션 프로그램이라고 할 수 있으며 이 프로그램의 장점은 좋은 아이디어가 바로 사업으로 이어질 수 있도록 확실하게 지원하는 것을 핵심으로 하고 있다.

③ NHN - NHN NEXT

'네이버 학교'로 유명한 NHN NEXT는 NHN이 10년간 1,000억을 투자해 설립한 소프트웨어 산업 인재 양성을 위한 전문 교육기관이다. SW 개발뿐 아니라 SW분야가 필요로 하는 인문사회학적 소양, 디자인 기술, 기업가 정신 등을 고루 갖춘 융합형 인재 양성을 목표로 한다. 연 입학 정원 120명 모두가 전액 장학금을 받으며 학생 개인용 노트북과 24시간 작업이 가능한 별도의 개인 작업공간도 함께 제공하는소프트웨어 인재양성 엑셀러레이션 프로그램이라 할 수 있다.

(2) 외국정부 지원정책 및 대기업의 액셀러레이터

외국정부의 액셀러레이터 지원정책

해외 정부의 액셀러레이터 지원 프로그램은 궁극적으로는 고성장 기업의 육성을 목적으로 하고 있으며 운영 방식은 국가별로 상이하다. 액셀러레이터를 직접 지원함으로써 터를 육성하고 액셀러레이터가 고성장 기업의 성장을 지원할 수 있도록 유도하는 사례들과 고성장기업이 액셀러레이터 서비스를 이용할 수 있도록 지원함으로써 액셀러레이터에 간접적으로 지원되는 사례들이 존재한다.

① 미국

미국은 'Start-up America'라는 정책 슬로건하에 새로운 창업 지원 정책을 통해 미국의 지속적인 경제성장을 추구하였다. 이를 위해 잡스법이라고도 불리는 'Start-up America Act'를 제정하여, 클라우드 펀딩제도화, 창업비자 발급 등의 창업 친화적 제도를 신설하였다. 벤처기업 집적지가 실리콘밸리 및 Route 128번 지역으로 대표되다가, 최근 뉴욕시가 적극적인 창업지원 정책을 펼치면서, 금융과 창업의 허브로 성장하기 위한 정책들을 시행 중이다. 단순한 창업보육이 아닌 투자와 창업보육을 동시에 실시하는 액셀러레이터를 육성하고, 창업 및기업가 정신교육 강화도 실행하고자 한다.

② 영국

영국은 'Creative Britain: New Talents for the New Economy'라는 정책을 통해 창조경제 시대의 주도권 확보를 위해 준비를 시작했다.

그 내용은 첫째, 창조교육 실시, 둘째, 일자리로의 재능 전환, 셋째, 연구 및 혁신 지원, 넷째, 자금 및 성장지원, 다섯째, 지식재산 장려 및 보호, 여섯째, 창조 클러스터 지원, 일곱째, 글로벌 창조 허브 구축, 여덟째, 전략 업데이트 등의 8개 부문에 26개 정책 과제를 발표하였다. 영국의 창조경제 전략은 문화 및 첨단 산업에서의 창업을 촉진하여, 제조업 및 지식서비스업에서의 경쟁력 강화 및 일자리 창출을 하는 데 있다.

또한 런던 중부와 동부 지역을 창조지역으로 탈바꿈하면서 기술 허브로 발전시키겠다는 East London Tech City 계획을 발표하면서, 창업보육을 통한 초기기업 성장촉진 정책을 추구하고 있다. Growth Accelerator 프로그램은 기업의 성장에 있어 멘토링이 중요하다는 인식하에 도입되었으며 고성장 기업이 코칭 서비스를 원활히 이용할 수 있도록 정부가 고성장 기업의 코칭서비스 비용을 보조해 준다.

③ 이스라엘

이스라엘은 정부 주도의 요즈마 펀드를 설립하여 VC활성화를 통한 벤처기업 육성 정책을 집행 중이다. 요즈마 펀드의 성공과 함께 액셀러레이터인 창업보육 기관들에 지원을 통해 벤처 생태계의 선순환 사이클을 구축하였다. 정부의 승인을 받은 창업 기업들의 R&D 프로젝트에 대해서는 R&D 지출 총액의 66%까지 자금을 지원한다. 기술개발 및 사업화 단계에 따라 주로 대학이 산학연 컨소시엄 등으로 주도하는 원천기술 개발 프로그램, 기업이 주도하는 상용화 기술개발 프로그램과 사업화 단계 위주인 창업단계 프로그램으로 구별하여 운영 중이다.[10]

사례연구 9 ■

| 참고 1 | 『창업지원법』 상 액셀러레이터 관련 주요 내용[11] |

□ 『중소기업창업 지원법』 개정을 통해, 창업기획자(액셀러레이터)의 정의 및 관리·육성에 대한 법적 근거를 마련
　* ('16. 5. 19) 국회 통과 → ('16. 11. 30) 시행 예정

> ① (정의) 액셀러레이터란 "초기창업자 등의 선발·투자, 전문보육을 주된 업무로 하는 자"로서 제19조의 2에 따라 등록한 자(제2조4의2)
> ② (등록) 액셀러레이터 사업을 영위하면서 법률에 따른 지원을 받으려는 자는 일정한 요건*을 갖춰 중소기업청장에게 등록(제19조의2 제1항)
> 　*(등록요건) 상법상 회사 또는 민법상 비영리법인으로서, 임원, 사업계획, 상근 전문 인력 및 시설 등이 법률과 대통령령으로 정하는 기준 이상일 것(제2항)
> ③ (기능) 액셀러레이터는 유망한 초기창업자를 선발·투자하여, 전문적으로 보육*하는 기능 등을 수행(제19조의3, 제19조의4)
> 　* 사업모델 및 기술 개발, 시설 및 장소의 제공, 투자자와의 제휴, 해외 진출 등
> ④ (육성) 정부는 액셀러레이터 육성 및 활성화를 위하여, 필요한 시책을 수립·시행하고 지원할 수 있음(제19조의5 내지 제19조의7)

---

10 http://www.riss.kr/search/detail/DetailView.do?p_mat_type=be54d9b8bc7cdb09&control_no=750d9c2411bc213effe0bdc3ef48d419#redirect
11 출처: 중소기업청, 2016. 12. 5.

* 창업지원법 제19조의5(개인투자조합 결성 허용), 제19조의6(창업보육센터의 액셀러레이터 전환 지원), 제19조의7(국제적 액셀러레이터 육성시책 수립·시행)

⑤ (준용) 액셀러레이터의 권리·의무 승계, 등록 말소, 등록 등의 공고, 공시 등에 관한 사항은 창투사 관련규정* 준용(제19조의9)

* 창업지원법 제11조(권리·의무의 승계), 제12조(신청에 따른 등록의 말소), 제13조(등록 등의 공고), 제14조(중소기업창업투자회사의 공시)

⑥ (관리) 기존 중소기업창업투자회사 등에 대한 "보고와 검사" 규정의 적용 대상을 액셀러레이터까지 확장(제40조)

* 액셀러레이터에 대한 검사 사유 (제40조제1항 5호, 6호 신설)

> 액셀러레이터의 ① 등록요건 유지 여부, ② 초기창업자 투자 여부에 대한 확인

⑦ (제재) 액셀러레이터가 불법 및 부당행위 등을 할 경우, 등록 취소 또는 지원 중단(3년 범위)을 할 수 있음(제43조 제2항)

* 액셀러레이터 등록취소 사유(제43조 제2항 1호~5호 신설)

> ① 거짓이나 부정한 방법으로 등록, ② 등록요건에 맞지 아니하게 된 경우, ③ 투자금액이 기준에 미달, ④ 전문보육을 해태하는 경우, ⑤ 정부지원 관련 알선·수재 등

⑧ (기타) 6액셀러레이터 등록 취소 시 청문(제44조), 업무기준의 고시(제47조), 과태료(제50조) 등에 대한 적용

참고 2	창업기획자 (액셀러레이터) 등록절차 및 관리체계

구 분	주요 내용
① 법인 설립 및 등록신청 (신 청 인)	• 상법/비영리 법인 설립 • 등록신청서, 법인등기부, 사업계획서 등 구비

② 액셀러레이터 등록 신청
서류 검토 (중소기업청)
	• 등록요건 확인
	 - 법인요건
	  *(상법상 회사) 납입자본금 1억원 이상
	  *(비영리법인) 출연한 재산이 5천만원 이상,
	단, 「과학기술기본법」에 따른 전담기관은 1천만원
	 - 전문인력 2인 이상
	 - 독립적 사무실 확보 등

③ 액셀러레이터 등록증 발급
(중소기업청)

- 등록증 발급
- 액셀러레이터 관리 DB자료 입력

 ④ 초기창업자 육성·지원
(액셀러레이터)

- 초기창업자 발굴, 지원 및 투자심의·투자 결정

 ⑤ 액셀러레이터 사후관리
(중소기업청)

- 정기검사, 수시검사 실시
- 액셀러레이터 운영실적 분석
- 업무 운용상황 보고 (반기)

⑥ 결과 조치
(중소기업청)

- 법령위반 액셀러레이터 시정명령 등
- 액셀러레이터 등록취소 (말소)

◇ 접수처: 중소기업청 창업진흥과 액셀러레이터 등록 담당
  * 대전시 서구 청사로 189 정부대전청사 / ☎ 042-481-4462, 4386

 사례 연구 10 ■

본격적인 엔젤투자의 시대가 열린다

○● **액셀러레이터 등록·지원제도 본격 시행**

신생 창업기업 발굴·육성을 위해 가장 선진화된 프로그램을 운영하는 창업기획자(액셀러레이터) 등록·관리 제도가 법적인 준비절차를 모두 마무리하고, 11월 30일부터 본격적인 시행에 들어갑니다.

중소기업청은 지난 5월 중소기업창업 지원법(이하, 창업지원법) 개정을 통해, 액셀러레이터의 정의, 등록 요건, 육성 근거 등을 제도화하였으며, 창업지원법에서 위임한 액셀러레이터 등록에 필요한 세부기준, 최소 투자 금액 및 보육기간, 등록취소 기준 등에 대한 시행령 및 시행규칙 개정을 완료하고, 일정한 요건을 갖춘 액셀러레이터에 대한 등록 및 "육성 업무를 개시합니다.[12]

액셀러레이터(창업기획자)"란 초기 창업기업을 발굴하여 엔젤투자, 사업공간, 멘토링 등 종합보육서비스를 제

---

12 창업기획자(액셀러레이터)등록 매뉴얼 참조.

공하는 창업촉진전문회사·기관」을 의미하는데요, '05년 미국 Y-Combinator에서 엔젤투자와 창업보육이 결합된 형태로 시작되어, 이후 전 세계로 확산된 액셀러레이터는 현재까지 189개 기관이 약 6,500개 기업을 보육 중에 있습니다.

국내의 경우, '10년 프라이머(대표 권도균)를 필두로 하여, 퓨처플레이(대표 류중희, '14~), 매쉬업엔젤스(대표 이택경, '15~) 등 회수(EXIT)에 성공한 선배창업가를 중심으로 도입이 확산되고 있는 추세입니다.

중소기업청은 국내 액셀러레이터가 참여하고 있는 팁스 운영사 등을 중심으로 3차례의 공청회[13]를 통해, 업계의 의견을 최대한 반영한 시행령 및 시행규칙을 마련하였으며, 주요내용은 다음과 같습니다.

(1) 창업지원법 시행령

① 액셀러레이터의 최소자본금 규정(제13조의2 제1항 및 제2항)

 – (상법상 회사) 1억원/(비영리법인) 5천만원(출연재산)

② 액셀러레이터 임원이 되는 데 있어 위반하지 말아야 할 금융관련 법령 명시(제13조의2 제3항)

③ 액셀러레이터가 보유해야 하는 상근 전문인력 및 시설 기준

(제13조의2 제4항)

 – (전문인력)

창업투자회사 등에서 3년 이상 창업기획업무를 수행한 자, 창업투자회사 등에서 3년 이상 투자심사업무를 한 자 등

 – (보유시설)

초기창업자가 창업활동을 하는 데 필요한 사무실 및 (제조업의 경우) 시제품 제작 지원장비

④ 액셀러레이터의 초기창업자 대상 최소 투자금액 및 지원기간

(제13조의3 제1항 및 제2항)

 – (최소투자금액) 1천만원 이상/(최소 지원기간) 3개월 이상

⑥ 액셀러레이터의 업무상황 보고 및 서류검사 기준, 공시범위

(안 제30조 제1항, 3항, 4항)

 – 액셀러레이터는 중소기업청장에게 업무운용 상황 등에 관한 사항을 보고(반기별)해야 하며, 필요시 소속 공무원이 사업장 등에 출입하여 장부·서류[14] 등을 검사할 수 있음

 – 액셀러레이터는 조직과 인력, 재무와 손익 등 주요사항[15]에 대해 중소기업청장이 정하는 바에 따라 공시해야 함

---

13 (총 17개 법률) 「금융산업의 구조개선에 관한 법률」, 「은행법」, 「자본시장과 금융투자업에 관한 법률」, 「보험업법」, 「상호저축은행법」, 「여신전문금융업법」, 「신용보증기금법」, 「기술신용보증기금법」, 「신용협동조합법」, 「새마을금고법」, 「신용정보의 이용 및 보호에 관한 법률」, 「외국환거래법」, 「금융위원회의 설치 등에 관한 법률」, 「자산유동화에 관한 법률」, 「금융실명거래 및 비밀보장에 관한 법률」, 「외국인투자촉진법」, 「기업구조조정투자회사법」, 「산업발전법」.

14 감사보고서, 법인등기부 등본, 전문인력 보유현황 및 그 자격을 증명하는 서류, 사무실 확보현황에 관한 서류, 거래한 회사의 주주 명부 및 법인등기부등본 등.

15 ① 조직과 인력에 관한 사항, ② 재무와 손익에 관한 사항, ③ 액셀러레이터의 결성 및 운영 성과에 관한 사항, ④ 경영개선 조치를 요구받은 경우, 업무정지, 시정명령 또는 경고를 받은 경우 그 조치에 관한 사항.

⑦ 액셀러레이터에 대한 등록취소 및 지원중단의 기준(제31조의3)

    – 액셀러레이터가 부정 등록, 투자금액 미달, 전문보육 부재, 부당이익·수취 등 부당·위법행위를 한 경우, 이에 대한 제재방안(경고·지원중단·등록취소 등)을 마련

(2) 창업지원법 시행규칙

① 액셀러레이터 등록에 필요한 서류(제9조의2 제1항)

    – 등록신청서(별지 제3조의2 서식) 및 첨부서류*(7종)

* 첨부서류?

① 정관, ② 사업계획서, ③ 임원 이력서, ④ 주주 또는 출자자 명부(상법상 회사만 해당), ⑤ 납입자본금(비영리법인의 경우 출연 재산) 증명 서류, ⑥ 상근 전문인력 보유현황 및 자격 증명 서류, ⑦ 사무실 확보현황 관련 서류

② 액셀러레이터 변경등록이 필요한 주요사항(제9조의2 제2항)

* 주요내용

① 법인명, ② 소재지, ③ 대표자 및 임원, ④ 납입자본금(비영리법인의 경우 출연재산), ⑤ 상근 전문인력 보유현황, ⑥ 정관에 적힌 사업목적, ⑦ 의결권 발행 주식총수 5% 이상 주식(주식회사 외의 회사는 지분)을 소유한 주주의 주식 소유현황, ⑧ 의결권 발행 주식총수 10% 이상 주식 소유현황

③ 액셀러레이터의 초기창업자 선발투자, 전문보육 등을 위한 사업계획 등의 기준(제9조의2 제4항)

* ① 전체 투자금액의 100분의 50 이상을 초기창업자에게 투자할 것

    ② 초기창업자의 경영 및 기술 확보에 대한 지원이 효과적인 것으로 인정될 것

    ④ 액셀러레이터의 초기창업자에 대한 전문보육[16] 및 추가지원[17]사항 구체화(제9조의3)

'10년 이후 태동기를 거쳐, '13년 도입된 팁스 프로그램과 함께 빠르게 성장하고 있는 액셀러레이터 업계에서는, 창업투자회사 등에 버금가는 법적 지원근거가 완비됨에 따라, "우리나라 창업태계가 선진국 수준으로 발전할 수 있는 발판이 마련되었다"고 환영하는 분위기인데요, 정부는 이러한 업계의 기대에 부응하여, 적법하게 등록된 액셀러레이터에게 「벤처기업법」 제13조에 따른 개인투자조합을 결성할 수 있는 권한을 부여하는 한편, 대표적인 초기 기술창업자 육성사업인 팁스 프로그램 운영사 신청자격도 원칙적으로 액셀러레이터에 한정하고, 창업투자회사에 준하는 세제지원책[18]도 마련할 계획입니다.

이번 중소기업창업 지원법 및 동법 시행령 시행을 통해, 성공한 선배 기업인이 후배 창업가를 발굴·투자·보육하는 민간 스스로 작동하는 선순환 창업생태계 조성이 대폭 앞당겨 질 것으로 보이는데요, 액셀러레이터라는 선진형 창업자 육성제도가 본 궤도에 오를 경우, 세계시장을 목표로 하는 글로벌 스타 벤처기업이 속속 등장할 것으로 기대됩니다.

중소기업청은 12월 9일(금) 14시부터 서울 팁스타운에서 이번에 새로 도입된 "액셀러레이터 등록제도 설명

---

16 (전문보육) 창업지도 및 교육, 초기사업비 제공.

17 (지원사항) 경영컨설팅 및 전문가 상담, 제품판로 및 마케팅 지원, 사업 인·허가 절차 지원, 타 창업자 및 창업기획자 등과의 연계.

18 개인투자조합이란 출자금 총액이 1억원 이상이고 조합원 수가 49인 이하인 개인들 및 벤특법 제13조제1항제2호를 충족하는 법인·단체로 구성된 조합.

회"를 개최하여, 팁스 프로그램 신규 운영사 등 등록제도 활용을 희망하는 예비 액셀러레이터를 대상으로 상세한 등록요건 및 절차, 정부 지원제도 등을 안내할 예정이니 관심 있는 분들의 많은 참여 바랍니다.

출처: samba.

사례연구 11

CEO를 위한 경영학: 블루오션 전략: 경쟁없는 시장을 찾아서

○● "벤치마킹 시대는 지났다 … '가치혁신'으로 경쟁을 불식시켜야"
(1) 융·복합으로 신시장 창출 … 호텔과 민박 장점 결합한 에어비앤비처럼
(2) 새로운 가치를 더해라 … 서커스를 쇼로 바꾼 태양의 서커스처럼
(3) 비고객을 돌려세워라 … 관심밖 소비자들도 섬세하게 공략해야

나라 안팎으로 격변과 혼돈의 시대다. 미국과 중국의 관계를 큰 축으로 한 한반도를 둘러싼 국제정치 상황의 불확실성이 높아지고 있다. 정치 리더십 교체를 앞둔 한국 경제에는 예측조차 어려운 파괴적인 삼각파도가 한꺼번에 몰아치고 있다. 평탄한 시기가 있었느냐고 반문할지 모르지만 최근의 상황만큼 복잡다단한 거시적, 미시적 요소들이 얽혀서 급변하는 경우도 드물었던 것 같다. 이렇게 혼돈의 시대에서도 경영자들은 기업의 미래를 가늠하는 전략적 의사결정을 해나가야 한다. 불확실성 상황에서 자칫 회사의 방향을 잘못 잡는다면 돌이킬 수 없는 결과를 초래하게 될 것이다.

결국은 전략적 사고가 답이다. 불확실성 아래서는 아무리 상세한 자료를 가지고 정교한 분석을 하더라도 한

계가 있기 마련이고 세상이 돌아가는 근본적인 힘의 변화를 바탕으로 한 전체의 맥락을 읽어내는 것이 중요하다. 전략적 사고는 이렇듯 맥락을 읽고 방향을 잡아가는 데 주안점을 두는 사고방식이다. 그런데 전략적 사고라는 개념은 모호하고 추상적이라는 것이 문제다. 전략의 개념을 본질적으로 정리하고 나아가 이를 구체화해 현실에 적용시키는 데 초점을 맞춘 것이 '블루오션 전략'이다.

블루오션 전략은 프랑스 인시아드(INSEAD) 경영대학원의 김위찬 교수와 르네 마보안 교수가 제시한 이론이다. 이제는 '블루오션'과 '레드오션'이 일반명사화됐을 정도로 널리 알려졌는데, 정작 구체적인 내용은 충분히 알려지지 않은 것 같다. 필자의 견해로는 블루오션 전략이 담고 있는 내용이 전략적 사고의 핵심을 전달하고 있다. 무엇보다도 출발점이 전략의 본질적인 개념을 꿰뚫고 있다. 즉, '경쟁'을 전략의 본질적인 개념에서 다시 바라봤다. 마이클 포터 하버드대 경영대학원 교수가 1980년에 출간한 〈경쟁전략〉이 전략경영을 이론적으로 정립한 시금석이 됐는데, 다만 경영자들이 전략이란 경쟁에서 이기는 것이라고 단순화해 생각하게 됐다는 것이 문제다. 블루오션 전략은 진정한 전략은 경쟁의 프레임을 벗어나서 경쟁을 불식하는 것이라고 정의함으로써 경쟁의 틀 속에 갇혀서 제한적인 전략적 사고를 하던 경영자들에게 신선한 통찰력을 제공해줬다.

블루오션 전략의 핵심적인 개념은 바로 '가치혁신'이다. 한마디로 말하면 블루오션 전략은 고객의 관점에서 치르는 가격을 뚜렷이 넘어서는 가치를 기업이 창출하는 방법을 구체화하는 것이다. 뛰어난 가치를 창출하는 방법이 반드시 비용이 많이 들지 않는다는 점 역시 블루오션 전략의 주안점이다. 요컨대 '저원가 고가치'를 추구하는 것이다. 블루오션 전략의 또 다른 강점은 현장에 접목돼 있다는 것이다. 가치혁신의 방법론을 논리적으로 정리하는 데 그치지 않고, 많은 실제 사례들을 적용하면서 구체성을 높인 점이 돋보인다. 아래와 같이 세 가지 핵심 포인트로 요약할 수 있다.

첫 번째, 기존의 경계를 넘어서 융복합을 추구함으로써 새로운 시장 기회를 발굴해 가치를 창출한다. 전통적인 제품, 서비스 제공의 시각에서 관념적으로 생각해오던 산업 내지 시장의 경계를 고객의 관점에서 재정의하는 것이다. 에어비앤비가 대표적인 사례가 될 수 있다. 전통적인 숙박업과 민박을 두 개의 분리된 시장으로 보지 않고 각각의 장점을 결합해 융합적인 사고를 함으로써 시작돼 블루오션을 개척한 사례. 나아가 고객의 입장에서 왜 특정 제품이나 서비스를 구매해 사용하는가를 구매 이전과 이후까지 포괄해 총체적인 사용자 경험의 측면에서 보면서 통념적으로 달리 보아온 제품과 서비스들을 융복합해 새로운 가치를 창출하는 것도 가능하다.

두 번째, 전략의 핵심적인 내용은 단순한 목표치 설정이 아니라 가치창출의 본질적인 속성을 심층적으로 이해하는 것이 돼야 한다. 리처드 루멜트 미국 UCLA 교수가 일갈했듯이, 경영자들은 목표설정을 전략이라고 착각하는 경우가 많다. 구체적인 숫자를 제시하고 이 숫자에 기반해 계획을 세우면 마치 회사가 전략적으로 잘돼 간다는 오해를 하기 십상이다. 블루오션 전략에서 소개하는 '전략 캔버스'는 도대체 우리 회사는 어떤 내용의 가치창출 요소를 가지고 있는가를 뜯어보는 일종의 전략 해부도다. 이제는 유명해진 태양의 서커스단이 캐나다의 작은 회사에서 글로벌 회사가 된 것도 서커스가 제공하는 전통적인 가치 요소를 완전히 달리 생각해 동물들이 등장하는 전통적인 서커스의 속성 등을 과감히 없애고 드라마에서나 보던 흥미로운 이야기 흐름을 서커스에 도입, 새로운 서커스 쇼를 탄생시켰기 때문이다.

끝으로 블루오션 전략은 고객에 대한 새로운 관점을 제시하는데, 바로 '비고객'의 개념이다. 자사 고객에게 어떻게 하면 더 많이 팔 수 있을까를 고민하는 것을 넘어서 이제까지 우리 것을 구매하지 않은 사람들은 누구이며 왜 그럴까에 대한 전략적 질문을 던지는 것이다. 비고객은 세 개 층으로 세분되는데, 첫 번째가 약간의 노력으로 끌어들일 수 있는 비고객이다. 현재 제공되는 가치 속성을 그들의 취향에 맞춰 일부 바꿔주면 곧바로 고객으로 편입될 수 있는 그룹이다. 두 번째 비고객층은 현재의 제품이나 서비스를 알고는 있지만 구매하지 않거나 구매 여력이 없는 사람들이다. 주어진 가치를 혁신적인 방법으로 가격을 낮춰 제공하는 방법을 통해 고객으로 끌어들일 수 있는 대상이다. 세 번째 비고객층은 아예 이전에는 고객으로 생각조차 하지 않았던 그룹이다. 이 그룹은 완전히 새로운 조합의 가치 속성들을 제시함으로써만이 고객층으로 전환시킬 수 있다. 이렇게 비고객층을 적극적으로 고객으로 전환해 시장 크기를 획기적으로 키워나가는 것이 블루오션의 중요한 개념 중 하나다.

전략적 사고의 핵심은 '본질'을 생각하는 것이다. 오랜 관행과 주어진 게임의 룰에 익숙한 많은 경영자들이 단숨에 사고의 틀을 바꾼다는 것은 매우 어려운 일이다. 더구나 후발자로 성공한 한국 기업들에는 업계의 경쟁자를 벤치마킹하는 것이 전략의 전형적인 내용이 돼왔다. 물론, 경쟁을 무시할 수는 없다. 그렇지만 경쟁에 앞서 고민해야 하는 것이 고객을 위한 가치. 또 원대한 꿈을 가지는 것은 좋으나 그런 비전을 어떻게 달성해낼 것인가에 대한 구체적인 방법을 그려내지 못한다면 일장춘몽이다. 혼돈의 시대를 헤쳐 나가기 위해서는 본질을 생각해야 한다. 기본으로 돌아가서 전략적 사고를 가다듬어야 한다.

○● 저비용항공사의 성공과 ˋ전략캔버스ˊ

블루오션 전략의 가장 핵심적인 분석적 틀이 전략캔버스다. 전략캔버스란 특정 산업이나 시장에서 제품과 서비스를 통해 제공되는 총체적인 고객 가치가 구체적으로 어떤 내용인가를 요소별로 분해해 일목요연하게 보여주는 도표다.

예를 들어 저비용항공사의 성공을 전략캔버스로 명쾌하게 설명할 수 있다. 고객이 항공 여행을 하면서 느끼는 총체적인 가치를 요소별로 쪼개 보면 좌석, 기내식, 기내서비스, 정시성, 연결편의성, 라운지서비스, 마일리지서비스 등 여러 가지가 있을 수 있다. 저비용항공사의 성공은 고객 니즈를 심층적으로 파악해 꼭 필요한 가치를 새로 만들거나 강조하고, 덜 중요한 가치를 없애거나 줄임으로써 파격적인 가격 인하를 선보인 것에서 기인한다.

전략캔버스는 이렇게 세분화된 가치 창출 요소별로 자사와 다른 업체들의 상황을 비교해 봄으로써 얼마나 전략적으로 사업을 영위하고 있는가를 스스로 평가해 보는 효과적인 도구다. 업계 관행에 따라 관성적으로 고객 가치를 제공하고 있는 건 아닌지 살펴보고, 새로운 관점에서 가치를 획기적으로 증진시키는 방법을 모색하는 계기를 마련할 수 있다. 나아가 이제까지 생각하지 못한 새로운 가치 속성을 발견해 냄으로써 진정한 블루오션을 개척할 수도 있다

출처: 김동재, 한국경제, 2017. 3. 18.

"NOW를 넘어 NEW, NEW를 넘어 NEXT"
디지털 시대의 새로운 다짐, 'Be the NEXT' TV 광고 온에어!

신한은행은 6월 3일부터 새로운 광고 슬로건 'Be the NEXT'를 선포하는 TV 광고를 집행하고 있다. 이번 광고는 "현재의 성공에 안주하지 말고 스스로에 대한 파괴적 혁신을 통해 업을 새롭게 재정의하자"라고 강조한 은행장의 철학이 담긴 '리디파인(Redefine · 재정의) 신한'에서부터 출발한다. Fast Follower가 아닌 First Mover로서 은행을 Redefine하고 시장을 바라보는 관점을 Redefine해서 대한민국 금융미래를 리드하겠다는 의지를 고객에게 보여주고자 하는 것이다.

광고에서는 핀테크를 중심으로 급격하게 금융업의 경계가 해체되고 있는 상황에서 현재(Now)의 은행에 머물지 말고, 끊임없이 다시 혁신함으로써 새로움(New) 그 너머(NEXT)로 나아가자는 비전과 철학을 제시하고 있다. 특히 새로운 슬로건 'Be the NEXT'는 앞으로의 금융 생태계를 이끌어갈 '초격차 리딩뱅크'로서의 철학을 담아내 미래지향적으로 변화해가는 당행의 행보에 기대감을 더하고 있다.

4차 산업혁명시대를 맞아 전기자동차, 드론 택배 등 전에 없던 혁신적 상품들이 등장하고 있고, 금융 환경 또한 서류가 필요 없는 디지털 창구나 각종 은행 업무를 간편하게 처리하는 모바일 뱅킹 등으로 디지털 금융의 영역을 넓히고 있다. 이에 광고에서는 시장의 챌린저가 아닌 고객의 더 나은 내일을 향해 미래를 리드하는 은행으로써 새로운 다짐과 방향성을 선언하고 있다.

이러한 의도는 이번 광고의 톤에서도 엿볼 수 있다. 금융 광고에서 자주 표현해오던 고객의 일상적인 모습이나 익숙한 미래의 모습에서 벗어나 전반부는 비트감 있는 BGM에 맞춰 Now와 New의 대비를 감각적으로 보여주었고, 후반부에는 신한은행이 지향하는 'NEXT 은행'의 모습을 다른 은행광고에서는 볼 수 없는 화려한 CG를 이용하여 색다르게 담아냈다.

미래 금융을 향한 도전을 멈추지 않겠다는 이번 광고가 고객의 마음에 한층 더 강렬하게 다가가고 신한은행의 앞선 노력이 고객의 불편함을 없애고 편리한 혜택으로 돌아오길 기대하고 있다.

출처: 한국경제 2017. 6. 14.

사례 연구 13

AI로 癌 진단, 로봇으로 수술, 3D프린터로 臟器 제작
… 8,500조원 헬스케어 산업 혁명 조짐 … 의사도 새 일자리

> 최근 몇년 사이에 크게 주목받는 신기술들이 사람의 생명을 살리고
> 수명을 늘리는 새로운 길을 제시하면서 기존 의료계에 부는 바람이 '혁명적'이다

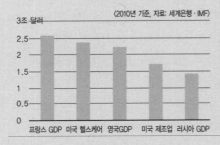

英 GDP 넘어선 美 헬스케어 시장
〈2010년 기준, 자료: 세계은행·IMF〉

美 1인당 헬스케어 관련 지출
〈자료: 세계은행·IMF〉

호주 멜버른에 위치한 디킨대학 연구진은 얼마 전 촉각전달 기술인 '햅틱(haptics) 기능'을 갖춘 수술용 로봇 '히어로서지(HeroSurg)'를 개발했다. 기존에는 로봇 수술 때 시각 정보에 의존해 수술을 했지만 햅틱 기술 적용으로 로봇 수술을 진행하는 의사가 수술 부위의 느낌을 인지할 수 있게 됐다. 예를 들어 암세포가 전이된 부위와 전이되지 않은 정상적인 피부 조직 간의 차이도 촉각으로 인지할 수 있어 보다 정밀한 수술이 가능해졌다. 이 로봇은 수천킬로미터 떨어진 거리에서도 원격 조작이 가능하다.

지난 8월에는 IBM의 수퍼컴퓨터 '왓슨'이 일본에서 환자의 생명을 구해 화제가 됐다. 일본 도쿄대 의과학연구소는 왓슨에 논문을 학습하도록 한 뒤, 급성골수성백혈병으로 진단 받은 60대 여성 환자의 유전자 데이터를 분석하도록 했다. 10여 분 동안 분석을 마친 왓슨은 이 환자의 병이 '2차성 백혈병'이라는 또 다른 질환에 가깝다며 기존에 투여하던 항암제를 변경할 것을 제시했고, 목숨을 구할 수 있었다.

연간 8,500조원(2013년 기준)에 달하는 세계 의료·헬스케어 산업에 첨단기술이 혁명을 일으키고 있다. 인공지능(AI)과 로봇, 3D프린팅, 가상현실(VR), 드론 등 최근 몇년 사이에 크게 주목받는 신기술들이 사람의 생명을 살리고 수명을 늘리는 새로운 길을 제시하고 있기 때문이다. 이들 기술의 발전이 눈부신 만큼 기존 의료계에 부는 바람도 혁명적이다. 의사들은 데이터를 바탕으로 로봇을 이용해 수술하면서 정밀도를 높이기 위해 가상현실 기술의 도움을 받는다. 또 3D프린팅 기술로 구현된 인체 조직 및 장기 모델을 이용해 사전에 모의 수술을 실시한다. 그 덕에 수술시간이 짧아지고 오진과 출혈, 의료사고의 확률이 낮아진다. 결과는 환자의 고통이 줄고 인류 수명이 연장되는 것으로 나타난다.

의학과 직접 관련 있는 기술은 아니지만, 무인차와 드론 관련 기술도 의학 기술과 의료 산업의 발전 속도를 가속하는 촉매제가 될 것으로 기대된다. 무인차가 상용화되면 환자 혼자서도 사전에 프로그램된 경로에 따라 병원을 오갈 수 있다. 드론은 교통 인프라가 열악한 아프리카는 물론 미국 산간 지방 등에서도 의약품 배송에 이용되고 있다.

○● 첨단 기술 적용 성공 잇따라

보행장애 환자가 세브란스재활병원에서 재활로봇으로 치료를 받고 있다.

의료 분야에서 '로봇'은 크게 두 종류로 나뉜다. 인간을 닮은 '휴머노이드'와 미국 의료기기 업체 인튜이티브 서지컬(Intuitive Surgical)의 '다빈치 로봇'으로 대표되는 '로봇팔' 형태의 수술용 의료기기다.

아직 도입 초기 단계인 휴머노이드는 주로 환자 곁에서 간호사를 보조하는 역할을 맡고 있다. 의료 분야에서 휴머노이드 활용에 가장 적극적인 곳은 65세 이상 고령 인구 비율이 26%에 달하는 일본이다. 각종 규제 탓에 외국인 노동자 채용이 힘든 싱가포르에서도 로봇 간호사를 도입하는 곳이 늘고 있다.

일본에서 간병 로봇의 시작은 2002년 보안 업체 세콤이 개발한 식사보조 로봇 '마이스푼'이다. 손을 자유롭게 사용하기 어려운 노인들에게 밥을 떠먹여주는 기능으로 호평을 받았다. 지난 해에는 일본 이화학연구소가 간병 로봇 '로베어(Robear)'를 공개했다.

환자나 노약자에게 편안한 느낌을 주는 북극곰 인형을 닮은 얼굴에 포근한 느낌을 주기 위해 팔 부위를 특수 고무로 만들었다. 최대 80kg 무게의 환자를 안고 출입구와 같은 좁은 공간을 자유롭게 다닐 수 있는 것이 특징이다. 상용화까지는 보완해야 할 점들이 있지만, 노약자와 환자들을 하루에 약 40번씩 들어 올리면서 요통에 시달리는 간병인들에게 앞으로 큰 도움이 될 것으로 보인다.

수술용 로봇 분야에서 가장 앞선 곳은 실리콘밸리를 등에 업은 미국이다. 미국에서는 병원 4곳 중 1곳이 수술용 로봇을 보유하고 있을 만큼 로봇을 이용한 시술이 보편화돼 있다.

O┳┳ Keyword

원격의료(telemedicine) 환자가 직접 병·의원을 방문하지 않고 통신망이 연결된 모니터 등 의료장비를 통해 의사의 진료를 받을 수 있는 서비스다. 세계적으로 의료와 정보통신기술(ICT)의 융합이 이루어지면서 새로운 성장산업으로 떠오르고 있다. 우리나라에선 2010년 4월 관련 의료법 개정안이 제출됐지만 한 차례도 상정되지 못했다.

수술용 로봇 분야의 선도 업체인 인튜이티브 서지컬은 미국 캘리포니아주 서니베일에 있다. 지난해 말 기준 매출은 23억 8,000만 달러(약 2조 6,700억원)다. 이 회사가 자랑하는 다빈치 로봇 시스템은 대당 평균 판매가격이 154만 달러(약 17억 2,900만원)나 되지만 지난해 말까지 총 3,500대 넘게 공급했다. 우리나라에도 올해 7월 기준으로 46개 병원에 59대가 설치돼 있다.

다빈치 시스템은 복잡한 수술을 최소 절개로 진행할 수 있게 정교하게 설계된 수술 플랫폼이다. 3D 고화질 영상시스템과 로봇팔에 부착하는 초소형 수술장비 엔도리스트(EndoWrist), 4개의 로봇팔을 장착한 수술대 키트 등으로 구성된다. 최대 10배까지 확대한 입체영상으로 수술 부위를 관찰할 수 있다.

○● 의료용 VR, 뇌졸중 환자 치료에 이용

의료용 VR 기술도 높은 시장 잠재력을 인정받고 있다. 시장조사업체 마켓앤드마켓은 전 세계 VR 시장 규모가 지난해 13억 7,000만 달러에서 2022년 339억 달러(약 38조 2,500억원)에 이를 것으로 전망한다.

현재까지 의료 분야에서 VR 기술은 교육 목적으로 활발하게 활용되고 있다. 지난 4월 영국 로열 런던 병원에서는 세계 최초로 VR 카메라를 이용해 수술 장면을 의대생들과 의료진에 중계하기도 했다.

교육 목적 외에 병원에서 오랜 시간을 보내야 하는 만성질환 환자들의 스트레스와 통증을 덜어주는 데도 VR 기술이 사용된다. 미국 로스앤젤레스(LA)에 있는 세다스 시나이 병원에서는 스트레스와 통증을 줄이기 위해 환자들이 VR을 통해 구현된 야외 풍경이나 심해의 모습을 볼 수 있도록 했다. 네덜란드 업체가 개발한 'Visit U'는 환자의 집에 설치된 360도 카메라와 병원의 VR 기기를 연동해 병원에서 집에 있는 것과 같은 기분을 느낄 수 있도록 했다. 노인을 주로 진료하는 의사나 의대생을 위해 '노인'이 되는 경험을 제공하는 VR 기기도 있다.

의료 혁명의 역사

1902 영국 생리학자 윌리엄 베일리스와 어니스트 스탈링, 호르몬 발견

1921 캐나다의 프레더릭 밴팅과 찰스 베스트, 인슐린 발견

1953 미국 분자물리학자 제임스 왓슨과 영국의 프랜시스 크릭, DNA구조 발견

1954 미국의 외과 전문의 조셉 머레이가 최초의 신장이식수술 성공 (일란성쌍둥이 형제 간)

1905 최초의 각막이식수술 성공(체코)

1929 오스트리아의 정신의학자 한스 베르거가 인간 뇌파 첫 측정

1895 독일의 물리학자 빌헬름 뢴트겐이 X-레이 발견

1928 영국의 미생물학자 알렉산더 플레밍, 페니실린 발견

1932 독일 과학자 에른스트 루스카, 전자현미경 개발

1963 미국의 성우 폴 윈첼이 최초의 인공심장 발명

1985 최초로 로봇 (Puma 560) 이용한 수술 집행

2016 미국 연구진, 자동으로 투석해주는 '웨어러블 인공신장' 개발

1967 남아프리카공화국의 크리스티안 바너드 박사, 심장이식수술 성공

1978 영국에서 최초의 시험관아기 '브라운' 탄생

1996 영국 로슬린연구소, 체세포 복제기술로 복제양 '돌리' 탄생 성공

2003 인간 게놈(genome) 지도 완성

2006 일본 연구진, 유도만능 줄기세포로 인간 간조직 배양 성공

국내에서는 분당서울대병원이 지난 2014년 서울대 공대와 공동연구로 마이크로소프트(MS)의 3차원 동작 인식 카메라 '키넥'을 이용한 VR 치료 프로그램을 개발해 뇌졸중 환자 치료에 활용하고 있다.

3D프린팅 기술의 경우 국내에서 직접 접목되는 의료 분야는 틀니와 의족, 무릎인공관절 제작 등에 집중돼 있다. 또 수술 전 모형 장기 제작에도 관련 기술이 사용된다.

세계적으로 보면 3D프린터를 이용해 신체 장기를 만드는 '바이오 프린팅' 산업은 2018년에 시장 규모가 40조원이 넘을 것으로 추산된다.

3D프린팅 기술은 원하는 모양을 미리, 필요한 부분에 꼭 맞게 만들 수 있다는 장점이 있지만, 실제 장기를 만들어 이식하려면 거부 반응 등에 따른 안전성과 비용 문제 등 해결해야 할 부분이 많다.

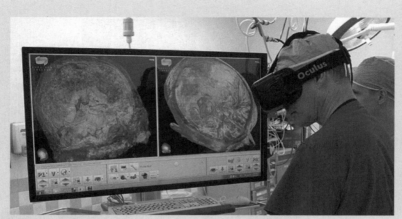

미국 캘리포니아주 어바인(Irvine)에 위치한 호아그(Hoag)병원의 한 의사가 가상현실 장비를 이용해 환자의 뇌 상태를 살피고 있다. / 호아그 병원 제공

이 때문에 미국 카네기멜런대 등 세계 유수의 관련 연구기관에서는 조직·장기를 생체 적합성 소재로 직접 프린팅하는 바이오 프린팅 기술 연구가 활발히 이뤄지고 있다.

하지만 코와 머리뼈 등 부작용이 적은 부분에서는 국내에서도 관련 기술을 이용한 수술 성공 사례가 나오고 있다. 서울성모병원 성형외과 이종원 교수는 2014년 3D프린팅 기술로 인공코를 제작해 이식에 성공했다. 세브란스병원 신경외과 심규원 교수는 같은 해 4명의 두개골 결손 환자에게 3D프린터를 활용해 만든 '인공 머리뼈'를 이식했다.

○● 의사들, 전공분야 따라 희비 엇갈릴 듯

최근에는 3D프린터와 VR 기술을 접목하는 시도도 크게 늘었다. 예를 들어 체내 종양 절제 수술의 경우 담당 의사는 3D프린터용 데이터를 이용해 컴퓨터상에서 인체 장기를 입체적으로 만든 뒤 VR의 원리를 활용해 인체 장기의 내부나 뒷면 등을 생생하게 파악할 수 있다.

의료산업의 혁명은 의사들의 생활에도 큰 변화를 몰고 온다. 예컨대 로봇을 이용한 수술은 전적으로 의사 주도로 이뤄진다. 따라서 로봇 공학의 발전은 의사들의 일자리를 위협한다기보다 업무에 도움을 주는 측면이 더 강하다. 하지만 로봇 공학에 빅데이터 분석을 바탕으로 한 인공지능(AI)이 접목되면 이야기는 달라진다.

글로벌 정보기술(IT) 전문 리서치 기관 가트너는 "2023년 의사·변호사·중개인·교수 등 전문직 수행 고급기술 업무의 3분의 1을 스마트 기계가 대체할 것"이라고 전망했다. 이 같은 전망의 중심에는 급속히 발달하는 인공지능과 빅데이터 관련 기술이 있다. 인공지능을 통한 영상판독 기술이 발전할수록 1차 진단의 영역에서 영상의학 전문의의 역할은 축소될 수밖에 없다. 이 때문에 의사 업무 중에서도 인기가 높은 영상의학 분야는 컴퓨터가 등장하면서 가장 손쉽게 대체될 가능성이 높은 직업군이 됐다.

인공지능 의사는 인간보다 훨씬 더 많은 정보를 받아들일 수 있고 감정에 휘둘리지 않는다. 얼마 전 국내에도 도입된 IBM의 수퍼컴퓨터 왓슨은 의학 논문, 교과서, 특허, 의약품 설명서 등 기술 문서를 1분에 100만페이지 가까이 읽고 이해할 수 있다. 이런 정보는 왓슨의 데이터베이스에 저장돼 판단의 근거로 활용된다.

2013년부터는 암 치료 연구에도 활용되기 시작한 왓슨은 2014년 '전문가 수준의 86%에 도달했다'는 평가를 받았다. 최근 미국 앤더슨 암센터에서 사용되는 왓슨의 진단 정확도는 96%에 달했다. 전문의보다도 정확도가 높다는 평가다.

의사가 환자의 증상과 관련 인자들을 입력하면 왓슨은 그중 핵심 요소와 병원에서 테스트한 결과를 조합해 가설을 확인하고 진단을 내린다. 이 때문에 많은 전문가는 인공지능이 의사라는 직업의 고용과 업무 성격에 큰 영향을 미칠 것으로 전망한다.

〈제2의 기계시대〉의 공동 저자인 앤드루 맥아피 MIT 교수는 "인공지능이 곧 세계 최고의 진단의가 될 것이라 확신한다"고 밝혔다. 인공지능의 발전과 직업의 종말에 관한 책 〈로봇의 부상〉의 저자 마틴 포드도 "의학전문대학원을 거치지 않은 저임금 의료 전문직이 새로 생겨서 일차적으로 환자에게 증상을 듣고, 컴퓨터 시스템에 입력하는 일을 하게 될 것"이라고 전망했다.

반대 의견도 있다. 닐 이스퍼드 IBM 총괄사장은 최근 국내에서 열린 포럼에 참석해 "인공지능은 인간을 돕는 조력자 역할을 하는 것일 뿐"이라며 "IBM 왓슨도 의사의 역할을 빼앗는 것이 아니라 의사가 정확한 판단을 할 수 있도록 돕는 역할만 할 뿐"이라고 주장했다.

○● "한국, 기회 잡으려면 의료 규제 풀어야"

의료혁명이 빠르게 진행되고 있지만 서민들도 이러한 의료혁명의 혜택을 보려면 다소 시간이 걸릴 수 있다. 먼저 아직 의료혁명으로 탄생한 기술들의 비용이 비싸다. 예컨대 의료계에서는 3D프린팅 기술 발전을 저해하는 가장 큰 요인은 비싼 비용이라고 보고 있다. 의료용 3D프린터 가격이 억대를 호가하다 보니 보형물 제작비만 수백만원에 이른다. 하지만 정부 지원이 없어서 수술에 드는 비용은 의료진이나 연구자 개인이 자비로 충당해야 하는 경우가 대부분이다.

정부의 규제가 한국 의료산업의 발목을 잡고 있다는 지적도 있다. 예컨대 VR 기술이 의료 분야에서 활용되려면 기술적인 정밀도를 높이는 동시에 원격의료 등 규제로 묶여 있는 부분도 풀어야 한다. 환자가 가정 컴퓨터를 통해 지속적으로 VR 치료를 받으려면 원격의료가 가능해야 하기 때문이다

출처: 2016. 11. 22., 코노미조선 172호에서 발췌정리.

개인 유전자 해독해 희귀 질병 사전 예측 ⋯ 줄기세포 치료 시장,
2018년 132조원 규모 ⋯ 인간게놈 프로젝트와 줄기세포 연구

의료계 전문가들은 '인간게놈 프로젝트'로 대표되는 정보 의학과 줄기세포 연구로 대표되는 재생의학을 미래 의학의 양대 축으로 지목한다. 사람마다 고유한 게놈을 해독해 암과 희귀질환 환자들의 것과 비교하면 관련 질병을 사전에 예측할 수 있어 의료비 지출을 줄일 수 있다. 이 때문에 영국과 미국 등 주요 선진국들은 개인 맞춤형 게놈 사업을 야심 차게 준비하고 있다.

영국은 2014년 '10만명 게놈 프로젝트'를 시작하며 2017년까지 3년간 3억파운드(약 4,170억원)를 투자하기로 했다. 버락 오바마 미국 대통령은 지난해 맞춤 의학을 주요 정책으로 내세우며 100만명의 게놈을 분석하겠다는 계획을 발표하기도 했다.

우리나라도 아시아에서 정보 의학 분야 발전을 선도하고 있다. 서정선 서울대 의대 교수가 이끄는 바이오 기업 마크로젠은 10월 초 한국인 30대 남성의 DNA를 세계 최고 정밀도로 해독한 한국인 표준 게놈 지도를 완성했다. 기존 표준 게놈 지도에는 해독할 수 없었던 190개 영역이 있었는데 이번 게놈 지도에서는 그중 105개(55%)가 완벽하게 해독됐다.

재생의학 분야는 난치성 질환 치료를 위한 대안으로 주목받고 있다. 수술과 약물치료는 질병의 증상을 완화하거나 진행을 억제하지만, 재생의학은 손상된 조직의 기능을 원래 상태로 복구한다.

○● 美·日, 줄기세포 연구에 대규모 투자

시장조사 기관 프로스트앤드설리번은 줄기 세포·조직공학·유전자치료 분야를 포함한 세계 재생의학 시장 규모가 2013년 400억 달러에서 지속적으로 성장해 2018년 1,177억 달러(약 132조 6,000억원)로 3배 가까이 성장할 것으로 전망한다.

재생의학 시장에서는 미국과 일본이 앞서가고 있다. 미국은 2004년 캘리포니아 재생의학연구지원재단을 세워 30억 달러(약 3조 4,000억원) 규모의 예산을 줄기세포 연구에 투자하고 있다. 미국 정부는 2009년 줄기세포 연구에 대한 투자 규제를 완화했다.

일본은 2012년 야마나카 신야(山中伸彌) 교토대 교수가 역분화줄기세포(iPSC) 연구로 노벨상을 받은 이후 재생의학에 치중해 왔다. 2013년 7월 유도만능줄기세포를 이용해 '인간 간'을 제작했고, 2013년 10월에는 간세포를 단기간 대량생산할 수 있는 기술을 개발하기도 했다.

일본 교토에 위치한 바이오 벤처기업 메가카리온은 내년부터 일본과 미국에서 iPS 세포를 이용한 혈소판 제제의 임상 시험을 시작한다. 급성백혈병, 혈소판 기능 이상, 혈소판 감소, 재생불량성 빈혈 등 많은 경우에 사용되는 혈소판 제제는 헌혈을 통해서만 얻을 수 있어 늘 공급이 부족했다. 메가카리온은 2020년부터 미국과 일본에서 해당 제품을 판매할 계획이다.

우리나라는 줄기세포 치료제 개발에서 세계를 선도하고 있다. 현재까지 상용화한 줄기세포 치료제 6개 제품 중 4개 제품이 국내 개발 신약이다.

제6장

국내외 액셀러레이터 현황

Nothing Ventures, Nothing Gains!

1. 액셀러레이터의 등장
2. 액셀러레이터의 필요성
3. 해외정부 및 대기업 지원사례

4. 주요 이슈 및 시사점
5. 유럽 주요국의 스타트업
   지원체계 현황

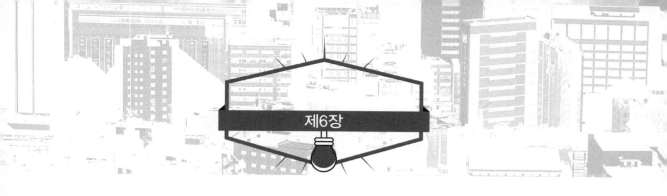

국내외 액셀러레이터 현황

1 액셀러레이터의 등장

2000년대 중반 미국 실리콘밸리를 중심으로 창업가와 밀착 관계를 형성하여 멘토링, 교육, 네트워킹 등을 전문적으로 지원하는 새로운 지원체계가 등장하였다. 한편, 경쟁적 과정을 통해 선발된 소수의 창업 기업을 대상으로 멘토링, 네트워킹 및 (지분)투자 등을 체계화시킨 단기 프로그램을 제공하는 촉진자로서 액셀러레이터가 시장에서 주목받기 시작하였다.

Dropbox, Airbnb 등을 글로벌 기업으로 성장시킨 Y-Combinator(2005년 설립)가 액셀러레이터 비즈니스 모델의 효시이며, 우리나라는 2010년에 액셀러레이터 프로그램 최초 도입되었다.

사례 연구 1

클라우드 기반의 온라인 파일 동기화 서비스, Dropbox

• Dropbox는 파일 동기화와 클라우드 컴퓨팅을 이용한 웹 기반의 파일 공유 서비스로 모든 OS에서 사진, 문서, 동영상을 사용할 수 있는 서비스 제공

- '13년 현재 사용자 2억 명, 기업가치 45억 달러(약 48조 원)에 달하는 회사로 성장하였으며 2011년 세계에서 가장 주목할 만한 신생기업 5위로 평가
- Dropbox 성공의 이면에는 Y-Combinator라는 액셀러레이터의 초기 투자가 결정적인 역할을 함 - $15,000의 투자와 함께 회사의 성장에 필요한 각종 지원 제공

(1) 개념 및 특징

1) 정의

액셀러레이터(accelerator)는 초기 창업자를 선발하여 짧은 기간 안에 집중적으로 보육하는 기관이나 프로그램을 말한다.

2) 특징

① 누구에게나 개방적이지만 매우 경쟁적인 선발절차(highly selective)
② 주로 지분 교환(10% 내외) 방식의 초기 창업 준비금(pre-seed) 투자
③ 개인 창업자보다 소수의 창업 팀 지원
④ 짧은 기간(3~6개월) 동안집중 보육
⑤ 期(batches)별 창업 지원

3) 인큐베이터와 차이점

인큐베이터(incubator)와 달리 선발과정, 진행기간, 보육 강도, 보상 등에 있어 차별화가 있는 편이다.

액셀러레이터는 인큐베이터의 변형된 형태의 모델로 그 비즈니스 모델은 계속 진화 중이며, 현재까지 업계에서는 인큐베이터라는 용어와 혼용하여 사용되기도 한다.

표 6-1 인큐베이터와 액셀러레이터 비교

구분	인큐베이터	액셀러레이터
선발과정	비경쟁적	경쟁적
보육기간	장기(3~5년)	단기(3~6개월)
초기투자금	없음	소액 지분 투자
보상	없음	일부 지분 취득

주요 프로그램	경영지원서비스	전문적 초기 육성 프로그램
지원 단위	개별 지원	기수별 집단 지원

출처: 김용재 외(2013), 앞의 논문, 수정 인용.

사례연구 2 ■■■■■■■■■■■■■■■■■■■■■■■■■■

새로운 창업플랫폼 '액셀러레이터'의 성공을 위한 제안: 프로그램의 성공/실패원인 파악을 통한 바람직한 모델 구축

중소기업연구원은 29일 "액셀러레이터의 성과와 핵심성공요인"에 관한 자료를 발표하였다. 중소기업연구원은 본 자료에서 2000년대 중반부터 시작된 액셀러레이터 프로그램의 성과를 짚어보고 프로그램의 실패원인과 핵심성공요인을 분석하여 현재 정책적으로 추진되고 있는 액셀러레이터 프로그램의 성공적인 자리매김을 위한 핵심요소를 제시하였다.

액셀러레이터 프로그램은 창업초기 기업에 펀딩하고 인큐베이팅하는 새로운 모델로 2005년 실리콘밸리의 Y Combinator에 의해 시작되었으며 현재, 전 세계적으로 213개가 활발히 활동하고 있다.

이들 프로그램을 통해 총 3,753개의 기업이 발굴되었으며 대표적인 성과로 투자회수 기업 수는 197개, 투자회수 금액은 $1,865million에 달하고 고용창출효과는 16,124명이다. 이 성과 중 대부분은 미국의 Y Combinator와 Tech Stars 등 일부 성공적인 액셀러레이터에 의해 이루어졌다. Y Combinator의 경우, 투자한 기업의 50%는 실패하고 나머지 기업 중 일부 크게 성공한 기업을 통한 투자회수로 수익을 창출하는 시나리오를 가지고 있다.

이처럼 모든 액셀러레이터가 성공적으로 운영되고 있는 것은 아니며 YouWeb Incubator의 창업자 Peter Relan은 "전 세계 인큐베이터와 액셀러레이터의 90%가 실패하고 있다"고 지적하면서 다음과 같은 이유를 언급하였다.

첫째, 너무 많은 예비창업자가 있으며 상대적으로 멘토링은 턱없이 부족하다는 것이며, 둘째, 아직은 프로그램 종료이후 후속 펀딩으로의 연계가 힘든 상황이라는 것이다. 마지막으로, 창업기업들에게 비즈니스 개발을 위한 자원과 네트워킹은 매우 중요한 요소인데, 제때에 이러한 자원과 네트워크를 찾을 수 없어 실패하는 경우가 빈번히 발생한다고 설명한다.

성공적인 액셀러레이터가 갖는 특징은, 개별 프로그램의 차별화되고 전문성을 나타낸 "비즈니스 모델"의 창출에 있다고 할 수 있다.

예를 들어, 액셀러레이터 프로그램의 시초이면서 가장 성공적인 모델로 꼽히고 있는 Y Combinator는 "높은 수준의 선발과정(high-quality filter)"과 "광범위한 포트폴리오(broad portfolio)"라는 특징을 가지고 있으며 투자자 네트워킹을 위해 '화요일 디너 파티'를 개최한다.

우리나라는 2014년부터 '글로벌 액셀러레이터'를 발굴 육성하기 위한 계획을 추진한다. 이러한 한국형 액셀러레이터가 새로운 창업플랫폼으로 자리잡기 위해서는 국내 액셀러레이터와 해외 파트너간의 네트워킹이 중요하고 이들의 전문성을 살린 스타트업의 발굴 및 보육시스템의 구축이 중요하다.

성공적인 액셀러레이터 프로그램이 갖추어야 할 핵심요소는 다음과 같다.

첫째, 50% 이상의 실패확률을 인지하고 받아들여야 한다. 액셀러레이터의 역할은 모든 창업기업을 성공시키는 것이 아니라, 창업생태계를 선순환시키는 촉진자로서 투자기업 중 소수의 성공한 사례를 통해 예비창업자들의 창업도전 의욕을 고취시키고, 액셀러레이터의 수익을 창출하여 재투자가 가능하도록 하는 것이다.

둘째, 엄격한 선발기준을 적용하고 투자유치 연계 네트워크를 구축해야 한다. 성공사례를 창출하고 이를 통해 수익 창출 및 액셀러레이터의 명성과 브랜드 가치를 구축하기 위해 창업아이디어에 대한 엄격한 선발기준이 필요하다. 그리고 예비창업자가 액셀러레이터에 참가하는 가장 중요한 이유가 '투자유치'인 만큼 투자가치가 있는 창업기업에 대한 투자자 연계 노력이 적극적으로 이루어져야 한다.

셋째, 액셀러레이터의 전문성을 반영한 기술/산업의 특화 분야가 구축되어야 한다. 액셀러레이터 프로그램간의 차별성 확보, 경쟁을 통한 우수 예비창업자의 유치, 궁극적으로 액셀러레이터의 명성확보를 위해서 기술/산업 특화 분야의 구축이 필요하다.

넷째, 멘토의 발굴 및 체계적인 멘토링 시스템이 구축되어야 한다. 액셀러레이터별로 멘토 풀의 운영 방식은 상이하다. 액셀러레이터별 특성을 반영하여 멘토링 효과를 극대화할 수 있는 멘토링 시스템의 구축과 역량있는 멘토 풀의 확보는 반드시 필요하다.

출처: kosbi, 2014. 5. 29.

2 액셀러레이터의 필요성

(1) 전문성 있는 창업 지원 필요

국내 창업 활성화 정책에 부합하는 창업에 필요한 유·무형 자원을 전문적으로 지원하는 새로운 형태의 창업 지원 시스템의 필요성이 증가하고 있다.

• 창업에 필요한 자금지원과 함께 창업에 대한 컨설팅, 경영 관련 교육프로그램, 인적 네트워크 연결 등 창업기업의 전체적인 지원 시스템에 대한 수요 증가

최근 창업 활성화를 위해 필요한 지원에 관한 설문조사들을 분석해 보면 창업자들은 사업 아이디어를 구체화시켜주는 컨설팅, 창업자금 지원, 창업교육지원, 멘토 연결 등이 높은

응답을 보이는 것으로 연구되었다.

- 창업기업이 창업 후 5년 생존율은 33%(A), 1천억의 매출을 달성까지 소요기간 평균 15.1년(B)[1]
- 국내에 확산되고 있는 창업활성화가 건전하게 이어지기 위해서 창업 기업의 성장을 가속화시킬 새로운 역할(C)에 대한 수요 증가

(2) 기존 지원체계의 한계

기존 지원체계(VC, BI, 엔젤투자자 등)은 자본 및 외형적 지원(공간 및 시설)에 집중하고 있어 창업자가 필요로 하는 멘토링, 교육, 컨설팅, 인적 네트워크 등의 내용적 지원 미흡한 편이다.

1) VC

타인의 자금을 모집 및 운영하는 주체로서, 소규모의 고위험 초기 투자에 적합하지 않고 중·후기에 투자가 집중되는 보수화 경향을 보이며 멘토링, 교육 등의 보육기능 없음

2) 엔젤투자자

소수의 엔젤투자자가 개인의 역량으로 다수 창업 기업의 전 과정에 참여하여 지원하기에는 한계가 존재하며 엔젤투자규모는 지속적으로 감소

> 엔젤투자규모는?
> 2000년 대비 2.5% 수준(엔젤투자액: ('00) 5,493억 → ('06) 971억 → ('12) 138억)

3) BI

물적 기반시설 및 공간의 제공에 초점을 두고 있으며 자금 투자 기능으로의 연계성은 미약

4) 기타 컨설팅 및 창업상담회사

창업 초기보다는 사업 기반이 어느 정도 자리 잡은 기업 대상으로 단순 경영 관련 지원

---

[1] 벤처기업협회, 2012.

그림 6-1   벤처 성장단계별 지원체제

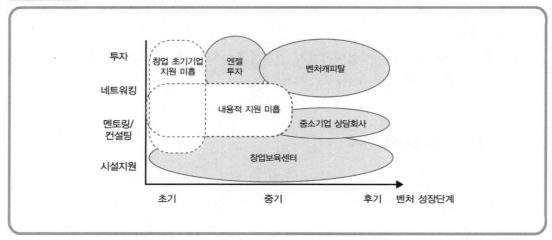

자료: 김용재 외(2013), 앞의 논문 참조.

을 하는 경우가 다수이며, 담당자의 전문성 결여 및 투자기능 부재 및 성공한 벤처 1세대의
축적된 노하우-네트워크-자산의 활용을 통한 전문성 있는 창업 지원 필요
  • 벤처 활성화를 위한 민간주도의 새로운 촉진자(New Facilitator)로 액셀러레이터의 육성
    및 제도적 기반 마련

 사례 연구 3 ■■■■■■■■■■■■■■■■■■■■■■■■■■■■■■■

육체노동의 재발견 … 농부·요리사 등 '휴먼잡' 주목하라

○● 4차 산업혁명 '듣보잡' 시대

"미국에서는 농부, 목수, 요리사 같은 육체노동 위주 직업이 신기술과 접목해 재평가받고 있다." 4차 산업혁
명 시대를 맞아 단순 반복적인 일과 힘든 육체노동은 로봇이 인간을 대체할 것이란 전망이 많다. 인간은 편안
한 일자리에서 일과 생활의 균형을 즐기고, 신기술 발전에 따라 늘어나는 부와 시간을 인간 가치를 찾는 데 쓰
려는 욕구가 커질 것으로 보인다.

'미스터 4차 산업혁명'으로 통하는 국내 대표 미래학자인 이병태 카이스트 경영공학부 교수는 7일 매일경제
와 인터뷰하면서 "미국에서는 육체노동을 하는 직업의 가치 재발견이 이뤄지고 있다"며 "농업, 목공, 도자기,
요리 등 과거 고학력층이 외면하던 직업에 자신만의 색깔을 입히는 트렌드가 확산되면서 4차 산업혁명 시대에

이들 직업이 부각될 것"이라고 내다봤다.

특히 고학력층이 외면했던 육체노동이 빅데이터와 만나 새로운 제품을 만들고, 전자상거래 및 공유경제 플랫폼과 접목해 유통 활로를 모색하면서 고급 서비스업으로 각광받을 전망이다. 4차 산업혁명 기술과 인간 감성이 접목한 듣보잡인 '휴먼잡'의 탄생이다. 이 교수는 "AI가 인간의 지식노동을 대체할 수 있다면 그로부터 얻은 시간과 노동의 여유를 또 다른 곳에 사용할 수 있을 것"이라며 "지금은 상상할 수 없지만 전혀 새로운 형태의 수요가 창출되고, 그에 따른 신산업이 탄생할 것"이라고 밝혔다.

이 같은 결과 화가와 작가 등 대중화되지 못하면 부를 창출하기 어려웠던 직업들도 인문학적 가치를 재발견하면서 미래 각광받는 직업으로 부상할 수 있다고 이 교수는 예측했다. 인간 감성이 예술 영역으로 확장하는 가운데 제조업과 결합되면 새로운 듣보잡으로 진화할 수 있다. 대표적인 게 디자인 관련 듣보잡이다. 이 교수는 "디자인은 로봇이 아무리 발전한다고 해도 인간 감성을 만족시킬 수 없다"며 "시프트웨어처럼 신발에 유기발광다이오드(OLED) 등을 입혀 디자인을 마음대로 바꿀 수 있는 스마트 디자인 관련 직업이 각광받을 것"이라고 말했다.

출처: 이병태, 한국경제신문, 2017. 8. 7, 발췌정리.

4차 산업혁명 시대 성큼, 2025년 일자리 분석해 보니

#1 국내 대기업을 중심으로 인공지능(AI) 전문가 영입 전쟁이 벌어지고 있다. AI가 자율주행차, 사물인터넷(IoT) 등 신산업을 담당하는 '두뇌' 역할을 하면서 이를 구현할 수 있는 인재 수요가 폭증하는 반면 아직 국내에는 마땅한 전문가가 없기 때문이다. 삼성전자는 AI 전문가인 김민경 미국 IBM왓슨연구소 팀장을 작년 말 영입했고, 현대자동차와 SK텔레콤도 각각 미국 제너럴모터스(GM)와 매사추세츠공대(MIT) 출신 전문가를 모셔왔다.

#2 한국 경제의 견인차 구실을 했던 조선업은 대우조선해양, 현대중공업, 삼성중공업 등 '빅3'가 불황의 늪에 빠지면서 일자리가 대폭 감소했다. 특히 중소 협력업체 종사자가 대폭 줄면서 부산·울산·경남권 고용 상황이 크게 나빠졌다. 더 큰 문제는 청년 일자리 감소가 심각하다는 것이다. 고용노동부에 따르면 2016년 이후 조선업에서만 3만 8,000여 명이 일자리를 잃었는데 이 중 30대 이하가 60.9%(2만 3,000여 명)에 달했다.

4차 산업혁명 시대가 성큼 다가오면서 AI, 로봇, 정보통신기술(ICT) 등 신기술 수요는 폭증한 반면 변화에 적응하지 못한 기존 산업은 일자리가 대거 사라질 위기에 처했다. 그동안 경험해 보지 못한 급격한 기술 변화에 정부와 기업이 어떻게 대응하느냐에 따라 기존 일자리가 사라질 수도, 혹은 새로운 일자리가 생겨날 수도 있다는 얘기다. 26일 매일경제신문과 딜로이트컨설팅이 '한국형' 4차 산업혁명 고용 효과를 분석한 결과, 미래 신산업(신상품·서비스) 정착 정도와 AI·로봇 등에 의한 생산 자동화 진행 속도에 따라 2025년 기준 국내 일자리가 최대 68만개 증가하거나 최대 164만개 감소할 것으로 나타났다.

신산업이 조기 정착(또는 지연 정착)하고 생산 자동화 진행 속도가 단계적(또는 전면적)인 중간 시나리오에서는 일자리가 33만개 증가(또는 130만개 감소)할 것으로 예측됐다.

산업별로 살펴보면 새롭게 분류된 23개 신산업 중 소프트웨어, 실감형 콘텐츠, 생활안전, 엔지니어링, 법률 등 5개 산업은 4차 산업혁명 진행에 따라 새로운 일자리가 더욱 늘어날 것으로 전망됐다. AI, 3D 프린팅, 가상현실·증강현실(VR·AR) 등 첨단 소프트웨어와 실감형 콘텐츠 산업의 고용 창출은 이미 예상됐기 때문에 놀랍지 않다. 이들 산업은 2025년 기준 현재보다 일자리 수가 각각 6~13만 개, 4~7만 개 늘어날 전망이다. 도경환 산업통상자원부 산업기반실장은 "과거 1~3차 산업혁명 때도 일자리 감소 논란이 있었지만 결국 신산업 발전과 함께 고용이 크게 늘었다"며 "정부와 기업이 선제적으로 대응하면 한국에도 새로운 지능형 일자리, 즉 '든보잡(Job)'이 생겨날 것"이라고 강조했다.

특히 생활안전 산업이 눈길을 끈다. 관련 일자리 수가 20~24만 개나 늘어 일자리 '효자' 산업이 될 전망이다. 양석훈 딜로이트컨설팅 상무는 "기술 발달로 미래에는 국민의 생활편의와 안전에 관한 관심이 높아지고 정부도 해당 분야 정책을 강화할 것"이라며 "기존에는 별로였던 산업이 4차 산업혁명으로 인해 대폭 확대돼 고용 창출의 새로운 기회가 되는 좋은 사례"라고 설명했다.

반면 일자리가 계속 줄거나 현상 유지에 급급한 산업은 11개로 디스플레이, 반도체, 항공, 에너지, 선박 등이 해당된다. 대규모 제조업과 장치산업은 생산 자동화로 인해 기존에 사람이 하던 일을 로봇이 급속히 대체할 가능성이 높다. 관련 산업의 발전에도 불구하고 고용 측면에서는 큰 역할을 기대하기 어려울 전망이다.

적절한 대응 여부에 따라 일자리가 줄 수도, 혹은 늘 수도 있는 산업은 7개였다. 유통·물류, 자동차, 교육, 섬유패션, 전자, 의료(차세대 바이오), 석유화학 산업이다. 이들 산업이 바로 일자리의 '갈림길'에 서 있는 셈이다.

유통·물류는 2025년까지 최대 55만개 일자리가 사라질 수 있다는 암울한 분석이 나왔다. 실제 일본에서는 지난해 하반기부터 편의점 업계가 정부 지원을 받아 약 5만개 점포에 무인계산대(셀프계산대)를 설치하기로 했는데 이런 흐름이 한국에도 적용되면 상당수 청년 아르바이트생이 실직으로 내몰리게 된다. 현재도 사상 최악을 보이고 있는 청년실업이 더욱 심화될 우려가 있다.

이와 함께 이마트 등 대형마트와 백화점이 4차 산업혁명 기술을 바탕으로 상권을 점차 확대해 나가면 소상공인 등 자영업자가 타격을 받을 것으로 예상된다. 이들을 배려한 사회 안전망 확보가 시급한 상황이다.

교육 산업은 20만개 일자리 감소에서 1만개 신규 창출까지 편차가 컸다. 저출산 영향으로 학생 수가 감소하면서 교사 수도 감소할 것이란 게 일반적인 예상이지만 IT와 접목된 스마트 스쿨, 인공지능 조교 등 평생교육 바람과 함께 기존에 없었던 든보잡이 생겨날 전망이다.

현재 한국의 주력 산업 중 하나인 자동차도 자율주행차, 전기차, 스마트 가전, 운전자 편의시스템 등 차세대 분야에서 얼마나 잘 적응하느냐에 따라 일자리 증감 여부가 결정될 것으로 보인다.

출처: 매일경제, 2017. 4. 26.

3 해외정부 및 대기업 지원 사례

(1) 액셀러레이터에 대한 해외 정부 지원 프로그램

1) 목적

해외 정부의 액셀러레이터 프로그램은 궁극적으로는 고성장 기업의 육성을 목적으로 하고 있으며 운영 방식은 국가별로 상이하다.

- 액셀러레이터를 직접 지원함으로써 액셀러레이터를 육성하고 엑셀러 레이터가 고성장 기업의 성장을 지원할 수 있도록 유도하는 사례들과 고성장기업이 액셀러레이터 서비스를 이용할 수 있도록 지원함으로써 액셀러레이터에 간접적으로 지원되는 사례들이 존재

2) 캐나다

액셀러레이터와 인큐베이터 프로그램(Canada Accelerator and Incubator Program)은 우수한 액셀러레이터 서비스를 창업기업들이 이용할 수 있도록 지원한다.

- 선정된 액셀러레이터에 자금이나 현물의 1:1 매칭을 조건으로 보조금 성격의 자금을 1년간 최대 100만 달러씩 5년간 최대 500만 달러까지 지원

3) 영국

Growth Accelerator 프로그램은 기업의 성장에 있어 멘토링이 중요하다는 인식하에 도입되었으며 고성장 기업이 코칭 서비스를 원활히 이용할 수 있도록 정부가 고성장 기업의 코칭서비스 비용을 보조하고 있다.

4) 핀란드

Vigo 액셀러레이터 프로그램은 신생 고성장 기업의 해외진출 지원, 고성장기업의 거래 흐름 증대, 액셀러레이터 산업 창출 등을 목적으로 도입하고 있다.

- 선발된 액셀러레이터의 포트폴리오 기업에 대해 정부지원사업과 연계하여 우대조건

을 제공함으로써, 유망 신생기업을 발굴하여 투자수익을 얻고자 하는 유수한 벤처캐피탈이 액셀러레이터로서 활동하도록 유인

- 우대조건은 정부지원사업 심사 신속처리, 신생 혁신기업 지원사업(YIC) 보조금으로 액셀러레이터에게 멘토링비용 지불 허용 등임

5) 호주

Queensland 주정부의 지원을 받는 호주의 ilab의 액셀러레이터 프로그램은 공적기관이 액셀러레이터 프로그램을 운영하는 형태로 공간, 멘토링, 매칭 투자 등을 종합적으로 제공하고 있다.

표 6-2 해외 주요국의 액셀러레이터 지원 방식 비교

구분	액셀러레이터 지원 방식	지원 내용	1차 지원 대상
핀란드	간접	액셀러레이터의 포트폴리오 기업에게 우대조건 제공	창업초기 기업
영국	간접	코칭 서비스 비용 보조	고성장 중소기업
호주	직접	공간, 멘토링, 매칭 투자 등 제공	초기단계 하이테크 기업
캐나다	직접	자금 지원	액셀러레이터

출처: 김용재 외, 앞의 논문, 2013.

(2) 해외 글로벌 기업 액셀러레이터 사례

1) 트렌드

최근 액셀러레이터 모델이 각광받으면서 오픈이노베이션을 달성하고자 하는 많은 대기업들은 최근 액셀러레이터 프로그램을 시작하고 있다.

- 혁신을 가속화시키고 경쟁에서 우위를 차지하기 위하여 각 기업은 보완적 관계에 있는 관련 산업이나 인접 분야의 창업기업들로 생태계를 구성하고 이들 기업 성장을 돕는 액셀러레이터 프로그램을 운영
- 액셀러레이터 프로그램은 대형 자금이 들어가는 기업 벤처캐피탈(Corporate VC)에 비해 상대적으로 적은 비용이라는 점에서 매력적
- Microsoft, Cisco, Target, Coca-Cola, Nike, New York Times, Barclays, Allianz,

Diseny, SKT, Deutsche Telekom 등 수많은 기업이 액셀러레이터 프로그램 시작

2) 장단점

대기업 액셀러레이터에의 참여는 대기업과의 협업이 가능하다는 점에서 매력적이나, 대기업의 지분소유나 우선권 설정으로 기업가정신 및 창업 본연의 취지가 위축될 수 있다는 우려가 제기된다.

3) 운영방식

대기업 액셀러레이터의 운영 방식은 지분투자, 상업적 우선권(Commercial Preference Rights)을 설정을 하기도 하며, 기업의 사회적 책임(Corporate Social Responsibility) 차원으로 단순 스폰서 및 무상지원을 하는 등 그 방식이 다양하다.

- Microsoft Ventures 등 일부 글로벌 기업은 펀딩 제공에 따른 지분 취득을 하지 않음으로써 장기적으로 프로그램에 참가한 창업기업의 독립성을 보장
- 반면 지분취득을 하지 않는 대기업 액셀러레이터의 경우 지분취득을 통해 창업기업의 가치 개발에 대한 동기가 부여되지 않기 때문에 비즈니스 모델에 문제가 있다는 지적이 있음
- 대안적인 모델로서 "Powered by Techstars" 모델이나 Startup bootcamp 등과 같은 독립적인 액셀러레이터와의 파트너십 모델은 창업기업이 대기업에게 지분을 넘기지 않으면서도 대기업과의 협업 네트워크를 유지할 수 있으며 동시에 투자 수익 실현 목적을 가진 투자자도 합류시키는 효과 달성

4) 기여

M&A를 전제로 한 기존의 CVC(Corporate Ventrue Capital) 투자가 후기 단계 벤처 투자에 집중되어 왔기 때문에 최근의 대기업 액셀러레이터 프로그램 운영은 초기단계 벤처 투자 증가에 크게 기여하고 있다.

사례 연구 5

4차 산업혁명 '듣보잡' 시대

AI에도 세금 물리자 … 선진국은 이미 '로봇세' 논의
로봇이 사람 일자리 대체 … 재교육·복지재원으로 활용

4차 산업혁명 시대를 맞아 로봇과 인공지능(AI) 등 신기술 발전이 과거에는 듣지도 보지도 못한 새로운 일자리, 즉 '듣보잡(Job)'을 창출할 전망이다. 과거 1~3차 산업혁명 당시를 돌이켜봐도 러다이트 운동 등 기술 발전이 사람 일자리를 빼앗을 것이란 우려가 높았지만 결국 생산 방식 혁신과 생산량 증대로 인해 더 많은 일자리가 창출된 것이 역사적 현실이다.

하지만 4차 산업혁명으로 인해 기존에 존재했던 수많은 일자리가 로봇 등 자동화로 대체된다는 것 또한 분명하다. 이 과정에서 새로운 시대에 적응하지 못한 사람들이 일자리를 잃을 수 있다는 얘기다.

특히 앞으로는 평생 직장이 아니라 평생 직업으로 일자리 구조에 근본적인 변화가 일어날 전망이다. 이 때문에 4차 산업혁명을 주도하는 선진국에서는 로봇세와 기본소득 같은 사회안전망 구축과 관련한 논쟁이 뜨겁다.

로봇세는 로봇으로 인해 줄어든 일자리나 늘어난 수입을 고려해 세금을 걷자는 것이다. 인간의 노동을 대체하는 로봇의 노동에 대해 세금을 매기는 것으로, 이 같은 주장은 소득세와 재산세 분야에서 주로 제안되고 있다.

최배근 건국대 교수는 "로봇에 세금을 부과해 세수 부족을 보충하고 일자리 감소와 사회적 영향을 상쇄할 수 있는 시간을 벌 수 있다"고 설명했다. 최 교수는 로봇세의 한 방법으로 로봇이 대체한 근로자의 지난 연간 수입을 참고급여로 사용해 동일한 사회 보장을 추출하고 근로자를 대체한 로봇에 세금을 부과하는 방식을 제안했다. 로봇세는 로봇이 인간의 노동력을 대체하면서 일자리를 잃은 사람들에게 재교육과 복지 서비스를 위한 재원으로 활용된다.

국내에서도 4차 산업혁명으로 인한 일자리 대체와 관련해 임금보험 도입에 대한 필요성이 제기된다. 임금보험이란 일자리를 잃고 재취업을 했을 때 전 직장보다 임금이 낮다면 그 차이를 일정 한도에서 보전해주는 제도다. 이 제도는 2015년 버락 오바마 전 미국 대통령이 도입을 언급하면서 뜨거운 논쟁이 일었다.

국내에서도 임금보험 도입을 놓고 본격적으로 논의가 진행된다면 구체적인 자금조달 방안과 종전 실업급여 제도 외에 또 다른 지원책의 필요성 등에 대해 찬반 논란이 불붙을 것으로 예상된다. 주형환 전 산업통상자원부 장관은 "기술 혁신과 산업구조 변화에 따른 일자리 대체에 대한 보완책을 마련해야 한다"며 "사회안전망 보강과 함께 4차 산업혁명 시대를 대비한 교육 시스템 개편, 근로자 직무훈련 강화, 노동시장 유연성 제고 등이 필요한 시점"이라고 말했다.

출처: 매일경제, 2017. 8. 7.

4 주요 이슈 및 시사점

(1) 주요 이슈

1) 전문성 검증

액셀러레이터의 난립을 막기 위한 방안에 대한 검토가 필요하다.

- 액셀러레이터라는 이름하에서 제공되는 프로그램 및 단체가 증가하고 있으나, 창업기업의 니즈 해결 또는 그들의 기술을 이해할 수 있는 전문성이 결여된 경우가 있음[2]
- 전문성을 지닌 액셀러레이터를 평가하고 선정하며, 주기적인 성과평가 제도 시행 필요

2) 성과/파급력 측정

액셀러레이터를 통해 창출되는 직/간접적 성과에 대한 논란이 있다.

- 단기간의 액셀러레이터 프로그램의 실효성에 대한 전문가들의 평가는 엇갈리고 있으며, 성과에 대한 의문 제기
- 전통적인 인큐베이션 성과를 측정하는 지표인 일자리 창출, 인재 확보, 민간 투자 유치, 사업 생존율 이외에 기업가정신 및 창업 여건 조성, 혁신 유발 등의 효과에 대한 고려 필요[3]

3) 제도적 기반 미흡

기존의 BI, VC, 엔젤 등과 구분되는 역할을 수행하고 있는 액셀러레이터를 위한 법적 지위가 없는 상태임(※ 현재 대부분의 액셀러레이터는 창업보육센터나 벤처캐피탈이 아닌 일반사업자로 등록되어 있음)

- 자본시장법상 인가를 받지 않은 채 창업기업의 주식 등에 계속/반복적으로 직접 지분 투자(투자매매업)하는 경우, 타인의 투자를 중개(투자 중개업)하는 경우 및 2인 이상에게

---

2 NESTA(2012) 보고서에 따르면, 일부 액셀러레이터가 전문성이 결여된 'Spray and Pray'의 일명 묻지마 투자 형태를 보인다고 비판.

3 미국 Kauffman 재단과 액셀러레이터 기업인 Techstars 등 다수의 기관과 기업에서 성과측정에 대한 기준을 마련하고 개별 액셀러레이터와 창업기업의 성과 평가 및 스타트업의 성장경로에 대한 데이터베이스 개발 착수.

투자권유를 하여 모은 금전으로 투자(집합투자업)하는 경우는 불법 논란의 소지가 있음**4**

관련 이슈

액셀러레이터는 자본금을 이용해 창업기업에 1회성/직접투자를 하고 있으며, 일부 액셀러레이터의 경우 자본시장법의 저촉을 피하기 위해 신규법인을 반복적으로 설립하여 법인별 1회성 투자를 반복하는 비정상적인 행태를 보이기도 함

4) 유인체계 미비

액셀러레이터의 주체가 되는 성공한 벤처 1세대, 대기업 및 주요 수요처인 창업기업을 적극적으로 유인할 수 있는 체계는 미흡함

- 성공한 벤처 1세대, 대기업을 유인하기 위한 세제혜택(법인세 감면, M&A에 대한 과세특례 등), 매칭펀드, 시설 구축 관련 예산 지원 등의 마련이 필요함

표 6-3 국내 창업 지원체제의 요건 및 혜택

		벤처 캐피탈	창업보육 센터	기술사업화 전문회사	엔젤 투자자	엑셀러 레이터
요건	자본금/출자금	30~50억원	임대공간	×	×	×
	투자기능	○	×	○ (인가 후 가능)	○	△
	행위규제	엄격	느슨	느슨	×	×
	인력요건	○ (변호사 등 2인 이상 전문인력)	○ (경영학 박사 등 2인 이상 전문인력)	○ (변호사 등 5인 이상 전문인력)	×	×
혜택	세제지원	법인세 면제 증권거래세 면제	법인세 50% 감면	×	법안 발의	×
	정부자금 및 보조금 지원	정부자금 지원	보조금 지원	보조금 지원	보조금 지원	△
	벤처기업 인증	○	×	×	법안 발의	×

출처: 김용재 외(2013), 앞의 논문 참조.

---

4 벤처캐피탈의 경우 금융투자업 인가의 예외조항 적용(자본시장법 제6조 제5항 제1호, 같은법 시행령 제6조 제1항).

- 액셀러레이터의 활성화를 위해서는 수요처인 창업기업을 유인하기 위한 정책방안의 수립[5]이 필수조건임[6]

(2) 시사점

1) 성과분석

일자리 창출, 투자 유치, 사업 생존율 등 창업기업의 성장 경로 및 이력추적에 대한 성과분석 지표 및 관리 시스템을 개발한다.

- 액셀러레이터가 실제로 창업 생태계 활성화에 도움이 되는지에 대한 검증이 필요하며 이를 위한 성과분석 지표 개발 및 시스템 구축이 중요
- 액셀러레이터의 일부 기능만을 행사하면서 실제로 스타트업의 니즈를 해결하지 못하는 경우 다수 존재
- 액셀러레이터의 빠른 확산에도 불구하고 아직까지 가시화된 실적 데이터가 부족함은 액셀러레이터가 과연 효과적이라고 볼 수 있는지에 대한 의문을 제기할 수 있으며, 액셀러레이터의 성공을 객관적으로 평가할 수 있는 지표 개발 및 성과 분석 시스템 구축을 요구
- 특히, 최근 ICT 분야의 국내 시장과 글로벌 시장의 동기화 현상을 고려한다면 해외 유수 국제 관련 기관과의 협력에 기반한 주요 지표 개발 및 분석이 중요
  ※ Techstars는 홈페이지를 통해서 선발된 기수별로 포트폴리오 기업의 자금 유치 규모, 창출한 고용건수, 활동 상황(Active, Acquired, Failed) 등 지원 스타트업에 대한 이력을 공개

2) 글로벌화 및 전문화

글로벌 시장을 목표로 해외 우수 액셀러레이터의 국내 유치 및 전략적 제휴를 유도하고 전국 산업클러스터·BI 등과 연계 하여 산업별 전문 액셀러레이터를 육성한다.

- 시장규모 및 성장가능성의 측면에서 글로벌 시장 환경에서 경쟁력을 확보하기 위해 창업 초기부터 글로벌 지향 전략이 성공의 주요 요소로 작용[7]

---

5 엔젤투자의 경우 전문엔젤투자자 제도 신설 및 전문 엔젤투자자가 투자한 기업을 벤처기업으로 인정하는 내용의 '벤처기업 육성에 관한 특별조치법 일부개정법률안' 발의('13. 9, 새누리당 김상훈 의원).
6 현재 VC가 받을 수 있는 세제혜택은 1. 배당소득에 대한 법인세 비과세, 2. 주식양도차익 법인세 비과세, 3. 증권거래세 면제이며 BI는 법인세 감면의 세제 혜택을 받고 있음.
7 Born to Global 기업은 기존 기업과 비교했을 때 고용창출 측면에서 2배, 투자액 측면에서 21%, 지속가능성 측면에서 40% 이

① 연계 및 협업

해외 액셀러레이터의 국내 유치 및 전략적 제휴를 유도하고 국내 기관·기업과의 연계 및 협업 추진

② 국내유치

해외기관과의 공동사업, 국내에 지사를 둔 글로벌 기업의 액셀러레이터 프로그램 국내 유치

• 단기적으로는 ICT 부문 액셀러레이터를 중점적으로 육성하고, 중장기적 관점에서 대덕단지 등 전국 산업클러스터·BI 등과 연계하여 타 산업으로 확대하는 산업별 전문 액셀러레이터 육성전략을 추진한다.

3) 제도적 기반 조성

기존의 BI, VC 등과 구분되는 역할을 수행하고 있는 액셀러레이터의 주요 요건을 정의하고 제도적 지위 마련을 검토한다.

① 핵심요건

기존 벤처캐피탈의 경우 자본금이나 인원과 같은 외형적 요건에 치중하고 있으므로 액셀러레이터의 제도적 지위를 마련하는 데 있어서 멘토링, 교육, 인적 네트워킹과 관련한 내용적 요건(해당분야 에서의 경험, 능력 등)을 핵심적으로 고려한다.

② 자격요건

액셀러레이터의 인적 요건 및 기능적 요건을 정립

(예시) 다음의 기능적 요건을 모두 충족

가. 창업 4년 이내의 기업을 지원

나. 단기간의 멘토링 프로그램 제공

다. 일정 인원 이상의 멘토를 보유

라. 경쟁적 선발과정을 거쳐 기(期)별 프로그램을 운영하며 하나의 기(期)당 다수의 팀을 지원

마. 초기투자를 병행(스타트업당 투자금액 및 총 투자금액 상하한선 가이드라인 마련)

• 이를 통해, 소규모 자금력의 액셀러레이터를 위하여 완화된 자본금 요건을 제도화하

상의 효과(European Foundation, 2013).

며 완화된 자본금 요건에 상응하는 충분한 자격요건과 기존의 벤처캐피탈과 차별화된
내용적 요건(자금, 멘토링 및 네트워킹 능력)을 반영
- (세제혜택 및 기존 지원체계와의 연계) 일정 요건을 충족하는 엑셀러 레이터 및 수요자(창업기업)를 유인할 수 있는 세제혜택 마련 및 각종 정부지원 프로그램과의 연계

예시

액셀러레이터에게는 법인세 비과세 또는 일부면제, 증권거래세 비과세 등 벤처캐피탈에 준하는 수준의 세제혜택 부여하며, 엑셀러 레이터의 투자 및 지원을 받은 창업기업을 벤처기업으로 인정하여 벤처기업에 부여하는 세제혜택 부여 방안 검토

 **사례 연구 6** ■

4차 산업혁명 '듣보잡' 시대
"기계와 일할 줄 아는 STEM이 성공키워드 … 훈련·재교육을"

타일러 코웬 교수는 "4차 산업혁명 시대를 맞아 근로자는 AI와 조화롭게 일할 수 있는 인지적 능력이 필요하다"고 강조했다.

#1. 미국의 한 대형마트 마케팅팀에서 일하는 수전 레이나 씨의 직업은 빅데이터 분석가다. 임신·출산 용품 매출을 끌어올리라는 미션 수행을 위해 레이나 씨는 먼저 각 소비자의 임신 예측도를 알아낼 수 있는 25개 제품을 선정했다. 이후 해당 제품의 매출 자료 등을 활용한 빅데이터 분석을 통해 임신부는 임신 초기에 칼슘과 마그네슘·아연 보조제를 많이 구매하고, 임신 중기가 되면 향이 없는 로션을 구매하며, 출산일이 다가오면 손 세정제와 대용량 탈지면을 구매한다는 사실을 파악했다. 레이나 씨는 소비자별로 구체적인 임신 단계에 맞춰 해당 상품을 구매할 때 쓸 수 있는 할인쿠폰 등을 제공했고, 매출을 15%나 끌어올릴 수 있었다.

#2. 호텔·비행기 예약 포털사이트 '트립어드바이저'에서 일하는 폴 앨런 씨는 인공지능(AI) 소프트웨어 전문가다. 앨런 씨가 개발해 도입한 소프트웨어는 웹사이트나 모바일 앱에서 가짜 상품평을 걸러내는 데 쓰인다. 그는 "돈을 받고 작성한 가짜 상품평은 최상급 표현을 많이 사용하고 두루뭉술하게 평가하는 패턴이 있다"며 "상세한 후기가 없고, '나는' 혹은 '나를' 같은 단어를 반복 사용하는데 소프트웨어를 통해 이를 감지한다"고 설명했다. AI 발전에 따라 가짜 상품평을 걸러내는 알고리즘은 더욱 발전할 전망이다. 4차 산업혁명 시대 핵심인 빅데이터와 AI 발전에 따라 미국에서 '듣보잡(Job·과거에 듣지도 보지도 못한 새로운 미래 직업)'으로 뜨고 있는 빅데이터 분석가와 AI 소프트웨어 개발자의 사례.

타일러 코웬 미국 조지메이슨대 경제학과 교수는 7일 매일경제와 이메일 인터뷰에서 이들 사례를 들며 "4차 산업혁명 시대를 맞아 근로자는 AI로 대표되는 기계와 조화롭게 일할 수 있는 인지적 능력이 필요하다"고 강조했다. 코웬 교수는 4차 산업혁명은 물론 양극화 등 사회·경제 현안에 대한 통찰을 보여준 세계적인 석학이다. 최근에는 4차 산업혁명 시대 기술과 일자리 변화를 예측한 '평균의 시대는 끝났다(Average is Over)'등 저서를 내며 베스트셀러 작가로 등극했다. 코웬 교수는 "4차 산업혁명 시대를 맞아 기계가 인간 일자리를 대체할 것이란 비관적인 전망이 나오지만 이는 너무 과장된 우려"라고 지적했다. 그는 "19세기 전 세계 일자리의 80%는 고된 농업이었지만 이제는 2% 미만으로 줄었다"며 "1∼3차 산업혁명 시대에도 결과적으로는 그동안 없던 새로운 일자리를 창출하고 낮은 수준의 일자리를 높은 수준의 일자리로 진화시켰다"고 분석했다. 코웬 교수는 "증기기관이 발명된 1차 산업혁명 이후 인간은 일자리를 놓고 기계와 지속적인 싸움을 벌여왔다"며 "그때마다 승자는 인간이었다"고 말했다. 그는 "그렇다고 4차 산업혁명 시대에도 인간이 기계를 손쉽게 이길 것이라는 낙관은 경계해야 한다"며 4차 산업혁명 시대 기계와의 일자리 전쟁에서 인간이 승리하기 위한 비법(?)을 전수했다. 코웬 교수는 "스스로를 훈련·재교육시킬 수 있는 사람만이 승자(winner)"라고 강조했다. 이어 "시대 변화에 따라 바뀐 인재상에 부합하려면 'S·T·E·M'으로 불리는 과학(Science)·기술(Technology)·공학(Engineering)·수학(Mathematics)을 공부하거나 전공하는 게 도움이 된다"고 조언했다.

1∼4차 산업혁명 과정과 특징

1784년	1870년	1969년	2020년 이후
1차 산업혁명	2차 산업혁명	3차 산업혁명	4차 산업혁명
증기기관 발명과 기계화	전기 이용 대량생산	컴퓨터·인터넷 기반 지식 경제	인공지능·빅데이터 기반 플랫폼 경제
생산 주체 **인간**	생산 주체 **인간**	생산 주체 **인간**	생산 주체 **기계**

4차 산업혁명 분야별 적응력 순위

종합 순위	나라	기술 숙련도	교육 시스템	노동시장 유연성
1위	스위스	4위	1위	1위
2위	싱가포르	1위	9위	2위
3위	네덜란드	3위	8위	17위
5위	미국	6위	4위	4위
25위	한국	23위	19위	83위

* 자료=다보스포럼

이와 함께 코웬 교수는 미래 일자리 환경에 대한 전망도 밝혔다. 정보기술(IT) 지식을 탑재한 소수 엘리트를 제외한 대다수 근로자가 서비스 분야 프리랜서로 일할 것이라는 게 코웬 교수의 전망이다. 소수의 고소득자 기분을 좋게 하는 맞춤형 서비스 직종이 생기고, 공유경제 플랫폼이 이에 맞춰 시간제 근로를 늘리면서 프리랜서 형태 서비스직이 대거 증가한다는 것이다. 그는 "나를 포함해 많은 사람이 결국 서비스 업종에 몸담게 될 것"이라며 "앞으로는 자동화할 수 없는 대인관계 기술이나 마케팅, 인맥 형성 및 관리가 아주 중요해진다"고 전망했다.

코웬 교수는 이 같은 일자리 환경 변화 속에서 정부가 해야 할 가장 큰 미션은 경제 성장이라고 강조했다. 평소 한국 드라마를 즐겨 보는 '지한파(知韓派)'학자인 코웬 교수는 "세계에서 가장 성공적인 경제 주체로서 한국의 미래는 서비스산업에 있다"고 조언했다. 이를 위해 "한국 정부는 적극적으로 규제를 풀고, 산업 구조조정을 통해 신산업이 성장할 토대를 미리미리 준비해야 한다"고 강조했다.

출처: 매일경제신문, 2017. 8. 7.

5 유럽 주요국의 스타트업 지원체계 현황[8]

(1) 개 요

모바일 게임 관련 유력 웹진인 포켓게이머(PocketGamer, www.pocketgamer.biz)에서 선정한 2013년 상위 50개 모바일 개발사 리스트는 유럽계 스타트업(startup)의 위엄을 보여준다. 1, 2위는 모두 핀란드 스타트업인 수퍼셀(Supercell)과 로비오(Rovio)가 차지했으며, 7위의 킹(King.com)은 영국/스웨덴 회사로 출시 1년 만에 5억 건 이상 다운로드된 캔디 크러쉬 사가(Candy Crush Saga) 게임으로 유명하다.

뿐만 아니라 노키아(Nokia)에서 퇴사한 개발진이 설립한 욜라(Jolla)도 2013년 12월에 출시한 욜라폰이 핀란드 시장 스마트폰 판매량에서 아이폰 5S와 아이폰 5C를 넘은 것으로 나타나 주목을 받고 있다. 그 외에도 음악 스트리밍 서비스를 제공하는 스포티파이(Spotify)는 스웨덴 스타트업이며, 스카이프(Skype)는 에스토니아에서 나온 유명한 기업이다.

이러한 양질의 스타트업이 꾸준히 배출되고 있는 유럽의 창업 생태계는 분명 연구해볼 가치가 있다. 이를 위한 기초 단계로 본고는 유럽의 스타트업 지원 체계를 중심으로 유럽 창업 생태계를 접근하고자 한다.

유럽 회원국 중 GDP 기준으로 상위 7개국(프랑스, 독일, 이탈리아, 네덜란드, 스페인, 스웨덴, 영국)에 초창기 창업 생태계의 형태를 보이고 있는 체코와 슬로바키아를 추가하고, 작지만 유대가 긴밀한 공동체 특성을 지니며 1990년대 이후 제2의 창업 붐이 일어나고 있는 아일랜드를 포함하여 총 10개국을 대상으로 스타트업 지원 체계의 주요 현황을 정리하였다.

(2) 유럽 스타트업 지원 체계별 특징

유럽에서 스타트업을 지원하는 프로그램은 크게 인큐베이터(incubator), 액셀러레이터(accelerator), 컴퍼니 빌더(company builder)로 구분할 수 있다. 인큐베이터는 대학, 연구소, 경영대학 등 지식 센터와 연계된 물리적 공간을 제공함으로써 내부 사업의 분사(spinout)나 월

8 강유리, 스타트업 육성 프로그램 성과 정보 제공 현황과 과제, kisdi, 2014.

표 6-4	유럽 10개국 스타트업 지원 체계별 주요 특징		
구분	인큐베이터	액셀러레이터	컴퍼니 빌더
배치/기수별 운영	×	○	×
스타트업의 지분 확보	×	소수 지분 획득	다수 지분 획득
아이디어 출처	외부	외부	내부
물리적 공간 제공	○	경우에 따라	○
멘토링 제공	○	○	○
투자자 연결	경우에 따라	○	○
자금 지원	×	○	○
지원 기간의 한계	×	○	×
평균 지원 기간	1~2년	3~12개월	2~3년
지리적 범위	유럽 전역	대도시 중심부	베를린, 더블린, 런던
스타트업 지원 프로그램 수	136	111	13

출처: Salido, Sabás, & Freixas(2013), p. 9.

임대료를 내고 입주한 외부 기업가의 비즈니스 아이디어 개발을 지원하는 역할을 한다.

이러한 모델은 주로 스웨덴과 아일랜드에서 흔히 나타난다. 인큐베이터의 주요 특징은 물리적 사무 공간 제공, 멘토링/비공식적 이벤트/컨설팅 서비스 제공, 투자자에 노출 및 공공 자금 연결로 요약된다. 액셀러레이터는 미국 Y-Combinator의 성공적 운영에 따라 전 세계적으로 확산된 모델로 유럽의 주요 중심부(hub)에 위치하고 있다. 주요 특징은 공개적인 선발과정을 통해 선정된 스타트업에게 소규모의 지분투자를 한다는 것이다. 프로그램은 기수별로 운영되며, 제한된 기간 동안 집중적인 멘토링과 다양한 이벤트를 제공한다.

컴퍼니 빌더는 새로운 비즈니스 기회를 내부, 즉 컴퍼니 빌더 설립자의 전문 분야에서 찾는다는 점에서 인큐베이터 및 액셀러레이터와 구분된다. 현재는 베를린을 중심으로 확산되어 있다. 팀이 구성되기 전에 시장 검증(market validation)을 거치며, 설립자가 자신이 보유한 자원을 기반으로 스타트업을 독자적으로 운영(bootstrapping)하는 것을 특징으로 한다.

(3) 유럽 주요국 스타트업 지원 체계 조사 내용

1) 인큐베이터 및 액셀러레이터 업체 현황

유럽 대부분의 액셀러레이터 및 인큐베이터는 2008년 금융 위기 이후 빠르게 증가하였다. 유럽의 주요 10개국을 대상으로 조사한 것에 따르면, 2001년부터 2007년까지 연평균 14%의 성장률을 보인 반면 2008년부터 2013년까지는 연평균 29%로 더 가파르게 증가했다. 이 중에서 최근에 많은 주목을 받고 있는 액셀러레이터만을 고려하면 유럽 전역에 94개의 업체가 있는 것으로 조사되었다.

그림 6-2 **유럽 10개국의 액셀러레이터 등 수 추이**

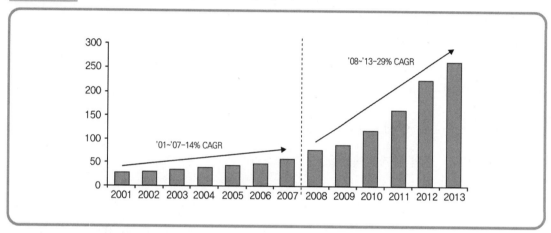

자료: Salido, Sabás, & Freixas(2013), p.5.

표 6-5 **유럽 상위 7개국의 액셀러레이터 등 현황**

구분	독일	프랑스	영국	이탈리아	스페인	네덜란드	스웨덴
GDP (Bn USD)	3,400	2,608	2,440	2,014	1,352	773	526
인당 GDP (EUR)	30,100	27,600	30,400	22,800	20,300	32,700	35,500
액셀러레이터 등 업체 수	31	35	50	23	38	21	22
액셀러레이터 등 최초 설립연도	2001	2000	1986	2004	1989	2000	1983
액셀러레이터 등 평균 설립연도	2001	2008	2009	2009	2010	2009	2007

출처: Salido, Sabás, & Freixas(2013), p.5. 수정 인용.

GDP 기준으로 상위 7개 유럽 국가의 액셀러레이터 등의 현황을 보면 두 가지 특징이 발견된다. 첫째, 유럽 국가간 액셀러레이터 등 현황의 외형적인 격차이다. 가장 많은 업체가 존재하는 영국의 경우 50여 개의 액셀러레이터 등이 존재하고 이 중 32개가 런던 지역에 집중되어 있다. 그러나 대부분의 유럽 국가들에서는 이보다 적은 수의 액셀러레이터 등이 존재한다. 프랑스와 영국에서는 액셀러레이터 등이 수도나 경제적 중심지에 위치한 반면 나머지 유럽 국가들의 경우에는 전국에 고른 분포를 보이고 있다. 예를 들어 스웨덴은 22개의 액셀러레이터 등이 있으며, 이 중 4개의 업체만이 스톡홀름에 위치한다.

둘째, 국가의 전반적인 경제발전 정도와 액셀러레이터 등 업체수간에 상관관계가 없다는 것이다. 총 GDP가 가장 많은 독일이나 인당 GDP가 가장 높은 스웨덴과 비교하면 영국과 스페인에 상대적으로 많은 액셀러레이터 등이 존재하고 있다.

2) 유럽 회원국별 액셀러레이터 등의 투자 현황

액셀러레이터 등의 투자금액을 보면 프랑스와 독일의 경우에 큰 규모로 투자가 이뤄지며, 이탈리아, 스페인, 영국은 20,000~60,000유로 규모로 진행되는 것으로 나타났다. 슬로바키아나 체코 등은 투자금 규모로 볼 때 아직까지 초창기의 창업 지원이 활발한 것으로 보인다. 이상을 종합하면 유럽의 액셀러레이터 등의 평균 투자규모는 41,000유로로 추정된다.

투자에 대해서 액셀러레이터 등이 확보하는 지분율은 5~15% 정도이며, 평균적으로는 8%

그림 6-3 유럽 10개국별 액셀러레이터 등 최대-최소 투자 금액   (단위: 1,000유로)

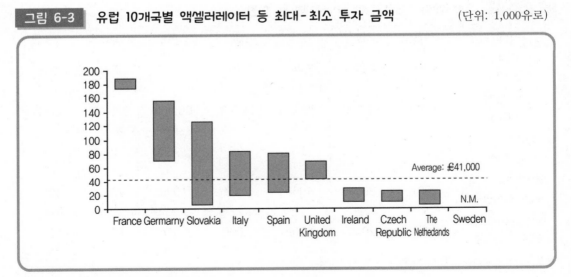

자료: Salido, Sabás, & Freixas(2013), p. 7.

인 것으로 나타났다. 독일의 경우 상대적으로 높은 20%대의 지분율을 보이고 있는데 이는 다수의 지분 확보를 특징으로 하는 컴퍼니 빌더가 주로 독일에서 활동하고 있는 것에 기인한다.

3) 유럽 회원국별 액셀러레이터 등 네트워킹 및 기타 현황

액셀러레이터 등의 가장 중요한 역할 중의 하나는 다양한 이해관계자(투자자, 소비자, 미디어 등)와의 네트워킹을 얼마나 잘 제공할 수 있는 것인가이다. 이러한 네트워킹 제공 능력은 스타트업과 다양한 이해관계자간의 정보 격차(information gap)를 얼마나 해소할 수 있느냐의 문제와 직결되어 있다. 정보 격차 해소를 위한 기본 전제는 액셀러레이터 등에 대한 정보가 제대로 제공되어야 한다는 것이다. 그러나 우리나라와 마찬가지로 유럽에서도 액셀러레이터 등에 대한 주요 정보 제공 미흡으로 창업가 및 투자자들이 여전히 정보 격차 문제를 겪고 있다. 즉, 창업가는 개별 창업 지원 프로그램을 검색하는 데 많은 시간을 들이며, 투자자들도 돈을 어디에 어떻게 투자할 것인가에 대한 올바른 의사 결정을 내리는 데 액셀러레이터 등의 도움을 받기 어려운 것으로 나타났다.

한편, 정보 공급(information flow)이나 지식 이전(knowledge transfer)에 있어 중요한 역할을 하고 있는 대학 및 벤처랩(venture lab)이나 인큐베이터 및 액셀러레이터 등의 스타트업 프로그램을 운영 중이나 이들과 민간 부문간의 연계는 취약한 실정이다. 그래서 대학을 중심으로 기업가정신 교육 및 창업 지원이 이뤄지고 있어도 대부분이 외부의 창업가에게 열려

표 6-6   유럽 상위 10개 경영대의 벤처 생태계 역량(알파벳 순)

경영대(국가)	벤처랩/액셀러레이터	투자자 네트워크	종자기금
Cambridge Judge(영국)	○	○	×
ESADE(스페인)	○	○	×
HEC(프랑스)	○	○	×
IE(스페인)	○	○	×
IESE(스페인)	○	○	○
IMD(스웨덴)	×	○	×
INSEAD(프랑스)	○	○	×
LBS(영국)	○	○	○
MBS(독일)	○	○	×
Oxford Said(영국)	○	○	○

자료: Salido, Sabás & Freixas(2013), p. 17.

있지 않아 그 실효성에 한계가 있는 것으로 분석되었다.

한편, 10개국에 존재하는 대부분(85%) 액셀러레이터 등은 자국 내에 기반을 두고 활동하며 15%만이 글로벌한 기반을 확보하고 있다. 이들이 지원하는 스타트업은 산업별로 세분화되었기보다는 산업 전반 영역의 스타트업을 대상으로 지원하는 것으로 나타났다.

사례 연구 7

지식서비스산업 '듣보잡' 육성 절실

대전에 있는 우리안과 원장인 민병무 씨는 최근 독일과 대만 의료기기업체와 각막 형태 교정술과 관련한 업무제휴 협약을 체결했다. 민 원장이 기술과 아이디어를 제공하면 해외 의료기기 업체는 민 원장의 주문에 맞춰 의료기기를 제작한다. 민 원장은 15년 전부터 수술을 받은 이들의 각막 지형도와 시력 등에 대한 데이터를 모아 이를 분석해 왔고, 독자적인 기술을 개발해 특허를 취득했다. 의료 빅데이터를 활용해 새로운 부가가치를 창출한 셈이다. 민 원장은 "내 사업 모델은 애플"이라고 자신있게 말했다.

그는 "각막 교정술 특허를 적용한 의료장비는 전 세계적으로 사용할 수 있게 하지만 환자 진단과 병리학적 분석은 한국이 독점하는 방식"이라고 설명했다. 민 원장은 성적이 우수한 학생들이 편안한 삶을 찾아 의대에만 몰리는 국내 현실에 대한 발상의 전환을 주문했다. 그는 "국내 최고 인재라고 할 수 있는 의대생에게 4차 산업혁명 마인드를 집어넣어 의료·바이오 관련 비즈니스에 진출하게 하면 된다"며 "미래 일자리 창출에 큰 도움이 될 것"이라고 강조했다.

4차 산업혁명 시대 키워드는 융·복합이다. 국경을 뛰어 넘는 지식서비스 산업의 대표적인 예가 의료·바이오 산업이다. 의료·바이오 업종은 정보통신기술(ICT)과는 달리 기술표준이 없다. 인종·지역별 차이는 관찰될 수 있지만 기본적으로 이 분야 기술은 인류 전체에 보편적인 특성을 갖는다. 기술만 확보하면 시장 제한 없이 산업을 키우고 일자리를 창출하는 큰 장점이 있다는 얘기다.

취업 유발계수를 봐도 의료업종은 기존 제조업을 뛰어 넘는다. 전통적인 효자 노릇을 해 왔던 자동차는 8.8명, 반도체는 3.2명인 데 비해 의료산업은 14.7명으로 고용 효과가 훨씬 크다. 아시아권에만 비행거리로 3시간 내 위치한 인구 100만명 이상 도시가 6곳이나 존재한다는 점도 한국이 이 산업을 미래 먹거리로 키워야 할 당위성을 더한다. 글로벌 의료·바이오 허브로 키운다면 미래 일자리는 따놓은 당상이다.

김주훈 한국개발연구원(KDI) 수석이코노미스트는 "고령화는 전 세계적인 추세고, 지금은 개발도상국에까지 의료기반이 깔려 있다"며 "더 이상 질병에 국한되지 않고 건강을 돌보는 쪽으로 시장 잠재력이 커졌다"고 말했다. 이런 상황하에서는 △원격 진료 코디네이터 △의료소송분쟁 조정 전문가 △유비쿼터스 헬스 전문가 △의료 빅데이터 전문가 등이 과거에는 듣지도 보지도 못했던 직업 '듣보잡(Job)'으로 떠오를 것이란 전망이다.

　지식서비스 업종과 제조업의 결합도 가능하다. 미국의 스포츠 의류 업체 '언더 아머'는 자사 제품에 센서를 부착해 맥박·운동량 등 정보를 모은 뒤 스마트 워치에 보여주고 인공지능(AI)으로 분석한다. 운동화·의류 회사가 인간의 생체 정보를 축적하고, 의학·산업적으로 응용한 사례다.

　한국은 인재 측면에서 의료·바이오 산업에 유리한 고지를 점할 여건이 돼 있다. 제조업 중심 사고에서 벗어나 지식서비스업으로 시각을 전환을 하면서 바이오·헬스케어 분야 육성을 통해 한 단계 도약할 수 있다. 정부 관계자는 "개발시대 때는 물리학과 등에 몰렸던 우수 자원들이 산업역군으로 활약한 반면 최근 10∼20년 동안 의대·치의대·약대·한의대 등에 인재 쏠림 현상이 발생했다"며 "'특정 분야가 인재를 빨아들이는 게 문제다'고 지적할 게 아니라 특정 분야에 집중된 우수 인재를 산업적으로 활용할 방안을 찾는 편이 생산적"이라고 말했다.

출처: 매일경제, 2017. 7. 31.

제7장

정책과 동향

Nothing Ventures, Nothing Gains!

1. 글로벌 액셀러레이터 육성계획
2. 국내외 액셀러레이터 현황
3. 국내외 정책 동향

4. 액셀러레이터 전문역량 강화
5. 액셀러레이터 협업체계
6. 액셀러레이터 성장기반

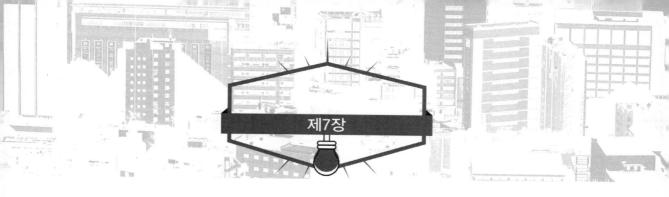

정책과 동향

글로벌 액셀러레이터 육성계획[1]

(1) 추진 배경

그간 정부는 창조경제의 핵심인 창업·벤처 활성화 관련 선순환 생태계(창업 → 성장 → 회수 → 재도전) 조성을 위해 다양한 노력을 경주[2]하여, 최근 신설법인 수가 증가하고, 신규 벤처투자액이 확대되는 등 창업 열기가 확산되고 있어 성과 가시화가 기대되고 있다.

* 신설법인 추이(1~11월 누계): ('08) 47,058 → ('12) 68,378 → ('13) 68,893개
* 벤처투자액(1~11월 누계): ('12) 10,547 → ('13) 12,174억원(15% 증가)

이러한 양적 성장에도 불구하고 창업 성공률은 여전히 낮고, 매출액 1천억원 이상의 성공벤처로 성장하기 위해서는 상당한 기간이 소요되는 상황이다.[3] 이는 아이디어 검증능력 미비, 창업을 위한 경영·기술적인 애로사항, 창업 자금 부족 등이 주요 원인이다.

---

1 자세한 내용은 2014. 3. 6 미래부와 중기청의 제7차 창조경제위원회 안건(공개) 참조.
2 벤처·창업 자금생태계 선순환 방안('13. 5. 15) / 창조경제 실현계획(6. 4) / 벤처1세대 활용 및 재기계획(6. 19) / 글로벌 창업 활성화 계획(7.9) / 중소기업 재도전 종합대책(10. 30) 등.
3 창업 후 5년 생존율 33%, 천억원 매출 달성까지 소요기간 15.1년(벤처협회, '12).

최근 실리콘밸리 등에서는 성공 벤처인 등이 축적된 경험과 노하우, 자산을 바탕으로 초기투자와 단기 보육 프로그램(6개월 내외)을 통해 스타트업의 성공을 가속화시키는 액셀러레이터(Accelerator)가 활성화되고 있다.[4]

에어비앤비(숙박 공유), 드롭박스(클라우드), 슈퍼셀(게임, 15억 달러 M&A, 핀란드) 등 최근 스타트업 성공신화와 대형 M&A의 상당수는 액셀러레이터가 지원하고 있다.

[대표 사례]
미국 실리콘밸리 Y-Combinator
- 세계 최초 전자상거래 업체 '비아웹' 창업자 폴 그레이엄이 설립한 최초 기관('05년~)
- 에어비앤비, 드롭박스 등 560여 개사 지원 → 창업 생존율 90%, 평균 기업가치 4천 5백만 달러

또한, Google, Microsoft, CISCO, GE 등 해외 글로벌 기업도 스타트업을 직접 발굴·육성하는 '기업형 액셀러레이터' 운영이 확산 중이다. 자신의 사업 영역과 관련된 스타트업을 지원하여 동반성장과 시너지를 창출하고, 글로벌 네트워크를 활용하여 해외진출까지 지원하고 있다. 한편, 국내에서는 그간 벤처·창업 활성화 지원을 위해 창업보육센터, 벤처캐피탈, 엔젤투자자 등 다수의 지원기관이 운영 중이나, "자금 및 시설" 중심으로 지원하고 있어 스타트업이 실질적으로 필요로 하는 멘토링, 네트워킹 등의 지원 필요한 실정이다.

따라서, 창업초기 스타트업에 대한 투자 확대는 여전히 과제이다. 현재 범정부적인 창업 활성화 노력이 진행 중인 가운데 조기에 가시적인 성과를 창출하기 위해서는, 벤처1세대, 대기업 등 민간의 전문성과 재원을 활용하여 유망 스타트업을 선발하고(selection), 성장을 촉진시키고(speed up), 상호협력을 지원할(networking) 필요가 있는 실정이다.

⇨ 현행 지원체계를 보완하고 민간의 역량을 활용하여 창업기업의 성공률을 높이고 신속한 성장을 지원하는 창조경제생태계의 새로운 촉진제(New Facilitator)로 "액셀러레이터" 집중 육성

---

4 창업 생존률 15% 향상, 후속투자 유치율 60~70% 수준 효과(Data Catalyst, '13).

(2) 창업 액셀러레이터(Seed Accelerator)

창업 액셀러레이터(Seed Accelerator) 개요

□ 출현 배경
- 실리콘밸리에서 성공 벤처기업인이 축적된 경험과 노하우, 자금, 네트워크를 활용하여 후배 스타트업의 성장을 지원하는 방안으로 출발
- 창업초기에 겪는 기술개발, 경영, 투자유치 등의 공통적인 시행착오 · 애로사항을 지원하여 창업 성공률을 제고하는 대표적인 방안으로 부상
  ⇒ 자동차의 액셀러레이터처럼 "스타트업의 성공을 가속화"시키는 역할 수행

□ 주요 기능 및 특징
- 초기 창업자를 발굴, 투자뿐만 아니라 6개월 내외 짧은 기간 투자자 · 고객 지향형 성공 제품을 만들도록 '실전 창업교육과 전문 멘토링' 지원

① 오디션 방식 발굴		② 단기 보육 프로그램		③ 데모데이		④ 후속 지원
기수별 집단 선발 (10개팀 내외)	⇨	• 3~6개월 기간 • 창업교육, 멘토링	⇨	투자자 및 고객 대상 발표 · 검증	⇨	졸업기업 간 네트워킹, 홍보지원

* 협업 · 입주공간 등의 시설은 직접 보유 혹은 창업보육센터 등과 연계 지원

- 기수별 선발(10개팀 내외), 단기 보육 프로그램(6개월 내외), 지분투자(1~5만 달러, 4~10% 내외), 데모데이가 특징. 멘토링 등 프로그램 참여비용은 무료
  ⇒ "지분투자" 방식의 수익모델로 스타트업이 성공해야만 수익을 얻는 구조

□ 기존 벤처 · 창업 지원기관과 차이점

구분	창업보육센터	벤처캐피탈	엔젤투자자	액셀러레이터
투자기능	×	○ (성장 단계)	○ (초기 소액투자)	○ (초기 소액투자)
입주공간	○	×	×	△ (창업보육센터 연계)
보육 프로그램	△	×	×	○ (멘토링/네트워킹)
특 징	보육 프로그램 미흡	창업 초기 투자 한계	보육 프로그램 미흡	• 기수별 선발(10개 팀 내외) • 단기 지원(6개월 내외)

사례 연구 1 ■■■■■■■■■■■■■■■■■■■■■■■■■■■■■

액셀러레이터 프로그램은 창업초기 기업에 펀딩하고 인큐베이팅하는 새로운 모델로 2005년 실리콘밸리의 Y Combinator에 의해 시작되었으며 현재, 전 세계적으로 213개가 활발히 활동하고 있다.

이들 프로그램을 통해 총 3,753개의 기업이 발굴되었으며 대표적인 성과로 투자회수 기업 수는 197개, 투자회수 금액은 $1,865million에 달하고 고용창출효과는 16,124명이다. 이 성과 중 대부분은 미국의 Y Combinator와 TechStars 등 일부 성공적인 액셀러레이터에 의해 이루어졌다.

Y Combinator의 경우, 투자한 기업의 50%는 실패하고 나머지 기업 중 일부 크게 성공한 기업을 통한 투자회수로 수익을 창출하는 시나리오를 가지고 있다.

이처럼 모든 액셀러레이터가 성공적으로 운영되고 있는 것은 아니며 YouWeb Incubator의 창업자 Peter Relan은 "전 세계 인큐베이터와 액셀러레이터의 90%가 실패하고 있다"고 지적하면서 다음과 같은 이유를 언급하였다.

첫째, 너무 많은 예비창업자가 있으며 상대적으로 멘토링은 턱없이 부족하다는 것이며, 둘째, 아직은 프로그램 종료 이후 후속 펀딩으로의 연계가 힘든 상황이라는 것이다.

마지막으로, 창업기업들에게 비즈니스 개발을 위한 자원과 네트워킹은 매우 중요한 요소인데, 제때에 이러한 자원과 네트워크를 찾을 수 없어 실패하는 경우가 빈번히 발생한다고 설명한다.

성공적인 액셀러레이터가 갖는 특징은, 개별 프로그램의 차별화되고 전문성을 나타낸 "비즈니스 모델"의 창출에 있다고 할 수 있다.

예를 들어, 액셀러레이터 프로그램의 시초이면서 가장 성공적인 모델로 꼽히고 있는 Y Combinator는 "높은 수준의 선발과정(high-quality filter)"과 "광범위한 포트폴리오(broad portfolio)"라는 특징을 가지고 있으며 투자자 네트워킹을 위해 '화요일 디너 파티'를 개최한다.

우리나라는 금년부터 '글로벌 액셀러레이터'를 발굴 육성하기 위한 계획을 추진한다. 이러한 한국형 액셀러레이터가 새로운 창업플랫폼으로 자리잡기 위해서는 국내 액셀러레이터와 해외 파트너간의 네트워킹이 중요하고 이들의 전문성을 살린 스타트업의 발굴 및 보육시스템의 구축이 중요하다. 성공적인 액셀러레이터 프로그램이 갖추어야 할 핵심요소는 다음과 같다.

첫째, 50% 이상의 실패확률을 인지하고 받아들여야 한다. 액셀러레이터의 역할은 모든 창업기업을 성공시키는 것이 아니라, 창업생태계를 선순환시키는 촉진자로서 투자기업 중 소수의 성공한 사례를 통해 예비창업자들의 창업도전 의욕을 고취시키고, 액셀러레이터의 수익을 창출하여 재투자가 가능하도록 하는 것이다.

둘째, 엄격한 선발기준을 적용하고 투자유치 연계 네트워크를 구축해야 한다. 성공사례를 창출하고 이를 통해 수익 창출 및 액셀러레이터의 명성과 브랜드 가치를 구축하기 위해 창업아이디어에 대한 엄격한 선발기준이 필요하다. 그리고 예비창업자가 액셀러레이터에 참가하는 가장 중요한 이유가 '투자유치'인 만큼 투자가치가 있는 창업기업에 대한 투자자 연계 노력이 적극적으로 이루어져야 한다.

셋째, 액셀러레이터의 전문성을 반영한 기술/산업의 특화 분야가 구축되어야 한다. 액셀러레이터 프로그램간의 차별성 확보, 경쟁을 통한 우수 예비창업자의 유치, 궁극적으로 액셀러레이터의 명성확보를 위해서 기술/산업 특화 분야의 구축이 필요하다.

넷째, 멘토의 발굴 및 체계적인 멘토링 시스템이 구축되어야 한다. 액셀러레이터별로 멘토 풀의 운영 방식은 상이하다. 액셀러레이터별 특성을 반영하여 멘토링 효과를 극대화할 수 있는 멘토링 시스템의 구축과 역량있는 멘토 풀의 확보는 반드시 필요하다.

출처: kosbi, 배영임.

2 국내외 액셀러레이터 현황

(1) 해외

미국, 영국, 이스라엘 등 벤처·창업이 활성화된 국가를 중심으로 전세계에 2천개 이상의 액셀러레이터(프로그램)가 운영 중이다.

1) 전문화

일반적인 액셀러레이터 외에 헬스케어, 교육, 에너지, 금융 등 ICT 기반의 산업분야별 액셀러레이터 활성화 추세

표 7-1 산업분야별 주요 전문 액셀러레이터 현황(GAN 가입 50개사 기준)

헬스IT(18)	교육IT (2)	에너지/ 환경IT(6)	금융IT (2)	하드웨어/ IoT(4)	공공/빅데이터/ 클라우드(6)
Blueprint Health, DreamIT Health	Imagine K12	SURGE, Greenstart	Inno tribe	Matter, Highways1	Code for America, TechStars Cloud

2) 대기업 참여

Google, CISCO, GE, NIKE 등 글로벌 대기업이 관련 사업 영역의 스타트업 육성하여 상호 시너지를 키우는 개방형 혁신 프로그램 확산

[주요 사례]

CISCO(사물인터넷), GE/Nike(헬스케어/운동), Coca-Cola/Target(유통), Barclays(금융/결제), Time(미디어), Volkswagen(자동차) 등

(2) 국내

국내에는 성공 벤처인 등을 중심으로 20여 개의 액셀러레이터가 운영 중이다.

- 대부분 '10년 이후 시작되어 아직 활성화 초기 단계이고, 해외에 비해 양적 측면과 전문화·글로벌화 등 질적 측면에서 미흡
- 짧은 기간에도 불구하고 퀵캣(모바일 중고장터 앱), 미미박스(맞춤형 화장품 판매 앱) 등 200여 개의 유망 기업을 발굴하는 등 대표적인 스타트업 지원 프로그램으로 자리를 잡아가고 있음[5]

참고: 국내외 액셀러레이터 현황		

□ 해외 액셀러레이터(2,000개 이상)

지역	대표업체	특징 및 주요성과
미국	Y-Combinator ('05~)	• 전 세계 최초, 대표 액셀러레이터 • 566개 기업 지원, $1,744백만 투자유치, 2,865명 일자리 창출
	TechStars ('06~)	• 볼더, 뉴욕, 보스턴, 런던 등 7개 도시 운영 • 248개 기업 지원, $455백만 투자유치, 1,950명 일자리 창출
	500Startups ('10~)	• 실리콘밸리 본부, 멕시코 지사 운영 • 153개 기업 지원, $97백만 투자유치, 500명 일자리 창출
유럽	Startupboot camp('10~)	• 암스테르담, 마드리드, 더블린, Haifa(이스라엘) 등 6개 도시 운영 • 88개 기업 지원, $10백만 투자유치, 224명 일자리 창출
	Seedcamp ('07~)	• 런던 위치 • 110개 기업 지원, $71백만 투자유치, 551명 일자리 창출
이스라엘	IDC Elevator ('11~)	• 이스라엘 3개월 + 뉴욕/베를린 1개월 형태
싱가포르	JFDI . Asia ('10~)	• 동남아 시장 진출 스타트업 지원 • 27개 기업 지원, $3.6백만 투자유치
일본	MOVIDA Japan('09~)	• '30년까지 아시아에서 1,000개 스타트업 육성 목표, 10만개의 일자리 창출 목표. 소프트뱅트(손정의)와 협력

5 퀵캣(프라이머 지원, 네이버 M&A), 미미박스(스파크랩 지원, Y-Combinator에 국내 최초 선발).

□ 국내 액셀러레이터(설립연도 순)

주요 기업	주요 성과	특징
프라이머 ('10~)	• 연중 수시 운영, 24개사 지원 • 퀵캣(판매), 에드투페이퍼(광고) 등	• 권도균(이니시스), 이택경(다음) 창업자 출신
SK플래닛 101 스타트업 코리아('10~)	• 1기수 운영, 6개사 지원 • 오픈, 아우름 플래닛 등	• 사회공헌 차원, 지분 투자 없음
삼성SDS sGen 글로벌 ('11~)	• 2기수 운영, 6개사 지원 • 퀼슨, 브이터치 등	• 사내 부서형태 운영, 지분 투자 없음
벤처스퀘어 ('12~)	• 3기수 운영, 28개사 지원	• 스타트업 전문 미디어가 운영
스파크랩 ('12~)	• 3기수 운영, 13개사 지원 • 노리(교육), 미미박스(배달) 등	• 버나드문(美 비드퀵), 이한주(호스트웨이) 등 실리콘밸리 + 국내 창업가 중심
닷네임코리아 파운더스캠프 ('12~)	• 2기수 운영, 24개사 지원	• 강희승(닷네임코리아) 창업자 출신
kstartup (앱센터운동본부, '13~)	• 2기수 운영, 20개사 지원 • 센텐스랩, 젤리코스터 등	• 구글(자금/멘토링), SK플래닛(자금), D.Camp(입주공간) 협력
네오위즈 네오플라이 ('13~)	• 3기수 운영, 22개사 지원 • 마이리얼트립(여행), 이엠컴퍼니 등	• 게임회사 네오위즈와 연계, 게임 분야 특화
Fashion Technology Accelerator 서울('13~)	• 1기수 운영, 8개사 지원 • 쉐이커미디어, 루이슈즈 등	• 미국 FT 합작지사 설립, 패션 분야 특화

※ 스마일게이트 오렌지팜, 패스트트랙아시아, 쿨리지코너인베스트먼트 등

사례연구 2 ■

중국 창업 생태계의 근간, 액셀러레이터의 전망

○ ● 2020년, 액셀러레이터 5,000개 이상 될 듯 … 내륙지방에도 액셀러레이터 설립 늘 듯

중국선전무역관은 중국 유력 시장조사기관인 아이미디어 리서치(IIMedia Research)의 자료를 근간으로 하여 최근 늘어나고 있는 중국 내 액셀러레이터에 대한 사항을 발표하였다.

이에 따르면 중국 내 액셀러레이터 숫자는 1987년 이래로 지속적으로 증가하고 있는 것으로 나타났다. 특히 2005년 이후 급속 성장 추세를 보여 2005년 약 535개에서 2015년에는 2,000여 개 이상으로 급증하였다. 이

러한 추세가 지속된다면 2020년에는 약 5,000개 이상의 액셀러레이터가 설립될 것으로 예상된다.

중국 내 주요 액셀러레이터는 베이징, 광둥(선전) 등 주로 연안 지역에 설립됐으나 최근에는 내륙지방에도 점차 증가하는 추세이다. 특히 강소성 지역 위주로 증가하고 있음이 금번 조사를 통해 확인되었다.

특히 선전은 과거부터 액셀러레이터의 활동이 두드러지는 곳 중에 하나인데, 2016년 기준으로 선전시 내 국가·성급 액셀러레이터 및 선전시에서 정책지원 혹은 인증 받은 액셀러레이터는 약 144개이다. 그중 국가급은 12개, 성급은 11개, 성급 대중 창업공간은 15개이다.

2016년 액셀러레이터에서 육성 중인 기업은 약 7,900개로 약 20만 명의 관련 직원이 근무 중이다. 선전은 과거에 제조 중심이던 지역으로, IT 제품 제조에 우수한 인프라를 가지고 있다. 또한 공장 간 클러스터가 잘 형성돼 있어 스타트업 기업이 프로토타입을 만들기에 용이하다. 특히 선전 내 남산(南山)지역은 창업 관련 시설이 매우 발달해 있다. 해당 지역의 특허는 만 명당 242.47건으로 중국 전역에서 1위를 차지하고 있다.

하이테크 기술 산업 가치 생산액 역시 4,152억 위안(한화 약 70조 442억 원)으로 1위이며, 2016년 9월까지 남산하이테크관련 기업은 총 1641개다. 그중 상장기업은 119개로 중국 내 현급 이상 도시 중 상장기업 밀도가 가장 높다.

선전시 정부 역시 화웨이(HUAWEI), 텐센트(TENCENT), 디제이아이(DJI), 베이징유전체연구소(BGI), 로열(ROYOLE) 등 선전 출신의 과학기술기반 창업기업이 성공을 거둠에 따라 계속해서 과학기술 연구 및 창업지원을 강화하는 추세다.

2016년 GDP의 약 4.1%를 과학기술연구에 투자하고 있다. 쉬친(許勤) 선전 시장은 1월 17일 개최한 선전시 '6차 인민대표 3차 회의'에서 선전의 2017년 경제 발전을 위해 나아가야 할 방향을 제시한 10대 행동계획을 발표하였다. 이 중 5번째 행동 계획에서 중국뿐만 아니라 해외의 유수한 인재를 유치해서 창의력을 발휘할 수 있도록 해외 혁신기지 건설 계획을 발표하였다.

동시에 미국, 유럽, 캐나다 등에 창의혁신 기구를 세워 국제적 협력이 가능한 플랫폼을 건설하겠다고 말했다. 또한 9번째 행동 계획은 국제 창업센터건설로 글로벌 기업 탄생을 위해 지속적인 창업 투자를 진행한다는 것으로, 국내 스타트업이 주목해야 할 내용이다.

향후 중국 내 중소형 액셀러레이터는 점차 축소될 것으로 전망된다. 창업투자 특성상 자본 회수 기간이 상대적으로 긴 편이어서 이미 중국 내 많은 소형 액셀러레이터는 경영난을 겪고 있는 상황이다. 동시에 정부의 보조금 대부분은 투자 실적이 좋은 소수의 엑셀러레이터로 집중되고 있다.

연안 지역에 주로 설립된 액셀러레이터 및 인큐베이팅 기관들은 점차 내륙지방 및 2, 3선 지역에 설립될 것으로 전망된다. 특히 일선도시와 근접하고, 자원이 풍부한 2, 3선 도시와 창업 지원에 적극적인 도시 위주로 점차 세력이 확대될 것으로 예측된다.

출처: Asia HERALD, 2017. 7. 18.

3 국내외 정책 동향

(1) 해외

최근 미국, EU, 핀란드, 캐나다 등 주요 선진국에서 액셀러레이터를 벤처·창업 생태계의 핵심 플레이어로 육성하기 위한 다양한 정책 적극 추진 중

- 특히, 미국과 EU는 각각 '스타트업 아메리카 이니셔티브', 'EU 스타트업 이니셔티브'의 핵심 아젠다로 액셀러레이터 활성화 지원
- 대부분 국가가 벤처캐피탈, 산업클러스터 등 기존 지원기관들이 액셀러레이터 기능을 수행할 수 있도록 유도하는 정책에 집중

주요 국가/ 지원 프로그램	주요 지원내용	특징
미국/스타트업 아메리카 이니셔티브('12~)	• 산업 클러스터와 연계한 액셀러레이터 운영 지원 (10개, 2천만불) • 국가 차원의 통합 데모데이 개최	• 산업클러스터와 연계, 인지도 제고 지원
EU/EU 스타트업 이니셔티브('12~)	• 'EU Accelerator Assembly' 운영 지원 • 성과평가 정보 DB 구축 지원	• 전문 협의체 구성 • 성과평가 및 상호협력 지원
핀란드/Vigo 프로그램('09~)	• 해외투자 유치 등 글로벌 지향 액셀러레이터 육성(10개) • 후속투자, 융자, R&D 등 연계 지원	• 글로벌 진출 목표
캐나다/Accelerator Program('13~)	• 창업보육센터, 액셀러레이터 지원(10개, 5년간 운영비 6천만 달러 + 1억 달러 후속투자)	• 창업보육센터의 액셀러레이터 기능 지원

(2) 국내

'12년부터 지원 사업을 추진 중이나, 벤처캐피탈, 엔젤, 창업보육센터 등 타 지원기관에 비하여 정책적 관심과 지원 부족

1) 미래부

국내 액셀러레이터의 글로벌 역량 강화를 위해 해외 액셀러레이터와의 공동사업 지원

('13년~, 15억원, 3개 기관 지원)[6]

2) 중기청

국내 액셀러레이터 육성을 위한 사업 운영 및 매칭 투자 지원('12년~, 4개 기관 지원)[7]

주요 문제점
• 해외에서는 액셀러레이터가 스타트업 발굴·육성, 해외진출 지원 등 창업 생태계의 핵심 역할을 수행하고 있지만, 국내는 아직 초기단계

---

(3) 액셀러레이터의 전문역량 미흡

1) 글로벌 역량 취약

국내 액셀러레이터는 아직 활성화 초기 단계이고, 대부분이 국내시장 창업 지원 중심으로 운영되고 있는 상황으로 '13년에 국내 액셀러레이터의 해외와의 협력사업을 시범지원 결과, 현지창업, 해외투자 유치 및 파트너십 체결 등 구체적 성과가 창출되었다. 한편 해외 액셀러레이터의 국내 합작지사 설립 1건, 해외기업과의 파트너 제휴 18건, 해외투자 유치 11건 및 해외법인 설립 9건 등이 진행 중이다. 따라서, 국내 액셀러레이터의 글로벌 역량 강화를 위한 해외 액셀러레이터와의 공동사업 등 지원이 필요한 상황이다.

2) 특성화 부족

해외와 달리 스타트업의 성장단계·산업별 맞춤형 지원 및 상호협력 촉진을 위한 특성화 프로그램의 운영이 미흡한 편이다. 따라서, 지역의 전략산업과 연계하여 해당 산업 분야의 스타트업을 육성하기 위한 체계도 취약한 편으로, 국내 액셀러레이터의 특성화된 전문프로그램 운영 및 지원이 필요한 실정이다.

[미국 사례]
캘리포니아 바이오, 아리조나 항공우주 등 지역별 전략 발전 및 스타트업 육성을 지원하는 'Advanced Manufacturing Jobs and Innovation Accelerator' 운영(범부처 협력사업, 10개 지역, 총 2천만 달러, '12년~)

---

6 벤처스퀘어 + Plug&Play, 알제이 + FTA, 글로벌 창업 네트워크 + 스파크랩.
7 벤처스퀘어, 레인디, 닷네임코리아, 벤처포트.

(4) 액셀러레이터 관련 협업체계 취약

1) 대기업·성공벤처 참여 부족

해외에서는 GE, NIKE, Google 등 대기업·성공벤처가 액셀러레이터의 스타트업 육성 전문 노하우를 활용하여 관련 스타트업을 지원하는 협업 프로그램이 확산 중이다. 그러나, 국내에서는 글로벌 네트워크를 기반으로 스타트업의 해외진출 지원 등에 잠재적 역량을 보유한 대기업·성공벤처의 참여가 미흡하다.

국내에서는 정주영 아산나눔재단, SKT, SK플래닛이 사회공헌(CSR) 차원에서 각각 스파크랩/파운더스캠프, 쿨리지코너, kstartup과 협업 등에 불과하다. 따라서, 대기업·성공벤처가 참여하는 "엑셀러레이팅 모델" 발굴과 지원이 필요하다.

> **[해외 사례]**
>
> CISCO + Alchemist(사물인터넷, GE + StartUpHealth(헬스), Sprint + TechStars(모바일 헬스), Nike + TechStars(운동), Coca-Cola, Target + TechStars(유통), Barclays + TechStars(금융/결제), Time + TechStars(미디어), Volkswagen + Plug&Play(자동차)

2) 유관기관과 협력 미흡

해외는 액셀러레이터와 기존 엔젤, VC, 창업보육센터 간의 협업·연계가 활발하나, 우리의 경우는 아직 미흡한 편이다. 따라서, 다른 창업지원기관과의 "선도 협업모델" 발굴과 지원이 필요하다.

> **[해외 사례]**
>
> Y-Combinator, TechStars 등 대부분의 해외 액셀러레이터는 엔젤, VC 등이 직접 자금투자 또는 액셀러레이터를 통해 검증된 스타트업에 대한 후속투자, 창업보육센터 입주 지원 등의 방식으로 협업

3) 정책연계 부족

스타트업 육성을 위한 지원시책이 양적으로 확대되고 있으나, 정책간 협업 미흡으로 실질적인 성과 창출이 부족한 편이며, 특히, 자금 지원 중심의 창업공모전, R&D 사업 등의 실효성 제고를 위한 액셀러레이터 연계, 액셀러레이터 졸업 기업의 지속성장을 지원할 후속

프로그램이 부족한 실정이다. 따라서, 액셀러레이터와 연계한 "패키지식 지원 프로그램" 도입이 추진되어야 할 것이다.

(5) 액셀러레이터 성장기반 미구축

1) 상호협력 부족

현재 국내에서 활성화 초기 단계에 있는 액셀러레이터의 발전을 위해서는 성공 노하우 공유, 공동투자 등 상호 협력이 긴요한 때이다. 따라서, 액셀러레이터 간의 상호 협업을 향상할 수 있는 협력방안이 적극적으로 필요하다.

[해외 사례]

Global Accelerator Network(미국 Techstars 주도, 50여 개 참여), EU Accelerator Assembly(EU 주도, 유럽 내 20여 개 참여)
• 액셀러레이터별 지원정보 및 성과정보, 성공사례 공유, 공동사업, 워크샵 개최 등

2) 정보제공·공유 부족

스타트업이 자신에게 적합한 우수 액셀러레이터를 인지·선택할 수 있도록 액셀러레이터의 프로그램 내용 및 특징, 주요성과 등을 제공할 필요가 있다. 따라서, 정보 비대칭성 문제가 발생하므로 액셀러레이터 프로그램 내용, 성과정보 등에 대한 제공체계 마련되어야 할 것이다.

[해외 사례]

EU, 미국, 영국, 캐나다 등에서는 액셀러레이터의 투자기업 현황, 투자금액, 생존율, 일자리 창출 등 성과정보 제공(사례: seed-db.com)

3) 제도적 기반 부재

기존의 엔젤, 벤처캐피탈, 창업보육센터 등에 비해 액셀러레이터의 경우 법적 지위가 불명확한 편이다. 현재 스파크랩, 벤처스퀘어 등 대부분의 액셀러레이터는 창업보육센터, 벤처캐피탈 등이 아닌 일반 주식회사 법인 지위로 사업 진행 중이다. 일부 액셀러레이터는 투

자재원 확보(자본금 확충) 등을 위해 신규법인을 반복적으로 설립하는 관행도 존재하고 있다.

또한, 벤처의 성공 경험과 자산을 보유한 벤처1세대, 글로벌 네트워크를 보유한 대기업들이 액셀러레이터를 운영하여 후배기업을 육성하도록 유인할 수 있는 시스템이 부재한 실정이다. 현재 VC는 배당소득과 양도차익, 증권거래세가 비과세이며, 엔젤은 소득공제, 창업보육센터는 법인세 감면 혜택이 부여되고 있다.

따라서, 창업 생태계의 핵심적인 역할을 수행하고 있는 액셀러레이터가 발전할 수 있도록 제도개선의 적극적인 추진이 필요하다.

표 7-2 **주요 제도 현황 요약**

구분		창업보육센터	벤처캐피탈	엔젤투자자	액셀러레이터
제도 현황	법적 지위	창업보육센터	벤처캐피탈	×(개인투자자)	일반 주식회사
	펀드 조성 허용	해당 없음	○	×(개인자금)	×
인센티브/ 정부지원	투자 관련 세제혜택	해당 없음	○	○	×
	투자 관련 매칭펀드 지원	해당 없음	○	○	×
	시설 관련 예산 지원	○	해당 없음	해당 없음	×

⇨ 창업초기·글로벌 시장의 높은 불확실성으로 인한 과소 투자, 액셀러레이터에 대한 정보 비대칭성 등 "시장 실패(market failure)"와 관련기관 간 협력 부족, 제도 미비 등 "시스템 실패(system failure)"를 해결하기 위해 정부의 적극적인 지원과 역할분담 필요

비전 및 주요 추진과제

목표

창조경제 New Facilitator
액셀러레이터 육성

추진 방향

◇ 민간 전문성을 활용한 창업 생존율 제고·성장 가속화
◇ 성공벤처·대기업 역량을 결합한 선순환 기반 조성
◇ 해외 협력 강화를 통한 글로벌 시장 진출 촉진

문제점	추진 과제	
▪ 국내시장 중심 ▪ 맞춤형 지원 부족	전문역량 강화	▪ 글로벌 진출 역량 강화 ▪ 성장단계·산업·지역별 특화 유도

■ 민간 역량 활용 미흡 ■ 유관기관 협력 제한 ■ 정책 간 연계 미약		협업체계 확충	■ 대기업·선도벤처 참여 확대 ■ 엔젤·VC·BI 협력 강화 ■ 패키지式 지원사업 연계
■ 상호협력 부족 ■ 정보 비대칭성 문제 ■ 제도적 기반 부재		성장기반 구축	■ 전문 협의회 운영 ■ 정보 제공·공유체계 마련 ■ 법·제도화 검토

 사례 연구 3 ■

미국 고성장 스타트업의 경제적 효과
(The Economic Impact of High-Growth Startups)

[개요]
- 스타트업 기업을 성장속도에 맞춰 "가젤", "치타" 등으로 지칭하여 표현하는 경우가 많으나, 실제로 이들 기업 중 급속하게 성장하는 기업은 그리 많지 않으며, 이 중에서도 커다란 성공을 거둔 기업은 더더욱 희소
  - 이 같은 상대적 희소성에도 불구하고 이들 기업의 경제전반에 대한 기여도는 결코 작지 않음

[주요 내용]
- 통계에 따르면 이 같은 기업들은 1) 새롭게 창출된 일자리의 50%를 차지 2) 단순히 규모만 커지는 것이 아니라 지사의 수도 급속하게 늘어나며 3) 관련 산업 고용 증대를 주도하는 것으로 나타나나고 있음
- 연구자들이 고성장 기업을 정의하는 방식은 다양하지만, 통상적으로 기업적 특징, 즉 벤처 캐피털 자금을 얼마나 모집했는지 또한 액셀러레이터 프로그램에 참여하는지 등이 주된 지표로 활용됨
  - 이 같은 정의방법의 문제점은 이들 지표가 성장을 위한 투입물이라는 사실이라는 점
  - 벤처 투자자금을 많이 모집했다거나 액셀러레이터 프로그램에 참여했다는 사실 자체가 기업의 성장을 보장해주는 것은 아님
- 반면 고성장기업을 1) 매출액 증가 2) 고용 3) IPO 혹은 매각을 통한 엑시트 등으로 규정할 수도 있는바, 이는 기업의 산출을 바탕으로 그 성격을 규정함으로써 실질적인 경제에 대한 기여도 측정에 용이
- 카우프만 재단이 고안한 성장기업 지수는 고용과 매출액 지표를 활용하여 미국 내 고성장기업 동향을 파악하는 데 용이함
- 이를 미 전국 40개 대도시지역에서 얻을 수 있는 통계를 바탕으로 지수화해 본결과 주된 발견사항은 다음과 같음

- 고성장 트렌드 상향: 2016년 성장기업지수를 측정해 본 결과, 지난 10년 이래 가장 높은 지수 상승폭을 기록
- 높은 고용 파급 효과: 5년 전 창업된 기업의 경우 평균 5.8명의 직원으로 시작했으나 5년이 지난 지금 고용규모가 평균 9.2명으로 성장
- 첨단기술은 고성장의 전제조건이 아님: 식료품, 소매업, 정부조달업 등에서도 고성장기업을 찾을 수 있었음
- 산업의 동향: 보건 산업분야의 고성장기업이 크게 늘어난 반면 주택관련(건설 및 부동산 중개업) 업종의 경우 지난 10년간 고성장 기업의 감소를 시현
- 기업은 기회 포착을 위해서 신속하게 움직일 수 있는 연계되고도 밀도가 높으며 다양한 기업생태계에서 더욱 번영하는 경향을 보이는바, 이에 따라 기업들이 보다 활발하게 활동할 수 있는 여건이 중요
- 적절한 스킬을 갖춘 교육받은 노동력을 양성할 것
  - 대학교육 이수율을 높임으로써 인력난으로 애로에 처한 성장기업에서 일할 수 있는 청년 노동력을 개발할 것
  - 기업창업에서 높은 비중을 차지하는 이민 기업인들을 적극적으로 유치
  - 높은 스킬을 갖춘 이민이나 외국학생이 미국 대학을 졸업시킴으로써 이들의 스킬을 찾는 기업의 수요에 부응
- 기업 스핀오프를 적극적으로 진작할 것
  - 직원 퇴직 후 유사업종 입사방지 협약의 범위와 유효기간 등에 일정한 제약을 가함으로써 기업가적인 야망을 가진 직원들이 보다 쉽게 새로운 비즈니스를 창업할 수 있도록 할 것
  - 해당 산업지식을 갖춘 창업가의 창업기업의 성공확률이 높기 때문

출처: Kauffman Foundation, The Economic Impact of High-Growth Startups.

4 액셀러레이터 전문역량 강화

(1) 글로벌 진출 역량 강화

1) 개요

- 국내 액셀러레이터가 국내시장 중심에서 탈피, 글로벌 수준의 창업지원 역량을 갖추도록 지원

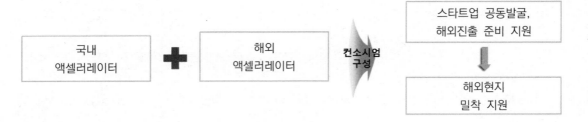

    * 해외 현지 엑셀러레이팅 직접 참여 및 운영 중인 해외 유수(Top-tier) 액셀러레이터
와 컨소시엄에 대한 지원 및 국내 유치 유도

2) 추진 내용

<전 세계의 현지지사(지부) 현황(사례)>

주요 기관	주요 운영지역/도시
TechStars	볼더, 시카고, 뉴욕, 시애틀, 런던 등 7개 도시
500Startups	실리콘밸리, 브라질, 베이징 등 3개 도시
Founder Institute(교육 중심)	미국, 브라질, 독일, 베트남 등 55개 도시

• 해외 액셀러레이터 협의회, 해외 전문기관 등의 액셀러레이터 교육 프로그램 참가 등
액셀러레이터 및 멘토의 역량 강화 지원

<주요 지원내용>

구 분	세부 지원내용
공동사업	• 유망기업 공동발굴·멘토링·투자 및 해외현지 지원 등 협력
역량강화	• GAN 등의 액셀러레이터 대상 교육 참가 지원

(2) 성장단계 · 산업 · 지역별 특화 유도

1) 개 요

• 스타트업의 특성별 맞춤형 지원이 가능하고, 액셀러레이터의 역량 고도화를 위해 특
화된 프로그램 운영 지원

2) 추진 내용

- (성장 단계별) 성장 단계(stage)별로 특화된 프로그램 운영 지원
  → 유사한 성장단계에 있는 스타트업에 대한 맞춤형 지원 및 상호협업 시너지 창출 기대

〈성장 단계별 주요 지원내용(안)〉

① 아이디어/사업계획 수립 단계	② 시제품 출시 단계	③ 제품출시 /투자유치 IR 단계
기업가정신, 시장동향, 법률· 회계, 홍보·마케팅 등	기술애로, UI/UX, 가격 및 고객확보 전략 등	국내외 투자자 연계, 파트너 제휴, 피칭 지원 등

- (산업 분야별) SW, 인터넷 분야를 시작으로 게임, H/W 등 산업 분야별 특화된 프로그램 운영 및 해외기관과의 공동사업 지원
  * 수요기업 연계형 SW전문 창업기획사(4개 기관), 인터넷 분야의 해외 액셀러레이터 참가 지원(10개 스타트업) 별도 운영
- (지역 확산) 지역 전략산업을 육성하는 '지역 창조경제혁신센터*'와 연계하여 지역별 특성화 확산 추진
  * '14.상반기 대전·대구, '15년 초까지 단계적 확산 추진
  — 대전(바이오, 우주 등), 대구(SW, 의료 등)

사례 연구 4 ■

액셀러레이터와 함께 세계로 도전하자!
- '2015년도 K-Global 액셀러레이터 육성' 사업 수행기관 6개사 선정 -
2013~2014 글로벌 액셀러레이터 졸업 기업 69개사, 후속투자 유치액 126억원 돌파-

2015년 6월부터 국내 6개 창업육성기관(이하, '액셀러레이터')이 미국, 중국, 이스라엘 등의 해외 유명 창업 지원 전문 기관과 함께 60개 국내 스타트업에 대한 세계적 수준의 보육에 나선다.

미래창조과학부는 2015년도 'K-Global 액셀러레이터 육성 사업'의 수행기관으로 ▲ 스파크랩스, ▲ 케이-스타트업 컨소시엄, ▲ 디이브이코리아, ▲ 벤처스퀘어/액트너랩 컨소시엄, ▲ 벤처포트, ▲ 코이스라 시드 파트너

스 등 6개 액셀러레이터를 선정했다고 밝혔다.

〈'15년 글로벌 액셀러레이터 육성 사업 수행 기관 개요〉

수행기관		해외 파트너	특화 분야 및 지역	모집 시기
스파크랩스	SparkLabs	• SparkLabs Global Ventures	• 분야: 인터넷, IoT • 지역: 미국	6~8월
케이 스타트업 컨소시엄	startup	• BAM Ventures	• 분야: 커머스, 비디오 • 지역: 미국	6~7월
디이브이 코리아	Dev	• ARC Angel Fund • ENIAC Ventures	• 분야: 디지털 미디어 • 지역: 미국(뉴욕)	6월 중
벤처스퀘어/ 액트너랩	VENTURE SQUARE ActnerLAB	• Founders Space • Lab XI • Seed Studio	• 분야: ICT일반, IoT • 지역: 미국/중국	6~7월
벤처포트	VENTURE PORT www.ventureport.co.kr	• Legend Star • Samurain Incubate • JFDI Asia	• 분야: ICT일반 • 지역: 중국/일본/동남아	6~7월
코이스라시드 파트너스	KSP KOISRA SEED PARTNERS	• Startup East • Microsoft accelerator	• 분야: ICT일반 • 지역: 이스라엘	6월 중

'K-Global 액셀러레이터 육성 사업'은 창업 초기부터 해외 시장을 지향하는 본 글로벌(born-global) 스타트업을 육성하는 한편, 국내에 세계적인 액셀러레이터 프로그램을 확충하기 위해 추진되는 사업으로, 동 사업을 수행하는 액셀러레이터는 각 10개 내외의 스타트업을 선발하여 기업당 1,000만원 이상의 초기 자금을 직접 지분 투자한 뒤, 특화된 전문 분야를 바탕으로 해외 창업지원전문 기관과 협력하여 국내 스타트업의 세계시장 진출을 지원하게 된다.

'13년부터 추진된 'K-Global 액셀러레이터 육성 사업'은 '14년까지 2년 동안 8개 국내 액셀러레이터를 통해 69개 스타트업을 발굴하여 해외 진출 역량 강화를 지원하였으며, 특히 ▲ 금년 3월 43억원(해외 25억)의 시리즈 A 투자를 유치하여 화제를 모은 '네오팩트', ▲ 글로벌 크라우드 펀딩을 통해 전세계 투자자로부터 초기 자금을 모집에 성공한 '웨이웨어러블' 등 유망 스타트업을 배출하며 한국 본 글로벌(born-global) 스타트업의 대표적인 등용문으로 자리매김 하고 있다.

현재까지 동 사업을 통해 세계 액셀러레이터 프로그램을 수료한 졸업 기업의 총 후속 투자 유치액은 126.3억원(해외 68.2억원)을 돌파하였으며, 총 사업 계약/제휴 건수는 105건(해외 24건)에 달한다.

미래부 정보통신방송기반과 박인환 과장은 "ICT 벤처, 특히 본 글로벌(born-global) 벤처의 육성은 창조경제 실현을 위한 핵심 과제"라며, "앞으로도 'K-Global 액셀러레이터 육성 사업' 등을 비롯, 해외 진출을 희망하는 국내 창업자가 글로벌 기반으로 성장하고 해외 시장에서 성공할 수 있도록 정책적 노력을 지속해 나갈 것"이라고 말했다.

5 액셀러레이터 협업체계

(1) 대기업·선도벤처 참여 확대

1) 개요

- 국내 대기업 및 선도벤처가 보유한 역량·인프라를 활용하여 해당 전문 산업 분야와 연관된 스타트업을 발굴·육성하도록 지원

《대기업·선도벤처의 주요 역할》

제품 개발		멘토링/투자유치		마케팅/글로벌 진출
• 자사 SW 등 개발환경 • 특허/시험장비 개방 • 공동R&D·사업화	⇨	• 사내 전문가 멘토링 • 임원급 대상 발표회 • 외부 멘토단·VC 연계	⇨	• 국내외 유통망/고객사 인프라 활용 • 판로개척, 홍보지원

2) 추진 내용

- (대기업·선도벤처 주도형) 창업 보육역량과 투자재원을 보유한 대기업·선도벤처 등을 대상으로 '창업기획사' 운영 지원(중기청)
  - 정부는 스타트업의 사업화 자금을 지원하고, 창업기획사는 전문 멘토링 및 지분투자 등을 집중 지원하여 글로벌 기업으로 육성
- (액셀러레이터 연계형) 액셀러레이터가 스타트업 육성 전문 노하우·프로그램을 활용, 대기업·선도벤처 등과 협력하여 스타트업을 발굴·육성하는 모델 지원
  - 액셀러레이터가 전문 산업 분야별 대기업·선도벤처 등과 협력하여 해당 분야의 스타트업을 발굴·육성
- (대기업 수요 연계형) SW분야 등 수요기업의 SW수요에 기반하여 관련 스타트업을 발굴·육성하는 'SW전문 창업기획사' 선정
  - 대기업·선도벤처 등의 SW수요에 기반한 수요 연계형 프로젝트를 발굴하고, 스타트업의 창업 전주기를 지원

(2) 엔젤·VC·BI 협력 강화

1) 개요

• 유망 스타트업의 지속성장을 지원하기 위해 엔젤, VC, 창업보육센터 등 기존 창업지원기관과의 협력사업 지원

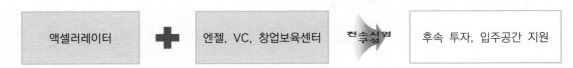

2) 추진 내용

• 액셀러레이터가 우수 엔젤, VC, 창업보육센터 등과 후속투자, 보육공간 등과 컨소시엄 구성 시 우대 지원

(3) 패키지식 지원사업 연계

1) 개요

• 유망 스타트업의 지속성장을 지원하기 위해 관련 사업을 일괄 연계 지원

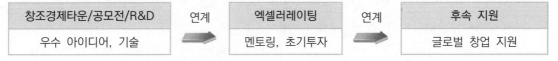

2) 주요 추진내용

• (공모전·R&D 연계) 정부 공모전, R&D 등에 선발된 스타트업에 대해 액셀러레이터를 통해 멘토링·후속투자 등 연계 지원

 * '14년도에는 기존 '우수기술 창업 지원 R&D 사업(15억원)'에 선발된 스타트업(10개)을 대상으로 시범실시 후 성과평가 통해 확대추진

 * 창조경제타운의 우수 아이디어에 대해 액셀러레이터 참여정보 제공 등 연계

• (글로벌 창업 지원) 글로벌 창업 전문 지원기관인 '미래글로벌창업지원센터'의 해외법률, 특허 등 해외진출 전문 컨설팅 제공 시 액셀러레이터가 추천한 유망 기업은 우대하여 지원

기업형 글로벌 액셀러레이터(창업기획사) 본격 시동
- 대기업 등 4개 창업기획사 선정, 민간투자 시 창업자금과 R&D 등 연계 지원 -

중소기업청과 창업진흥원은 민간 주도형 창업생태계 구축을 위한 "창업기획사"의 운영기관 선정을 완료하고, 7월말 업무협약을 거쳐 본격적으로 창업팀을 발굴 및 육성에 나설 계획이라고 밝혔다.

금번 선정된 운영기관(창업기획사)은 포스코, 한화S&C·Yozma 컨소시엄, 엔텔스·골프존 컨소시엄, 액트너랩·Lab IX 컨소시엄 등 총 4개사로, 이들은 창업팀에 대한 직접투자뿐만 아니라 그간의 기업활동을 통해 축적한 노하우·해외네트워크 등을 활용, 창업팀의 보육·성장을 위해 아낌없이 지원할 예정이다.

창업기획사는 '14년 중기청 연두업무보고를 통해 계획을 밝힌 「민간투자 주도형 고급기술 창업 프로그램[8]」의 하나로, 현 정부의 국정과제에 포함되어 추진되고 있으며, 액셀러레이터는 팀당 1억원 이상의 투자금을 마련하고, 정부는 팀당 3년간 최대 9억원의 지원사업(엔젤매칭투자, R&D, 사업화자금, 해외마케팅) 연계한다.

이번에 선정된 창업기획사는 대기업, 선도벤처 등 민간기업이 직접 투자하고 창업팀 보육에 나선다는 점에서 기존 대학을 통한 창업프로그램(창업선도대학, BI 등)과 구별되며, 자체 해외네트워크 및 인프라를 활용한 해외진출 및 마케팅 지원도 연계함으로써 명실상부한 "글로벌 액셀러레이터"로서의 역할을 수행하게 되며, 지난해 시범사업[9]을 거쳐 올해부터는 약 50개의 고급기술 창업기업 발굴을 목표로 본격 시행된다.

창업기획사는 3년 이내 (예비)창업자(연예기획사의 연습생에 비유)를 발굴, 약 3개월간의 초기보육기간을 거쳐 투자[10](1억원 이내) 및 보육을 직접 제공하게 되며, 정부는 창업기획사가 최종 선발한 창업팀에게 창업자금(최대 1억원), 엔젤매칭투자(팀당 최대 2억원), R&D 지원(최대 3년간 5억원), 해외진출시 마케팅 지원(최대 1억원) 등 총 9억원 내외의 후속지원을 통해 기술창업 선도기업으로 성장하도록 측면 지원한다.

중소기업청 관계자에 따르면, "창업기획사 사업은 현 정부의 국정과제의 하나로, 민간 영역의 전문성을 최대한 활용하고, 운영 측면에서도 폭넓은 자율성을 보장하는 특징을 갖는 프로그램"이라고 언급하면서 "이 사업을 계기로 기존의 정부 주도의 창업팀 발굴 및 지원에서 벗어나 민간의 자율성과 창의성을 최대한 발휘할 수 있는 민·관 공동 주도의 창업생태계 조성을 위해 노력하겠다."고 밝혔다.

출처: 중소기업청, 2014. 7. 21.

---

8 VC 주도형, 대기업·선도벤처(창업기획사) 주도형, 전문엔젤 주도형 창업보육프로그램을 통해 150개 기술창업팀 발굴.

9 민간기관(6개)을 선정, "열린 창업경진대회"를 개최하여 유망 창업자 발굴.

10 창업자가 최대주주 지위를 유지하는 범위에서 투자를 하되, 전환사채 및 신주인수권부사채 등 전환형 투자(융자 ↔ 투자)는 금지.

6 액셀러레이터 성장기반

(1) 전문 협의회 운영

1) 개 요

• 현재 활성화 초기 단계에 있는 액셀러레이터의 발전 및 상호 비즈니스 협력을 도모하기 위한 협력방안 마련

2) 주요 추진내용

• (전문협의회) 액셀러레이터 참여 협의체로 '(가칭) 액셀러레이터 리더스 포럼' 구성·운영('14.3월 출범, 정기회의 개최)
  – 성공·실패 사례, 국내외 최신동향 및 해외 진출전략 공유 등을 통해 액셀러레이터 성공의 지식과 노하우 체계화
  – 공동투자, 해외 협의체 GAN, EU Accelerator Assembly 등과의 공동사업, 워크숍 개최 등 비즈니스 협력의 場으로 활용
  – 액셀러레이터의 성과정보 제공체계 구축(온라인 포탈), 법적 지위 마련, 인센티브 도입 등을 위한 정책과제 발굴 및 정책건의 등을 역할
• (통합 데모데이) 주요 액셀러레이터가 참여, 스타트업제품·서비스 발표 및 투자유치 등을 지원하는 행사 개최(11월 말)

[미국 사례]

National Accelerator DEMO Day(16개 기관 참여, 13년)
• 오바마 정부에서 액셀러레이터의 인지도 제고, 성공사례 홍보, 스타트업에 대한 투자기회 확대 등을 위해 국가적 차원의 통합 데모데이 개최

(2) 정보 제공·공유체계 마련

1) 개요

• 액셀러레이터와 스타트업 간의 정보 비대칭성을 완화하여 스타트업이 적합한 액셀러
레이터를 합리적으로 선택할 수 있도록,

 − 미국, 유럽 등에서 보편화된 글로벌 스탠다드에 부합하는 주요 성과정보에 대한 제
공 추진

 → 성과정보를 향후 제도개선 및 세제혜택 방안 마련을 위한 근거자료(evidence)로 활용

2) 추진 내용

• 액셀러레이터별 특화된 지원내용, 투자유치 규모, 일자리 창출효과, 창업 생존율 등의
성장경로 및 이력정보 제공

• 기본적인 지표 외에 기업가정신 및 창업여건 조성, 혁신 유발 등의 간접적인 효과에
대해서도 제공

《주요 성과정보 제공(안)》

구 분	주요 내용
기본현황	• 멘토단 운영, 프로그램 내용, 투자금액 및 지분취득률
투자규모	• 직접 투자금액, 후속투자 성공률/금액
창업 생존율	• 생존/인수/폐업(Active/Acquired/Failed), M&A 금액
일자리 창출효과	• 직접 고용 및 간접 고용 창출효과
시장 가치	• 시장 평가를 기반으로 하는 가치 평가
간접 효과	• 기업가정신 및 창업여건 조성 등

• 정부 지원사업에 참여한 액셀러레이터에 대해 우선 성과정보를 공유하고, 향후 액셀
러레이터 전문 협의회 등을 통해 대상기관 확대

(3) 법·제도화 검토

1) 개 요

• 액셀러레이터 전문 협의회를 통해 액셀러레이터의 성과에 대한 객관적인 검증 후, 필
요시 제도 보완 추진

2) 추진 내용

- 기존 벤처캐피탈, 창업보육센터의 경우에는 자본금, 인원 등과 같은 외형적 요건을 중심으로 제도를 운영 중이나,
  - 액셀러레이터는 전문경험 및 노하우, 멘토링 프로그램 등을 내용적인 요건을 중심으로 제도 설계 검토(외형적인 요건도 포함)
  - 액셀러레이터가 투자한 스타트업에 엔젤펀드 매칭투자 등 활성화 방안 검토

《액셀러레이터 법적 요건 및 활성화 방안(검토안)》

주요 요건	세부 내용
지원 대상 스타트업	• 창업 이전 또는 창업 3년 이내 기업 중심
인적 요건	• (전문인력) 벤처 창업자 또는 임원급 근무 경험 • (네트워크) 분야별로 일정 수 이상의 멘토단 운영
기능적 요건	• (기수) 기수별 집단 선발·지원 * 10팀 내외 • (멘토링) 단기간의 창업교육 및 멘토링 프로그램 • (투자) 초기투자 및 지분 취득 * 일정 한도 이하 지분
활성화 방안	• 엔젤펀드 매칭투자 등 검토

3) 추진 일정: 중소기업청과 공동 추진

- 액셀러레이터 성과에 대한 객관적인 검증(evidence) 연구를 진행하고,
  - 성과검증 결과를 기반으로 필요시 관계부처 협의를 거쳐 제도보완 추진(중소기업 창업 지원법 등 개정)

(4) 향후 계획

1) 추진계획

- 3월 초 창조경제위원회 안건 상정을 통해 계획 확정 후 세부과제 시행
  * 액셀러레이터 전문 협의회 출범(3월 중순), 2014년도 정부 지원사업 시행(4월~12월), 미래부·중기청 공동으로 법·제도화 검토(4월~) 등 추진
- 「민관합동 창조경제추진단」과 협력하여 제도 개선과제, 대기업·선도벤처 참여방안 등 지속 발굴 및 보완 추진

2) 과제별 실천계획

정책 과제	추진일정	소관부처
1. 전문역량 강화		
1-1 글로벌 진출역량 강화 ＊해외 액셀러레이터와 공동사업 지원, 해외교육 참가 지원	'14.4월~	미래부
1-2 성장단계·산업·지역별 특화 유도 ＊성장단계별 맞춤형 지원, SW·인터넷 등 산업별 특화, '지역 창조경제혁신센터'와 연계	'14.4월~	미래부
2. 협업체계 확충		
2-1 대기업·선도벤처 참여 확대 ＊대기업·선도벤처 주도 창업기획사, 액셀러레이터 연계, 수요 연계형 지원	'14.4월~	미래부, 중기청
2-2 엔젤·VC·BI 협력 강화 ＊액셀러레이터와의 컨소시엄 구성 지원	'14.4월~	미래부, 중기청
2-3 패키지式 지원사업 연계 ＊창조경제타운·공모전·R&D·글로벌 창업 지원 등 연계	'14.4월~	미래부
3. 성장기반 구축		
3-1 전문 협의회 운영 ＊상호협력, 통합 데모데이 개최	'14.3월~	미래부
3-2 정보 제공·공유체계 마련 ＊액셀러레이터별 특화 지원내용, 성과정보 공유	'14.10월~	미래부, 중기청
3-3 법·제도화 검토 ＊법적 요건, 활성화 방안 등 검토	'14.4월~	미래부, 중기청

※ 2014년 관련 예산: 100억원(미래부: 50억원, 중기청: 50억원)

사례 연구 6 ■■■■■■■■■■■■■■■■■■■■■■■■■■■■

미래부·중기청 『글로벌 액셀러레이터』 본격 육성
- 제7차 창조경제위원회 개최, 「글로벌 액셀러레이터 육성 계획」 확정 -

미래창조과학부와 중소기업청이 공동으로 민간의 전문적 역량을 활용하여 창조경제의 핵심인 창업·벤처 활성화를 지원할 액셀러레이터(Accelerator)를 본격 육성한다.

액셀러레이터는 성공벤처인 등 민간의 전문성을 활용하여 초기 창업자를 발굴, 투자뿐만 아니라 6개월 내외의 짧은 기간 동안 투자자·고객 지향형 성공 제품을 만들도록 '실전 창업교육과 전문 멘토링'을 지원하는 민간 전문기관 또는 기업을 말한다.

2014년 미래부 장관 주재로 개최된 제7차 「창조경제위원회」에서 논의·확정된 「글로벌 액셀러레이터 육성계획」은 최근 선진 각국에서 각종 창업·벤처 정책의 핵심으로 등장하고 있는 액셀러레이터의 집중 육성을 통해 창조경제의 성과를 조기에 가시화시키겠다는 의지를 담고 있다.

주요 사례

1) 미국: 스타트업 정책의 핵심 아젠다로 추진 중이며 산업 클러스터 연계형 액셀러레이터 육성 및 국가 차원의 통합 데모데이(demoday) 개최

2) EU: 전문 협의체 EU Accelerator Assembly 운영 및 성과정보 공개

3) 핀란드: 글로벌 지향 액셀러레이터 육성 VIGO 프로그램 운영

4) 캐나다: 액셀러레이터 10개를 선발 5년간 운영비 6천만 달러 및 1억 달러 후속투자 지원

액셀러레이터는 글로벌기업·성공 벤처기업 등이 축적된 경험과 노하우, 자산을 바탕으로 짧은 기간 동안 「아이디어 발굴 → 초기투자 → 멘토링·네트워킹→해외진출」을 전주기적으로 밀착 지원하여 창업기업의 성공률을 높이고 성장을 가속화(accelerating)시키는 민간 전문기관 또는 기업으로, 이미 미국의 와이컴비네이터(Y—Combinator, '05~)*를 비롯하여 전 세계에 2천개 이상이 운영 중이며, 각 산업 분야별로 전문화되고, 구글, 코카콜라, 나이키 등 해외 글로벌 대기업이 참여하는 기업형 액셀러레이터 운영도 확산 중에 있다.

* 560여 개사 지원, 에어비앤비(숙박공유)·드롭박스(클라우드) 등 다수의 스타트업 성공신화 및 대형 M&A 창출 → 창업 생존률 90%, 평균 기업가치 4천5백만 달러

반면, 국내에서는 성공 벤처인 등을 중심으로 20여 개의 액셀러레이터가 운영 중이며 짧은 기간에도 불구하고 성과[11]를 보이고 있으나, 전반적으로는 아직 양적·질적인 측면에서 초기 단계에 있는 상황이다.

이번 계획에서 담고 있는 액셀러레이터 육성의 방향은 크게 3가지로 요약된다. 우선, 국내 액셀러레이터의 전문역량 강화를 위해 ① 해외 유수 액셀러레이터와의 컨소시엄 구성을 통한 국내 스타트업 공동 발굴·육성 지원, 해외 관련 협의회·교육 프로그램 참가 활성화를 통한 글로벌 역량 확충, ② 소프트웨어와 인터넷 분야를 시작으로 한 산업분야별, 스타트업의 성장 단계별 특화 프로그램 마련을 통한 전문화 그리고 ③ 금년부터 설립 예정인 지역 창조경제혁신센터와 연계한 지역별 특성화 등이 추진된다.

두 번째로 액셀러레이터의 협업체계 확충을 위해 ① 대기업과 선도벤처의 참여를 확대하기 위한 방안으로 △ 대기업·선도벤처가 직접 스타트업을 발굴·육성하는 '창업기획사' 운영을 정부가 후속으로 지원하는 방식, △ 액셀러레이터의 대기업 등과 연계를 지원하는 방식, △ 대기업 수요에 기반한 수요 연계형 프로젝트를 지원하는 방식 등 다양한 형태의 사업을 추진한다.

② 또한, 액셀러레이터가 벤처캐피탈, 창업보육센터 등 기존의 창업 지원기관과 콘소시엄을 구성하여 후속투자, 보육공간 등을 연계 지원토록 하고,

---

11 '프라이머'가 지원한 '퀵캣'(모바일 중고장터 앱, 네이버 M&A), '스파크랩'이 지원한 '미미박스'(맞춤형 화장품 판매 앱, Y-Combinator에 국내 최초 선발 등 200여 개의 유망 기업을 발굴·지원.

③ 공모전, R&D 등에 선발된 스타트업에 대해 액셀러레이터와 연계한 멘토링과 후속투자 및 해외진출 시 전문 컨설팅 등 패키지식의 지원도 추진된다.

세 번째로 국내 액셀러레이터의 성장 기반을 구축하기 위해 ① 성공 노하우의 체계화와 공동투자 등 협력의 장 마련을 위한 액셀러레이터 전문 협의회를 구성하고, ② 스타트업의 합리적 선택과 성과 검증 등을 위해 액셀러레이터의 성과정보 제공과 공유체계가 마련되며, ③ 본격적인 액셀러레이터 육성에 필요한 법·제도화 과제도 향후 본격 논의키로 하였다.

미래부와 중기청은 창조경제위원회에서 확정된 계획의 세부 과제를 조속히 시행해 나가는 한편, 앞으로도 「민관합동 창조경제추진단」과의 협력을 통해 지속적으로 제도 개선과제를 발굴하고, 대기업·선도벤처들의 참여를 더욱 유인할 방안 등을 지속 보완해 나갈 계획이라 밝혔다.

출처: 중소기업청 2014. 3. 16. 발췌 및 재정리

제8장

TIPS와 지원정책

Nothing Ventures, Nothing Gains!

1. TIPS   2. TIPS 프로그램 현황 및 성과

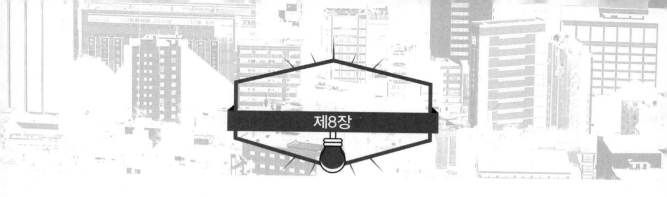

TIPS와 지원정책

1 TIPS

"기술창업 통합 플랫폼" TIPS 프로그램 운영사(창업기획사) 추가 선정
– 블루포인트, 슈프리마, 현대자동차, ETRI홀딩스 총 4개사

성공벤처인, 기술대기업 주도로 유망 창업팀을 선별해 엔젤투자·보육·멘토링과 함께 정부 지원을 매칭방식으로 연계하여 창업팀이 "죽음의 계곡"을 넘어 성장·도약하도록 하는 팁스(TIPS)[1] 프로그램 운영사(창업기획사)가 4개 추가된다. 이에 따라 팁스 운영사[2]는 기존 14개에서 총 18개로 늘어난다.

중소기업청은 금년부터 성공벤처인 주도 팁스 운영사에 기술대기업 주도 창업기획사를 통합하여 운영을 효율화하고, 운영사 선정공고를 거쳐 서면평가, 대면평가, 심의조정위를 거쳐 최종 4개 운영사를 신규로 선정하였다.

이번 운영사 선정은 팁스의 기존 기조를 유지하여 창업 현장의 평판을 최우선으로 인내심 있고 과감한 엔젤투자, 창업팀 선별역량, 글로벌 진출 지원역량 등 전문 보육능력·계획,

---

[1] Tech Incubator Program for Startup(민간투자주도형 기술창업 지원 프로그램).
[2] 성공벤처인 주도 엔젤투자회사(법인엔젤), 초기 VC, 엔젤투자재단, 기술대기업(연구중심대학, 출연연, 기술지주사, 국내외 액셀러레이터 등 컨소시엄 포함).

표 8-1	운영사 선정 현황			
운영사 (컨소시엄 주간사)	대표자	협력기관 (창업보육센터)		전문분야
㈜블루포인트 파트너스	이용관	미래과학기술지주(주), 네오팜, 생명공학연구원 (생명공학연구원)		제조 기반 (의료바이오 등)
㈜슈프리마 인베스트먼트	백승권	한국디지털병원수출 사업협동조합 (벤처기업협회 SVI)		의료바이오 (헬스케어, IT 융합, 적정의료 등)
현대자동차 (벤처플라자)	김충호	현대자동차 의왕연구소 (광주창조경제혁신센터)		기계, 소재, IT 등
ETRI 홀딩스㈜	조병식	DSC인베스트먼트, 디이브이코리아, (ETRI 융합기술연구센터)		ICT 융합, 부품소재, 방송, SW 등

BI 인프라 등을 중점 평가하였으며, 선정된 4개 컨소시엄은 형태는 다양하나, 모두 투자부터 전문 보육까지 종합적인 창업기업 지원 역량을 보유하고 있다.

(1) 블루포인트파트너스

플라즈마트(미국 나스닥 상장 MKS사에 M&A, 2012년)를 창업한 이용관 대표가 회수자금으로 설립한 엔젤투자사다. 대덕연구단지를 기반으로 제조분야 혁신기업을 발굴할 계획이며, 과기특성화대학(KAIST 등 4개) 통합 기술지주사인 미래과학기술지주('14.3월 설립), 생명공학연구원과 협력해 기술사업화를 적극 추진할 계획이다.

(2) 슈프리마인베스트먼트

바이오 인식분야 보안전문회사인 슈프리마(코스닥상장, '08년)가 100% 출자한 초기투자전문 VC이다. 이민화(메디슨), 차기철(인바디) 등 성공벤처인으로 멘토단을 구성하여 헬스케어 등 바이오업팀을 발굴하고 디지털병원수출협동조합, 벤처기업협회와 협업해 인큐베이팅할 계획이다.

(3) 현대자동차

자동차를 중심으로 한 전후방 산업군과 글로벌 판매 - 생산 - R&D 일관 네트워크를 보유한 기술대기업으로 '00년부터 벤처플라자를 설립, 창업기업 발굴, 투자를 꾸준히 수행하고 있다.

R&D 기반, 국내외 네트워크 등 보유역량을 활용하여 사내벤처 활성화 및 혁신 기술벤처를 적극 발굴·육성할 계획이며, 특히 광주창조경제혁신센터와 협력해 지역 창업기업을 육성할 예정이다.

(4) ETRI 홀딩스

'10년 출연연 최초로 설립한 기술지주회사로, 한국전자통신연구원(ETRI) 기술기반 ICT 벤처를 투자·육성하고 있다. DSC인베스트먼트, 디이브이코리아와 협업해 ETRI가 보유하고 있는 사업화 유망기술을 발굴·공개 및 기술이전, 연구원 창업을 유도하고, 후속투자, 글로벌 진출을 지원할 계획이다.

향후 추진계획

- 이번에 선정된 운영사는 투자재원 소진 등 결격사유가 없는 한 최소 6년간 사업권을 유지하게 되며(3년단위 갱신) 정밀실사를 거쳐 창업팀 추천T/O(연간 5~10개)를 배정받아 3월부터 팁스 운영사로 본격 활동하게 된다.
  - 기술 창업팀은 이번에 선정된 4개사를 포함 총 18개사를 통해 팁스에 신청할 수 있으며, 운영사의 엔젤투자 추천을 거쳐 최종 선정 시 정부 R&D 자금(최대 5억원)을 포함 연계 지원*을 받을 수 있다.
    * 창업팀 당 최대 10억원 지원(1+9): (운영사) 엔젤투자 1억원에 매칭(정부) 창업자금 1억원 + 기술개발 5억원 + 엔젤매칭펀드 2억원 + 해외마케팅 1억원
  - 또한, 중기청은 팁스에 대한 업계의 관심과 사업 참여 수요가 높은 점을 감안하여, '15년 하반기 운영사를 추가 선정하는 방안을 적극 검토 중이다.
- 한편, 중기청은 팁스의 그간 운영실적을 바탕으로 민간투자주도형 기술창업 지원을 더욱 확대하여 고급인력의 기술창업 도전을 적극 활성화해 갈 계획이다.

① TIPS 하이테크 캠퍼스 조성(사이버캠퍼스 병행 구축)

• 서울 역삼동에 민간주도로 팁스 창업팀과 투자사, 유관기관 등을 밀집한 기술창업 거점타운인 팁스 캠퍼스를 조성하여 투자, 보육·네트워킹이 활발한 스타트업 밸리로 육성한다.

  * 총 10,000㎡(전용면적 기준), 역삼역 남부(마루180 인근 4개 빌딩 임차): 인큐베이팅 공간 (6,000㎡), 투자사 등 유관기관(2,000㎡), 공용 공간(2,000㎡)

② 창조경제혁신센터 등 연계 강화

• 팁스와 창조경제혁신센터(현대차–광주, 삼성–대구 등) 협업을 확대하고, 기존 창업지원 사업과 연계를 강화하는 한편, 산학연기반 기술사업화 촉진을 통해 기술창업의 저변을 넓혀 갈 계획이다.

  * (창조경제혁신센터) 기술대기업과 협력하여 지역기반 기술창업팀 육성(기존창업사업 연계) 창업선도대학, 대학기업가센터 등과 창업팀 발굴 확대(산학연 기반) 출연연, 기술지주사, 연구중심대학 R&D 성과를 기술창업으로 연결

③ 창업팀 지원 확대

• 신규 운영사 참여 등 운영사 확대, 업종·지역별 창업팀 지원을 다양화해 총 100개 내외 기술창업팀을 선정 지원할 계획이다.

  – 중기청은 앞으로도 관련 규정 정비, 민간협력 확대, 인프라 구축 등을 통해 민간투자주도형 기술창업 지원(TIPS)을 더욱 확대하여,

  – 기술창업 성공률(현행 5%→ 개선 50%, 이스라엘 수준) 제고로 유망인력들이 과감하게 벤처창업에 도전하도록 기반을 조성할 계획이다.

• 팁스 프로그램에 대한 자세한 내용은 홈페이지(www.jointips.or.kr) 또는 관리기관(엔젤투자협회, 창업진흥원)을 통해 안내 받을 수 있다.

〈 TIPS 그간 운영 성과('15. 2월 현재)〉

• 팁스는 '13.8월 시행 이래, 운영사 14개, 68개 창업팀을 선정하여, 엔젤투자 175억원, R&D 255억원, 창업자금 18억원 매칭 지원

① 고급 기술인력의 과감한 벤처창업 도전 견인

  * 대표자 기준(68명): 기술대기업(삼성전자 등) 출신 26명, 석·박사 37명, 전문직(교수, 의사, 변호사 등) 11명 도전 중

– 다수의 팁스 창업팀이 M&A, 후속투자 유치 등 성과 가시화

* (M&A) 키즈노트 다음카카오에 인수합병 등 2~3개 M&A 협상 중(후속투자) 12개 창업팀에 총 297억원 투자 유치('15. 2월, 공개된 금액만 집계)
② 성공한 벤처기업인들의 법인형 엔젤투자 참여
  * 더벤처스(호창성, VIKI대표), 퓨처플레이(류중희, 올라웍스대표) 등
③ 공동투자, 엔젤투자펀드 결성 등 활성화
  * (패스트트랙-본엔젤스) 브레이브팝스컴퍼니('14.2, 3억원), 조이('14.4, 3억원)
④ 출연연구소, 연구중심대학 기술창업 본격화
  * 한국과학기술지주 팁스 참여 → 생명연 IP기술창업 '스몰머신즈' 선정(14.6월)
  ** KAIST 기술이전을 통해 창업한 "오비이랩"('14.3월) "테그웨이"('14.6월) 선정

사례 연구 1 ■

창업 성공률을 높이는 액셀러레이터(Seed Accelerator)

2000년대 중반 미국 실리콘밸리를 중심으로 창업가와 밀착 관계를 형성하여 멘토링, 교육, 네트워킹 등을 전문적으로 지원하는 기관이 액셀러레이터라는 이름으로 등장하였다. 이들은 경쟁적 과정을 통해 선발된 소수의 창업 기업을 대상으로 멘토링, 네트워킹 및 (지분)투자 등을 체계화시킨 단기 프로그램을 제공하는 비즈니스 모델로 여러 성공사례를 남기며 시장의 주목을 받기 시작하였다. Dropbox, Airbnb 등을 글로벌 기업으로 성장시킨 Y-Combinator가 액셀러레이터의 효시라 할 수 있다.

스마트 혁명 이후 제조업 중심에서 쉽고 재미있는 창업, 모바일이나 SNS 등의 지식창업 등으로 창업 트렌드가 변화하고 있으며, 창업의 형태 또한 1인 또는 팀 중심의 소규모 인력 및 자금을 가지고 비교적 단기간 내의 창업이 가능해졌다. 특히, 인터넷 기반 사업의 창업에 소요되는 비용은 10여 년 전 벤처 붐 시대보다 획기적으로 줄어들었다. 이렇듯 창업 자체의 문턱은 낮아졌음에도 불구하고 이들 기업이 중소기업 및 대기업으로 성장하기 위해서는 창업 초기부터 각종 지원이 필요한 실정이나, 지금까지의 지원체계는 자본 및 외형적 지원에만 집중하는 경향을 보여 왔다.

벤처캐피탈은 소규모의 고위험인 초기 투자보다 중·후기에 투자가 집중되는 보수화 경향을 보이고 있으며, 멘토링이나 교육 등의 보육 기능은 미흡한 실정이다. 창업보육센터는 물적 기반시설 및 공간 제공에 초점을 두고 있어 투자 기능으로의 연계성은 미약하고 엔젤투자자도 개인의 역량으로 창업 기업을 지원하기에는 한계가 존재한다. 이렇듯 창업이 점차 용이해지는 환경 변화에 따라 창업 건수는 늘어났지만 이들을 질적으로 성장시킬 지원체계의 미비는 창업에서부터 내용적 지원을 전문적으로 하는 새로운 촉진자(new facilitator)로서 액셀러레이터의 지원을 필요로 하고 있다.

우리나라도 2010년을 전후로 액셀러레이터 프로그램이 증가하고 있으며 벤처1세대, 대기업 지원을 통해 운영 중이나 아직 활성화 초기단계이며 제도적 뒷받침을 필요로 하고 있다. 가장 큰 문제점은 액셀러레이터의 제도

적 지위문제로 기존의 다른 지원 체계인 벤처캐피탈, 창업보육센터 및 엔젤투자자 등과 달리 법적 지위가 불분명한 상태이다. 국내의 액셀러레이터 대부분은 벤처캐피탈이나 창업보육센터가 아닌 일반사업자로 사업을 하고 있는데, 문제는 이들 액셀러레이터들이 초기기업에 대한 투자 시 법적 논란의 소지가 있다는 것이다. 즉, 자본시장법상 인가를 받지 않은 채 창업 기업의 주식 등에 직접지분투자(투자매매업)하거나 타인의 투자를 중개(투자중개업)하거나 또는 2인 이상에게 투자권유를 하여 모은 금전으로 투자(집합투자업)할 경우에는 법적 논란에 휩싸일 수 있으며 벤처캐피탈, 엔젤투자와 같은 제도적 기반을 시급히 조성해야 할 필요가 있다.

또한, 액셀러레이터가 존재하더라도 이들을 둘러싼 성공한 벤처 1세대, 대기업, 창업기업 등이 액셀러레이터 생태계에 참여할 유인 체계가 미흡한 실정이다. 벤처캐피탈의 경우에 배당소득에 대한 법인세 비과세, 주식양도차익 법인세 비과세, 증권거래세 면제 등의 혜택이 있으며, 창업보육센터는 법인세 감면 등의 혜택을 받고 있는 것과 비교하면 액셀러레이터는 창업 기업을 성장시키는 것에 대한 사명감 또는 사회적 책임에 의존하고 있는 실정이다.

액셀러레이터의 수요자라 할 수 있는 창업 기업도 벤처기업으로 인증을 받지 못해 벤처기업이 누릴 수 있는 여러 혜택을 받지 못하고 있다. 미국의 경우 Y-Combinator의 액셀러레이터 프로그램을 졸업한 창업기업은 우수한 기업이라는 인식이 되어 Series A 투자 등 후속 투자를 받기 용이해지는 것과 대조적인 상황이다.

마지막으로, 액셀러레이터의 전문성 검증 및 성과측정에 대한 기반이 부재하여 오히려 비전문 액셀러레이터가 난립할 수 있는 소지가 있다. 표면적으로 액셀러레이터라는 이름하에 제공되는 프로그램 및 단체가 증가하고 있으나 창업기업의 니즈 해결 또는 그들의 기술을 이해할 수 있는 전문성이 결여된 경우가 많다.

이는 결과적으로 시장의 제대로 된 액셀러레이터들이 활동할 수 있는 기반을 해치는 동시에 창업 기업에게도 그 혜택을 제대로 받지 못하게 하는 문제를 야기할 수 있다. 액셀러레이터의 난립을 막고 분야별 전문성을 갖추기 위한 방안에 대한 검토가 필요하며, 이들을 통해 창출되는 직·간접적 성과 측정에 대한 기반도 마련해야 한다.

출처: KISDI KNOWLEDGE NETWORK, 2013. 12. 30.

2 TIPS[3] 프로그램 현황 및 성과

(1) 팁스 개요

1) 추진목적

• 성공벤처인, 기술대기업 주도로 유망창업팀을 선별하고 엔젤투자에 연계한 정부R&D

지원을 통해 기술창업 성공률 제고

⇒ 고급인력의 기술창업 도전을 근본적으로 활성화(엔젤투자, M&A시장, 벤처캐피탈 후속 투자 시장 활성화 효과 기대)

2) 추진경과

- 기술창업 활성화를 위한 근본 대책마련을 위해 '12년 초부터 검토에 착수하여, 해외 사례조사 및 연구용역 추진

  * 駐이스라엘파견관 보고서('12. 3), 이스라엘정책연구('12. 12, 중소기업연구원)

- 새 정부 창조경제 추진과제로 채택되어 사업계획 확정('13. 5. 16)

  * 국정과제('13. 2월), 벤처창업 자금생태계 선순환대책(5. 15), 창조경제 실현계획(6. 4)

- '13년 운영사 선정(5개, 6. 18)을 거쳐 창업팀 선정 진행('13. 8월)

- '14년 운영사 선정(5개, '14. 2월)

- 민간투자주도형 기술창업 프로그램 시행으로 지원 확대('14. 5월)

  * (트랙1) TIPS 엔젤투자사, (트랙2) 창업기획사

- '14년 운영사(창업기획사) 선정(4개, '14. 7월)

- TIPS − 창업기획사 통합 운영('15. 1월)

3) 사업구조

〈팁스 운영 구조〉

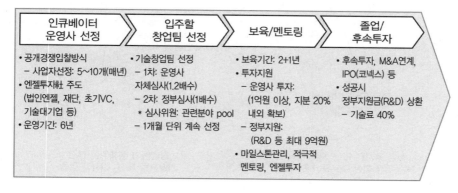

인큐베이터 운영사 선정	입주할 창업팀 선정	보육/멘토링	졸업/ 후속투자
• 공개경쟁입찰방식 　- 사업자선정: 5~10개(매년) • 엔젤투자社 주도 　(법인엔젤, 재단, 초기VC, 　기술대기업 등) • 운영기간: 6년	• 기술창업팀 선정 　- 1차: 운영사 　자체심사(1.2배수) 　- 2차: 정부심사(1배수) 　* 심사위원: 관련분야 pool 　- 1개월 단위 계속 선정	• 보육기간: 2+1년 • 투자지원 　- 운영사 투자: 　(1억원 이상, 지분 20% 　내외 확보) 　- 정부지원: 　(R&D 등 최대 9억원) • 마일스톤관리, 적극적 　멘토링, 엔젤투자	• 후속투자, M&A연계, 　IPO(코넥스) 등 • 성공시 　정부지원금(R&D) 상환 　- 기술료 40%

* 성공판정 시 매년 매출액 3%를 기술료로 납부하여 정부 R&D지원금 40% 상환

- 정부가 엔젤투자사를 인큐베이터 운영사*(사업기간 6년)로 선정하고 창업팀 추천권 T/O(1.2배수)를 부여한다.

* 성공벤처인 주도 엔젤투자회사(법인엔젤), 엔젤투자재단, 초기전문 VC, 기술대기업 등(연구중심대학, 기술지주사, 출연연, 국내외 액셀러레이터 등 컨소시엄 포함)
• 추천한 창업팀을 정부가 최종선정(1배수)*하고 운영사의 보육 센터에 입주시켜 멘토링 및 투자하면 정부R&D 등 매칭 지원
  * 창업팀 선발: 운영기관 추천(1.2배수) → 정부 최종선정(1배수)
• 선발된 창업팀에는 창업사업화를 위해 최장 3년간 엔젤투자 1억원*과 함께 R&D 최대 5억원(90% 이내, 10% 자비)＋추가 4억원 연계**
  * 운영사의 엔젤투자는 정부지원금의 20% 이상(1억원 내외)
  ** 창업자금 1억원, 엔젤투자매칭펀드 2억원, 해외마케팅 지원 1억원
• (특징) 초기자본이 없는 기술창업팀에게 과감한 도전기회를 제공할 수 있도록 엔젤투자社의 선별능력과 인큐베이팅 능력 활용
  * 이스라엘은 '91년부터 T.I.(Technological Incubator) 프로그램을 통해 매년 100개 가량 벤처 창업('14년 현재 총 26개 운영기관 활동 中, 성공률 50%)

〈인센티브 구조〉

기술아이템만으로 실패부담 없이 창업
(창업팀에 60% 이상 지분 보장)

창업팀

투자
(1억원, 15%)

R&D지원금＋α
(5억원, 85%)

지분
(투자대비 2배 내외)

성공시
기술료 상환
(R&D 출연금의 40%)

**인큐베이터
(엔젤투자社)**

정부

적은 투자로 많은 지분 획득
후속투자 대상 포트폴리오 확보

창업팀의 실패위험 분담
기술창업 촉진, 일자리 창출

성공판정기준(아래, 4가지 기준 중 1가지 이상 충족, 이스라엘 기준 적용)
① M&A성사, ② 기업공개(IPO, 코넥스 상장 포함), ③ 연간 매출액 6억원 초과, ④ 벤처캐피탈로부터 후속투자유치 여부(건당 20억원 내외)

4) 추진체계

- 관리기관: (사)한국엔젤투자협회, 창업진흥원
- 전문기관: (사)한국산학연협회
- 운영기관: 성공벤처인, 기술대기업이 주도하는 엔젤투자사(법인엔젤, 초기VC, 엔젤투자재단, 기술대기업 등)
- 연계기관: 한국벤처투자(엔젤투자매칭펀드 2억원), 중진공(해외마케팅 지원 1억원)

〈창업팀 선정평가〉

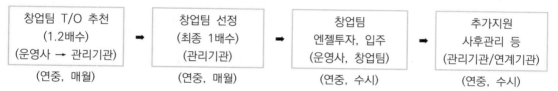

| 창업팀 T/O 추천
(1.2배수)
(운영사 → 관리기관)
(연중, 매월) | ➡ | 창업팀 선정
(최종 1배수)
(관리기관)
(연중, 매월) | ➡ | 창업팀
엔젤투자, 입주
(운영사, 창업팀)
(연중, 수시) | ➡ | 추가지원
사후관리 등
(관리기관/연계기관)
(연중, 수시) |

(2) 현황 및 추진 실적

1) 추진 현황('15. 2월 기준)

- 성공벤처인, 기술대기업 주도 엔젤투자사* 14개를 운영사로 선정, 창업팀 68개 선정, 엔젤투자 175억원, 정부R&D 255억원, 창업자금 18억원 지원*(창업팀당 평균 2.5억원 엔젤투자)
  ** 민간자주도형 시행에 따라 '14년 창업팀 20개 창업자금 18억원 지원

2) 운영사 선정(총 14개사)

구분	컨소시엄 주간사	대표	성공벤처인(기업), 참여기관	보육공간
1차 ('13년 6월)	카이트창업재단	김철환	김철환(이미지앤머터리얼스) + KAIST	KAIST BI
	캡스톤파트너스	송은강	스파크랩(Bernard Moon, 김호민, 이한주) + 아산나눔재단	마루180
	케이큐브벤처스	임지훈	김범수(카카오) + 서울대기술지주사BI	서울대기술 지주사BI
	프라이머	이택경	이택경(다음), 권도균(이니시스), 송영길(앤컴퓨팅) + 한양대	한양대 BI
	패스트트랙아시아	박지웅	신현성(티켓몬스터) + 노정석(파이브락스) + 포항공대	포항공대 BI

	본엔젤스 벤처파트너스	장병규	장병규(네오위즈), 디캠프(은행권청년창업재단)	디캠프 BI
2차 ('14년 2월)	더벤처스	호창성	호창성, 문지원(Viki) + 벤처포트	자체 BI
	퓨처플레이	류중희	류중희(올라웍스) + KETI(전자부품연구원)	전자부품 연구원 BI
	쿨리지코너 인베스트먼트	권혁태	BootstrapLabs (실리콘밸리 액셀러레이터)	자체 BI
	이노폴리스 파트너스	이상진	한국과학기술지주사(KST) (17개 출연연 통합지주사)	기계연구원 BI
	엔텔스	심재희	골프존 + 원앤파트너스	골프존 T-Box
3차 ('14년 7월)	액트너랩	조인제	Lab IX(실리콘밸리 액셀러레이터) + 인텔 + SK텔레콤	팁스 캠퍼스
	포스코	권오준	포스코 계열사	자체 BI
	한화S&C	김용욱	요즈마그룹	자체 BI

3) 창업팀 선정내역: 68개('15. 1월 현재)

- 기술분야별: 모바일IT 18건, sw서비스 24건, 의료·바이오 11건, 사물인터넷(IoT) 8건, 기계소재 7건
- 직장별: 삼성전자 13, 애플 1, 구글 2, 네이버 5, 다음 2, LG 3 등, 교수 7, 의사 3, 변호사 1등
  * (학위) 박사 23, 석사 14 등

[창업팀 주요 사례]

[사례 1] (키즈노트) 국내시장선점을 통한 글로벌 서비스로 확대

☞ '12년 창업, 세계 최초 영유아 보육 스마트알림장 서비스 개발, 팁스 지원을 통해 글로벌 서비스 구축 중
☞ (주요성과) 국내 어린이집(5만개) 30% 이상인 14천개 가입(지원前 5천개)으로 국내 점유율 1위 달성, 미국, 호주, 중국 등 7개국에 서비스가 런칭.
  '15년 1월 다음카카오가 인수합병(100% 지분인수)

[사례 2] (큐키) 글로벌 시장의 트렌드와 부합한 기술아이템으로 해외 진출

☞ '13년 창업, KAIST 전산과 창업팀, 다양한 디바이스에서 타이핑 시 발생하는 오타를 빠르게 수정할 수 있는 UI/UX 전문기술 개발
☞ (주요성과) 지원 10개월 만에 엔젤투자 당시 대비 기업가치 8배 성장(5억 → 40억), 신규고용 6명, 국내 특허등록·출원 14건, 미국 특허출원 3건, 일본 특허출원 2건, 산텍(일본 1세대 IT기업)에 30만 달러 투자 유치 및 일본시장 독점 계약, 모바일창업코리아 2014 슈퍼스타M7 대상 수상

[사례 3] (헬스웨이브) 모바일 플랫폼을 활용한 신시장 창출 및 해외 진출

☞ '12년 창업, 서울의대교수팀, 모바일기반 의료용 처방 에니메이션 개발
☞ (주요성과) (美)존스홉킨스 병원과 파일럿 시험 제휴, 일본 HDOC 유전성 유방암 학회 시범사업으로 확정, 신규고용 5명, 서울대병원 등 국내 17개 병원 서비스 실시, 싱가폴, 말레이시아, 일본 진출 타진 중, 국내외 VC에서 후속투자 검토 중.

4) 그간의 운영성과

"고급 기술창업 통합 플랫폼으로 정착되어 가고 있으며, 이를 통해 우수 기술인력들의 벤처창업 도전 활성화를 유인"

* WSJ에 한국의 대표적인 창업지원 프로그램으로 소개됨('14.10.22)

① 성공벤처인, 기술대기업 주도 엔젤투자社* 14개를 운영사로 선정 후, 엔젤투자를 통해 기술창업팀 선정, 지원('15.2월 기준, 총 68개)

ー 다수의 팁스 창업팀이 M&A, 후속투자 유치 등 성과 가시화

* (M&A) TIPS 창업팀(키즈노트) 다음카카오에 인수합병 등 2~3개 M&A 협상중

** (후속투자) TIPS 창업팀 12개 총 297억원('15. 2월, 공개된 금액만 집계) 투자 유치

② 더벤처스(호창성, VIKI대표), 퓨처플레이(류중희, 올라웍스대표) 등 성공한 벤처기업인들의 법인형 엔젤투자 활성화 추세

* 더벤처스는 설립('14.1월) 후 11개사, 총 16.5억원 엔젤투자

** 퓨처플레이도 HW 기반 모바일기기 창업팀 6개사, 총 6억원 투자

③ 엔젤투자사(운영사)간 연계 투자 협력도 활성화되고 있고, 민간주도 엔젤투자펀드 결성 등 투자규모가 대형화 추세

* (패스트트랙ー본엔젤스) 브레이브팝스컴퍼니('14.2, 3억원), 조이('14.4, 3억원)(더벤처

스-본엔젤스-쿨리지코너) ASD코리아('14.7 10억원) 공동투자

* 본엔젤스는 100% 민간출자로 200억원 규모의 페이스메이커펀드*를 조성, 총 30개사 80억원 투자

④ 한국과학기술지주*의 사업 참여 등에 따라, 연구중심대학 및 출연연 기반 기술창업도 본격 합류 추세

* 17개 정부출연연 통합 기술지주사 설립('13. 11월, 미래부), 2기 운영사(이노폴리스 컨소시엄)로 참여 → 생명연 IP 기술창업 '스몰머신즈' 선정('14. 6월)

** KAIST의 기술이전을 통해 창업한 "오비이랩"('14.3월) "태그웨이"('14.6월) 선정

(3) 창업팀 및 인큐베이터 현황

1) 창업팀 선정('15. 2월 기준): 68개

지원 연도	회차	창업팀명	운영기관	대표자	과제명
2013	8월	㈜큐키	프라이머	김민철	다국어에 대응하는 백스페이스 입력없는 손쉬운 오타 수정 솔루션
		㈜위브랩	케이큐브벤처스	김동욱	소셜 Q&A DB 구축과 이를 이용한 서비스 개발
		㈜시옷플랫폼	카이트창업가재단	오세중	지능형 무선 복합 인식시스템 개발
		엔트리움㈜	캡스톤파트너스	정세영	비등방성 전도성 접착필름(ACF)용 도전성 입자 국산화
		프라센	패스트트랙아시아	우효준	개인화 수면 유도 장치 및 수면관리 서비스 기술개발
	10월	㈜센텐스	프라이머	안지윤	자신의 기기간, 또 타인의 기기에도 정보를 쉽고 빠르고 간편하게 전달하게 해주는 크라우드 서비스
		ASTIN	카이트창업가재단	황대일	자외선 차단 화장품용 유/무기 하이브리드 자외선차단제 설계 개발
	12월	㈜노보믹스메디텍	카이트창업가재단	허용민	위암 예후 예측 및 치료 지침을 위한 mRNA 분자진단시스템의 상용화 체계 구축
		㈜헬스웨이브	케이큐브벤처스	정희두	동영상을 통해 질환 이해를 돕는 설명 처방 서비스

지원 연도	회차	창업팀명	운영기관	대표자	과제명
2014	2월	비트패킹컴퍼니	캡스톤파트너스	박수만	소셜뮤직 모바일 서비스 "BEAT"
		㈜리브스메드	카이트창업가재단	이정주	엔드툴의 요, 피치, 엑추에이션의 3자유도 확보 및 조종부 자유도 구조 일치형의 복강경 수술기구
		주식회사 앤벗	프라이머	정현종	사용자 행동 트래킹을 통한 모바일 어플리케이션 사용자 경험 측정 및 분석 솔루션
		키즈노트	케이큐브벤처스	최장욱	스마트폰 기반의 어린이집 알림장 서비스
		㈜크레스프리	카이트창업가재단	권진만	JavaScript 기반 Smart Device 개발을 위한 플랫폼 구현
		㈜다노 (前아이엠인투잇)	패스트트랙아시아	정범윤	다이어트 관련 개인화된 컨텐츠 및 교육/관리 시스템 개발
		㈜라이클	프라이머	전지훈	뷰티 SNS 기반 화장품 소셜 리뷰 서비스
		㈜브레이브팝스컴퍼니	패스트트랙아시아	이충희	비인지적 역량 측정 및 강화를 위한 교육 플랫폼 개발
	3월	㈜드라마앤컴퍼니	캡스톤파트너스	최재호	명함 관리 기반 비즈니스 네트워킹 플랫폼 서비스 개발
		큐리온	케이큐브벤처스	이우주	시맨틱 기술 기반의 텍스트 summary/평판분석/검색 통합기술
		㈜로렘입숨	캡스톤파트너스	양주동	반응형 웹 개발 솔루션 기술 개발
		㈜오비이랩	카이트창업가재단	정원선	휴대가 가능한 fNIRSIT 상용화
		㈜포도코리아 (Podo labs)	퓨처플레이	최재훈	원격제어가 가능한 어디에나 부착할 수 있는 소형카메라
	4월	㈜클디	케이큐브벤처스	백승욱	Deep learning기반 이미지 인식 기술 및 응용사례 개발
		쿠쿠닥스㈜	본엔젤스	이유호	클라우드오피스(문서도구) "쿠쿠닥스"
	5월	㈜파킹스퀘어	더벤처스	김태성	실시간 주차정보 및 예약시스템 구현을 위한 빅데이터 기반 클라우드 플랫폼
		㈜망고플레이트	캡스톤파트너스 (스파크랩)	김대웅	빅데이터 기반의 개인화된 맛집 추천 서비스 및 초정밀 모바일 광고 플랫폼

지원연도	회차	창업팀명	운영기관	대표자	과제명
		㈜스트라티오코리아	케이큐브벤처스	이제형	VGA급 화질의 근적외선 이미지센서 개발
		㈜셀모티브	이노폴리스파트너스	최희만	첨단 금속 에너지 전극 소재의 개발 및 응용
	6월	조이코퍼레이션	본엔젤스	최시원	오프라인 매장을 위한 방문객 빅데이터 측정 및 활용기술 워크인사이트(Walk Insights)
		다이닝코드	케이큐브벤처스	신효섭	빅데이터 분석기반 검색엔진 기술개발
		휴이노	퓨처플레이	길영준	다중생체신호를 이용한 손목시계형 혈압 측정 헬스케어
		㈜스몰머신즈	이노폴리스파트너스(한국과학기술지주)	김추연	압타머 바인딩 및 용량소자센서 기반 심근경색 조기 진단기기
		플레이몹스	더벤처스	최정우	유-무료 자동전환 기술 및 UI/UX를 적용한 모바일 무료통화 시스템
	7월	㈜유비파이	케이큐브벤처스	이경현	무인항공기의 영상기반 자율비행을 위한 자동비행컴퓨터 및 영상 센서 모듈 개발
		해보라㈜	쿨리지코너인베스트먼트	신두식	어떤 환경에서도 조용한 통화가 가능한 스마트 블루투스헤드셋 개발
		㈜와이드벤티지	카이트창업가재단	고재용	교류 자기장과 스마트폰의 범용 센서를 이용한 입력 장치
		㈜에이에스디코리아	본엔젤스	이선웅	개인용/기업용 클라우드 솔루션 개발 및 글로벌 판매
		덱스인트게임즈	캡스톤파트너스	김재호	모바일 실시간 네트워크 대전 기반의 액션공성대전 게임서비스 개발
	8월	㈜알피이	이노폴리스파트너스	곽노민	Gravure Offset 인쇄용 미세패턴 구현을 위한 Blanket 개발
		엔트리코리아㈜	카이트창업가재단	김지현	비쥬얼 프로그래밍 인터페이스 기반 프로그램 학습 플랫폼
		비트파인더	퓨처플레이	노범준	휴대 및 착용이 가능한 환경 모니터
		㈜스파코사	프라이머	조우주	실시간 위치정보 공유기반 가족안전 서비스

지원연도	회차	창업팀명	운영기관	대표자	과제명
		테그웨이 (Tegway)	카이트창업가재단	이경수	헬스케어용 웨어러블기기 전원공급을 위한 유연 열전소자 개발
		㈜템퍼스	이노폴리스파트너스	신백규	ROIC를 포함하는 CSP형태의 Fresnel Lens 일체형 Thermopile sensor 개발
	10월	브레인커머스㈜	본엔젤스	황희승	개인화된 구인구직 플랫폼 "잡플래닛"
		만나씨이에이㈜	카이트창업가재단	전태병	기존 농업시설을 활용한 Integrated Aquaculture 기반 농산물 생산 시스템
		㈜이큐브랩	쿨리지코너 인베스트먼트	권순범	스마트시티 구축을 위한 다목적 IoT단말 및 솔루션 개발
		㈜요쿠스	본엔젤스	최창훈	클라우드 기반 동영상 변환 기술
		㈜레클	더벤처스	정조균	별도의 서버개발없이 모바일 앱 개발을 가능하게 하는 GUI기반의 이중화된 클라우드 백엔드 서비스
	11월	㈜시어스랩	카이트창업가재단	정진욱	동영상 중심의 미디어 클라우드 플랫폼 구축
		㈜위버플	퓨처플레이	김재윤	빅데이터, 머신러닝 기반의 Financial Advisory 서비스의 개발
		㈜에바인	캡스톤파트너스	윤영중	뭐야이번호 글로벌 버전 및 프로파일링 시스템 구축
		㈜스트림라이저	본엔젤스	김용길	실시간 빅데이터 기반 온라인 동영상 시청자 분석 서비스
		VUNO	본엔젤스	이예하	Natural Scene기반의 텍스트 인식 기술
	12월	스튜디오 씨드	퓨처플레이	김수	IoT 증강 어플리케이션 설계 및 프로토타이핑 플랫폼
		㈜인스에듀테인먼트	쿨리지코너 인베스트먼트	서봉현	스마트교육 수업 지원 서비스 플랫폼 개발
2015	1월	리니어블(주)	본엔젤스	문석민	크라우드 소싱 GPS와 비곤을 활용한 미아방지 및 추적기술
		㈜아이엠티코리아	카이트창업가재단	김종욱	의약품 주입 오작동 감지 및 알림 장치의 개발

지원 연도	회차	창업팀명	운영기관	대표자	과제명
		㈜파이언스	더벤처스	유해홍	Wi-Fi 공유경제 구현을 위한 최적 AP 접속 자동화 서비스
		주식회사 다비오	본엔젤스	박주흠	국내최초 글로벌 벡터지도기반 루팅(길찾기) 기술개발
		㈜엑센	액트너랩	김준웅	생활 환경 모니터링용, Ceramic Gas Sensor/ Module 개발 및 Healthcare/Industrial 분야 확장을 위한 가스센서 제조/측정 Platform 구축
		호두랩스코리아	퓨처플레이	채용욱	웨어러블 Eye-Brain 통합 인터페이스 장치와 서비스 플랫폼 개발
	2월	㈜펨토펩	액트너랩	이상현	인슐린 저항성을 유발하는 유리 지방산 진단 및 관리 "CAD factor 극저농도 지방산 분석"
		㈜아이엠랩	본엔젤스	권예람	저가형 심폐소생술 교구재(마네킹)에 추가되는 센서형 제품(H/W+S/W+SVC)-하티센스(HeartiSense)
		㈜류이드	더벤처스	장영준	오답기반 학습자 분석을 통한 개방형 최적 교육 콘텐츠 제공 플랫폼
		㈜오믹시스	쿨리지코너 인베스트먼트	우태하	저비용 고효율 자동화 파종이 가능한 종자가공 기술 개발
		㈜에이치유디	캡스톤파트너스 (스파크랩)	하진우	API형식으로 제공되는 실내공간정보/VR 플랫폼 구축
		㈜디에스브로드 캐스트	이노폴리스파트너스 (한국과학기술지주)	정주홍	비실시간 AVC-to-HEVC 트랜스코더 기술 개발

 사례 연구 2 ■

○● `혁신에 대한 투자: 실리콘밸리의 동학`

현재 실리콘밸리의 활력을 가능하게 하는 것은 컴퓨팅의 새로운 패러다임 부상에 대한 기대이다. 저렴한 컴퓨팅 자원 이용을 가능하게 하는 혁신, 빅데이터, 고도의 알고리즘 및 이에 기반한 인지컴퓨팅(cognitive computing), 로봇 등이 결합하면 기업, 소비자를 모두 아우르는 새로운 플랫폼의 대두가 가능할 것이며 이미 실리콘밸리는 이러한 미래에 투자하고 있다. 또한 생명공학 분야의 눈부신 발전도 실리콘밸리의 주요 투자 영역이 될 것이다.

실리콘밸리 생태계에서 일어나고 있는 거대 M&A의 이면에는 컴퓨팅 분야 및 생명공학 등 다양한 분야에서의 기술 발전 속도가 가속화되고 거대 ICT 기업간 경쟁이 심화되면서, 유망 기술 보유 벤처가 자신의 지적 자산의 가치를 극대화하기 유리한 환경이 조성되고 벤처 캐피탈도 이러한 기회를 최대한 활용하려는 전략이 숨어 있다.

실리콘밸리의 역동성은 벤처캐피탈을 포함한 금융시장이 경색되는 경우에도 작은 혁신, 작은 아이디어를 현실화시킬 수 있는 수단을 제공함으로써 거대 벤처 캐피탈을 보완하는 등 다양한 보완적 장치를 스스로 발전시키는 능력에도 기인한다. 액셀러레이터, 크라우드 펀딩, 크라우드 소싱 등이 대표적인 보완 아이디어의 예로, 새로운 아이디어와 거대 벤처 캐피탈간의 중간 다리 역할을 수행하고 있다. 이러한 특성들이 결합해, 인간의 육체적·지적 노력을 대체 또는 보완할 수 있는 컴퓨팅 서비스가 실리콘밸리의 '문샷(Moonshot)' 투자를 이끌고 있다.

문샷이란 아폴로계획에 따른 인간의 달 착륙과 같이 10%가 아닌 10배의 혁신을 미개척분야에서 추구하는 것을 의미하며 최근 구글의 모토이기도 하다. 인공지능과 로봇, 생명공학 등이 문샷이 지목하는 대표적인 미개척분야이자 패러다임을 바꿀 잠재력이 있는 분야이다. 문샷을 바라보는 과감한 투자는 벤처 생태계에 미래 도전분야에 대한 방향을 제시하고, 이에 따라 수많은 신생기업이 그 비전에 맞추어 도전하면서 문샷 자체의 성공 가능성도 높아지는 선순환 관계가 가능하다.

○● 유망 '문샷' 영역-인공지능·로봇 플랫폼·의료/헬스.

구분	주요 내용
문샷 1: 인공지능	• SW 중심사회에서 대부분의 범용적 SW는 오픈소스로 제공될 것이나 인지 컴퓨팅 등 새로운 컴퓨팅 패러다임의 시대에 경쟁우위를 가져 올 핵심적 역량은 인공지능 알고리즘 • 미래부가 추진중인 엑소브레인 SW R&D 과제의 확대, 강화 등의 정책 요망
문샷 2: 인공지능과 연계된 로봇플랫폼	• 산업용 로봇이 인간과 작업 현장이 분리된 방식이 아닌 협업 방식으로 패러다임이 변화하고 있어, 인간-로봇 협업형 로봇개발 추진 강화 고려 • 향후 로봇 정책은 로봇의 인지 능력, 안전성을 확보하고 빅데이터를 활용하는 방향으로 지원 강화
문샷 3: 의료/헬스 분야 기초기술 투자 강화	• 생명공학의 성과에 기반하는 의료/헬스 분야는 ICT와 함께 신시장 창출의 핵심 분야 ※ 국내 유전체 진단 및 염기서열 분석 등 관련 기술이 세계 수준에 미흡하여, 일부 국내 환자를 대상으로 미국, 중국 기업이 진단 서비스를 제공 중. 국내 기술 미확보시 해외 기업이 정한 기준에 따라 국내 환자 유전체 진단을 할 수밖에 없는 실정

우리나라도 컴퓨팅의 새로운 패러다임 변화에 대처하고 새로운 비즈니스 기회에 대한 미래 방향성을 제시한다는 측면에서 과감한 문샷 프로젝트를 추진할 필요가 있다. 본 리포트는 특히 인공지능, 이와 연계된 로봇 플랫폼, 생명공학·의료·헬스 기초기술 등을 '문샷' 영역으로 제안하고 있다. 이러한 정책은 최근 활기를 띠기 시작한 국내 벤처 생태계에 추가적인 동력 제공을 할 수 있을 것으로 기대 되며 또한 국내 벤처 캐피탈도 글로벌화 노력을 통해 해외 벤처캐피탈과 국내외 재능에 대한 경쟁을 해야 할 것이다.

출처: KISDI 보도자료, 2014. 12. 9.

 사례 연구 3 ■■■■■■■■■■■■■■■■■■■■■■■■■■■■■■■

TIPS 운영사 현황 ('15.2월 현재)

구분	주간사(참여기관)	주요내용
1차 ('13년 6월)	케이큐브벤처스 (서울대기술지주사)	• 대표: 임지훈 • 형태: 초기전문 VC • 성공벤처인: 김범수(카카오) • 투자분야: IT(인터넷, SW, 모바일 등) • 인큐베이터: 서울대 연구공원(서울 관악)
	캡스톤파트너스 (스파크랩/ 아산나눔재단)	• 대표: 송은강, 최화진 • 형태: 초기전문 VC • 성공벤처인: 김호민(Innotive), 버나드 문(Vidquik), 이한주(Hostway) • 투자분야: IT, 하드웨어 기반 제조, 부품소재 등 • 인큐베이터: 아산나눔재단 BI(서울 역삼)
	카이트창업재단 (KAIST)	• 대표: 김철환 • 형태: 엔젤투자재단 • 성공벤처인: 김철환(이미지앤머티리얼스, LG디스플레이 M&A) • 투자분야: 하드웨어 기반의 제조, 의료바이오 등 • 인큐베이터: KAIST BI(대전 유성)
	프라이머 (한양대학교)	• 대표: 이택경, 권도균 • 형태: 엔젤투자 주식회사 • 성공벤처인: 이택경(다음), 권도균(이니시스), 송영길(앤컴퓨팅) 등 • 투자분야: IT(인터넷, SW, 모바일 등) • 인큐베이터: 한양대 BI(서울 성동)
	패스트트랙아시아 (포항공대)	• 대표: 박지웅 • 형태: 엔젤투자 주식회사 • 성공벤처인: 신현성(티켓몬스터), 노정석(파이브락스, 美 탭조이 M&A) • 투자분야: IT(SW, 모바일, 서비스 등) • 인큐베이터: 자체 BI(서울 강남), 포항공대 BI(경북 포항)
	본엔젤스 벤처파트너스 (은행권청년창업재단)	• 대표: 장병규 • 형태: 초기전문 VC • 성공벤처인: 장병규(네오위즈, 첫눈) • 투자분야: IT(인터넷, SW, 모바일 등) • 인큐베이터: 디캠프(서울 선릉)
	더벤처스 (더벤처스 스타트업센터)	• 대표: 호창성, 문지원 • 형태: 엔젤투자 주식회사 • 성공벤처인: 호창성, 문지원(Viki, 일본 라쿠텐 M&A) • 투자분야: IT(인터넷, SW, 모바일, 서비스 등) • 인큐베이터: 더벤처스 스타트업센터(서울 선릉)
2차 ('14년 2월)	퓨처플레이 (전자부품연구원)	• 대표 : 류중희 • 형태: 엔젤투자 주식회사 • 성공벤처인: 류중희(올라웍스, 미국 인텔사 M&A) • 투자분야: IT기반의 HW, SW • 인큐베이터: 전자부품연구원(경기 분당)

	쿨리지코너 인베스트먼트 (BootstrapLabs)	• 대표: 권혁태 • 형태: 초기전문 VC • 성공벤처인: 조성주(캠퍼스21) • 투자분야: 부품소재, 하드웨어, IT 등 • 인큐베이터: CCVC밸류업센터(서울 강남)
	이노폴리스파트너스 (한국과학기술지주/ 벤처스퀘어)	• 대표: 이상진 • 형태: 초기전문 VC • 성공벤처인: 김진범(팅크웨어), 김진환(씨디네트웍스) 등 • 투자분야: 하드웨어 기반 제조, 바이오, IT 등 • 인큐베이터: 서울대 연구공원(서울 관악), 기계연구원(대전 유성)
3차 ('14년 7월)	(주)엔텔스 ((주)골프존/ 원앤파트너스)	• 투자분야: 인터넷/모바일 기술기반 • 지원프로그램: 골프존 보육센터를 활용한 지원 • 특징: 골프존의 창업보육 공간과 투자기업과의 협력을 활용
	㈜액트너랩 (Lab IX/인텔/SK텔레콤)	• 투자분야: 웨어러블, 사물인터넷, 커넥티트카, 헬스케어 등 하드웨어 분야 • 지원프로그램: 하드웨어 전문 액셀러레이터 지원 • 특징: 미국 하드웨어 전문액셀러레이터(Lab IX)와 제휴
	(주)포스코	• 투자분야: 전 산업분야 • 지원프로그램: Idea Marketplace • 특징: 포스코 계열사를 활용하여 창업팀 전방위 지원
	한화 S&C(주)· (요즈마그룹)	• 투자분야: ICT 분야 • 지원프로그램: DreamPlus(글로벌 ICT 엑셀러레이팅) • 특징: 3개 해외 10여 개의 액셀러레이터와 연계하여 글로벌 진출 지원

출처: 중소기업청.

사례 연구 4

	2015년도 K-Global 액셀러레이터 육성 사업 수행기관 개요		

기관명	프로그램 내용	해외 협력기관	주요 일정
스파크랩스 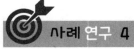	[자체 보유한 12개국 글로벌 멘토단과 엔젤펀드를 활용하여 한국에 born-global 벤처 육성] • (선발대상) 2인 이상의 팀으로 구성된 글로벌 지향 스타트업	[SparkLabs Global Ventures] SparkLabs Global Ventures • 이스라엘, 런던, 실리콘 밸	• 스타트업 모집 (6~8월) • 국내 프로그램 (9~12월)

	• (국내) 12개국, 110명 이상의 글로벌 멘토들을 스타트업과 매칭하여 멘토링 지원 및 초청교육, 네트워킹 등 제공 • (해외) 싱가폴 또는 홍콩 소재 VC를 대상으로 IR 진행 • (투자) SparkLabs Global Ventures에서 보유한 엔젤펀드를 활용하여 2만 달러 규모의 초기투자 및 후속투자를 제공 ※ 홈페이지: www.sparklabs.co.kr 　문의메일: info@sparklabs.co.kr 　문의전화: 02-2231-3014	리의 페이스북 전임원, Horizon Ventures(미국 VC) 출신 파트너들이 설립한 글로벌 엔젤 펀드 • 300억 규모 펀드로 전 세계 유망 스타트업 12개에 투자 중 [Global Accelerator Network] Global Accelerator Network • 미국의 Techstars가 주도하는 액셀러레이터 협의체로, 전 세계 50여 개 기관 참여 • 액셀러레이터별 지원정보 및 성과정보, 성공 노하우 공유, 공동 사업, 정기 워크숍 등	• 해외 프로그램 (11월) • 국내 데모데이 (12월 초)
케이-스타트업 컨소시엄 K startup HYUNDAI	[모바일 커머스 및 비디오 분야 스타트업 성장지원 플랫폼] • (선발대상) 모바일, 온라인 커머스, 비디오 등과 접목이 가능한 분야의 스타트업 • (국내) 해외 멘토 초청 부트캠프, 국내 VC 미팅, 법률 및 홍보 멘토링, 주간 세미나 등 제공 • (해외) LA 현지에서 해외 파트너가 보유한 투자자, 사업가 등을 대상으로 멘토링, 네트워킹 실시 • (투자) 현대 HNC, 현대미디어가 공동으로 초기투자 및 후속투자 지원 ※ 홈페이지: www.kstartup.com 　문의메일: info@kstartup.com 　문의전화: 02-552-1993	[BAM Ventures] BAM ventures • L.A.소재 초기투자 전문 창업지원 기관 • 최근 1조원 가치로 성장한 The Honest Company CEO인 Brian Lee가 공동 창업 • 코빗, 에듀케스트 등 국내 기업에 투자 이력	• 스타트업 모집 (6~7월) • 국내 프로그램 (7~11월) • 해외 프로그램 (11월 초) • 국내 데모데이 (10월 중순)

DEV Korea
 	
DEV
	[스타트업 해외진출 역량에 맞춘
	한국-뉴욕 동시 프로그램 진행]
	
	• (선발대상) MVP 개발 단계의 초기단계
	  스타트업 중심
	
	• (국내) 스타트업 방문 및 니즈 파악 후 맞
	  춤형 멘토링 제공, 투자유치 강의 등 실시
	
	• (해외) 뉴욕현지 멘토링, 뉴욕 소재 투
	  자자 대상 IR, 기업 홍보 등
	
	• (투자) DEV discovery fund에서 기업
	  당 1천만원 이상의 초기투자 및 해외
	  협력기관 후속투자 연계
	
	※ 홈페이지: www.devkorea.vc
	  문의메일: info@devkorea.vc
	  문의전화: 02-3452-3640
		[ARC Angel Fund]
		
		ARC
		ANGEL FUND NYC
		
		• 뉴욕 소재 87명의 엔젤투
		  자자 및 투자 기관 연합체
		• 디지털 미디어, 모바일 헬
		  스케어 분야에 집중투자
		
		[ENIAC Ventures]
		
		ENIAC
		
		• 모바일 분야 초기 스타트업
		  대상 투자기관
		• Airbnb, Boxed 등에 투자
		  이력
			• 스타트업 모집
			  (6월)
			
			• 국내 및 해외
			  프로그램
			  (6~9월)
			
			• 국내 데모데이
			  (9월 중순)

벤처스퀘어/액트너랩
컨소시엄
 	
VENTURE SQUARE
ActnerLAB
	[미디어와 하드웨어 전문
	액셀러레이터의 협력 프로그램]
	
	• (선발대상) MVP보유 또는 도약기에 있는
	  인터넷·앱 및 하드웨어 기반 스타트업
	
	• (국내) 온·오프라인 멘토링, 선발기업 및
	  프로그램 홍보기사 제공, GMV2015 행
	  사연계 지원(데모데이) 참여 등
	• (해외) 미국 현지에서 멘토링, 마케팅
	  지원, 사무공간 등을 제공하며, 수요 발
	  생 시 중국 프로그램 병행
	
	• (투자) 1천만원 이상 초기투자 및 엔젤
	  클럽, 협력 액셀러레이터 등을 통한 후
	  속투자 연계
	
	※ 홈페이지:
	  www.venturesquare.net
	  문의메일:
	  nomad@venturesquare.net
	  문의전화: 070-8224-6501
		[Founders Space]
		
		FOUNDERS SPACE
		
		• 미 샌프란시스코 소재 액셀
		  러레이터
		• 포브스지 Top 10 액셀러
		  레이터·인큐베이터로 선정
		• 실리콘밸리 주요 VC네트워
		  크 보유
		
		[Lab XI]
		
		Labˣ
		A Flextronics Company
		
		• 하드웨어 전문
		  액셀러레이터
		• Fortune 500대 기업인 미
		  국 Flextronics사의 인큐
		  베이팅 프로그램 제공
		
		[Seed Studio]
		
		seeed
		Grow the Difference
			• 스타트업 모집
			  (6~7월)
			
			• 국내 프로그램
			  (7~11월)
			
			• 해외 프로그램
			  (10월)
			
			• 국내 데모데이
			  (9월 초)

		• 중국 심천 소재 공장형 제조기업 • 레이저커팅, 3D 프린팅 서비스 등 제공 • 시제품 제작 및 저비용 소량 생산 등 지원	
벤처포트 VENTURE PORT www.ventureport.co.kr	[아시아 시장 진출에 최적화된 밀착 지원 프로그램 제공] • (선발대상) 아시아(중국, 일본, 동남아 등) 시장 진출을 목표로 하는 창업 후 3년 이내 스타트업 • (국내) 제품 및 서비스 현지화를 위한 멘토링, 법률 지원 등 제공 • (해외) 현지 멘토의 비즈니스 모델 점검, 협력 파트너 발굴지원, 투자자 IR 등 실시 • (투자) 1천만원 이상 초기투자 및 엔젤 클럽, 해외 파트너를 통한 후속지원 ※ 홈페이지: www.ventureport.co.kr 　문의메일: info@ventureport.co.kr 　문의전화: 02-302-7037	[Legend Star] 联想之星 Legend Star • '08년 레노보와 중국 과학원이 합작 설립한 액셀러레이터 • 700억원 규모의 펀드 운용 • 기술기반 제조업, 헬스케어 분야 등 투자 [Samurain Incubate] **Samurai Incubate Inc.** • 일본의 대표 액셀러레이터로, 5개 벤처 펀드 운영 • 총 80여 개의 스타트업을 보육하여, EXIT 10건 기록 [JFDI Asia] JFDI ASIA • GAN 회원사로, 동남아 지역 대표 액셀러레이터 • 현재까지 38개의 스타트업을 발굴·지원	• 스타트업 모집 (6~7월) • 국내 프로그램 (8~9월) • 해외 프로그램 (10~11월) • 국내 데모데이 (12월 중순)
코이스라 시드 파트너스	[이스라엘의 창업 DNA와 글로벌 네트워크를 국내에 전수] • (선발대상) 글로벌진출을 목표로 하는 ICT분야 기술기반 스타트업	[DLD Tel Aviv] **DLD★ Tel Aviv**	• 스타트업 모집 (6월 중) • 국내 프로그램 (7~11월)

| KSP KOISRA SEED PARTNERS | • (국내) 200시간 이상의 온·오프라인 멘토링 및 전문가 초빙 교육 실시

• (해외) 텔 아비브에서 현지 보육 및 이스라엘 최대의 스타트업 행사인 DLD 텔아비브 참가·홍보 지원

• (투자) 1,500백만원 규모의 초기투자 및 자체 글로벌 펀드 조성을 통한 후속 지원 예정

※ 홈페이지: www.koisra.com
　문의메일: info@koisra.com
　문의전화: 02-747-9443 | • 2010년에 시작된 이스라엘 최대 창업 행사
• 다국적 스타트업, VC, 엔젤 및 구글, MS, 아마존 등 글로벌 기업 등 참가

[Startup East]
StartupEast

• '13년에 설립된 이스라엘 액셀러레이터
• 아시아 지역 스타트업 발굴·육성에 특화
• 이스라엘 2개월, 출신지역 2개월의 글로벌 보육 프로그램 제공

[Micrsoft Accelerator]
Microsoft Ventures

• MS사가 이스라엘에 설립한 액셀러레이터
• 클라우드, 모바일, 인터넷에 강점
• 현재까지 48개 포트폴리오 기업 및 123명의 멘토 보유 | • 해외 프로그램 (9월)

• 국내 데모데이 (11월 초) |

〈참고 1〉 창업기획사 선정 기업 소개

기관명	내용 요약
(주)포스코	• 모집분야: 전 산업분야 • 모집조건: 예비창업팀 또는 3년 이내 창업기업 • 창업팀 지원프로그램: Idea Marketplace(포괄적 패키지형 창업지원) • 협력 네트워크: 포스코 패밀리사(계열사) 사업연계 지원 • 투자계획: 10억 • 특징: 74개 기업을 육성(35개 기업, 40억 투자완료)하였으며 포스코 계열사를 활용하여 창업팀 전방위 지원
한화 S&C(주)·	• 모집분야: ICT 분야 • 모집조건: 예비창업팀 또는 3년 이내 창업기업

요즈마그룹 컨소시엄	• 창업팀 지원프로그램: DreamPlus(글로벌 ICT 엑셀러레이팅) • 협력 네트워크: 요즈마 • 투자계획: 10억 • 특징: 3개 기업, 10억 투자완료하였으며 해외 10여 개의 액셀러 레이터와 연계하여 글로벌 진출 지원
(주)엔텔스· (주)골프존 컨소시엄	• 모집분야: 인터넷/모바일 기술기반 • 창업팀 지원프로그램: 골프존 보육센터를 활용한 지원 • 협력 네트워크: 골프존, 원앤파트너스(투자회사) • 투자계획: 10억 • 특징: 1개 기업 1억 투자완료하였으며, 골프존의 창업보육 공간과 투자기업과의 협력을 활용하여 창업팀 밀착 지원
(주)액트너랩	• 모집분야: 웨어러블, 사물인터넷, 커넥티트카, 헬스케어 등 하드웨어 분야 • 창업팀 지원프로그램: 하드웨어 전문 액셀러레이터 지원 • 협력 네트워크: Lab IX, 인텔, SK텔레콤 등 • 투자계획: 10억 • 특징: 미국 하드웨어 전문액셀러레이터(Lab IX)와 제휴하여 하드웨어 기반의 스타트업이 글로벌 진출할 수 있도록 지원

〈참고 2〉 창업기획사 사업개요

- 지원대상: 대·중견기업, 선도벤처 등 창업지원 역량과 투자자금매칭 여력, 창업지원 네트워크 등을 보유한 민간기업
- 선정규모: 5개 내외 창업기획사(총 50개 창업팀 내외)
- 사업기간: 2년
- 지원내용: 정부(중기청, 창업진흥원)와 민간(창업기획사)의 역할을 구분하여 사업화지원, 투자, 보육 등 창업 全 분야 지원
- 정부 역할: 정부 출연금과 후속 연계지원 등을 통하여 민간기관을 전방위로 지원
  - 정부 출연금: 창업팀 교육, 연계지원 프로그램 등을 지원
  - 全 연계지원: 정부 R&D(5억원) 및 해외마케팅(1억원) 연계지원
- 민간 역할: 창업팀 지분투자 및 창업 보육 프로그램 운용을 통한 창업초기 기업 성장 발판 마련 및 글로벌 스타트업 양성
  - 지분투자: 창업자가 최대주주 지위를 유지하는 범위에서 투자
  - 창업보육 프로그램: 기획사별 창업멘토링, 데모데이 등 자체 보유한 창업보육 프로그램 등을 운용

2) 추진절차

액셀러레이터등록현황

(2017. 9. 16. 현재)

연번	법인명	대표자	소재지	전문분야	홈페이지
1	㈜휴젤	문경엽, 신주협	강원	바이오, 의료	http://www.hugel.co.kr/
2	빅뱅엔젤스㈜	황병선	경기	콘텐츠, 미디어, 사물인터넷, 커머스 플랫폼	http://www.bigbangangels.com/
3	㈜코맥스벤처러스	변우석	경기	Home, IoT, Fintech	준비중
4	㈜케이벤처그룹	권기수	경기	AI, ICT	http://www.kvgcorp.com/
5	㈜올콘텐츠	윤훈주	경기	콘텐츠 분야	http://allcontents.kr/
6	포항공대기술지주㈜	박성진	경북	바이오, IT, 신소재	http://postechholdings.com/
7	인프라비즈㈜	이정익	광주	IT, SW개발, 일반제조, 식품 등	http://www.infrabiz.co.kr/
8	㈜에스에이지코리아	백운주	대구	ICT, IoT, 지능형제조, BIO, 플랫폼	http://www.sagkorea.com/
9	비스마트㈜	오형석	대구	바이오, 성형가공, 스마트IT, 화학	http://b-smart.kr/
10	㈜빅워크액셀러레이터	장기진	대구	IT, SW, 지식서비스	준비중
11	(유)로우 파트너스	황태형	대전	ICT, BIO	http://www.rowe.kr/
12	㈜스마트파머	이주홍	부산	IoT, SW, 유통·서비스	http://www.smartfarmer.co.kr/
13	선보엔젤파트너스	최영찬, 오종훈	부산	ICT 융합	http://www.sunbonpartners.com/sub/index.php
14	㈜아이파트너즈	김태규	부산	소재, 부품, 바이오, 환경	http://www.ipartners.kr/html/00_main/
15	애드게이트홀딩스㈜	김경태	부산	4차산업, 컨텐츠 특화	https://www.adgateholdings.com/
16	케이런벤처스(유)	권재중,	서울	IT융복합/차세대Display,	https://www.krunventures.com/

		김진호		자동차전장, 디지털-헬스케어, IoT센서시스템	
17	(재)글로벌청년창업가재단	김대진	서울	ICT 융합	http://epicenter.or.kr/
18	㈜레이징	김광수	서울	IT, Healthcare IT, 신재생에너지, 식품, 농업, 스마트기기	https://www.raising.kr/
19	헤브론스타벤처스㈜	김민욱	서울	전분야	http://hebronstarac.com/
20	㈜벤처스퀘어	명승은	서울	지식서비스기반	http://www.venturesquare.net/
21	린드먼아시아인베스트먼트㈜	김진하	서울	ICT	http://laic.kr/
22	(주)테크노베이션파트너스	김효정	서울	전분야	http://www.tenopa.co.kr/
23	㈜엘스톤	김창석	서울	ICT, 제조, BIO	http://www.elstone.co.kr/
24	㈜스프링캠프	최인규	서울	ICT	http://springcamp.co/
25	(주)상상이비즈	박순봉	서울	농식품, 생명바이오, ICT 등	http://www.ssebiz.com/megab2b
26	㈜앤슬파트너스	임수택	서울	정보통신(플랫폼,IOT등), 전기전자(제조, SW), 바이오 및 헬스케어 등	http://www.enslpartners.com/index
27	㈜킹슬리벤처스	이정훈	서울	지식서비스, 4차산업 등	http://kingsley.co.kr/
28	㈜로아인벤션랩	김진영	서울	O2O,On-Demand 플랫폼 외	http://garagebox.biz/
29	시너지아이비투자㈜	정안식	서울	바이오·의료	http://www.synergynet.co.kr/
30	㈜패녹스코리아	배상승	서울	AI, Robotics, IoT, VR/AR, FinTech, Blockchain, IT Healthcare	http://www.fenoxvc.com/ko
31	㈜오퍼스이앤씨	이승현	서울	전분야	http://www.opusbiz.kr/
32	에버그린투자파트너스	홍종국	서울	전분야	준비중
33	고려대학교 기술지주회사	홍승표, 김수원	서울	H/W	http://www.kuholdings.co.kr/
34	와이앤아처㈜	신진오	서울	문화예술콘텐츠, 소프트웨어융합	http://ynarcher.com/
35	벤처박스㈜	전성현	서울	ICT, SW	http://www.venturebox.co.kr/
36	㈜아이빌트세종	이준배	세종	ICT, BIO	http://www.ibuilt.kr/
37	(재)충북창조경제혁신센터	윤준원	충북	Beauty, ICT, BIO	http://www.sagkorea.com/
38	㈜매쉬업엔젤스	이택경	서울	인터넷, S/W, 모바일, 커머스, ICT, IoT 서비스분야	http://www.mashupangels.com/
39	마그나인베스트먼트㈜	박기일, 김세현	서울	바이오, 헬스케어, 의료기기 등	준비중
40	㈜벤처포트	이명철	서울	IT/바이오헬스케어, 빅데이터 등	http://ventureport.artwordpress1.g ethompy.com/

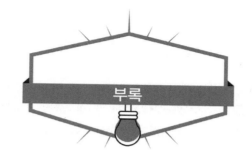

창업기획자(액셀러레이터)
등록 절차 및 준비서류

🔵 중소기업청

---

❶ 창업기획자(액셀러레이터) 제도 개요

□ 등록 및 관리근거

- 중소기업창업 지원법·시행령·시행규칙(이하, 법 영 규칙)

□ 창업기획자(액셀러레이터)란?

- 창업기획자(이하, 액셀러레이터)는 초기창업자 등의 선발 및 투자, 전문보육을 주된 업무로 하는 자로서 법 제19조의2에 따라 등록한 상법상 회사 및 민법에 따른 비영리법인

- 액셀러레이터는 「벤처기업육성에 관한 특별조치법」 제13조에 따른 개인투자조합*을 결성할 수 있음

  * 개인투자조합이란 출자금 총액이 1억원 이상이고 조합원 수가 49인 이하인 개인으로 구성되어 창업·벤처기업(액셀러레이터가 결성시 <u>초기창업기업에만 투자 가능</u>)에 투자하는 조합을 말함

- 291 -

□ 주요업무

- 초기창업자의 선발 및 투자(법 제19조의3 제1항)
- 초기창업자에 대한 전문보육 등(법 제19조의4 제1항, 규칙 제9조의3)
  - 초기창업자의 성공 가능성을 높이기 위해 사업 모델 개발, 기술 및 제품개발, 시설 및 장소의 확보 등
  - 전문보육의 성과를 제고하기 위해 투자자와의 제휴, 초기창업자 홍보, 다른 기업과의 인수·합병, 초기창업자의 해외 진출 등
  - 창업지도 및 교육, 초기사업비 제공, 경영컨설팅 및 전문가 상담, 제품 판로 및 마케팅, 사업 인 허가 절차 진행, 타 창업자 및 액셀러레이터 등과의 연계 활동
- 개인투자조합의 결성 및 업무의 집행(법 제19조의5)
- 민관공동창업자 발굴·육성(법 제19조의8)

❷ 액셀러레이터의 등록요건(법 제19조의2, 영 제13조의2)

□ 법인요건

- 상법에 따른 회사로 납입자본금 1억원 이상
- 민법 등에 따른 비영리법인으로 초기창업자와 관련한 사업의 출연재산*이 5천만원 이상, 「과학기술기본법」 제16조의4 제3항에 따라 지정된 전담기관(창조경제혁신센터)은 1천만원 이상
  * 비영리법인은 법인세법 제113조에 따라 해당 사업의 회계를 수입과 지출이 다른 회계와 구분 경리하고, 출연재산의 경우 재산목록·출연재산 증명서와 액셀러레이터 목적으로 5천만원 이상의 자금이용 확약서를 제출

□ 인력구성 및 임원 요건

- 다음 기준의 상근 전문인력을 2인 이상 확보
  * 상근 여부는 '4대 사회보험 사업장 가입자 명부'를 통해 확인하며, "임원"은 등기임원을 말하며, 매출액 증빙을 위해 공시(감사)보고서 제출 필요
  가. 법에 따라 중소기업청에 등록된 창업보육센터, 창업투자회사, 액셀러레이터, 「과학기술기본법」 제16조의4 제3항에 따라 지정된 전담기관(창조경제혁신센터)에서 3년 이상 창업기획업무를 한 경력이 있는 자
  나. 창업투자회사, 「산업발전법」 제14조에 따른 기업구조조정 전문회사, 「여신전문금융업법」 제

2조 제14호의3에 따른 신기술사업금융업자, 「벤처기업법」 제4조의3 제1항 제3호에 따른 유한회사에서 3년 이상 투자심사업무를 한 경력이 있는 자

다. 「벤처기업법」 제2조의2 제1항 제2호 가목(8)에 해당하는 전문엔젤 투자자(액셀러레이터 신청시점이 유효기간 내 포함될 것)

라. 「벤처기업법」 제13조에 따른 개인투자조합의 업무집행조합원으로서 3년 이상 운영한 경력이 있는 자

마. 근무 당시 최근 3개 사업연도의 연평균 매출액이 100억원 이상인 회사에 임원으로 3년 이상 근무한 경력이 있는 자

바. 회사의 임원으로서 해당회사를 기업공개하거나 50억원 이상의 매각대금으로 매각한 경험이 있는 자

사. 변호사, 공인회계사, 변리사, 기술사, 박사학위(이공·경상계열) 소지자

- 임원이 다음 사항에 해당하지 아니할 것

가. 미성년자·피성년후견인 또는 피한정후견인

나. 파산 선고를 받고 복권되지 아니한 자

다. 금고 이상의 실형을 선고받고 그 집행이 끝나거나(집행이 끝난 것으로 보는 경우를 포함) 집행이 면제된 날부터 5년이 지나지 아니한 자

라. 유사수신행위의 규제에 관한 법률 이나 그 밖에 영으로 정하는 금융 관련 법령을 위반하여 벌금 이상의 형을 선고받고 그 집행이 끝나거나(집행이 끝난 것으로 보는 경우를 포함) 집행이 면제된 날부터 5년이 지나지 아니한 자

※ 영 제13조의2 제2항으로 정하는 금융관련 법령

> 「금융산업의 구조개선에 관한 법률」, 「금융실명거래 및 비밀보장에 관한 법률」, 「금융위원회의 설치 등에 관한 법률」, 「기술신용보증기금법」, 「기업구조조정투자 회사법」, 「보험업법」, 「산업발전법」, 「상호저축은행법」, 「새마을금고법」, 「신용보증기금법」, 「신용정보의 이용 및 보호에 관한 법률」, 「신용협동조합법」, 「여신전문금 융업법」, 「은행법」, 「외국인투자촉진법」, 「외국환거래법」, 「자본시장과 금융투자 업에 관한 법률」, 「자산유동화에 관한 법률」

□ 사업계획 및 시설 기준 요건

- (사업계획서) 초기창업자의 선발 및 투자, 전문보육 등을 위한 사업계획 등이 규칙으로 정하는 기준(첨부 8)에 맞을 것

- (시설 기준) 초기 창업자가 창업활동을 하는 데 필요한 보육공간(자가 소유 또는 임대차 계약 잔여기간이 1년 이상일 것), 시제품제작 지원장비(제조기반 창업자 육성 시 시제품제작 지원장비 보유현황 제출)

❸　액셀러레이터의 등록서류 및 절차

□ 등록서류(규칙 제9조의2 제1항)

- 등록 신청서(별지 제3호의2 서식)
- 첨부서류(각 1부): ① 정관 ② 사업계획서 ③ 등기임원 이력서 ④ 주주 또는 출자자 명부(상법상 회사만 해당) ⑤ 납입자본금(비영리법인의 경우 출연 재산) 증명 서류 ⑥ 상근 전문인력 보유현황 및 자격 증명 서류 ⑦ 보육공간 확보현황 관련 서류(임대차계약서 등)
  ※ 정관의 목적사업에 액셀러레이터 활동(창업자 선발, 보육, 투자 등) 내용이 포함될 것

□ 변경등록(법 제19조의2 제1항, 규칙 제9조의2 제2항)

- 규칙이 정하는 주요사항이 변경된 경우 변경일부터 7일 이내에 중소기업청장에게 변경등록을 신청(변경 사실 증명서류 첨부)
- (주요사항) ① 법인명 ② 소재지 ③ 대표자 및 임원 ④ 납입자본금(비영리법인의 경우 출연재산) ⑤ 상근 전문인력 보유현황 ⑥ 정관에 적힌 사업목적 ⑦ 의결권 발행주식총수 5% 이상 주식(주식회사 외의 회사는 지분)을 소유한 주주의 주식 소유현황 ⑧ 의결권 발행주식 총수 10% 이상 주식 소유현황

□ 등록절차

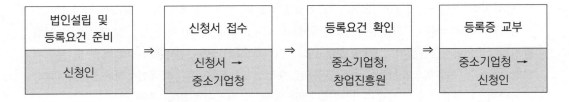

〈등록신청 전체 필요 서류 목록〉

1. **액셀러레이터 등록신청서**(<u>첨부 3</u> 참고)
2. **정관**(목적사업에 액셀러레이터 관련 내용이 포함될 것)
3. **사업계획서**(<u>첨부 4</u> 참고)
4. **등기임원 확인서류**
   - 이력서
   - 개인(신용)정보 수집이용제공 동의서, 신분증 사본(<u>첨부 6</u> 참고)
   - 후견 등기사항부존재증명서(<u>첨부 7</u> 참고)
5. **상근 전문인력 확인서류**
   - 이력서
   - 전문인력 증명서(재직, 경력, 학위 등)
   - 개인(신용)정보 수집이용제공 동의서, 신분증 사본(<u>첨부 6</u> 참고)
   - 4대 사회보험 사업장 가입자 명부
6. **자본금 증명서류**
   - 등기사항전부증명서(말소사항 포함) 또는 행정정보 공동이용 사전동의서(<u>첨부 5</u> 참고)
   - 재산목록·출연재산 증명서, 액셀러레이터 목적으로 5천만원 이상의 자금이용 확약서 등
7. **주주 또는 출자자 명부**(상법상 회사만 해당)
8. **보육공간 확보 현황 관련 서류**
   - 자가소유 증명서, 임대차계약서, 사용계약서 등(신청일 기준 임대차 계약 잔여기간이 1년 이상일 것)
   - 시제품제작 지원장비 현황(제조기반 창업자를 육성하는 법인)

※ 접수처: 대전광역시 서구 청사로 189 정부대전청사
　　　　　중소기업청 벤처투자과(042-481-4488)
　☞ 제출서류는 가급적 <u>A4용지-단면</u>(제본, 책자 등 ×) 형태로
　　등기우편으로 제출해주시기 바랍니다.

❹ 액셀러레이터 운영 및 관리

☐ **최소 투자액 및 지원기간(영 제13조의3, 규칙 제9조의2 제4항)**

- 초기창업 기업대상 최소 투자금액은 1천만원
- 초기창업 기업대상 최소 지원기간은 3개월
- 전체 투자금의 100분의 50 이상을 초기창업자에게 집행

☐ **업무운영 보고 등(영 제30조)**

- 액셀러레이터는 중소기업청장에게 업무운용 상황 등에 관한 사항을 반기별로 보고해야 하며, 관련 보고는 전자문서로 할 수 있음
- 중소기업청장은 등록요건 유지 여부의 확인, 투자 여부의 확인 등을 위해 필요한 경우, 소속 공무원이 사무소와 사업장에 출입하여 검사
  - 감사보고서, 법인등기부 등본, 전문인력 보유현황 및 그 자격을 증명하는 서류, 사무실 확보 현황에 관한 서류
  - 거래계약서, 총계정원장, 거래한 회사의 주주 명부 및 법인등기부등본
  - 중요사항 변경, 경영 및 자산 건전성 준수 여부 등의 확인이 필요한 경우
- 액셀러레이터는 다음 각 호의 사항을 공시해야 함
  - 조직과 인력에 관한 사항
  - 재무와 손익에 관한 사항
  - 액셀러레이터의 결성 및 운영 성과에 관한 사항
  - 경영개선 조치를 요구받은 경우, 업무정지, 시정명령 또는 경고를 받은 경우 그 조치에 관한 사항
  - 공시의 시기 및 방법 등에 필요한 사항은 중소기업청장이 정함

[첨부 1]

액셀러레이터 등록·관리 업무체계

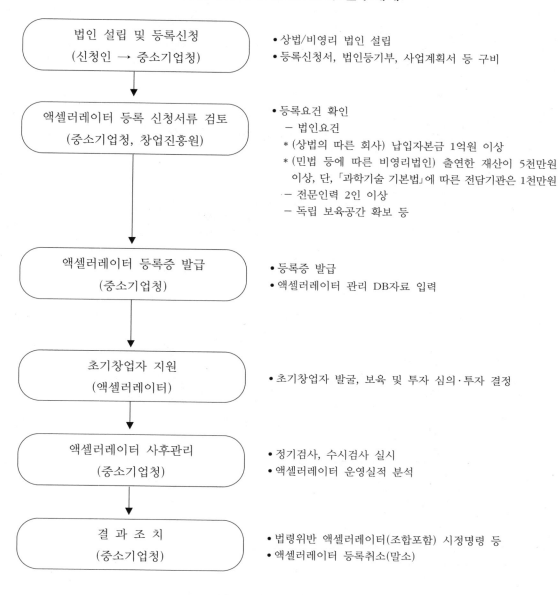

법인 설립 및 등록신청 (신청인 → 중소기업청)	• 상법/비영리 법인 설립 • 등록신청서, 법인등기부, 사업계획서 등 구비
액셀러레이터 등록 신청서류 검토 (중소기업청, 창업진흥원)	• 등록요건 확인 - 법인요건 * (상법의 따른 회사) 납입자본금 1억원 이상 * (민법 등에 따른 비영리법인) 출연한 재산이 5천만원 이상, 단, 「과학기술 기본법」에 따른 전담기관은 1천만원 - 전문인력 2인 이상 - 독립 보육공간 확보 등
액셀러레이터 등록증 발급 (중소기업청)	• 등록증 발급 • 액셀러레이터 관리 DB자료 입력
초기창업자 지원 (액셀러레이터)	• 초기창업자 발굴, 보육 및 투자 심의·투자 결정
액셀러레이터 사후관리 (중소기업청)	• 정기검사, 수시검사 실시 • 액셀러레이터 운영실적 분석
결 과 조 치 (중소기업청)	• 법령위반 액셀러레이터(조합포함) 시정명령 등 • 액셀러레이터 등록취소(말소)

◇ 접수처: 대전시 서구 청사로 189 정부대전청사
　　　　 중소기업청 벤처투자과 액셀러레이터 담당(042-481-4488)
◇ 문의처: 창업진흥원 팁스글로벌사업부 액셀러레이터 담당
　　　　 (02-3440-7303,7304)

[첨부 2]

개인투자조합 등록·관리 업무체계

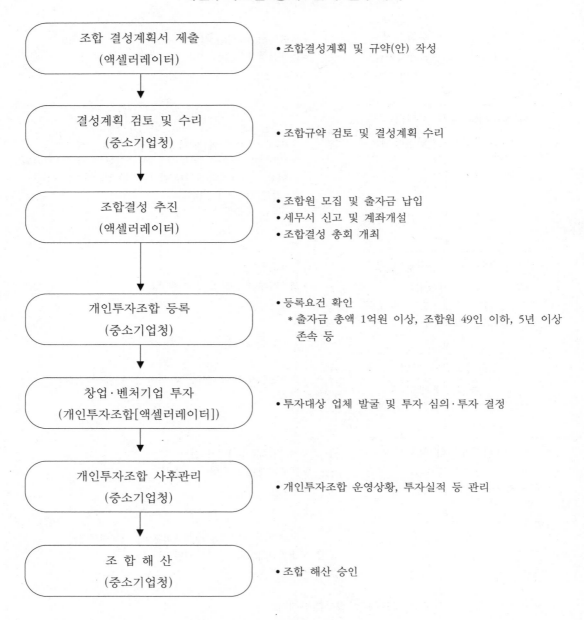

조합 결성계획서 제출 (액셀러레이터)	• 조합결성계획 및 규약(안) 작성
결성계획 검토 및 수리 (중소기업청)	• 조합규약 검토 및 결성계획 수리
조합결성 추진 (액셀러레이터)	• 조합원 모집 및 출자금 납입 • 세무서 신고 및 계좌개설 • 조합결성 총회 개최

개인투자조합 등록
(중소기업청)
	• 등록요건 확인
	  * 출자금 총액 1억원 이상, 조합원 49인 이하, 5년 이상
	    존속 등

창업·벤처기업 투자 (개인투자조합[액셀러레이터])	• 투자대상 업체 발굴 및 투자 심의·투자 결정
개인투자조합 사후관리 (중소기업청)	• 개인투자조합 운영상황, 투자실적 등 관리
조 합 해 산 (중소기업청)	• 조합 해산 승인

◇ 접수처: 대전시 서구 청사로 189 정부대전청사

중소기업청 벤처투자과 개인투자조합 담당(042 − 481 − 4488)

[첨부 3] 액셀러레이터 등록/변경등록 신청서(규칙 별지 제3호의2 서식)

<h1>액셀러레이터   [   ] 변경등록   신청서
                    [   ] 등록</h1>

※ 색상이 어두운 난은 신청인이 작성하지 않습니다.

접수번호	접수일		처리기간	30일

신청인	상호 및 명칭	대표자 성명
	설립 연월일	등록번호
	주소	전화번호

변경사항	

「중소기업창업 지원법」 제19조의2 제1항, 같은 법 시행규칙 제9조의2 제1항부터 제3항까지에 따라 위와 같이 신청합니다.

년 월 일

신청인 (서명 또는 인)

중소기업청장 귀하

첨부서류	1. 정관 2. 사업계획서 1부 3. 임원 이력서 1부 4. 주주 또는 출자자 명부(「상법」에 따른 회사만 해당합니다) 5. 납입자본금(「민법」 등에 따른 비영리법인의 경우에는 「중소기업창업 지원법」 제19조의2 제2항 제1호 나목에 따른 출연재산을 말합니다) 증명 서류 1부 6. 상근 전문인력 보유현황 및 자격 증명 서류 1부 7. 사무실 확보현황에 관한 서류 1부 * 변경등록인 경우에는 변경된 사실을 증명하는 서류를 말합니다.	수수료 없음
담당 공무원 확인사항	법인 등기사항증명성	

<h3 align="center">처리절차</h3>

신청서 작성	⇒	접수	⇒	검토	⇒	승인	⇒	통보
신청인		처리기관 (중소기업청)		처리기관 (중소기업청)		처리기관 (중소기업청)		

[첨부 4] 액셀러레이터 사업계획서 포함내용

액셀러레이터 사업계획서 포함내용
(규칙 제9조의2 제1항 관련)

Ⅰ. 회사현황

1. 회사개요
   - 명칭: 한글·한자·영문 명칭 기재
   - 대표자: 한글·한자 성명 및 인적사항 기재(이력서 첨부)
   - 소재지: 주소 및 전화·팩스번호 표기
   - 설립 및 등기일자
   - 주요사업내용

2. 자본금 및 출자방법
   - 자본금(수권 및 납입자본금)
   - 발행주식의 종류, 수량, 주당가격
   - 출자방법
   - 주주 구성 및 주주별 소유주식수
     − 최대주주의 인적사항 및 주요경력이 포함된 이력서 첨부
   - 주주의 자금조성내역(필요시)

3. 조직 및 임직원 현황

   가. 조직: 조직도 및 부서별 기능

   나. 등기임원 및 주요 직원 현황
   - 직위, 성명, 생년월일, 학력, 경력 및 주요업무내용 등 기재

   다. 전문인력 현황(경력서 별첨)
   - 근무기관(부서)명, 근무기간 및 담당업무 내용 등 기재

4. 기타 관련 계열회사와의 관계 및 현황
   - 특수관계인을 포함한 보유지분, 요약재무제표 등
   ※ 기업집단인 경우 전체 계열회사 현황을 포함

Ⅱ. 사업계획

1. 사업목적 및 취지

2. 주요사업의 추진일정

　※ 주요사업별 향후 5년간 계획을 작성

3. 주요사업의 운영계획

　가. 초기창업자에 대한 지원사업

- 지원사업의 개요
- 중점 지원대상, 지원목표 및 방법
- 지원대상의 발굴·관리·지원계획
- 자금조달 및 운용계획(5년간)
  - 지원업체 수 및 투자액 포함

※ <u>신청연도</u> 추정재무제표, 수익·비용명세서 등 포함하여 제출

　나. 투자조합 결성 및 운용(해당할 경우)

- 연도별 조합 결성계획(결성규모 및 존속기간 포함)
- 조합원 구성 방법 및 대상
- 출자금 등 조합재산의 관리·운용계획
  - 손실발생시 보전계획 포함

　다. 기타 관련기관과의 업무제휴계획 등

[첨부 5] 행정정보 공동이용 사전동의서

(앞 쪽)

행정정보 공동이용 사전동의서

※ 뒷쪽의 작성방법을 읽고 기재합니다.

---

1. 공동이용의 목적(공동이용을 통하여 처리하는 사무): 액셀러레이터 등록/변경등록
   * 「중소기업창업 지원법」 제19조의2에 따른 액셀러레이터 등록/변경등록 서류
     중 법인등기부등본 제출건

2. 공동이용 대상 행정정보

공동이용 행정정보	동의여부
법인등기부등본	동의( ) 부동의( )

3. 이용기관의 명칭 : 중소기업청 창업진흥과

본인은 이 건 사무의 처리와 관련하여 「전자정부법」제21조 제1항 또는 제22조의2 제1항에 따라 행정정보의 공동이용을 통하여 이용기관의 민원담당자가 전자적으로 귀하의 정보를 확인하는 것에 동의합니다.

년   월   일

동의인 성명:

주민등록번호:

전 화 번 호:

(서명 또는 날인)

210mm × 297mm
60g/㎡(재활용품)

액셀러레이터 신규 및 변경 등록시 법인등기부등본 제출을 생략하시고자 하는 신청인께서는 행정정보 공동이용 사전동의서를 작성하여 제출해 주시기 바랍니다(법인등기부 등본 제출 시에는 사전동의서 미제출).

〈 기재 요령 〉

1. "공동이용의 목적"란의 작성 방법
   □ 민원을 신청하신 분 또는 민원처리 담당자가 공동이용을 통하여 처리할 민원업무를 기재합니다.
   예시) 액셀러레이터 등록/변경등록

2. "공동이용 대상 행정정보"란의 작성 방법
   가. "공동이용 행정정보"란에는 해당 민원사무를 처리하기 위하여 공동 이용하도록 승인을 얻은 행정정보를 이용기관이 인쇄하거나 민원을 신청할 때에 그 민원처리담당자가 기재하도록 합니다.
   예) 법인등기부 등본
   나. 민원을 신청하신 분이 동의하는 행정정보의 "동의" 또는 "부동의"의 ( )에 ✓표를 합니다.
   ※ 동의를 표시한 행정정보만 민원처리 담당자가 전자적으로 인할 수 있으며, 동의하시지 않은 행정정보에 대하여는 민원을 신청하신 분이 법인등기부 등본을 제출하셔야 합니다.

3. "이용기관의 명칭"란 작성 방법
   □ 민원을 신청하신 분이 동의한 행정정보에 대하여 동의공동이용을 통하여 민원을 처리하는 이용기관의 명칭을 그 민원처리 담당자가 기재합니다.

4. "성명", "주민등록번호" 및 "전화번호"란 작성 방법
   □ 민원을 신청하신 분이 본인의 성명 및 주민등록번호와 직장·자택·휴대폰 전화번호 중 하나 이상을 기재합니다.

[첨부 6] 개인(신용)정보 수집·이용·제공 동의서

개인(신용)정보 수집·이용·제공 동의서

중소기업청은 중소기업창업 지원법 제19조의2(액셀러레이터의 등록 등)와 관련하여 개인정보 보호법」 제15조 제1항 제1호, 제17조 제1항 제1호, 제23조 제1호, 제24조 제1항 제1호 및 「신용정보의 이용 및 보호에 관한 법률」 제32조 제1항, 제33조, 제34조에 따라 아래와 같이 개인(신용)정보의 수집·이용 및 제3자 제공에 관하여 귀하의 동의를 얻고자 합니다.
액셀러레이터 등록(변경등록)신청 관련 임원의 이력서 제출시 개인별로 작성·제출하여 주시기 바랍니다.

1. 수집·이용에 관한 사항

 □ 수집·이용 목적

 • 액셀러레이터 등록·변경등록시 대표이사, 등기임원, 상근전문인력 결격 여부 등 확인

 □ 수집·이용할 항목

 • 필수항목
  – 대표이사, 등기임원, 상근전문인력의 경우 개인식별정보(성명, 주민등록번호, 주소, 등록기준지, 전화번호)
 • 선택항목
  – 대표이사, 등기임원, 상근전문인력의 경우 학력, 경력사항

□ 보유·이용기간

 • 위 개인(신용)정보는 수집·이용에 관한 동의일로부터 보유목적 달성시 또는 정보주체가 개인정보 삭제를 요청할 경우 지체 없이 파기합니다.

 • 단, 거래 종료일 후에는 금융사고 조사, 분쟁해결, 민원처리, 법령상 의무이행 만을 위하여 보유·이용되며 기간은 10년입니다(공공기록물 관리에 관한 법률 시행령).

□ 동의를 거부할 권리 및 동의를 거부할 경우의 불이익

 • 위 개인(신용)정보 중 필수항목, 고유식별정보의 수집·이용에 관한 동의는 본 업무의 수행을 위해 필수적이므로 이에 동의하셔야 이후 절차를 진행할 수 있습니다. 선택항목의 수집·이용에 관한 동의는 거부하실 수 있으며, 다만 동의하지 않으시는 경우 액셀러레이터 임원 취임이 제한될 수 있습니다.

□ 위와 같이 귀하의 개인(신용)정보를 수집·이용하는 것에 동의합니까?

개인정보	필수항목: 개인식별정보, 　　　　　개인주주 금융자산 보유현황 선택항목: 학력, 경력사항	(□ 동의함　　□ 동의하지 않음) (□ 동의함　　□ 동의하지 않음)
고유식별정보	주민등록번호	(□ 동의함　　□ 동의하지 않음)

2. 제3자 제공에 관한 사항

□ 제공받는 자

- 행정관서: 전국 자치구 또는 읍·면, 경찰청,
- 신용정보 집중기관: 한국신용정보원

□ 제공받는 자의 이용 목적

- 임원의 자격(파산, 금치산·한정치산 선고, 금고 이상 실형 해당여부 등 확인)

□ 제공할 개인(신용)정보의 항목

- 수집·이용에 동의한 정보 중 위탁업무 목적달성을 위해 필요한 정보에 한함

□ 제공받은 자의 개인(신용) 정보 보유·이용 기간

- 위 개인(신용)정보는 제공된 날부터 제공된 목적을 달성할 때까지 보유·이용되며 보유목적 달성시 또는 정보주체가 개인정보 삭제를 요청할 경우 지체 없이 파기합니다.

□ 동의를 거부할 권리 및 동의를 거부할 경우의 불이익

- 위 개인(신용)정보의 제공 동의를 거부할 권리가 있으며, 동의를 거부시 액셀러레이터 임원 취임이 제한될 수 있습니다.

□ 위와 같이 귀하의 개인(신용)정보를 제3자에게 제공하는 것에 동의합니까?

개인정보	성명, 등록기준지	(□ 동의함　　□ 동의하지 않음)
고유식별정보	주민등록번호	(□ 동의함　　□ 동의하지 않음)

20　　　년　　　월　　　일

주민등록번호 :

동의자　성명 :　　　　　　　　　　　　　　　　서명 또는 인

※「금융감독원 − 전국은행연합회의 개인신용정보 조회동의서 표준(안)」에 따라, 실명확인증표(주민등록증, 운전면허증, 여권 등) 사본을 첨부해야 합니다.

[첨부 7] 등기임원 결격사유 등 증빙 및 제출방법

임원 자격증빙서류 제출방법

1. 신용정보조회서 제출

(1) 등기임원: 본인이 직접 은행연합회 신용조회서비스(www.credit4u.or.kr)에 회원가입 및 로그인 한 후, 아래 화면의 '크레딧출력'을 클릭하여 신용정보조회서 제출

(2) 등기임원가 외국인으로서 국내에 체류하고 있지 않은 경우
- 최근 3년간 국적국(체류 또는 소재지국)에서의 금융·조세·공정거래 관련법 위반 전력 및 채무 불이행 여부를 확인할 수 있는 서류

2. 후견등기사항부존재증명서: 등기임원 전원(대표이사, 감사도 포함)

• 신분증과 아래 신청서를 지참하고, 인근 가정법원 민원실에 방문하여 발급(해당지역에 가정법원이 없는 경우에는 지방법원에서 발급함)

※ 대리발급받고자 하는 경우에는, 21page 위임장과 위임자의 신분증(앞뒷면 포함) 사본을 지참

등기사항 부존재증명서 발급신청서			
신청대상자	성 명		
	주 민 등 록 번 호	※주민등록번호가 없는 경우에는 생년월일을 기재	
	등 록 기 준 지	※ 우편청구시에만 기재	
신청내용	□ 전부 부존재증명서		
	□ 일부 부존재증명서(☞ 아래 중 하나 이상을 선택) ■ 성년후견 ■ 한정후견 □ 특정후견 □ 임의후견 □ 사전처분		
주민등록번호 뒷자리 공개여부	□ 공개 □ 비공개	공개 신청 사유	□ ① 신청대상자의 주민등록번호를 정확하게 기재한 경우 □ ② 신청인이 신청대상자이거나 그 배우자, 4촌 이내의 친족, 성년 후견인등, 임의후견인 및 그 대리인인 경우 □ ③ 신청인이 재판상 필요를 소명한 경우 □ ④ 공무원이 직무상 필요를 소명한 경우
※ 수수료	등기사항 부존재증명서 1통당 1,200원		
사용목적			
소명자료			
신 청 인	성 명	㉑ (서명) 신청인자격 의	
	주민등록번호	− 연락처	
	주 소		
접수번호	20 년 월 일 가정법원 후견등 기관 귀하		

── 절취선 ──

접   수   증

접수일자: 20 .   .   .   신청인 성명:
접수번호: 납부수수료액:
교부예정시간: 가정법원 후견등기관   ㉑

※ 법 제42조 제2호: 거짓이나 그 밖의 부정한 방법으로 다른 사람의 등기사항증명서를 발급받거나 등기신청서등을
  열람한 사람은 3년 이하의 징역 또는 2천만 원 이하의 벌금에 처하게 됩니다.
※ 법 제8조 제4항: 발급대상이 아닌 사람에게 고의로 발급하여 후견등기에 관한 비밀을 누설한 사람도 같은 처벌
  을 받습니다.

별지 제4호 양식(규칙 제31조 제2항) 위임장

접수공무원의 수임인 신분확인 ㉙			
수임인 성 명		수임인 주민등록번호	

위 임 장

위임받은 사람

　　　성　　　　명 :

　　　주민등록번호 :

　　　주　　　　소 :

위임인 _____는(은) 아래 행위에 관한 권한을 위 _____에게 위임 합니다.

- 아　래 -

「후견등기에 관한 법률」 제15조 및 「후견등기에 관한 규칙」 제31조 제3항, 제32조에 따른 후견
등기사항증명서의 발급 신청서 제출 및 수령 또는 후견등기신청서등의 열람 신청서 제출 및 열람
등에 관한 일체의 행위

20　　년　　월　　일

　　　위임인　　성　　　　명 :　　　　　　　　　　　　　　　㉙ (서명)

　　　　　　　　주　　　　소 :

　　　　　　　　주민등록번호 :

　　　　　　　　전 화 번 호 :

○ 첨부서류
 1. 위임인의 신분증명서 사본 1부

※ 유의사항

　　타인의 서명 또는 인장의 도용 등으로 허위의 위임장을 작성하여 증명서의 신청 또는 수령한 경
　　우에는 「형법」 제231조 등에 따라 5년 이하의 징역 또는 1천만원 이하의 벌금형에 처해집니다.

[첨부 8] 액셀러레이터 등록취소 및 지원중단 기준(영 별표2의1)

액셀러레이터 등록취소 및 지원중단 기준

1. 일반기준

가. 위반행위 횟수에 따른 행정처분의 기준은 최근 2년간 같은 위반행위로 행정처분을 받은 경우에 적용한다. 이 경우 행정처분 기준의 적용은 같은 위반행위에 대하여 최초로 행정처분을 한 날과 다시 같은 위반 행위(처분 후의 위반행위만 해당한다)를 적발한 날을 각각 기준으로 한다.

나. 위반행위가 둘 이상인 경우로서 그에 해당하는 각각의 처분기준이 다른 경우에는 그 중 무거운 처분기준에 따른다. 다만, 둘 이상의 처분기준이 모두 지원중단인 경우에는 각 처분기준을 합산한 기간을 넘지 않는 범위에서 무거운 처분기준의 2분의 1 범위까지 가중할 수 있다.

다. 처분권자는 다음의 어느 하나에 해당하는 경우에는 그 처분을 감경할 수 있다. 이 경우 그 처분이 제2호의 개별기준에 따른 지원중단인 경우에는 해당 지원중단 기간의 2분의 1 범위에서 그 기간을 줄일 수 있고, 등록취소인 경우(법 제43조 제2항 제1호에 해당하는 경우는 제외한다)에는 지원중단 12개월로 감경할 수 있다.

1) 위반행위가 사소한 부주의나 오류로 인한 것으로 인정되는 경우
2) 위반행위자가 위반행위를 바로 정정하거나 시정하여 법 위반상태를 해소한 경우
3) 그 밖에 위반행위의 정도, 횟수, 동기와 그 결과 등을 고려하여 감경할 필요가 있다고 인정되는 경우

2. 개별기준

위반행위	근거 법조문	처분기준		
		1회 위반	2회 위반	3회 위반
가. 거짓이나 그 밖에 부정한 방법으로 등록한 경우	법 제43조 제2항 제1호	등록취소		
나. 법 제19조의2 제2항에 따른 등록요건에 맞지 않게 된 경우	법 제43조 제2항 제2호	경고	지원중단 12개월	등록취소
다. 법 제19조의3에 따른 초기창업자에 대한 투자금액이 기준에 미달하는 경우	법 제43조 제2항 제3호	경고	지원중단 12개월	등록취소
라. 법 제19조의4에 따른 초기창업자에 대한 전문보육을 하지 않는 경우	법 제43조 제2항 제4호	경고	지원중단 12개월	등록취소
마. 법 제19조의8 제1항에 따른 발굴·육성과 관련하여 부정한 이익을 받거나 요구 또는 약속한 경우	법 제43조 제2항 제5호	등록취소		

참고문헌

〈국내 문헌〉

강유리(2014), 스타트업 육성 프로그램 성과 정보 제공 현황과 과제: 엑셀러레이터(accelerator)를 중심으로, 정보통신정책연구원.

＿＿＿(2014), 유럽 주요국의 스타트업 지원 체계 현황: 엑셀러레이터를 중심으로, 정보통신정책연구원.

＿＿＿(2014), 스타트업 육성 프로그램 성과 정보 제공 현황과 과제, kisdi.

경기중소기업종합지원센터(2013).

권보람·김주성(2015), 지역 창업생태계 활성화를 위한 창조경제혁신센터의 기능 정립 및 활성화 방안, 한국전자통신연구원.

김석현(2015), "창업생태계의 진화", 과학기술정책연구원 세미나 자료.

김선우 외(2015), 『국내외 엑셀러레이터 사례 및 운영제도 분석』, 중소기업청·창업진흥원.

김영수·박소영·서옥산(2015), 2015년 벤처기업정밀실태조사, 벤처기업협회.

김용재·염수현(2014), 벤처 엑셀러레이터의 이해와 정책방향, 정보통신정책연구원.

김용재 외(2014), 벤처엑셀러레이터 이해와 정책방향, 정보통신정책연구원.

김의중(2015), 우리나라 제조업의 미래 제조업혁신 3.0전략, 산업경제, 6월.

김종갑·김지선·김용영(2015), 2015 대한민국 글로벌 창업백서, 본투글로벌센터.

김주성·홍다혜(2013), 엑셀러레이터의 국내외 현황 및 운영사례 분석, 한국전자통신연구원.

노영우 외(2016), 2016 다보스 리포트, 인공지능발 4차 산업혁명, 매일경제신문사.

농림축산식품부(2014), "6차 산업 창업매뉴얼".

다음백과, 〈http://100. daum.net/encyclopedia/view/47XXXXXd1033〉, 2017.

다음백과, 〈http://100.daum.net/encyclopedia/view/55XX XXX32987〉, 2017.

매경이코노미(2017).

미래부(2014), 글로벌 엑셀러레이터 육성계획, 보도자료.

＿＿＿(2015), 정부 창업지원사업 효율화 방안, 보도자료.

＿＿＿(2016), 본 글로벌 창조경제 생태계 조성방안, 보도자료.

＿＿＿(2016), 창조경제혁신센터 맞춤형 발전방안, 보도자료.

미래창조과학부·중소기업청(2014), "창조경제 New Facilitator 글로벌 엑셀러레이터 육성 계획."

미래창조과학부(2016), "4차 산업혁명에 대응한 지능정조사회 중장기대책".

_____(2017), 4차 산업혁명 시대의 생산과 소비.

박지원(2015), 주요국의 스타트업 육성정책과 한국의 과제, Kotra.

박찬수(2016), 창조경제 진단 및 성과 제고방안: 창업 지원정책을 중심으로, 과학기술정책연구원.

박찬희(2017), 국내외 엑셀러레이터 운영실태 분석 및 활성화 방안, 부산대.

배영임·표한형·김영태(2012), 벤처생태계의 내실화 촉진을 위한 정책연구: 이스라엘을 중심으로, 중소기업연구원.

배영임 외, 벤처생태계의 내실화 촉진을 위한 정책연구, 중소기업연구원, 2012.

배영임(2014), 엑셀러레이터의 성과와 핵심성공요인, 중소기업연구원.

벤처기업협회(2012).

보안뉴스, 2017.02., 〈http://www.boannews.com/media/view.asp?idx=53517〉

산업연구원(2017), 한국제조업의 4차 산업혁명 대응 현황과 평가.

산업통상자원부(2015), 제조업 혁신 3.0 전략.

안지성(2013), 창업자 천국 영국의 스타트업 육성정책, Kotra.

안진환 역(2012), 3차 산업혁명, Rifkin, J., The Third Industrial Revolution, 민음사.

윤일영(2017), 제조업과 ICT의 융합, 4차 산업혁명, 융합연구정책센터, Vol. 52.

이경상·주희엽·손정민·한승연·안철현(2014), 엑셀러레이터 성과분석 시스템 구축과 제도적 기반조성 연구, 한국생산성본부.

이경상·주희엽·손정민(2014), 엑셀러레이터 성과분석 시스템 구축과 제도적 기반조성 연구, 한국생산성본부.

이권형·손성현·장윤희(2015), 이스라엘의 기술창업 지원정책과 한·이스라엘 협력 확대방안, 대외경제정책연구원.

이철호·손정의가 "특이점이 온다"면 온다, 중앙일보(2016. 6. 27)

이현정 외(2017), 스마트공장 구축을 위한 현장실태 및 요구사항 분석, 한국정밀공학회지 34(1).

장시형·김명남 여(2007), 특이점이 온다, Kuzweil, R., The Singularity is Near, 김영사.

정보통신기술진흥센터(2016), "주요 선진국의 제4차 산업혁명 정책동향".

조윤정(2017), 한국형 4차 산업혁명 대응전략, 산업기술리서치센터, Vol. 3.

중소기업중앙회(2016), 4차 산업혁명에 대한 중소기업인식 및 대응조사 결과.

중소기업청(2016), 팁스(TIPS) 프로그램 선진화 방안, 보도자료.

_____(2016), 한국형 창업기획자 육성을 위한 법적 기반 완비, 보도자료.

창업기획자(액셀러레이터)등록 매뉴얼 참조.

최완규 역(2012), 국가는 왜 실패하는가, Acemoglu, D., & Robinson, A., Why Nations Fail. 시공사.

클라우스 슈밥(저)/송경진(역)(2016), 「제4차 산업혁명」, 새로운 현재.

피붙이(2017), "디자인, 4차 산업혁명을 준비하다", 기고문.

한국경제(2017), big story 143호.

현대경제연구원(2017), VIP 한국형 4차 산업혁명을 통한 경제 강국 도약.

EY 어드바이저리(저)/임영신(역)(2016), 「세계초일류기업의 AI전략」, 매일경제사.

〈해외 문헌〉

Alyson Shontell(2011), 5 major differences between Tech stars and Y−Combinator, Business Insider.

Bo Fishback, Christine Gulbranson, Robert Litan, Lesa Mitchell and Marisa Porzig (2007). Finding Business 'Idols': A New Model to Accelerate Startups, Ewing Marion Kaufmf an Foundation.

Brian Solomon(2016), The Best Startup Accelerators of 2016.

C. Scott Dempwolf, Jennifer Auer and Michelle D'Ippolito(2014), Innovation Accelerators: Defining Characteristics Among Startup Assistance Organizations, SBA (Small Business Administration), Optimal Solutions Group, LLC.

Dinah Adkins(2011), What are the new seed or venture accelerators?, NBIA Review.

Forbes. David Lynn Hoffman, Nina Radojevich Kelly(2012), Analysis of Accelerator Companies: An Exploratory case study of their programs. Process, and early results, Small Business Institutes.

Frank Gruber, Jen Consalvo, Zach Davis(2012), A Guide to choosing the best Accelerator for your Tech Startup, Tech Cocktail.

Lawton, K. and Marom, D. (2013) The Crowdfunding Revolution: How to Raise Venture Capital using Social Media, McGraw Hill.

lsabelle, D. A(2013), Key Factors affecting a Technology Entrepreneur's Choice of Incubator or Accelerator, Platform.

Matt Rosoff(2016), Most Valuable Startups In The World, Business Insider.

Michael Birdsall, Clare Jones, Craig Lee, Charles Somerset and Sarah Takaki (2013), Business Accelerators: The evolution of a rapidly growing industry, University of Cambridge, Judge Business School.

Miller, P. and Bound, K(2011), The Startup Factories, NESTA.

Petersson, Samuel, et al(2012), Accelerating success: a study of seed accelerators and their defining characteristics, Chalmers.

Salido, E., Sabás, M., & Freixas, P. (2013). "The Accelerator and Incubator Ecosystem in Europe." Telefónica.

Schwab, K.(2016.). The Fourth Industrial Revolution: what it means, how to respond. World Economic Forum.

Susan Cohen(2013), What Do Accelerators Do?: Insights from Incubators and Angels, Innovations 8(3/4).

Thomas van Huijgevoort(2012), The 'Business Accelerator': Just a Different Name for a Business Incubator?, Utrecht School of Economics.

World Economic Forum(2015.), Deep Shift: Technology Tipping Points and Societal Impact.

Economist, 2014.

Startup Outlook, 2013.

Vision Mobile, 2013.

http://news.joins.com/article/20223966

http://www.riss.kr/search/detail/DetailView.do?p_mat_type=be54d9b8bc7cdb09&control_no=e6d300081eff2772ffe0 bdc3ef48d419#redirect

http://www.riss.kr/search/detail/DetailView.do?p_mat_type=be54d9b8bc7cdb09&control_no=750d9c2411bc213 effe0bdc3ef48d419#redirect

찾아보기

[ㄱ]

가맹본부　44, 45
가상통화　48
가상현실　17, 39, 47, 98
가치사슬　24, 64
가치제안(VP)　151, 154
가치혁신　192
간접노출　80
개인사업자　46
고객 관계　152
고객 세분화(CS)　150, 151, 154
고위험　82, 83
공동투자　73
공유경제　7
기계학습　13
기그경제　8
기술이전　43
기술지원형　86
기술창업　43, 44

[ㄷ]

담보권　173
대기업형　86
데모데이　89
듬보잡　41
디자인보호법　30

[ㅁ]

맞춤 생산　11
매칭방식　73
매칭펀드　175
무점포창업　43

[ㅂ]

배당　73
배당소득　247
법인사업자　46
벤처 캐피털　216
벤처생태계　65
벤처창업　43, 44
벤처캐피탈　172, 216
벤치마킹　192
보건혁명　39
분배구조　148
블록체인　22
비공개기업　139
비용구조　153
비즈니스 모델　6, 133, 149, 269
비트코인　22, 48
빅데이터　13, 14, 42

[ㅅ]

4차 산업　5
4차 산업혁명　11, 16, 17, 147

사물인터넷　11, 14, 39, 98

사전 검사　52

사회적 기업　43, 45

산업 활동　3

산업재산권　30, 36, 177

산업혁명　9, 17

3차 산업　5

상표권　173

상표법　30

생계형　46

생계형 창업　43, 46

생산요소　148

생존율　73, 74

설립등기　46

세분화　134

소득공제　247

소셜벤처　43, 44, 101

소호창업　43, 46

수익구조　122

수익모델　80, 91

수익원　152

스마트 공장　11

스마트팜　6, 39

스타트업　74, 184

신기술　10

신지식재산권　36

실용신안　35

실용신안법　30

[ㅇ]

알고리즘　48

액셀러레이터　63, 99, 101, 179, 208

양도차익　247

액셀러레이터　63, 99, 179, 208

엔젤　104, 117, 173

엔젤투자　172, 173, 175, 189, 267

M&A　43

여신금융업　53

5차 산업　5

요즈마 펀드　187

우버(Uber)　8

운영자금　91

유비쿼터스　13

6차 산업　5

2차 산업　4

이동성　40

인공지능(AI)　11, 14, 37, 40, 47, 98, 281

인큐베이터　99, 208

1차 산업　3

[ㅈ]

자금조달　164

자본재　4

정보 격차　229

정보 공급　229

정보기술　41

제외업종　53

조세특례제한법　72

죽음의 계곡　74, 172

지분　91

지분교환방식　87, 89

지분매각　73

지분투자　109, 122,217, 237

지식 이전　229

지식재산권　30, 36, 51, 173

지주형　86

[ㅊ]

창업생태계　63

창업지원제도　178

채권　173

채널　151

초기비용　88, 91

초기형　86

출자금액　46

[ㅋ]

컨베이어시스템　9

컴퓨터 혁명　10

컴퓨팅　10

[ㅋ]

크라우드펀딩　137, 139, 140

클라우드　207

투자자금　91

특수목적회사　173

특허권　177

특허법　30

특허 출원　144

특화형　86

[ㅍ]

프랜차이즈　43, 44

플랫폼　7, 13, 100

피칭데이　116

핀테크　47, 48, 98, 101

[ㅎ]

핵심 자원　152

핵심 활동(KA)　152, 154

후기형　86

저자소개

김영국(England Kim)

현재 계명대학교 벤처창업학과 교수로 재직 중이며, 주요 연구 분야는 4차 산업혁명과 창업, 액셀러레이터, 창업경영, 창업아이템연구, 창업컨설팅과 코칭 등이다.

경남 창녕 화왕산 출생으로 ROTC 및 계명대학교 영문학사, 영문학석사 및 경제학석사, 경영학박사 후 국내외 은행(최연소 홍콩현지법인장/대표이사 CEO), 경북대 등 교수 및 상해대학교 객원교수, 옴부즈만 고위공무원, 지식경제부 평가위원, 대구경북테크노파크 심사위원(장), 한국은행 객원연구원, 한국경제신문 객원연구위원/ 한국경제 테셋연구소장(TESAT), 방송 및 고정칼럼니스트(TBC/경북일보/매일신문 등), 삼성전자, LG GROUP, 경찰청, Metlife, e—Mart 등에서 다수의 컨설팅 및 300여회 특강과 700여 차례의 Saxophonist활동 등 36년여 동안 산학군관에서 글로벌융합창업 실전전문가로서 다양하게 활동하였다.

수상으로는 한국창업학회 우수논문상 및 산업자원통상부장관상을 수상하였으며, 주요 저서로는 창업과 액셀러레이터 등 18권과 논문 20여 편이 있다.

창업과 액셀러레이터 for 성공 전략

초판발행   2017년 10월 30일

지은이   김영국
펴낸이   안종만

편 집   전채린
기획/마케팅   장규식
표지디자인   권효진
제 작   우인도·고철민

펴낸곳   (주) 박영사
             서울특별시 종로구 새문안로3길 36, 1601
             등록 1959. 3. 11. 제300-1959-1호(倫)

전 화   02)733-6771
f a x   02)736-4818
e-mail   pys@pybook.co.kr
homepage   www.pybook.co.kr
ISBN   979-11-303-0469-4   93320